Arturo Lezcano

EL PAÍS INVISIBLE

La epopeya atlántica de la diáspora gallega

Libros del K.O.

TÍTULO ORIGINAL: *O país invisible. A epopea atlántica da diáspora galega*

PRIMERA EDICIÓN: octubre de 2025
SEGUNDA EDICIÓN: abril de 2026

Calle San Bernardo 97-99, entresuelo 8
28015 Madrid

ISBN: 979-13-87839-18-5
DEPÓSITO LEGAL: M-20023-2025
CÓDIGOS BIC: JFFN, 1DSEL, 1K
DISEÑO DE CUBIERTA Y MAPAS DE INTERIORES: Artur Galocha
FOTOS DE CUBIERTA: La foto del mar en la versión en castellano es de Lino Escurís y Nieves Facorro desde el faro de Corrubedo, en Galicia. La foto de la nube de la versión en gallego es de Artur Galocha desde el número 1618 de S st. Northwest, en Washington DC, Estados Unidos. El azul empleado para la cubierta corresponde a una foto del cielo tomada por Arturo Lezcano en la playa de Ipanema, Río de Janeiro, Brasil.
MAQUETACIÓN: María O'Shea
CORRECCIÓN: Melina Grinberg e Isabel Bolaños
IMPRESIÓN: Kadmos

El papel utilizado para la impresión de este libro ha sido fabricado a partir de madera procedente de bosques y plantaciones tratados con los más altos estándares de sostenibilidad, lo que garantiza una gestión de los recursos responsable con el medio ambiente y las personas.

IMPRESO EN ESPAÑA - PRINTED IN SPAIN

Las tipografías son League Gothic y Baskerville.

A miña nai Viruca e miña avoa Lila

ÍNDICE

«Éste vaise i aquél vaise,
e todos, todos se van.
Galicia, sin homes quedas
que te poidan traballar.
Tes, en cambio, orfos e orfas
e campos de soledad,
e nais que non teñen fillos
e fillos que non tén pais»

ROSALIA DE CASTRO

«La emigración es un bien y en eso está lo malo»

JULIO CAMBA

«Go to the end of the world, you'll find a Gallego»

JOHN DOS PASSOS

Para acompañar la lectura de este libro el autor ha confeccionado una lista musical con más de cien canciones relacionadas (y más o menos ordenadas) con las historias que aquí se cuentan. Podéis escucharla escaneando este código QR.

BATIDO DE MAMEY

—Tú naciste gracias a Fidel.

Retumbaba en la cabeza la frase tantas veces escuchada en casa mientras acompañaba con el cuerpo el traqueteo del coche, la ventana abierta, el aire caliente en la cara y el aroma a trópico ascendiendo por la nariz. Atravesaba la Carretera Central de Cuba, un camino polvoriento rodeado de tierra roja y palmeras. Había arrancado hacía tres horas de El Vedado, en La Habana, y de repente se apareció la recta de entrada a un pueblito de diez cuadras por cada lado llamado Perico. Era la hora de la siesta y no se veía un alma, apenas unos perros callejeros, algún ciclista desganado y un grupito de chavales jugando al béisbol, aquí llamado pelota. Más allá, la inevitable plaza central latinoamericana, con su iglesia y sus árboles frondosos, da igual estar en la Pampa, el Cuzco o Cartagena de Indias. O en la provincia cubana de Matanzas. De eso también trata el colonialismo.

Aquel viaje a la isla tenía un propósito racional —descansar tras una cobertura en las selvas venezolanas— y uno inconsciente: quería ver mi vida en el espejo. Cuba es, para cualquier gallego, una palabra presente desde la cuna, que resuena en las canciones y en los dichos, que aparece en forma de sombrero o de guayabera en el armario del abuelo o en álbumes y cartas familiares, como en mi caso.

El tío Salvador —en realidad tío de mi abuela Nonila, Lila para nosotros, pero en Galicia abreviamos parentescos igual que los nombres— había emigrado en 1924 desde Portocamba, nuestra aldea de nombre preciso (el puerto del río Camba), en Castrelo do Val, Ourense. Portocamba quedaba incomunicada por la nieve, antes y después de la construcción del ferrocarril, que dio trabajo a los jóvenes y luego los mató por la silicosis: *o mal das vías*. Tampoco había mucho más que hacer, así que la única salida era el barco. El tío Salvador, harto de vender el carbón vegetal que él mismo fabricaba y vendía en Verín, se marchó a La Habana.

A duras penas sabía leer o escribir, pero en unos años consiguió allí una buena posición. Después lo atropelló la Revolución, se jubiló por anticipado y murió en los años noventa, con una pierna amputada y la tristeza de los que al ajustar cuentas con la vida imaginan qué sería de mí si hubiera hecho esto y no lo otro.

En Perico quedó Adela, su mujer, el último eslabón de la familia con la isla prometida. Hasta aquel lugar remoto me llevó un arrebato manifestado con claridad unos días antes. Como el mundo entero hacía entonces y ahora solo se hace en Cuba, la llamé desde una cabina al teléfono de su casa.

—Adela, soy el hijo de Viruca, estoy en Venezuela y voy para allá estos días. Estaré en La Habana, no sé si llegaré a ir a Peric…

—… aquí te espero —me cortó con tono aplastante de madre.

La vi al doblar la esquina en la calle Camilo Cienfuegos. Estaba en el porche, dándole al pie en la mecedora, junto a su hermana. Al verme se levantaron con rapidez y Adela gritó mi nombre. Después me comió a besos. Nunca la había visto, pero todo parecía familiar. Olía, de hecho, a la abuela Lila, aunque eso no tuviera sentido. Hablaba muy espabilada a sus noventa, poco más de metro y medio con vestido floreado y piel moteada de manchas del sol. Sin soltarme el brazo, me metió en la sala de la casa, de planta baja, modesta y agradable. En un segundo salió disparada hacia la habitación y volvió con dos tomos pesados. Eran álbumes de fotos.

—Toma, vas a ver —dijo, y los dejó sobre mis piernas—. Y espera, que te voy a traer algo para que pruebes.

Cuando abrí el primer álbum no daba crédito. Eran fotos mías tomadas un mes atrás, que ni siquiera yo había visto. Ahí estaba el espejo y mi imagen reflejada en él.

Adela reapareció con un vaso rebosante de un líquido espeso, naranja tirando a beis.

—Es batido de mamey. La fruta más rica que tenemos, de nuestro árbol del patio de atrás.

Eché un primer trago y allí me quedó, alojado en la garganta y el cerebro para siempre, como un eco de una vida pasada. Volví a la realidad de la sala sumido en una sensación extraña junto a una pariente desconocida y cercana a la vez.

—¿Y estas fotos, Adela?

—Tu madre me manda siempre fotos de todos.

No somos pocos: cinco hijos y muchos nietos, pero mi madre, Viruca, se empeñó en mantener intacto el cordón umbilical con la que podía haber sido su propia vida. Esa otra vida imaginaria pudo haber empezado el 30 de octubre de 1957. Ese día murió mi abuelo Antonio. Mi madre tenía catorce años.

—Mi padre sabía que se moría. Nosotras, no —me cuenta en el sofá de su casa, en A Coruña, frente a un amplio ventanal suspendido sobre la bahía del Orzán, la Torre de Hércules de fondo—. Antonio fumaba mucho y tenía cáncer de laringe. Así que le escribió al tío Salvador, el ancla familiar en la diáspora. Me dijo: «Nena, échame esta carta en Correos» cuando ya estaba encamado. Yo no leí la carta, pero ahora sé lo que ponía.

Murió el abuelo Antonio y quedaron solas Viruca y Lila; una adolescente y una mujer de aldea de cuarenta y siete años que nunca había trabajado fuera del hogar. Cinco días después aparecieron cien dólares en casa: la respuesta que llegaba desde La Habana a la carta de mi abuelo. La primera de muchas.

—Salvador le daba el dinero a un piloto de Cubana de Aviación, y este lo enviaba de Madrid a Ourense. Cuando llegaban, mi madre iba a la *bolsa negra*, un negocio de cambio clandestino para las remesas que llevaba un tipo en la calle Hernán Cortés. Así íbamos ahorrando algo.

Ahora es mi madre la que desaparece de la habitación y regresa con una carpeta. Al abrirla, un olor a papel seco y tinta inunda la habitación. Era una carta de diciembre de 1957, con el membrete del negocio del tío, una conservera llamada Cubamar.

> Mi querida Nonila:
> Acabo en este momento de recibir tu carta de fecha 4 del actual en la que me das la noticia triste del fallecimiento de Antonio, q.e.p.d. [...] Mucho he de agradecerte me contestes estas preguntas que te voy a hacer y no estimes por mi parte una indiscreción que son encaminadas por mi buena fe hacia vosotras. ¿Cuáles son vuestros medios de vida ahí? ¿Qué piensas hacer? ¿Piensas quedarte ahí o piensas marcharte a Portocamba, aquella tierra donde vi por primera vez la luz? Tengo mi admiración y el respeto de lo más hondo de mi alma, pero Nonila, tú y yo conocemos de cerca lo que aquello puede dar. Quisiera serte más explícito, mientras tanto cuenta seguro Dios mediante con mi ayuda mensual. Un abrazo de vuestro Salvador.

En cartas sucesivas prometió viajar en cuanto fuera posible para buscarles soluciones. Mi abuela leía y sabía hacer cuentas básicas, pero no había perspectiva de trabajo. Mi madre, espabilada y aplicada, quería seguir estudiando. En el verano de 1958 hubo reencuentro en Ourense.

—Él vino para llevarnos con él a La Habana —ahora habla de repente con la voz más baja—. Aquello estaba agitado, pero la situación era mucho mejor que aquí. Y estaba llena de gallegos. Lila se negaba. «¡Cómo voy pasar el mar, de ninguna manera!». Andaba enlutada de la cabeza a los pies, igual que yo: dos años de negro y uno de alivio, combinando blancos y grises. Yo me hubiera marchado ya con el tío, pero no hubo forma. Viendo las reticencias de la abuela y sabiendo que solo me quedaba un año para completar la secundaria, nos dijo: «Termina y marchaos el verano que viene. Total, es solo un curso más». Yo me pasé esos meses pensando en Cuba y la vida que me esperaba. Las películas que me montaba en mi cabeza no eran normales. Imagínate lo que significaba para mí La Habana. El tío Salvador siempre me traía regalos imposibles: una cámara fotográfica, una máquina de escribir, un juego de pluma y bolígrafo Parker, medias de cristal, un cancán de crinolina y tul con volantes que había comprado en El Encanto —los grandes almacenes fundados por asturianos, germen de El Corte Inglés y Galerías Preciados—. Me mandó un anillo que aún tengo, de oro blanco con un brillante que llevé puesto durante muchos años. La gente me miraba por la calle todas aquellas riquezas que llevaba puestas. Y yo pensaba: ¡si esto es lo que me trae, que no habrá allí! Tenía que ser el paraíso, no existía otra cosa mejor, la isla bonita, mi Cubita bella, como decía el tío. Contaba las horas para irnos. Yo ya estaba de alguna forma allá.

Pero a mitad de curso algo ocurrió. El 8 de enero de 1959 entraron en La Habana los barbudos de Sierra Maestra, tras una semana de caravana triunfal atravesando la isla. Los emigrantes, el tío Salvador incluido, se ilusionaban primero y ponían un pie atrás poco después. Por si acaso, esperad un poco, decía la primera carta. Y la segunda. Y la tercera. Pasó el verano. Aguantad un poco más a ver qué pasa, decían las siguientes. Y la niña Viruca, ya una chica, no llegó a viajar, porque las expropiaciones afectaron a la economía del tío Salvador.

—Nunca habló de política. Prefería resumirlo a su manera: «Pasé de ser chófer a después tenerlo yo y ahora vuelvo a ir en guagua».

Mi madre acabó el bachillerato en Ourense, estudió Magisterio y conoció a mi padre, con el que se casó y tuvo un hijo tras otro. Todos escuchamos siempre que nacimos «gracias a Fidel». A mí nunca se me fue la frase de la cabeza, como tampoco se marchó jamás el sabor de aquel batido de mamey.

CHANQUETE: LA BANDERA

El puerto de A Coruña amanece engalanado un domingo de 1957 para despedir al transatlántico Juan de Garay, con destino Buenos Aires y escalas en Río de Janeiro, Santos y Montevideo. 387 pasajeros y sus familias van llegando desde primera hora de la mañana al muelle de Méndez Núñez. Entregan, recibo mediante, las maletas y baúles para elevarlos con grúa al barco. Pasan entonces a la aduana, donde les sellan los pasaportes y cumplimentan el resto de trámites. Entre la muchedumbre se saltean uniformes policiales, militares, eclesiásticos.

La capota de nubes otoñales envuelve la ciudad en algodones. A las nueve y media, un cura —joven, con entradas, sotana rigurosa— da misa en ese mismo local, frente a un crucifijo acompañado por el yugo y las flechas de la Falange. Otro confiesa sin confesionario, sentado en una silla, a un joven arrodillado. Al terminar, el coro Cántigas da Terra eleva sus voces al unísono mientras la solista recita el poema de Rosalía de Castro «Adiós ríos, adiós fontes». Las lágrimas brotan en el pabellón que da acceso al muelle. Del otro lado de la puerta se agolpan cientos de personas. Trajeados los hombres, algunos con gabardina, sombrero y corbata los más pudientes; boina y paraguas los más humildes. Las mujeres con falda tubo y zapatos negros, como la pañoleta en la cabeza. Se diferencian las generaciones por los atuendos: las abuelas de luto riguroso;

las jóvenes con fular colorido y abrigo abierto de solapa; las niñas con traje claro. Pero todos están cansados: llevan días preparando el viaje de sus vidas. Y aún les quedan un par de horas antes de embarcar.

La comunicación marítima con Centroamérica y el Caribe no se ha interrumpido en décadas. Solo en ese mes han salido el Montserrat, el Begoña, el Covadonga. Pero ahora se restablece la línea con Buenos Aires, centralizada en Vigo en los años anteriores, y la ocasión no se la pierde nadie: el alcalde, el cónsul argentino, el comandante de Marina, un delegado ministerial de Información y Turismo, todos hombres, agasajados por el capitán Scaglianini, argentino de padres italianos y suegros gallegos, fiel reflejo de la época. Abundan el gel fijador, las gafas de sol opacas y los bigotillos de diferente grosor. Desde el barco, los tripulantes solo ven cabecitas en el muelle.

«Aquí solo hay silencio», piensa Manuel Ferrol, el fotógrafo contratado por la Comisión Católica de Emigración para retratar la partida. Lo hace con una Rolleiflex, una cámara con forma de cubo negro que tira fotos desde el pecho sin que los retratados lo adviertan. La lleva colgada al cuello bajo el abrigo y camina entre la gente como si se estuviera mirando la camisa, cuando en realidad es el visor de la cámara. Hace foco moviendo el índice izquierdo sobre una rueda, mientras con la mano derecha maneja los discos de la velocidad y el diafragma, carga el carrete con la manivela y dispara con el botón, también discreto, en la parte inferior del cubo. El resultado es una imagen espontánea, cruda como la realidad que lo rodea mientras avanza. Se topa con otro fotógrafo que compone un retrato de grupo, moviendo el brazo para que se junten. Adultos, adolescentes, niños, varios con gaitas: una imagen para toda la vida. De fondo se ve la verja del puerto y los árboles alineados de la calle. Sigue caminando.

Se mete en la sala de equipajes, un galpón con tejado a dos aguas y claraboyas. Entra en la estación marítima. Allí parece haber solo cabezas iguales y rostros insulsos.

Disparando a un lado y a otro, se fija en una familia vestida de domingo. Son cinco. Dos jóvenes, hombre y mujer, gemelos, ella de melena mínima, vestido largo estampado y chaqueta de punto, él con el pelo negro echado hacia atrás y la mano metida en la americana. A su lado, la que parece su madre, de luto completo y una carpetilla de cartón entre las manos. Abraza un bolso como si le fuera la vida y tiene un macuto a los pies. Los tres están serios, sin concesiones, mirando hacia otro hombre, más alto y también parecido al resto: el hermano mayor. Lleva agarrado por el cuello, firme pero cariñoso, a un niño, con el pelo cortado para la ocasión, como su traje de chaquetilla y pantalón, al que no le suelta la mano. Les entra la luz del puerto por la derecha. De ninguno sabe sus vidas, sus relaciones, sus roles, sus pensamientos, pero Manuel dispara. Ya es casi la una de la tarde. Cuando suena la sirena del barco y empieza el hormigueo humano, el fotógrafo se adelanta a la explanada de adoquines que separa la estación del barco, rampa por medio. Huele a mar, el silencio se rompe.

Una marabunta sale por la puerta arqueada del lateral, haciendo juego con las ventanas que emulan ojos de buey. Detrás está el Kiosco Alfonso, joya modernista a juego con el Atlantic Hotel y La Terraza, tras la reja de forja intercalada por columnas con pequeños frontones semicirculares. Salen mujeres, niños, familias enteras. De repente, entre la multitud, el fotógrafo ve de nuevo al padre y al hijo, inseparables. No distingue al resto de la familia, pero no duda. Vienen caminando de frente, los dos llorando a moco tendido: el adulto con las líneas de expresión marcadísimas, los surcos en la frente y la vena del cuello tensa de llorar.

El afeitado perfecto le da aún más dramatismo al rostro, con el mentón arrugado, la boca entreabierta del sollozo, las cejas arqueadas involuntariamente. Solo sigue firme el pelo, petrificado y precioso. Parece abrírsele la camisa, la corbata con el nudo abultado, medio deshecho, asomando bajo la chaqueta cruzada. Como en el interior de la estación, el niño tiene encajada la cabeza bajo la axila del adulto, que lo coge por el cuello sosteniéndole la barbilla. La mano del padre es casi la mitad de su cara, gigante, hinchada, con dedos gordos y callosos, la uña de Frankenstein. Él también tiene la nariz arrugada de llorar, la misma boca entreabierta y las sienes tensas. Aunque es una imagen sin movimiento, se aprecia cómo se le mueve el flequillo con el llanto. Tras ellos, una chica agarrada de ganchete con su madre, una niña en brazos de su padre y un cura joven de sotana y gafas, que camina fuera de foco. Nadie mira a nadie. Congelados, en el centro de gravedad que sostiene un país en un instante, nuestro padre y nuestro hijo se quedan anclados en un llanto eterno. Es el momento decisivo. Clic.

Pero ¿quiénes son? ¿A quién miran fuera de plano y cómo les responden desde el otro lado? ¿Por qué no se separan ni un momento? ¿Se están yendo o se despiden?

Manuel Ferrol los deja allí sin saberlo, porque sigue su eslalon entre la masa, fotografiando aquí y allá hasta que sale del puerto. Tampoco sabrá, cuando llegue a laboratorio y revele, que esa imagen se convertirá en el icono de la emigración gallega.

Pero ¿quiénes son? ¿Y por qué lloran?

En febrero de 2022 me recorre por el cuerpo una culebra de nervios. Estoy entrando en Fisterra, el fin del mundo en la tradición antigua. Oteo en el centro del pueblo la casa de la madre de Manoli, hermana de un compañero de mi hermana, a su vez madre del mejor amigo de mi sobrino, los tres grados gallegos de separación, para llegar a la persona que busco. Manoli, amable pero escéptica, me había dicho que sería muy difícil que su tío hablase «sobre eso», pero que lo intentaría. Un día se levantó la barrera cuando me llamó para darme la dirección de su madre, prima de mi personaje, que finalmente me esperaría allí a tal día y tal hora.

Me retuerzo de impaciencia en el sofá. Son las cuatro de la tarde de un soleado día de invierno en Fisterra, pero la sala tiene el cortinón corrido y lámpara de techo encendida; una mesa de cristal con el mando de la tele, varios retratos enmarcados de unas niñas. Son actuales y parecen tomadas en A Coruña. Llaman a la puerta. Abre la madre de Manoli para recibir a su primo, que llega con una media sonrisa y mirando fijo a los ojos. Tiene unos setenta años. Trae una mascarilla negra bajada por la barbilla y viste mocasines con suela de goma, pantalones de pinzas grises y una chaqueta de algodón abierta. En la calle sería un jubilado más. Sin embargo, su rostro es historia de Galicia.

Tengo delante al niño de la foto de Manuel Ferrol.

A primera vista parece imposible conectar la mirada inconsolable del niño del pómulo inflado con esta cara de ojos vidriosos por la edad, la ceja abundante, el pelo escaso y la frente adelantada. Pero pronto se pueden atar los rasgos, las orejas grandes, la nariz pequeña y la boca que se abre por primera vez, a modo de prólogo lapidario, para no olvidar nunca más:

—¿Sabes qué? Nunca había venido nadie a preguntarme por mi vida.

Él tenía ocho años y ahora setenta y dos.

Se llama Juan Calo y le llaman Chanquete, y la realidad es que sí lo habían ido a buscar —Patricia, la hija del fotógrafo Manuel Ferrol, algún periodista local, un programa de televisión de los años noventa— pero solo había hablado de aquel instante en el puerto, como si su vida hubiera empezado y terminado allí, encasillado en un segundo. Me siento en el mismo sofá que él, ambos de medio lado, mirándonos a un metro de distancia.

Arranca tímido, pero poco a poco va poniendo nombres, apellidos y apodos con todos los rasgos fonéticos de la Costa da Morte, *gheada* (la aspiración de la ge en palabras como «gato», propia de la mitad occidental de Galicia), seseo explosivo, diptongos y desinencias locales. Mueve los brazos al hablar, y con ellos se le agita en la muñeca un reloj de correa plateada. En cuanto alcance velocidad de crucero no frenará.

—Nací en febrero de 1949, frente al Ayuntamiento. Familia grande, en casa vivíamos mucha gente. Mi padre, Ángel Calo Marcote, O Jurjo, trabajaba en el mar. Mi recuerdo empieza cinco días antes, cuando salimos hacia A Coruña. Cogimos el coche de línea, pero yo no fui con mi padre, sino con mi abuela, que tenía que arreglar papeles en el consulado. Por eso íbamos con tanto tiempo. No tenía baúl, así que consiguió dos maletas blancas, de las que tienen refuerzos de latón en las esquinas. Parece que las estoy viendo. Aquellos cinco días dieron para mucho. Estábamos alojados en la avenida de Finisterre, con los primos de mi padre, al lado de un bar llamado América. Allí había un descampado de barro y berzas y jugábamos al fútbol como si fuese un mundo nuevo, venga y dale a ver adónde llega la pelota. Uno de esos días me escapé. Me fui corriendo avenida abajo y llegué a una zona por donde pasaba la carretera de salida de la ciudad, por Cuatro Caminos. Todo era inmenso. Y dije: ¿cómo vuelvo a casa, si no conté las calles por donde iba?

Chanquete ríe relinchando. Cuando coge aire emite un ronquido fuerte, como si no pudiera respirar. Algo de eso hay.

—¿Qué recuerdas del 27 de noviembre de 1957?

—Pues para empezar que siempre pensé que era el 27 de octubre, pero siempre que veo algo de aquel día pone que fue noviembre.

Y tiene razón. Todas las referencias a la foto (incluso la colección oficial de la serie, la web del fotógrafo y cualquiera de los registros en internet) la datan el 27 de noviembre. Un error mil veces replicado que Calo tenía claro desde el principio. Del puerto, la misa, la muchedumbre, el barco, no tiene recuerdo nítido. Solo flashes. No recuerda, por supuesto, el momento en que le sacaron la foto.

—Yo no vi nada. Nada —silencio—. No sé si el fotógrafo escondía la cámara o cómo lo hizo, pero no lo recuerdo.

Hay dos imágenes mucho menos conocidas que explican la secuencia entera. En ellas, aparece el padre, O Jurjo, referencia del resto de la familia, y Chanquete mirándolo con la misma cara curiosa. Ninguna de las dos fotos posee la fuerza visual de la que pasó a la historia, pero tienen gran valor documental. En estas otras fotos se infieren, por la composición, el lenguaje corporal, los escorzos, la luz, muchísimos detalles para entender lo que estaba pasando. Y sobre todo para conocer la verdadera historia de la foto: por qué los protagonistas lloraban a la vez mirando fuera de plano.

—Nosotros no nos fuimos. Llorábamos porque nos quedábamos solos. Se iban mi abuela y mis tíos a Argentina. Primero marchó mi abuelo, Ramón Calo Velay, que aquí andaba en una gamela de dos proas. Unos años después reclamó a su hijo, mi tío Pepe, que tenía diecisiete años y al irse se salvó de ir al servicio militar. Yo tenía seis años, porque acababa de nacer mi hermana. Y, como la cosa iba bien, reclamaron a mi abuela y a otros dos hermanos de mi padre: Pepita y Manolo, los gemelos. Ellos tres son los que se iban aquel día, de ellos nos despedíamos. Aquí éramos muchos y no teníamos dinero suficiente para emigrar todos. El pasaje de ellos venía de allá, aquí no había con qué pagarlo. Y a nosotros no nos llamaron para ir porque mi padre tendría que comprar cinco billetes para toda la familia, no como Pepita y Manolo, que no tenían hijos.

La selección natural de la diáspora funciona así: primero va el padre de familia, luego los hijos en edad más dispuesta al trabajo duro. Carne fresca. El padre tenía ya treinta y un años, aunque su cara en la foto parece la de un hombre de cincuenta.

—Sí que me acuerdo de llorar y de coger el pañuelo para secarme y hacerle así a mi abuela —sacude el brazo—. Aún no habían subido al barco. Nosotros estábamos justo frente a la rampa por donde embarcaban, y ellos cerca de la aduana, más hacia la popa. Luego subieron. El barco zarpó, pitó, le dio atrás y luego avante, hasta que el remolcador abrió camino y hala. A Buenos Aires.

Y ellos de vuelta a Fisterra. Solos.

Salto de siete años en el tiempo. Chanquete tiene que buscarse la vida y la encuentra donde todos sus vecinos, en el mar. Sus primeras mareas son al Gran Sol, el gran caladero de la flota pesquera gallega, al suroeste de Irlanda. Se embarca en el Arantxa, un barco que faenaba en la costa cantábrica a por la merluza, el sargo, la *meiga*, el rape y el resto de ejemplares que esperan en esta despensa con eternos temporales y nombre equívoco: es Gran Sol por Grand Sole (lenguado).

Dicen los marineros gallegos que la bahía de Bantry es como la ría de Vigo de Irlanda. Mas profunda y ancha, pero con un aire en el paisaje, tiene dos puertos de referencia, uno en la cabeza de la ría, Castletownbere (*Castletón* lo llaman ellos, como suena) y otro bien metido en tierra, Bantry (*Banter*). Allí, a resguardo de tempestades, entra el Arantxa para hacer unos trámites antes de acometer la inmersión salvaje en el Gran Sol, un ratito de calma antes de la mar arbolada, el frío eterno y el miedo en las jornadas interminables. Los barcos amarran en línea frente a las armónicas y coloridas casas irlandesas. Pero el patrón del Arantxa, Manolo Muíños, no está para muchas gaitas. Al atracar, le pide al novato que le acompañe a la consignataria.

—«*Juansiño*, ven conmigo». Allá voy, abro la puerta para que entre Manolo y yo me quedo fuera. Pero era una puerta de cristal, y a través de él veo una foto en la pared, como esas que se ponen del Rey, o antes de Franco. Achico un poco los ojos y me quedo cavilando en voz baja. Y digo: pero aquel… aquel es mi padre y ese soy yo — en este punto, Juan se pone a susurrar, llamando a su yo de sesenta años atrás, y vuelve a resollar—. Justo cuando me doy cuenta de eso, Manolo se gira, mirándome, y me dice: «Pasa para dentro». El señor irlandés que estaba allí enfrente se me queda mirando. Y grita —Chanquete se pasa al castellano con acento vasco, el que conocía del mar, aunque el señor hablaba en inglés—: «¡Manuel! ¡Este chico es el de esta foto! ¡Este chico de aquí es este!», comparándome con el que tenía en la pared. Y me pregunta: «¿Quién es este señor, tu padre, ¿no?». Le contesto que sí. Y entonces el irlandés le dice a Manolo: «¿Y no hay mejor vida para este niño?».

Se queda callado, jadeando.

Hay países que tienen banderas medievales, de pendón heráldico y linaje antiguo. Otras que desprenden olor a batalla y conquista. Las hay evocativas, casi oníricas. Otras que llevan unos colores porque no quedaban otros en la paleta del reparto colonial. Hay unas que se plagian a otras y otras que reniegan de su origen. En Galicia se mantiene una discusión sobre la génesis de la suya, pero dentro hay otro país, inmaterial, pero presente, que enarbola una enseña simbólica. No tiene escudo ni flamea en un mástil, tampoco la izan soldados o políticos en actos patrioteros. Ni siquiera es de tela, sino de gelatinobromuro de plata sobre papel, 30 por 30 centímetros. La bandera del país invisible es una foto que eriza los pelos a los gallegos de aquí y de allá, porque cada persona que la observa se ve representada en ella.

O home e o neno, *El padre y el hijo*, como se quiera titular, es atemporal. Quien la ve, cree que la foto es de inicios de siglo, o tal vez de antes de la guerra civil. Pero ocurrió en 1957, en el último lustro de gran actividad migratoria hacia América.

—Yo he leído cuatro libros en los que se habla de la foto y cada uno dice una cosa. Que mi padre y yo éramos abuelo y nieto, que éramos hermanos, que nos íbamos nosotros. Nada de eso es verdad.

Se ríe, dejando ver que le falta un diente abajo y muchas muelas arriba. Con la risa desdentada recuerda que vio la foto en todos los países en los que tocó puerto. La relación entre un retrato y su objeto puede ser áspera. El niño que se descubrió atónito en Irlanda en una foto a la que no había sido invitado solo supo a trompicones de su autor, obrero de la cámara que siguió trabajando sin reconocimiento hasta mucho después.

—Él tenía más relación con medios de fuera, porque aquí no podías hablar libremente de la emigración o Franco te colgaba —concede Chanquete.

Solo en su última década de vida Ferrol vio sus fotos en exposiciones. Su hija, guardiana de la obra de su padre, ha conseguido mantener vivo el icono. En 2021 fue recibida en audiencia por el papa Francisco en el Vaticano y le entregó una copia como un presente de unión inevitable entre gallegos y argentinos.

Ferrol murió en 2003. O Jurjo en 2006. Hay una foto del entierro en la que se adivina a Chanquete, triste como en la imagen del puerto, despidiendo a un padre que nunca se quitó la pena de quedarse.

—Llegaban cartas y nos contaban cómo iba la vida. Nosotros llorábamos. Mi abuelo, el primero que se había ido, trabajaba en el puerto y tuvo una mala muerte. Estaban descargando y le dio un golpe la pluma de la grúa, cayó y lo recogieron en trocitos. Pero a mis tíos les fue muy bien. En un año ya compraron una casa, en *Nalús.*

—¿En Lanús?

—Eso, en Lanús. Escribieron a casa. Le decían a mi tío Ramón, el siguiente en edad a mi padre, si quería ir. «Que a Jurjo no podemos llamarlo porque son muchos».

—¿Tú crees que hubiera sido mejor ir a Argentina?

—*Na.* Yo creo que fue mejor quedarse. Tampoco le fue a todo el mundo bien.

Nos quedamos en silencio, no hay mucho más ya que decir.

—¿Cómo definirías la emigración?

—Pues algo que tiene que haber. El que no puede hacer nada aquí se tiene que defender donde pueda. No queda otra.

Flota el último silencio mientras graznan las gaviotas sobre Fisterra.

HIJOS DEL MINIFUNDIO

Galicia es un puzle de veinte millones de piezas. Tiene 53 comarcas, 313 ayuntamientos, 3771 parroquias y treinta mil aldeas y lugares, uno por cada kilómetro cuadrado del territorio. Pero si se pone la lupa en cada núcleo, la partición de la tierra se multiplica: según el catastro, hay más de diecinueve millones de fincas, cada una con su nombre, que pertenecen a 1.7 millones de propietarios. Esa ordenación de la propiedad, la más dispersa de Europa, daba para sobrevivir más que para vivir y nunca para soñar. Por ahí empieza a entenderse la emigración.

Para mí todo comenzaría en una clase en la facultad del profesor Barreiro Fernández, en la que nos decía: «La historia contemporánea de Galicia, en especial la emigración, se explica desde el minifundio». Aquí se podía vender, transferir o hipotecar la tierra propia —aun bajo rentas forales—, por pequeña que fuera, a diferencia de otros pueblos de jornaleros y latifundio, como Andalucía. Estas particularidades explicaban la obsesión de mi abuela por las fincas y el sacrosanto catastro, también por los cuentos de Cuba y el tío Salvador. Así se podía entender también la relación del gallego con la propiedad, sus límites endiablados, herencias y disputas, hasta llegar a la contradicción que lo resume todo: el minifundio esclavizaba, pero también facilitaba un pasaje a América.

Se calcula que entre 1850 y 1960 emigraron dos millones de gallegos a América, de los que regresaron un tercio aproximadamente. El primer millón y medio lo hizo hasta 1930, mayoritariamente a Cuba, Argentina, Uruguay y Brasil. Durante quince años descendió el número de salidas, con el *crash* económico internacional y las guerras española y mundial —exilio al margen—. En 1945 se abrió el grifo de nuevo durante veinte años, ahora también a Venezuela, México y Panamá, hasta el comienzo de la oleada hacia Europa: otra historia, otro libro. Así como las cifras absolutas bailan según los estudios —incluido el más citado, de Antonio Eiras Roel—, los porcentajes son más cerrados y dejan certezas terribles. Dos ejemplos: en la segunda mitad del siglo XIX salieron más de 400 000 personas, la cuarta parte de la población; en 1920 salieron 77 000 personas, el 3.5 % de la población en un solo año. En tasas de emigración relativa Galicia solo es superada por Irlanda y está por delante de Italia.

Dice Martín Caparrós que Hispanoamérica (*Ñamérica* para él) tuvo cuatro capas demográficas a lo largo de la historia. La primera, de indígenas; la segunda, de españoles; la tercera, de esclavos africanos, y la cuarta, de europeos pobres en busca de un pan. Esa es la nuestra, en la que solo uno de cada muchos se enriquece, por más que luzcan en los anuarios de triunfadores. En el magma de las llamadas naciones inmigrantes, Galicia es la gran pobladora de la América atlántica —mucho menos la del Pacífico— y porta sus rasgos identitarios allá donde va: lengua, tradiciones, costumbres. Eso también le hace arrastrar el tópico como si fuera una bola de presidiario. Pocos pueblos tienen un gentilicio que reduce una personalidad poliédrica y compleja a cuatro estereotipos hirientes.

Suma de emigración y exilio, la diáspora ha sido el fenómeno transversal y constante que más ha influido en nuestra vida colectiva. Nuestra espina dorsal. Lo ha seguido haciendo hasta este siglo, de forma soterrada en la economía y de manera aparatosa en la política, no hay más que ver el censo electoral: el veinte por ciento de potenciales votantes viven en el exterior; en el caso de Ourense, el treinta. En la *Galiza ideal* se construyó una idea de nación desde el más allá y fue reservorio de obras y autores desterrados durante un siglo de curvas. Otra contradicción que nos retrata: nuestra mayor desgracia es nuestro mayor patrimonio, a la par de los otros grandes pueblos migrantes del pasado: italianos, irlandeses, judíos. A diferencia de ellos, aquí nos falta una parte del relato.

La diáspora ha sido estudiada a fondo por historiadores, sociólogos, economistas, antropólogos, demógrafos y resto de académicos, pero también se puede explicar a través de las historias de los anónimos, las famosas voces bajas. A mí me tocó convivir con ellos durante muchos años en la América gallega y sentí la necesidad de desenmadejar el ovillo: entrevisté a cerca de doscientos para obtener un relato a través de fuentes directas, incluida mi familia. Es una aportación parcial: no están todos los nombres ni todas las historias ni todos los destinos. Tampoco es la idea, porque es imposible.

Para empezar, hay un debe enorme —e inevitable— en la historia de las mujeres. Empieza siglos atrás, palpable en los índices de madres solteras, que multiplicaban los del resto de Europa. Más allá de los *fillos da silveira* de cada parroquia, la explicación reside en la emigración. Como si fuera un país en guerra, Galicia tenía los menores índices de varones de España. El detalle era que no estaban muertos, solo estaban a tres semanas de viaje. De ahí salen las *viúvas de vivos* de Rosalía —ella misma hija de cura— y, también, los huérfanos de la diáspora, menores criados con sus abuelos, otra distinción gallega condicionante de vidas futuras.

Se dice que Galicia es un matriarcado, porque ante la ausencia del marido las mujeres se quedaron al frente de la casa, igual que las familias del mar. En realidad no es así, aunque la práctica diga lo contrario, porque el sometimiento administrativo y político sobre la mitad femenina de la población pesó hasta anteayer. Se llegó a crear una figura legal para las madres solteras, las *mujeres espontáneas*, herramienta de protección pero también de control. Hasta para emigrar debían contar con autorización paterna o marital. O escapar quien pudiera, cómo no, a América.

Allí continúan conviviendo apellidos conocidos de diferentes oleadas que no son asociados a Galicia. Por ejemplo, los presidentes panameños Varela y Cortizo, el artista argentino David Lamelas, el músico estadounidense Jerry García o el mismísimo Diego Armando Maradona, con raíces (previas a las grandes migraciones) en A Mariña Lucense, aunque parezca napolitano, y tantos más. Y, tras ellos, millones de descendientes anónimos. Todos ellos dibujan el mapa de un lugar hecho de mil lugares, entre dos orillas y siempre volando bajo el radar. Un país esparcido, concéntrico, infinito, fantasma. Y, por encima de todo, invisible.

En una conversación en Puerto Madero, en Buenos Aires, un empresario argentino se me quejaba con amargura: «Con tantas crisis, ni siquiera lo mejor que tenemos, que es la carne, es nuestra, sino de un brasilero». Se refería a Cabaña Las Lilas, uno de los restaurantes más famosos de Buenos Aires, con marca de carne *premium* con cabaña propia pastando por miles en las pampas. En efecto, el restaurante lo compró una empresa del país vecino. Lo que no sabían es que su propietario, Belarmino Iglesias, no era brasileño, sino un gallego emigrado a São Paulo, adonde llegó con un dólar y levantó un imperio.

Historias como esta se empezaron a escuchar en un momento de cambio respecto a la diáspora. De negada pasó a ser blanqueada. Sucedió más o menos al mismo tiempo que Fraga visitó a Fidel Castro en Cuba y se empezaron a ensalzar a los emigrantes, que hasta entonces vivían entre los estereotipos y el autoodio, también bajo cierto menosprecio. Ahora podían asomar la cabeza después de tanto penar, la mayoría desterrados sin saber muy bien por qué.

Los estudiosos llaman *push-pull factors* a las causas que expulsan y atraen migraciones. En nuestro caso se repiten varios: la superpoblación frente a los recursos limitados, la necesidad de mano de obra en las jóvenes naciones americanas en el nuevo mundo capitalista, la revolución de los transportes —barcos más grandes y rápidos—, la deserción militar, muy evidente durante la guerra de Marruecos —como cuenta Laura Casielles en *Arena en los ojos*, quedaba exento de ir a África quien pagaba 1500 pesetas, un peaje de clase imposible para el campesinado gallego—. Más allá de estas explicaciones coyunturales, el motor profundo fue la necesidad, la subsistencia, la injusticia y, adosada, la promesa de un mundo mejor del otro lado. La emigración no atiende a desconocidos poderes telúricos, tampoco a mandatos atávicos, sino a la desigualdad económica, y evidencia el proyecto fallido de país. Se desarrollará, a su manera, en el exterior.

La cultura migratoria, intrapeninsular desde los siglos XVII y XVIII —arrieros y ambulantes en Portugal o Andalucía, temporeros en Castilla—, se amplió cuando en 1764 se abrieron los correos marítimos de A Coruña, y algo más tarde en Vigo. La salida al mar se popularizó casi un siglo después, y disparó las salidas desde una tierra en régimen feudal, sin apenas industria ni burguesía. El proceso, según Ramón Villares, insertó a Galicia de refilón en el capitalismo como fábrica de fuerza de trabajo.

Como sucedía en Irlanda, en principio las migraciones estaban sujetas a la meteorología y la cosecha. O se pedía misericordia a Dios, como el arzobispo de Santiago en 1853, *o ano da fame*, o se tomaba el barco. Las leyes migratorias fueron, en general, restrictivas con la boca pequeña, y cuando se generalizaron las remesas, desde el poder se miró aún más para otro lado. En un país que entonces estaba superpoblado, quizás no era tan malo aliviar el peso de las familias supernumerosas. Si los desplazados mandaban dinero, se mantenía la paz social en un país pobre, como denunciaba Castelao en *Sempre en Galiza*.

En los años veinte se logró un cambio fundamental en la ordenación de la propiedad, al decretarse la redención de los foros, o sea, el final del régimen por el que un rentista cedía el dominio útil de la tierra al campesino a cambio de una renta o una participación en especie de la cosecha. El sistema había condenado a la subsistencia y había perpetuado el aislamiento: las revoluciones industriales pasaron de largo. La redención no hubiera llegado a puerto sin las remesas de la emigración, primero para la lucha agraria y luego para comprar las tierras desaforadas.

Ya operaban para entonces las cadenas migratorias, una estructura en red con efecto pegamento, *networking* tejido desde la aldea. Se iba tirando del dedo meñique de un hermano, a su vez enganchado por el dedo gordo del pie al siguiente primo, al suegro y al vecino, y así aterrizaban y prosperaban u optaban por la reemigración (concepto que implicaba mudarse a otro país americano, nada que ver con la *remigración* que hoy usa la ultraderecha europea como nefando eufemismo de deportación).

El antropólogo sueco Staffan Mörling se instaló en los años sesenta en la Illa de Ons, en la ría de Pontevedra. Allí descubrió una reserva virgen de la cultura gallega. Cuando le preguntaron por qué había elegido este finisterre para estudiar, Mörling frenó en seco al interlocutor y nos dejó, a nosotros pobres terrícolas acomplejados, un legado en dos frases: «Galicia no es el fin del mundo. Galicia es el centro del mar». Por ahí transitaron millones de vidas hacia la diáspora. Y en ello también tuvo mucho que ver la burguesía migratoria de A Coruña y Vigo, como señala Alexandre Vázquez, formada sobre los rescoldos del esclavismo, con barcos reconvertidos en naves de emigrantes. Esas oligarquías, subraya Isidro Dubert, eran esclavistas sin esclavos, un lleva y trae de carne humana, un instrumento para ganar dinero a través de navieras y consignatarias con sus propios personajes populares.

Los ganchos o *garroteiros* de esas empresas propagaban las bondades de hacer las Américas, engatusaban a los indecisos, facilitaban los papeles, daban créditos para pasaje y ropa, también para las pensiones al llegar, e incluso les daban, o les prometían, un contrato de trabajo. Ellos eran el primer eslabón de salida del «camiño bretemoso», que llamó Xosé Neira Vilas.

En los viajes hay relatos de timadores clásicos, de los de dar el cambiazo de billetes por papeles, y otros más creativos, como los que colaban ilegalmente en barcos hacia América que en realidad solo iban a Portugal, o los que subían a los incautos en unas barcas y los bajaban en Cíes engañados. Los buques, lujosos en primera clase, vestían otra realidad para los emigrantes. La tercera clase a la que estaban destinadas las primeras oleadas tenían camarotes en las bodegas con diez y veinte literas, sin comedor ni mesa, llenos de buscavidas y pillos, y por supuesto polizones a puñados.

Al llegar al otro lado, la tierra permanecía presente a través de la nostalgia y la melancolía por el desarraigo. Algo así es la morriña, la *saudade*, una añoranza envuelta en el recuerdo traumático de algo que ya no vuelve. En la diáspora operó una romantización de la tierra de origen llevada al extremo, una arcadia idílica sobre la realidad de *toxos* y barro. La morriña ayudaba a enfrentar contrariedades en el nuevo destino; lo que se deja atrás es lo mejor y conviene echarlo de menos para enfrentar el duro día a día. Era el arraigo al borde del precipicio, el clavo ardiendo, con una pizca de culpa añadida: por qué me marché y abandoné la tierra. Y así pasan generaciones.

El «Punto Jonbar» define en la ciencia ficción al momento exacto en el que la realidad pierde pie y se transforma en alternativa para convertirse en ucronía. Desde ese punto se desarrolla un eje paralelo y un mundo divergente. Salvando distancias, algo así ocurre cuando un visitante entra en cualquiera de los cientos de centros gallegos en América, lugares suspendidos en el vacío que guardan las esencias del pasado. Mecanismos solidarios desde el minuto uno, los centros ejercieron de punto de encuentro parroquial como transposición de la sociedad original. Afloraban como setas, cada uno atado a su parroquia de ultramar. Según el profesor Núñez Seixas, entre Cuba y Argentina sumaban quinientos centros en 1936. Aún hoy hay más de cincuenta solo en Buenos Aires. En ellos, a lo largo de todo el continente, se sentaron las bases de la galleguidad, dieron refugio a los exiliados y perduraron en el tiempo como embajadas culturales.

En los centros también operó cierto minifundio mental: los desencuentros derivaban en escisiones y fracturas dentro de la colectividad, pero todos ayudaron al cambio que supuso para millones de personas pasar de los zuecos al asfalto en quince días. La emigración es un tránsito de la aldea a la ciudad, da igual en el éxodo interior, el peninsular, el europeo o, por supuesto, el americano. Sostiene Villares que la urbanización del país se dio en La Habana, Montevideo o Buenos Aires antes que en A Coruña o Vigo, mágica extravagancia.

La Televisión de Galicia inauguró sus emisiones el 24 de julio de 1985 con la emigración. En *Mamasunción* (1984), el cortometraje de Chano Piñeiro, Asunción Racamonde, una anciana de una aldea de la montaña ourensana ve pasar los días repetidos a través de las agujas del reloj, sola, en una rutina triste y estéril. Todos los días va al correo, como el resto de la aldea, pero es la única que nunca recibe carta de su hijo, emigrado en México. Un día al fin llega (a partir de aquí, *spoiler*): «Querida madre. Ya pasaron muchos años de vida dura para todos nosotros. Tuvimos que arrastrar nuestros cuerpos por el mundo para comer un trozo de pan o dormir a cubierto. Mi sueño era regresar, pero con dinero, traje nuevo, corbata y el mejor coche que hubiera. Ahora, después de cuarenta años se va a cumplir».

Y en un anexo, sin anestesia, le explican en un texto mecanografiado en perfecto castellano: «Enviámosle carta manuscrita que su hijo nos dejó el mismo día que falleció. En breve tramitaremos la herencia que a usted le pertenece, que debido a su gran volumen tendremos que enviarle en distintos plazos. Atentamente, el consejo de administración de Racamonde S. A., México DF». Días después, se presenta el alcalde y, frente a los vecinos, le entrega un maletín repleto de dólares, como parte de la herencia de su hijo. Asunción sube rauda a su casa y cierra la puerta. Los vecinos suben a aporrear a la puerta persiguiendo el rastro del dinero. Pero es demasiado tarde: ella está quemando los billetes en la *lareira*. La ausencia de su hijo no la paga ninguna herencia.

Decía el profesor Beiras en los años setenta que la inexistencia de capitalismo en Galicia no era fruto de una «inhibición de iniciativa», sino de falta de un entorno adecuado. En eso la diáspora parece darle la razón, y la mayor evidencia es el ahorro. Céntimo a céntimo, peso a peso, dólar a dólar, llenaban el colchón. En cuanto podían, se asociaban con otros paisanos y compraban un negocio que se iban dividiendo en fracciones hasta lo infinitesimal. Pero el método también traslucía una visión heredada del minifundismo de su país, la cultura de la partición extrema, sean las propiedades familiares o un postre compartido: siempre hay un pedacito más para cortar, por ínfimo que sea.

Narra Neira Vilas en uno de sus cuentos de emigrantes la vida de una gallega en Argentina que va al banco a retirar sus dineros para comprar una finca, mínima en los estándares americanos, pero de sobra para ella, piensa, a las afueras de la capital. Utiliza su día libre para trabajar la tierra, hasta que pueda venderla para volver a la aldea. Así era la lógica de muchos desplazados, pero los que conseguían más excedente mandaban remesas, que permitieron un equilibrio contable fundamental, un Plan Marshall privado, como lo llamaron algunos, financiado por hormiguitas anónimas al otro lado del océano.

Como una fórmula no escrita de alquimia financiera, todos repetían patrón en la gestión de su dinero. Dividían la caja en cuatro partes; dos de ellas se reinvertían, preferiblemente en otro negocio para diversificar: así se gana menos en el que te va bien, pero seguro que no te arruinas si alguno de los otros va mal. Otra cuarta parte era el gasto cotidiano, la caja chica. Y la última parte era el ahorro neto, el que ni se gasta ni se invierte, el *peto*. Había quien se hacía con oro. Otros lo guardaban en el colchón hasta que creían tener la vida asegurada, sin demasiada conciencia real de todo lo que habían ganado pero con todo el pánico a vivir como antes. Con el tiempo, la mayoría prefirió ponerlo a recaudo en su tierra. La diáspora daba dinero como se echa carbón a una caldera y, además, no daba problemas.

Desde el siglo XIX los giros de los gallegos americanos representaban un alto porcentaje del total de divisas que llegaban a España. En 1910, casi una cuarta parte del total —por entender la importancia de la emigración, también ese año el cuarenta por ciento de las cartas certificadas llegadas a España iban destinadas a Galicia—. A eso se sumaba el dinero que llegaba por vía directa, en un maletín de vuelta en el barco, como quien lleva un paquete de folios —en esas oleadas era común ir y volver a América varias veces—. Más cerca en el tiempo empezaron a cambiar moneda local por *traveller's cheques* en divisa (*os trívilis* en la jerga del emigrante), que les permitía cambiarlos en España como turistas. Pero la mayoría ya usaban transferencias que terminaban en una cuenta de no residente, aquellas que, al amparo de la ley, las puede abrir —sin tributar— quien vive más de la mitad del año en el extranjero. Y con ese dinero cada uno se construye o se compra una casa en la aldea o un piso en la ciudad, dos locales, tres garajes o cuatro coches, no hay límite.

Félix García Yáñez calcula en el libro *Caixa Ourense (1933-1999). Sete décadas de aforro popular provincial* que en la década de 1960 emigró el cincuenta y seis por ciento de los ourensanos entre dieciocho y cuarenta años: una generación entera entre Europa y América aportando remesas millonarias que pasaban por la Caja. En consecuencia, la entidad ocupaba el primer puesto en España —entre 87 cajas de ahorro— en depósitos procedentes del extranjero y la segunda en saldo medio por cuenta corriente. El torrente de dinero corría por los circuitos bancarios por millones. Cuentan los emigrantes en Venezuela que movían tal cantidad de billetes que Caixa Ourense les mandaba toneladas de castañas y cientos de litros de vino para hacer magostos, regalo insuperable y directo al corazón. A cambio, critica Yáñez, todo ese capital sirvió para sustentar el poder económico (y político) a través de inversiones dirigidas a empresas y emprendimientos urbanísticos en vez de promover un desarrollo productivo integral.

La pregunta del millón sería cuál ha sido la aportación de ese torrente financiero a la economía gallega. Parece imposible cuantificarlo porque nadie va a decir cuánto ganó ni dónde está su dinero, si es que no se ha convertido ya en ladrillo. «Hay una gran cantidad de gente con mucho capital —cuenta un empresario en México— de los que no se conoce ni el nombre. Un cliente mío dice que los judíos y los gallegos somos primos hermanos, puro ahorro e inversión. Pero ellos hacen *lobby*, nosotros no».

Castelao condensó con maestría en un microrrelato la esencia de otro trauma de la emigración: el retorno. Se llamaba *O Pai de Migueliño* y presentaba a un niño que iba a recibir al padre a quien no conocía al puerto. Se fiaba de un retrato y de lo que le habían contado de él y pensaba que era uno de esos atildados *americanos* de traje y sombrero de pajilla. Dos veces se equivocó de padre, hasta que vio al fin a uno que abrazó a su madre. «Era un hombre muy flaco, metido en un traje muy flojo; un hombre de cera, con las orejas fuera de la cabeza, con los ojos hundidos, tosiendo... Aquel sí que era el padre de Migueliño».

El fotógrafo Virxilio Viéitez, un *migueliño* huérfano de vivo, con padre emigrado en Brasil y criado entre su madre, sus tías y su abuela en Soutelo de Montes, Pontevedra, trató de salvar la distancia temporal con retratos de los que se quedaban —de vivos y también de muertos—. Estos se enviaban a los emigrados para que los tuvieran presentes. Su fotografía más famosa es la de una anciana sentada en la aldea junto a una radio que había comprado con el dinero que le envió su hijo desde Venezuela. El retrato se lo pidió ella a Virxilio para adosarle a una carta y que su hijo estuviera informado ante una eventual vuelta.

«La distancia entre volver o no volver es el éxito: si no haces dinero, no vas en la vida», me decía una emigrante en Panamá. O si regresaban sin nada, lo tapaban como podían, como la leyenda de los que decían que se les había caído la maleta al mar con todo el dinero dentro. En cambio, los que hicieron las Américas, de los indianos en adelante, vuelven con todo, da igual los mexicanos en Avión o los brasileños en Santa Comba, «un cementerio en invierno y Mónaco en verano», como bromea un retornado de Brasil. «Aquí el reloj solo puede ser Rolex y el coche solo Mercedes. El resto es una porquería».

Otros regresaban con lo justo para mantenerse con unas rentas y, aparte, montaban un negocio hostelero, repitiendo la pauta que habían hecho allá, con referencias a la tierra natal. Si se busca Hotel Riazor en Google Maps aparece el de A Coruña, pero también otros muchos esparcidos por América: en Santo Domingo, Río de Janeiro, Mar del Plata, Caracas, Panamá, Ciudad de México, Guadalajara. Es un ejemplo que también ocurre al revés con los negocios de retornados, otro clásico, a los que nombraban con el lugar adonde habían emigrado: Mar del Plata, Lanús, Buenos Aires, Quilmes, Montevideo, Punta del Este, São Paulo, Maracanã, Caracas, Maracaibo, Veracruz, Habana. Galicia es un libro de geografía que se lee en los letreros de los bares —luego amplificado por los emigrados en Europa—. No solo era un nombre: los retornados traían una gastronomía que no se veía en otros lados. Como con la música tropical de las verbenas, llevábamos ventaja y no lo sabíamos.

En A Coruña, ejemplo de proximidad, conocimos los sándwiches de miga argentinos en Ferrio o los chivitos uruguayos en El

Emporio de los Sándwiches. La pizza llegó en los setenta gracias al Nuevo Santa Cruz, de emigrantes en São Paulo. Como no había mozzarella, la hacían con *queixo do país*. También probamos las primeras cervezas en el bar Quilmes y los primeros cócteles en un cuchitril hermoso de la Cidade Vella llamado O Rei das Caipirinhas, donde un señor sin pinta de monarca y mucho menos de brasileño servía brebajes aprendidos en la ciudad que brillaba en un póster sobre la barra, Río de Janeiro.

El callejero mantiene un sinfín de referencias —Tortoni, Copacabana, Colón, Caracas, Mar del Plata— y se mezcla con los carteles de los recién llegados: en los mapas actuales de la inmigración, Galicia resalta como el gran refugio latinoamericano, por una mayoría de descendientes que eligieron destino en la tierra de sus padres y abuelos y hoy sostienen el crecimiento vegetativo del país.

Visitar Dublín permite admirar la conciencia de un pueblo por su pasado. El museo de la emigración, llamado con acierto Epic, explica al visitante la importancia de la diáspora irlandesa en el mundo, pero lo que toca la fibra está a la salida, con el monumento a la hambruna —la *Great Famine* o *An Gorta Mór*, siempre presente para no olvidarla—, causa de expulsión de millones de personas. Además de preservar la identidad desde la desgracia, el Epic tiene un enorme éxito comercial: año tras año es elegido como principal atracción turística.

En Galicia hay decenas de estatuas dedicadas a la emigración, pero no existe, todavía, un tributo permanente, como tampoco a su icono. La serie de fotografías de Manuel Ferrol está en el Museo Reina Sofía de Madrid, todo un hito, pero a seiscientos kilómetros del puerto donde se tomaron las fotos.

Fui a investigar *in situ* el escenario actual para reconstruir la imagen original, superponiendo las fotos en blanco y negro para tratar de imaginar lo que no hay. Entre los mapas, las herramientas de geolocalización y también la inclinación de la luz sobre los protagonistas creí descubrir el lugar exacto donde lloraban el padre y el hijo. Al fondo sigue estando la verja del puerto con sus columnas. Detrás, la Terraza y el Kiosco Alfonso, sin árboles. En vez del Atlantic Hotel, está el Hotel Atlántico, mamotreto de primera. En ese punto exacto el paisaje original se ha deshumanizado por completo: una carretera de cuatro carriles, una acera de cemento liso sin gracia y, al girar la mirada hacia el mar desde ese mismo adoquín, la nada, porque lo tapa el vértice anguloso de un edificio moderno, donde cada fin de semana se agolpan los jóvenes para entrar a locales nocturnos.

Los adolescentes coruñeses de los noventa disfrutábamos allí de conciertos y exposiciones, pero en un edificio de una planta y paredes verdes que llamaban Estación Marítima. No imaginábamos que allí, entre lágrimas y maletas, se había escrito nuestra historia contemporánea, porque no había ni un recordatorio. Pero al menos se conservaba el edificio. La cosa se torció más durante la interminable alcaldía de Francisco Vázquez. En el 2000 anunció un proyecto que llevaría a la ciudad directa al futuro, un gran centro comercial y de ocio junto a un palacio de exposiciones y congresos llamado Palexco. «Mascarón de la ciudad». «La Ópera de Sydney». «El Guggenheim coruñés», se podía leer en la prensa de entonces. El proyecto elegido por concurso resultó un despropósito. Así lo estimó el Tribunal Superior de Xustiza de Galicia, que declaró irregular el concurso del puerto y lo tildó «como la peor de las propuestas», que «se opone a la normativa y a la vida urbana» causando «una barrera visual», que supone «la pérdida de una ocasión única para la ciudad». Hasta el propio alcalde le bajó el pulgar: «Está hecho al revés». Pero ahí sigue.

El conjunto arquitectónico, llamado Alas de Gaviota, es una cortina de vidrio y acero que tiene el increíble mérito de haberle robado el mar a una península y que además corta el cordón emocional con la emigración, con un subrayado simbólico: de donde salían aquellos barcos atracan desde entonces —y cada vez más— enormes cruceros en el Muelle de Trasatlánticos.

El centro comercial, abierto en 2005, muestra una estampa de abandono, vacío y oscuro, con la excepción de unos cines y un polo de ocio que monopoliza la oferta nocturna de los jóvenes coruñeses. Sin saberlo, bailan enlatados sobre las mismas grúas que cargaban aquellos barcos de sus abuelos. Quedan, escondidos junto al lugar de la foto del niño y el padre, 59 metros del muelle original, redescubiertos por el periodista Rubén Ventureira. En ellos se conserva una escalera de piedra sin uso que acaba en el mar, otra metáfora demasiado evidente.

Un estudio encargado por el Concello a la Universidade da Coruña propuso en 2020 demoler el edificio para reordenar la fachada marítima de la ciudad. Por primera vez se sopesa su derribo, y entonces brotan en la cabeza mil ideas para exponer, divulgar y compartir en esos muelles, imágenes que nos ayuden a entendernos a nosotros mismos y a que nos entiendan los que nos visitan. Resulta sencillo imaginar un espacio dedicado a la diáspora integrado en el puerto, en ese mismo punto de la foto de O Jurjo y Chanquete, que, elevada a monumento, sirva de fachada a miles de historias anónimas, cimientos de nuestra epopeya atlántica.

Desde aquí proponemos ubicar allí un centro cultural que lleve el nombre de O Esquecemento (El Olvido), palabra tan nuestra, presente incluso en el himno gallego, por cierto, concebido y estrenado en América. Cada día que pasa sin hacerlo es un día perdido. Las alas de gaviota pueden caer y no pasa nada. La memoria, en cambio, si vence al olvido, es eterna.

1
CUBA

La Habana estaba más cerca que Madrid, en términos sentimentales y también reales

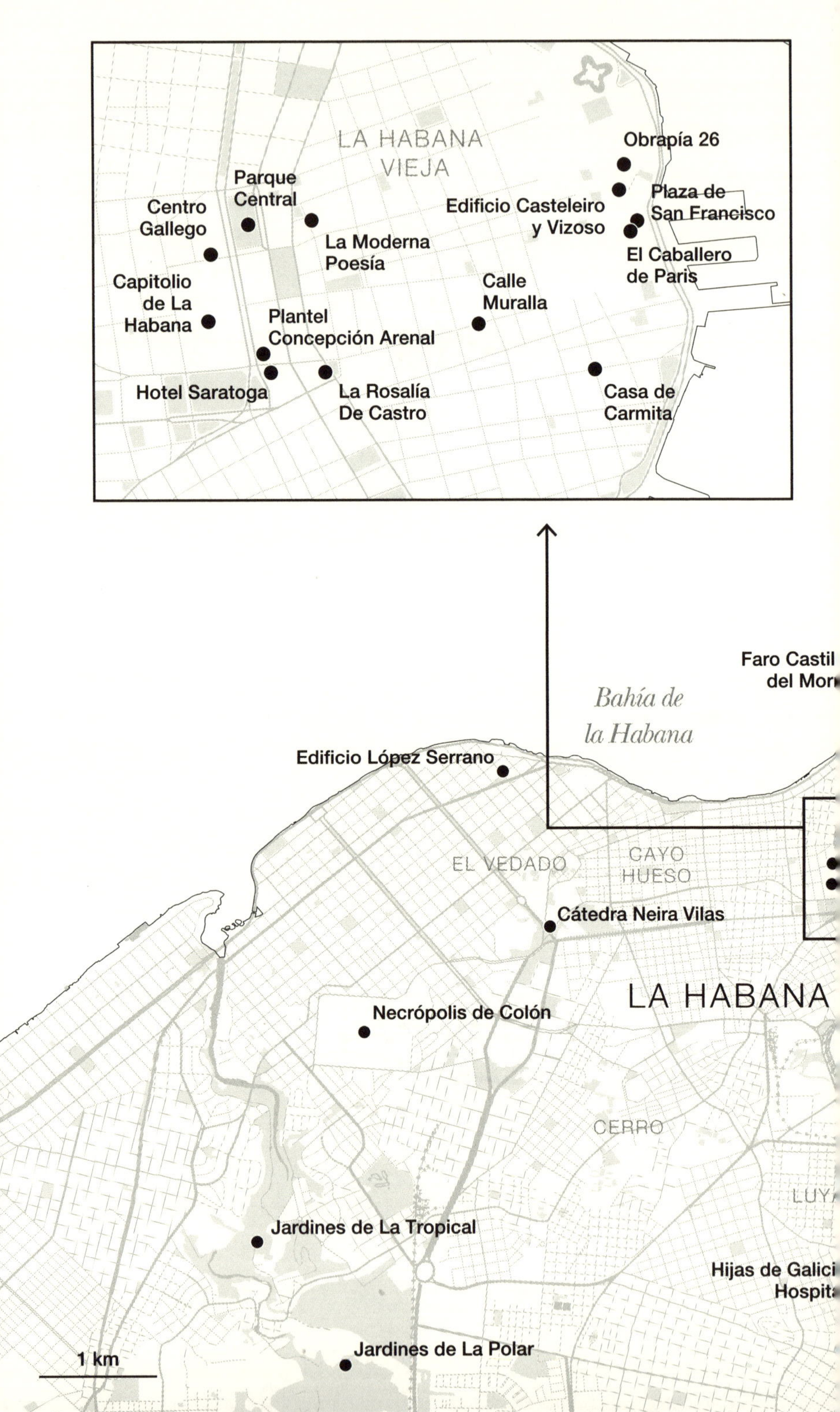
LA HABANA VIEJA
Obrapía 26
Parque Central
Centro Gallego
Edificio Casteleiro y Vizoso
Plaza de San Francisco
La Moderna Poesía
El Caballero de Paris
Capitolio de La Habana
Calle Muralla
Plantel Concepción Arenal
Hotel Saratoga
La Rosalía De Castro
Casa de Carmita
Faro Castil
del Mor
Bahía de la Habana
Edificio López Serrano
EL VEDADO
CAYO HUESO
Cátedra Neira Vilas
LA HABANA
Necrópolis de Colón
CERRO
LUY
Jardines de La Tropical
Hijas de Galici
Hospit
1 km
Jardines de La Polar

Mar
Caribe

COJÍMAR
La Terraza
de Cojímar
CAMILO
CIENFUEGOS
rtaleza
San Carlos
la Cabaña
CASABLANCA
GUITERAS
Cristo de
La Habana
Triscornia
Barrio
de Peixiño
REGLA
GUANABACOA

Colón es nombre de necrópolis

Una cuadrícula de calles se extiende bajo el sol en El Vedado. Corre una leve brisa, pero la humedad se pega a la ropa al caminar por la avenida central, jalonada por grandes ficus de larguísimas raíces, algún mango, siempre palmeras. En la lejanía se dibuja la silueta del monumento de la plaza de la Revolución. En primer plano, una gran capilla, secundada por construcciones de piedra renegridas. Apenas se ven coches, solo algún Lada o algún jeep ruso, que dejan a su paso volutas de humo espeso. Estamos en La Habana, pero lo que me rodea no es la ciudad de los vivos, sino el cementerio de Colón, el más importante de Cuba y, también, el más grande de Galicia.

La necrópolis —su nombre oficial— es un derroche de obras artísticas, con tumbas de mármol, otras con esculturas, todas con flores caídas, que le da al lugar un aire decadente y evocador a la vez. Al final de una calle lateral aparece un panteón más grande que una iglesia, con campanario y una escalinata que marca el camino a la puerta, presidida por esculturas religiosas de tamaño natural. Sobre ellas, unas letras enormes: «Naturales de Ortigueira», y el escudo de ese *concello* coruñés en el frontón.

Al entrar baja la luz y el calor. El edificio, de planta alargada, tiene dos pisos hacia abajo. Entre ellos, respiraderos que dejan pasar la luz tamizada. En el último sótano hay cinco mil osarios, y en los dos pisos superiores, unos setecientos nichos. Todo ellos, de emigrantes. Muchos lucen flores de plástico: las naturales, metidas en agua, están prohibidas para evitar los mosquitos. Casi todos tienen aspecto modesto; algunos solo un número y un nombre apuntado junto a una foto. En los pasillos, un rápido vistazo a los apellidos de los muertos mete al visitante directamente en Galicia: Camiña, Soto, Alvariño, Castrillón, Seivane, Valladares, Mariño, Cancela, Piñeiro.

Cerca de la puerta está sentado Manuel, el cuidador del edificio, unos sesenta y cinco años, ropa informal. Está concentrado anotando un nombre con letra abigarrada en el libro de nichos. Junto a él, un bodegón variopinto: la pintura de un Cristo, una nevera antigua azul corroída, una gorra de Cuba colgada de la pared, unos mástiles con las banderas de Cuba y Galicia y al lado una escoba apoyada que se confunde con las astas, como un juego visual. Cuando termina, Manuel me imparte una conferencia de sociología de la diáspora en cuatro frases.

—Uy, aquí vienen gallegos todos los días. Nacidos allá, muy pocos. Si vienen, ya van directos al nicho —y hace un gesto gracioso chasqueando la lengua—. Pero los hijos o nietos son gallegos igual aunque hayan nacido aquí, ¿no? Eso dicen ellos siempre.

Según llegaban, los emigrantes de las mismas aldeas, parroquias o ayuntamientos se agrupaban en sociedades con el nombre de su lugar de origen. Así se dotaban de recursos propios para el ocio, la cultura o la salud, y también se garantizaban un nicho en el cementerio, tan importante como la propia vida en nuestra cultura de la muerte, todavía más en la diáspora: el panteón representa una vuelta simbólica a la tierra. Hay decenas de miles de gallegos enterrados aquí —los cálculos más bajos hablan de cincuenta mil, los más altos de doscientos mil— y su distribución ha seguido la dinámica fragmentaria de los vivos. 37 emigrantes fundaron en 1871 la Sociedad de

Beneficencia de Naturales de Galicia. Hoy brilla en elegante *art déco*, de mármol negro, el más bonito, quizás, de todo el camposanto. De ahí en adelante todas las sociedades compitieron por tener un *chalet* a la altura. Porque *os defuntiños* siempre pueden volver y preguntar por qué no les dieron el mejor reposo: Cedeira y su partido, Riotorto, Partido judicial de Arzúa, Hijos de Pastoriza, Ferrol y su comarca, Liga Santaballesa, Progreso de Lanzós, San Simón y Samarugo, Roupar y Lousada. Y así hasta llegar a 58 sociedades. En esta necrópolis se podría dibujar un mapa de la toponimia gallega.

El arquitecto Calixto Loira, de Ferrol, lo proyectó en 1871, y también lo estrenó: falleció al poco de iniciar su construcción y fue su primer inquilino. Loira dejó su huella en la rejilla de calles, del tamaño de cincuenta campos de fútbol, la capilla del centro o la fachada majestuosa de cantería y mármol. Él lo dibujó todo y los emigrantes labraron la piedra, igual que otros, jardineros de A Estrada, A Ulla, Carnota y Celanova, cuidaron sus árboles y flores coloridos.

Entre sus tumbas más selectas destaca una por su llamativa escultura de mármol en forma de lira: «Ramón Armada Teijeiro. Cantor da terriña». En la peana, los títulos de sus obras, grandes éxitos de la Galicia habanera: *Milicroques*, *Aturuxos*, *Caldo de grelos* y *Non máis emigración*, pieza lírica dramática que ya en 1885 elevaba un grito con poco predicamento, pues durante décadas siguieron llegando gallegos a las costas cubanas. Muchos de ellos se quedaron para siempre en Colón.

Esclavos blancos

En 1837, once años antes que la línea Barcelona-Mataró, se inauguró el primer ferrocarril en la isla, territorio español de ultramar. El azúcar era la locomotora que tiraba de la economía y necesitaba un medio de transporte solvente para abaratar tiempos y costes entre las plantaciones y los ingenios, justo cuando la curva de cifras de esclavos se empezaba a achatar por las incipientes presiones abolicionistas. Pero el camino de hierro había que construirlo y allí acudieron africanos, chinos, antillanos, también canarios. Y gallegos. Las condiciones eran pésimas, entre la insalubridad, los horarios y la paga, pero aun así se formaron cuadrillas de emigrantes, por más que el coste fuese, como se dijo, de un muerto por cada traviesa colocada en la vía.

La elite criolla se frotaba las manos. Su temor a una revolución de exesclavos, como sucedió en Haití, se rebajaba al ver la llegada de mano de obra del Viejo Mundo. La idea era blanquear la isla con colonos europeos, aunque fuera en régimen de esclavitud encubierta. En 1854, el ourensano Urbano Feijoo de Sotomayor puso en marcha un proyecto para importar a miles de trabajadores. Le dio el rimbombante nombre de «Compañía Patriótico Mercantil de ayuda a Cuba y salvación de Galicia» y le atribuyó esta premisa: «Doscientos mil gallegos que emigran a Portugal y provincias meridionales y del centro de España en solicitud de trabajo [...] son materia apropósito para surtir de brazos baratos a esta isla y a nuestro gobierno de gente leal».

Dicho de otra manera, poner a blancos de cierta fortaleza física a trabajar en ínfimas condiciones en la zafra, entre mosquitos, enfermedades y demás penurias. A cambio, a los jornaleros se les pagaría el viaje, el alojamiento y la ropa. La realidad fue mucho peor, entre las condiciones infrahumanas y los abusos, como cuenta Bibiana Candia en su novela *Azucre*. Solo consiguió embarcar a 1752 hombres, cuando la intención original era multiplicarlo por decenas de miles, pero entre las bajas y las denuncias, Feijoo cerró la empresa y perdió su reputación. Y aun así fue elegido diputado años después.

Con el comercio de esclavos restringido por Inglaterra, el flujo de africanos continuó hacia América triangulado por puertos gallegos, lo que pone bajo la lupa a la burguesía comercial de A Coruña y Vigo. Los historiadores apenas han encontrado documentación pública sobre la trata, borrada por arte de magia; solo quedan documentos privados en archivos notariales en los que la huella esclavista se ha difuminado. Pero siempre está la ficción para rescatarnos.

Lino Novás Calvo vivió de migración en migración. Nacido en 1903 en Grañas do Sor, Mañón, A Coruña, llegó a Cuba con dieciséis años y trabajó de carbonero, chófer, dependiente y hasta boxeador, como en las buenas biografías. Autodidacta en las letras, en los años treinta se trasladó a Madrid, donde publicó *El negrero*. En la guerra civil se empotró con el Ejército republicano y luego volvió a La Habana. Traductor de Hemingway, Steinbeck y Faulkner, maestro del cuento y el relato corto, no eligió escribir una novela de emigrantes, sino de algo mucho más doloroso. Él hurgó en el trauma colonial del esclavismo.

En *El negrero* cuenta la vida novelada de Pedro Blanco Fernández de Trava, un huérfano de Málaga que se sumerge en un torbellino de aventuras en el mar persiguiendo una idea terrorífica: ser traficante de esclavos. Con esa premisa, una trama atrayente y una documentación prolija, retrata la esclavitud a través de un personaje sin escrúpulos. Aunque Novás salió a Estados Unidos tras la Revolución, el libro permanece en el programa educativo cubano. Adonde no volvió fue a su tierra y la de miles de paisanos esclavizados antes de la emigración masiva.

«Gallego»

—Mira, sin la presencia gallega Cuba no sería lo que ha sido. No tendríamos un tendido eléctrico, ni una carretera central de mil y pico de kilómetros, porque la construyeron ellos, no tendríamos la gastronomía que tenemos. Los gallegos levantaron con su sudor la economía desde inicios de siglo XX y lo siguieron haciendo sus hijos.

Lo ha dicho de corrido sin dejarme abrir la libreta, como quien ya sabe lo que le van a preguntar, al poco de tocar el timbre de su casa en El Vedado. Habla Miguel Barnet, autor de *Gallego*, la novela-testimonio que pinta un fresco histórico a través de un emigrante. En su empeño por resignificar los estereotipos, había escrito dos libros sobre el negro y la mulata y ahora le tocaba al gallego para completar el trío representado en el teatro popular cubano. De ellos salía todo, dice Barnet recostando sus ochenta y tantos en la mecedora. Ventiladores de techo al trantrán, pinturas naíf, contraventanas venecianas y una mesita de café con libros, figuritas y un abanico. Con la camisa abierta y sandalias con calcetín, gafas ahumadas y ni un pelo en la cabeza, vuelve a hablar como una catarata en época de lluvias:

—Una vez Camilo José Cela me dijo: ¿por qué no escribiste de un intelectual? No, don Camilo, soy antropólogo, a los intelectuales de allá ya se les conoce. Yo estoy haciendo la historia de la gente sin historia, los pobres de la tierra, como decía Martí. Los hombres venían muy jóvenes, los quintos en la guerra de independencia, como el tío de mi madre. Y en las mujeres el arquetipo no era Rosalía de Castro; era la criada de cachetes rosados, simpática y trabajadora. Pero ni ellos ni ellas tenían la picaresca criolla, y los tenían como *botonzos* (bobo, tonto y zonzo). Que no lo eran, claro, pero estaban en tierra extraña y tenían que adaptarse, su gran virtud.

Gallego presenta a un joven llamado Manuel Ruiz que sale a hacer las Américas tentado por los *ganchos* de las navieras y las grandes compañías: «Allá habían hecho una campaña diciendo que las mulatas esperaban al emigrante en el puerto y se lo llevaban a tomar ron», se dice en el libro. En cuanto pisa tierra firme, Manuel es pasto de los chistes: «¡Ahí va un *galleguíbiri*!» le dicen, aún con la maleta y las *zocas* de madera en los pies. El recién llegado se va a vivir a un solar —una vivienda colectiva— en la Timba, la trasera de El Vedado, poco más que un *lleguipón*, (llega y pon), un barrio informal de carboneros. Pronto Manuel prospera porque trabaja en todo lo que se le cruza: estibador, dulcero, tranviero, carpintero, y empieza a mandar dinero a su familia: el retrato del emigrante. Por eso siempre le preguntan al autor si el personaje es real. Y siempre contesta lo mismo.

—Si te digo que conocí a Manuel Ruiz te miento; es una composición de todos esos personajes tan admirables que conocí. No estaban en su tierra, eran extranjeros, y además hablaban otra lengua y se integraron —suena, a volumen ascendente, el pregón de un tamalero a la puerta de su casa. Cuando se va desvaneciendo, vuelve a hablar, como si el lapso le ayudara a pensar la frase definitiva—. Mira, yo creo que hubo dos migraciones aquí con un proceso de adaptación al medio muy profundo: los chinos y los gallegos. Y estos últimos no tuvieron reparo en mezclarse, ¡no como otros!

La Habana, 1915. El bullicio de la capital no para, de la mañana a la noche. La gente y la música se mezclan con los pregones de los vendedores ambulantes. Carboneros gallegos venden el género recorriendo las mismas calles que han construido, adoquín a adoquín, camineros coterráneos. Conducen carretas de ruedas gigantes tiradas por una mula, sobre las que transportan sacos de veinte kilos y bolas de bosta seca para encender el fuego en las casonas elegantes. También ofrecen al menudeo para quien no puede pagar más. Andan por allí los carritos de reparto de panaderías gallegas como La Flor de Cuba o Habana Moderna. A un lado y a otro de la calle, paragüeros y afiladores ourensanos, que se distinguen de los autóctonos o los chinos en que son los únicos que no se detienen para vender: andan, chiflan, afilan, siguen. Hay zapateros remendones y de los que venden género nuevo, ferreterías, carpinterías. Y ropa: sombrererías, camiserías, las tradicionales tiendas de telas de la calle Muralla, monopolio junto a los asturianos, quebrado a partir de la llegada de refugiados judíos.

Abundan las joyerías y las mueblerías, las cantinas y, sobre todo, las bodegas, tiendas de víveres mezcla de ultramarinos con cantina, con bebidas y comida a granel, donde se vende de todo y se dibuja la imagen tópica del bodeguero ahorrador —por no decir agarrado—, desconfiado pero simpático, de ropa raída, trabajo por tres y sueño a deber en los catres de la trastienda. Pasan por allí los canteros de las sierras pontevedresas, que aquí construyen los grandes edificios de La Habana, incluido el palacio del Centro Gallego o el Capitolio. Se lo dijo Curros Enríquez a un amigo en una carta: «Desde que se abolió la esclavitud, el gallego es el esclavo del ingenio, el que barre las calles, el que limpia las cloacas». En el aluvión entran también sindicalistas y anarquistas: la primera huelga general la organizan emigrantes del gremio de albañiles; también grandes movimientos en las fábricas de tabaco, allí y en Tampa, el otro gran centro tabaquero del otro lado del estrecho de Florida. Otros apuestan por las ciénagas y los cayos de la isla para trabajar el carbón casi en exclusiva: salían de Galicia pero no del monte.

La circulación de información y solidaridad financiera entre familias y vecinos dibuja un sendero de dirección única hacia la isla, visible en comarcas específicas: As Mariñas y Ferrolterra en A Coruña, A Mariña y Terra Cha en Lugo, A Barcala y Val do Ulla en Pontevedra —igual que A Guarda y Cedeira en el flujo a los vecinos Puerto Rico y República Dominicana—. Así se inician los conceptos de red y cadena migratoria: abría el primero la vía y lo seguían los demás, endeudándose para viajar a América, donde recuperarían el dinero con creces, o ese era su sueño.

En 1915 empieza *la danza de los millones*, un lustro en el que se hacen ricos muy rápido unos pocos, un espejismo de prosperidad basado en el monocultivo de azúcar, agotado tan rápido como se creó, en una dinámica opuesta a la sociedad de subsistencia de los que llegaban, estática como los plomizos cielos de la aldea. Es el momento álgido de la emigración: en ese momento uno de cada diez habitantes de La Habana ha nacido en Galicia. En total, hasta 1960 desembarcan en Cuba un total unos 380 000 gallegos y gallegas, estas en menor medida: empiezan siendo una por cada cinco hombres y llegan a conformar el cuarenta por ciento. Muchas embarcan solteras, abocadas al trabajo doméstico para familias ricas, como manejadoras, crianderas y demás categorías locales: «Hablar de una sirvienta gallega era como hablar de una jefa de plantel. Seguridad y confianza», dice en su libro Miguel Barnet. Eran mujeres de campo, sin instrucción y sin experiencia en la ciudad, mucho menos trabajando para gente acomodada. El choque era inmenso; el abuso, también.

Su inserción laboral va mutando hacia el ramo del tabaco y la costura, mientras los hombres van alcanzando la emancipación con el pequeño comercio. Las bodegas triunfan con su oferta total: venden desde lotería, sin tener que pasar por el barrio chino, hasta vino de O Ribeiro, casi todo importado de Galicia por Jacinto Rodríguez, que ponía anuncios en la prensa en gallego: «Uva do Riveiro» (sic), junto a una botella dibujada y un largo texto con el *claim* definitivo en verso: «*Rapaciña feiticeira / se queres un noivo ter / tes que tomar augardente / de Obrapía vinteséis*», dirección del establecimiento. Los emigrantes también abren cafés, convertidos en punto de encuentro de señores de bigotes y sombreros: el Méndez Núñez, La Vida Alegre, El Cuco o el Europa. Alejo Carpentier decía que el gallego era como un personaje mitológico, «como el emigrante egipcio para los personajes de Aristófanes», que no acababa de hablar bien la lengua y que cuando lo hacía nombraba «lugares misteriosos como Betanzos o Santa Marta de Ortigueira», que echaba de menos sus vinos ácidos y sus romerías, pero que un día «estrenaba el primer traje blanco y eso equivalía a la ceremonia de integración en el país».

Cada uno en su oficio, con su procedencia y su historia, hace de Cuba su país, como el protagonista de la novela de Barnet. El propio Fidel Castro, lector cualificado, aparte de amigo del escritor, le dio su opinión sobre el libro cuando se publicó, en 1981.

—Me llamó una noche a las tres de la mañana, como hacía él, y me dijo: «Miguelito, acabo de leer *Gallego*. Va a tener muchos lectores. Es la historia de nuestros abuelos. Por cierto, ¿quién es Manuel Ruiz?». Ah no, eso ya no se lo voy a decir, comandante, adivínelo usted.

Habana Vieja

Igual que el olvido apela a la memoria, la ausencia se puede volver omnipresente. Le ocurre a Rosalía de Castro en la Cuba gallega, un territorio que comprende toda la esfera emocional del país y se reconcentra en La Habana Vieja. Su nombre y figura está en todas partes, y desborda el imaginario de este mundo invisible. Aquí se editó, antes que en Galicia, *Follas novas,* poemario de la tierra y la emigración, que la convirtió en símbolo incluso antes de su fallecimiento. Cuando eso sucedió, hicieron de ella una santa laica. Pero nunca estuvo aquí.

De la poeta permanece su imagen de mito popular a través de un dibujo póstumo, interpretación libre de su foto más famosa, que hoy me mira desde una pared habanera. La misma Rosalía que llenaba el billete de quinientas pesetas, camisetas y pegatinas y pósters, al estilo Che de Alberto Korda —mirada melancólica pero firme, pelo ensortijado, pómulos marcados por la media sonrisa, traje de chaqueta de los de echarse a hombros un país esparcido por el mundo—, marca presencia en la plaza de San Francisco, muy cerca de donde bajaban los emigrantes del barco, en el antiguo muelle de la Machina, atolondrados por el movimiento de la ciudad, las luces, el ruido y el calor, todavía con la aldea en la cabeza. Allí una placa homenajea los versos de «Adiós ríos, adiós fontes». En ese punto he quedado con Arantxa Fernández Crespo, coruñesa de alma caribeña, presidenta de la Cátedra Galega de la Universidad de La Habana.

Llega apurada, saludando a una mujer y le dice a un vendedor ambulante «no, gracias» en castellano teñido de cubano. La conoce la gente porque ha recorrido mil veces estas calles, cubriendo el itinerario de un tiempo perdido. Arantxa, en la cincuentena pero con la electricidad de una adolescente, se ajusta las gafas cada vez que se le hace una pregunta, preparando la siguiente respuesta de su base de datos mental: lo sabe todo sobre este mundo singular y me lo enseña metro a metro.

Antes de salir de la plaza señala la estatua de un personaje que llegó desde A Fonsagrada, Lugo. Se llamaba José López Lledín, pero para la historia quedó como el Caballero de París, un personaje bohemio que deambuló por estas calles, tan querido que se ganó un monumento. Iba vestido con una capa recitando poemas, hacía arte con hilo de seda y lo vendía a quien se cruzaba con él. Se sabe que llegó en la primera década del siglo, que trabajó en mil cosas y que algún laberinto se le formó en su cabeza. Entró en prisión y de allí salió transformado en caballero. Se dejaba ver en el Parque Central o en la glorieta del malecón, y encantaba a pobres y ricos con sus historias. Decía que sus dominios llegaban de Lugo hasta León, y que llevaba en el zurrón la fórmula escrita para hacer explotar el mundo. Cuando lo consiguieron llevar, ya anciano, al psiquiátrico, pensaba que las enfermeras eran sus ayudantes de cámara. Le diagnosticaron una dolencia asociada al delirio de grandeza. Hoy todo el mundo se hace fotos junto a su barba y su melena esculpidas en bronce.

Un poco más adelante, allí donde se cruzan las calles Oficios y Baratillo, marcando una encrucijada, como corresponde, hay un *cruceiro* de siete metros de altura elaborado por la Escola de Canteiros de Poio, Pontevedra. En la peana octogonal un hombre con gorra se recuesta sobre el escudo de Galicia. Al vernos, dispara una oferta descendente en cinco segundos: «¿Taxi? ¿Cohiba? Si quiere cambiar dólares, también». Frente al *cruceiro*, en la esquina con la calle Lamparilla 4, hay que levantar la vista para admirar el edificio Casteleiro y Vizoso, casi un rascacielos para la época. Allí se ubicaba la sede de un emporio que comenzó siendo una pequeña tienda y se convirtió en ferretería, armería, importadora de maquinaria agrícola y efectos navales. Hoy es un edificio oficial y aloja pisos turísticos de lujo, pero los apellidos se mantienen en el frontal.

—Vizoso era de Franza, en Mugardos, y Casteleiro, de Redes, Ares, mira el dinero que tenían —dice Arantxa observando el edificio en contrapicado—. Estaban comprometidos con la gente de la aldea, montaban cadenas migratorias y les daban alojamiento y trabajo al llegar. Y además se casaron con dos hermanas cubanas, así que también fueron cuñados.

Son los primeros nombres de una nómina por la que circulan hoteles, bares y negocios en las calles más rehabilitadas de La Habana Vieja, como Compostela y Obispo, hasta llegar a una esquina que parece recién bombardeada.

El 6 de mayo de 2022, unas semanas antes de plantarnos allí, una explosión accidental reventó los tres primeros pisos del Hotel Saratoga. Murieron 47 personas. La onda expansiva se llevó por delante una parte de la escuela primaria Concepción Arenal, ubicada enfrente, al cruzar la calle Dragones, del otro lado del Capitolio. El hotel es un esqueleto y la escuela, un conjunto de andamios y carpintería a la vista. Al preguntar cuándo tardarán en volverla a su estado original, un obrero dice que lo que haga falta, porque había orden de restaurar hasta la última astilla. Cada cascote del colegio, ya lo revela el nombre de la intelectual ferrolana, cuenta la historia de la diáspora.

Ese mismo edificio de arcos y balcones, a dos plantas, armónico y elegante, fue la primera sede del Centro Gallego, y allí ondeó la bandera gallega por primera vez en la isla, en 1906, en el mismo lugar donde cuatro años antes izaron la bandera cubana antes que ninguna otra sociedad española tras la independencia. En el Plantel, como le llamaban, se enseñaba a leer a niños y a adultos sin alfabetizar, en línea con la vocación formativa de la elite intelectual que dominaba la institución, por oposición a lo que nunca habían tenido en casa. Había clases de literatura, inglés o matemática y también de dibujo, actuación o declamación. Llegó a tener dos mil alumnos y alumnas —era mixta— y fue una referencia donde se formaron generaciones de gallegos descendientes. Tras la Revolución, siguió siendo una escuela primaria estatal y mantuvo el mismo nombre. Y ahí sigue, tras haber sobrevivido a la tragedia del Saratoga.

A José le decían en su casa de Maside, en Ourense, que por qué no se iba con su primo. Al fin, con dieciocho años, se fue a La Habana. Era 1862. Llegó como cualquiera, sin nada y con ganas de comerse el mundo y también un buen caldo, o eso hacía ver cada día al llegar a la fonda de un paisano para almorzar siempre lo mismo. A partir de ahí empezaron a llamarle Pote, incluso después de haberse convertido en el hombre más rico de Cuba. Las fotos que se repiten de él —pelo ralo y tonsura, nariz recta, ojos ligeramente estrábicos y bigotón peinado hacia arriba— dicen bastante menos que su historia de auge inédito y caída estrepitosa.

Aparte de su gusto por el plato de cuchara, a José le quedó el sambenito de tacaño, de los que no se sabe si gana más por la inversión o por el ahorro. Se decía que vivía en una buhardilla dentro de su palacio, como un monje, sin gastar. No sabemos si hubiera alcanzado la gloria capitalista de no ser por su casamiento con la rica viuda heredera de la librería donde había comenzado a trabajar, o eso se cuenta sin muchas pruebas. El lugar se llamaba La Poesía. Él cambió el nombre a La Moderna Poesía, remozó el negocio y lo expandió como no se había visto. Lo hizo imprenta y editorial, y a todo le puso su sello, literal, *marketing* infalible: su cara impresa en cada cuaderno escolar de La Moderna se hizo imprescindible en todos los colegios.

Según las crónicas de la época, había llegado con cuatro monedas en el bolsillo, y ahora era el modelo de emigrante triunfador en el que todos se miraban. Empezó a poner huevos en otras cestas, apostó por la innovación y reclamó a paisanos de Maside para engrosar la nómina de sus empresas. Así consiguió hacerse con la manzana entera de Obispo, Obrapía, Villegas y Bernaza, y allí ubicó La Moderna Poesía. Por eso se conoce como la Esquina de Pote. En esta misma calle aún se ve hoy una placa sobre la primera fábrica de grabados en acero de Cuba, que él abrió en 1910. En sucesivas jugadas, fue ampliando su fortuna al comprar acciones de empresas en horas bajas: especuló con la compañía de ferrocarriles y ganó, hizo lo mismo con la empresa del gas y luego con el tranvía. En la época de expansión capitalista de Cuba bajo el ala de Estados Unidos, en la *danza de los millones*, siempre iba por delante: llegó a ser el máximo accionista del Banco Nacional y a la vez su mayor depositante.

Desde muy pronto había mostrado su habilidad en la distancia corta con el poder. Durante la guerra con España él apostó a la independencia cubana, y tomó partido especialmente por uno de los generales mambises, José Miguel Gómez, quien llegaría a presidente de la República en 1907 con una campaña financiada por el propio Pote. A partir de ahí multiplicó sus negocios. Tuvo una fábrica de cemento, fue constructor y promotor, compró los terrenos que se convirtieron en el lujoso reparto Miramar, levantó el matadero industrial, controló la Compañía de Finanzas, construyó en hierro lo que se dio en llamar el puente de Pote. También consiguió la presidencia de la Fábrica Nacional de Timbre, con la exclusiva de la lotería, fue presidente de la Compañía Nacional de Azúcar, compró a JP Morgan su porcentaje en el Banco Nacional y se quedó con un capital supermillonario y más de cien sucursales por la isla adelante. Y además fue presidente de la caja de ahorros del Centro Gallego.

Cuando ya no le cabía tanto cargo en la tarjeta de visita, llegó el *crash* bancario a Cuba y se lo llevó con los pies por delante. En un solo año el Banco Nacional suspendió pagos y muchos de sus negocios embarrancaron. De la noche a la mañana se arruinó, o eso decían. El 17 de marzo de 1921 apareció colgado de una sábana en su palacio, pero no dejó ninguna nota escrita. Luego se demostró que mantenía una buena fortuna guardada, así que se dispararon los rumores sobre una muerte no accidental. Su tumba está en el cementerio de Colón. Su hijo siguió sus pasos y levantó el primer gran rascacielos de la ciudad, el López Serrano, sus propios apellidos, sobre la casa donde se suicidó su padre. Y llamó al mismo arquitecto, el también gallego de origen Ricardo Mira, que transformó La Moderna Poesía de su padre en un búnker art déco rompedor en aquel casco viejo ya entonces, y que hoy parece un edificio de la Metrópolis de Fritz Lang en un mundo detenido.

El cascarón vacío

Es como una matrioska de piedra: recargada de adornos y recovecos preciosistas en el exterior, dividida en varios cuerpos con el interior vacío. Si esto fuera una visita guiada de La Habana, al llegar al Prado, y después de explicar el Capitolio, réplica del de Washington, el guía se giraría hacía la derecha y hablaría del palacio monumental contiguo, que alberga el Gran Teatro de La Habana Alicia Alonso, pero el ojo se fijaría en las elaboraciones esculpidas en la fachada, cada una en un sitio estratégico, como una firma que despista al desinformado: son los escudos de Galicia y las cuatro provincias. Ese edificio histórico es, en realidad, el Muy Ilustre Centro

Gallego de La Habana, un símbolo de poder que va más allá de una sociedad de la emigración. Algo así como el Vaticano de la diáspora.

En 1906, los gallegos habían comprado el Teatro Tacón (el más grande y antiguo de la ciudad) y sus construcciones adyacentes. Querían hacer un palacio para el centro, con el teatro dentro, para mudarse así desde Concepción Arenal, donde llevaban ya casi treinta años alojados. Para colocar la primera piedra hicieron traer un bloque de granito llegado de las canteras de Parga. El edificio resultó un palacio suntuoso, de arquitectura ecléctica pero armónica, lleno de vericuetos neobarrocos, cornisas, arcos, torres y esculturas.

En la inauguración una riada de gente elegante inundó el Parque Central, frente al palacio, con vestidos largos y tocados ellas, trajes claros y sombreros de pajilla ellos. A la puerta llegaban las autoridades, hombres de chistera y frac. Niños con gorra y pantalón corto admiraban a los *gaiteiros* de traje tradicional amenizando la previa frente al nuevo edificio, que albergaba un teatro de mil quinientas butacas. Desde la Revolución todo cambió. Fue intervenido, como el resto de sociedades étnicas, y pasó a formar parte del patrimonio nacional. A los gallegos les dejaron solo unas dependencias, pero sus huellas permanecen: bajo la cúpula enorme se abre una escalinata blanca, de varios cuerpos y balaustradas y un frontal presidido, otra vez, por un escudo de Galicia con sus colores tradicionales.

En la planta superior está el salón grande, al que se accede por larguísimos pasillos de mármol. Recibe una figura de Santiago, en el centro de una barra de madera tallada con una fila de espejos. Es una estancia diáfana gigante, con ventiladores de techo y, allí mismo, un espacio que funciona como oficina para trámites de la Xunta. Allí donde se bailaba y se ponían de largo en festejos interminables ahora apenas hay movimiento. Casi no quedan nacidos en Galicia y la llama la mantienen los descendientes, por ejemplo con la exposición que se muestra de dibujos infantiles, con la tierra de abuelos y bisabuelos idealizada sobre el papel.

Carmita lleva haciendo el mismo camino toda su vida. Al menos un día por semana, sale de la casa donde nació en 1942, en la confluencia de las calles San Ignacio y Luz, y camina quince cuadras hasta el Centro Gallego. Se mete por una puerta lateral en la calle San José, saluda a los recepcionistas y sube a la primera planta. Abre una sala con vidrios translúcidos, donde se lee «Sociedades Gallegas de Cuba», se va al final de la estancia y allí abre un armario con puertas de cristal: «Unión Trivesa». Coge unas fotos y unos papeles y se sienta en la mesa larga a trabajar. Carmen Casado, Carmita, es presidenta de una de las cincuenta sociedades territoriales del Centro y ha entregado su vida a una tierra que nunca ha pisado.

—Mi madre, Dosinda, emigró desde Chandrexa de Queixa, en Ourense, junto a sus dos hermanos, en 1923. Lo primero que hicieron al poner un pie en la ciudad fue inscribirse en el Centro Gallego y en la sociedad territorial más cercana a su pueblo, o sea, Trives. Parece todo muy cerrado, pero mi madre conoció muy joven a mi padre en el baile de carnaval del Centro Asturiano, y él era sevillano. Ya ves que todo se juntaba. En nuestra casa claramente ganó la cultura de mi madre. Íbamos siempre a las verbenas en el jardín de La Polar y La Tropical. El dueño ponía un barril de cerveza a disposición y otro de malta para los niños. Había danzón, pasodobles, *muiñeiras*, habaneras. Eran romerías interminables de mesas corridas y gente a rabiar. Todo lo hacíamos entre gallegos.

Vivíamos con todas las tradiciones, incluido el luto. Cuando murió mi abuela en Galicia hubo que ponerse de negro, mi madre dos años y yo uno, porque cumplía los quince, que son muy importantes aquí. Mi madre siempre pensaba que estaba allá. Cuando no hablaba gallego, hablaba español con todas las zetas. Mi padre siempre le decía: «Parece que bajaste ayer del muelle de la Machina».

Carmita tiene el pelo muy corto con las canas brillándole a la luz, piel curtida y gafas. Nacida en la generación de la Revolución, trabajó décadas como ingeniera química y habla con una calma que entretiene y relaja al interlocutor. Trenza su historia de familia con una soltura desprendida como su vestido, que de tan cómodo parece un mandilón. Cuenta que no se imagina el cambio que vivieron su madre y tíos, de una de las comarcas más altas de Galicia al calor caribeño, ella que pasó una vida entera en La Habana Vieja.

—Es que a mi madre no le di tiempo a ir al hospital, así que nací en la misma casa en la que sigo viviendo. Nunca me mudé, y eso que aún me dicen ahora: ¿Por qué no permutas? [el sistema de intercambio de casas en Cuba]. ¿Cómo me voy a ir? Hasta las piedras me conocen. Mira, yo bajaba a la calle y aquello estaba lleno de gallegos, chico. Había afiladores con la rueda. Y bodegas, con gente viviendo en la trastienda. También puestos de viandas. Mira, ahí sí que éramos sectarios, porque solo comprábamos allí. Las empanadas de El Comercio eran de lo poco que comprábamos porque la comida la hacía toda mi madre. A ver, es que Dosinda era una cosa sin igual. Aún hoy yo en el barrio soy la hija de la maestra, hace mucho que perdí el nombre. Yo iba a clase al plantel Concepción Arenal, ahí enfrente. Cuánto aprendí, porque no es que te enseñaran lo de los libros, es que te enseñaban la vida. ¡Y cómo trataban con respeto a nuestros héroes cubanos!

Y al salir muchas veces tenía que cruzar y venir aquí, justo aquí donde estamos ahora —se levanta, menudita, y se va a la cabecera de la mesa, donde hay una gran silla de madera noble—. Y entonces venía mi madre y me decía: siéntate y pórtate bien.

Y más de medio siglo después aquí sigue ella, en el salón conservado en formol, agarrado a la realidad como puede, recibiendo la misma luz limpia y soleada que entra por la cristalera. El Centro Gallego, como entidad social, no existe. Hoy es la Federación de Sociedades Gallegas de Cuba, de la que depende el resto del país. Aquí hay ocho centros grandes y casi otras cincuenta de las llamadas sociedades microterritoriales, un submundo dentro del universo asociativo, tan intrincado como la propia demografía gallega.

Dosinda fue, durante décadas, una de las personas de referencia de la Unión Trivesa, creada en 1921 para ofrecer los mecanismos de solidaridad habituales y elevar el nivel de instrucción de sus parroquias de origen a través de donaciones. La Unión, como otras decenas de sociedades pequeñas, no necesitaba espacio propio teniendo el palacio del Centro Gallego a disposición; pagaban un pequeño alquiler a cambio de lo que llamaban secretarías o escritorios con sus vitrinas o taquillas. Desde la confiscación del palacio, tras la Revolución, todas se quedaron en el mismo salón, y allí permanecen los armarios como ínfimo legado de una colectividad gigante. En el salón hay dos cuerpos larguísimos con las taquillas corridas —el nombre en la parte superior— como si fueran estanterías de una biblioteca, con mesas de madera maciza frente a ellos para celebrar reuniones y fiestas con la cuota y la ayuda de Galicia.

—Celebrar siempre hay que celebrar y nosotras hacemos lo que podemos. Con la ayuda de la Xunta alcanzamos a comprar un *laptop* —ordenador portátil— y pudimos completar para una fiesta de aniversario y otra en las Letras Galegas. Cada año muere algún presidente de sociedades y varios socios. Casi todos somos ya jubilados, y eso que ya no nacieron allá. Somos 149 y solo uno nació en Galicia, y pronto no quedará nadie. Pero tenemos un panteón muy céntrico dentro de Colón, y hace esquina —dice Carmita con orgullo.

La taquilla guarda un fichero con los socios y matasellos varios. En el medio, papeles apilados año tras año, y arriba, libros de cuentas, cuatro poemarios, una guía de Galicia, un cuaderno de actas y álbumes de fotos. No hay lugar para más: la memoria de un pueblo en una vitrina, que sobrevive —de momento— de manera precaria en apenas cincuenta metros cuadrados dentro de un edificio grande como una catedral, cada una con su estilo.

El Partido Judicial de Arzúa tiene un mapa de Galicia con su comarca destacada y una flecha roja señalando hacia la isla. El de Viveiro luce fotos de las casas de instrucción que construyeron en cada parroquia de su comarca. El de Hijos de Cerdido, una imagen del papa Juan Pablo II y una pegatina de Pelegrín, la mascota del Xacobeo 93. En otros se toca la política, territorio ecléctico: en el de Emigrados de Riotorto está la ficha de socio de Ángel Castro Argiz, padre de Fidel y Raúl Castro, del año 1909. El Valle de Lemus muestra un diploma de Franco. La Sociedad San Claudio, una foto de los reyes eméritos. En la puerta de al lado, el expresidente Pérez Touriño. En A Baña y su comarca, fotos de Pondal, Curros y, al lado, Núñez Feijoo. Y en varios, a un lado y a otro, arriba y abajo, Fraga, siempre Fraga. Y en la de Hijos de Capela, una foto de un joven abogado con bigotillo y una inscripción: «El doctor Fidel Castro Ruz fue secretario letrado de la sociedad Hijos del Ayuntamiento de Capela de 1951 a 1953». En esos años asistió a juntas generales y firmó la reforma de los reglamentos del Centro Gallego. Ocho años después, lo expropió.

Fontenla Leal y las partituras de Gómez

El salón de las vitrinas lo preside un cartel de inicios del siglo XX en el que aparece una figura alegórica de mujer vestida con traje tradicional gallego leyendo un libro, con el título «Asociación iniciadora y protectora de la Real Academia Gallega, La Habana». Muy cerca, un óleo del responsable de la iniciativa, un hombre bien peinado hacia atrás, de mirada fija, con una misión en la vida. Su nombre aparece debajo: «Sr. D. Xosé Fontenla Leal (ferrolano). Padre gestor del himno gallego, La Habana, 1907».

El centro homenajea así al promotor de esos dos símbolos de Galicia, durante mucho tiempo un desconocido en su tierra natal. Le penalizó que no formaba parte orgánica de la elite intelectual, sino que se movía entre bambalinas imaginando, proponiendo, *argallando*. Era un entusiasta y gracias a él se aterrizaron las pulsiones del incipiente espíritu nacional gallego, emanadas con el *Rexurdimento* cultural, en la misma época de fundación del Centro, en 1879.

Al año siguiente se editó *Aires da miña terra*, de Curros Enríquez, y *Follas novas*, de Rosalía. La muerte de la poeta, en 1885, dejó huérfanos a los seguidores en el *alén mar* de su poesía social disfrazada de costumbrismo, con la emigración en el centro y ese sentimiento difuso de nostalgia patriótica llamado morriña. De Galicia llegó Curros Enríquez, empujado a marcharse tras la persecución por parte de la curia. Los potentados gallegos que lo acogieron en su destierro lo lapidaron cuando defendió la autonomía de Cuba. Una vez separada de España, quienes lo repudiaron regresaron junto a él, y este se revolvió a través de la escritura en gallego: otro tipo de autonomía. Curros murió en 1908 y su entierro en A Coruña se convirtió en un acontecimiento. Su cuerpo llegó envuelto en una bandera gallega y lo despidieron miles de personas en las calles. Quien lo llevó en el barco fue uno de sus grandes amigos, el maestro Chané. *O mestriño* fue uno de los grandes músicos gallegos de la historia. En La Habana dirigió coros y orfeones y compuso el *hit* de la diáspora, «Unha noite na eira do trigo».

En ese mundo habanero efervescente emergió la figura de Fontenla Leal. Emigrado con su padre desde Ferrol, trabajó como litógrafo y dibujante, pero sobre todo organizó ideas a fuego lento, involucrando a la comunidad, en persona y por carta. Era un personaje insistente, rotundo como su frente, que le sombreaba unos ojos que parecían persuadir a la primera. Empezó liderando una iniciativa para la elaboración de una gramática y un diccionario y no paró hasta sentar las bases de la Academia. Son tiempos en que se buscaba la oficialidad de los símbolos para evitar problemas con las instituciones, del mismo modo que la Academia era «Real» no por capricho, como decía Manuel Murguía —primer presidente y viudo de Rosalía—, sino para no depender de las vanidades del gobernador civil de turno, ya que con ese título no podría fiscalizarla o perseguirla.

La bandera ocupó un lugar preferente en esta carrera, con no pocas controversias sobre su origen. Hasta hoy persiste la polémica entre los que afirman que se tomó como modelo el pabellón marítimo de A Coruña, una franja azul transversal sobre blanco, adoptada por los emigrantes al ser lo último que veían al embarcar, y los que apuntan que apareció durante el traslado de los restos de Rosalía a Bonaval, en 1891. Lo cierto es que la primera imagen conocida es la de un desfile en las calles de

La Habana al año siguiente. El reconocimiento llegó en 1906 también desde la isla, cuando Fontenla le pidió a Curros que le escribiese a Murguía para decidir qué insignia debían usar en una noche de celebración: si la antigua blanca, con la cruz de Santiago, o la moderna del trazo diagonal celeste. La respuesta telegráfica de Murguía es un hito histórico en diez palabras: «Bandera blanca faja azul igual estandarte Centro gallego esa. Murguía». Gracias a este cable ondeó la elegida al viento del Caribe desde ese mismo día. Y hasta hoy es la bandera oficial.

Pero el activista ferrolano no frenó ahí: también quería formalizar un himno para Galicia. No era tan difícil, pensaba, teniendo a Curros y Chané, la dupla que emocionaba a la diáspora cubana. Pero Curros, de mecha corta, se enfadó con *O mestriño* y dejó de hablarle durante años, así que hubo de remar en otra dirección: decidió recuperar el poema «Os Pinos», de Eduardo Pondal y musicalizado por Pascual Veiga. Fontenla consiguió su propósito y el 20 de diciembre de 1907 se interpretó por primera vez el himno gallego, con toda la pompa habitual de la capital cultural transterrada. En el escenario del Teatro Nacional, ramos de flores enviados por todas las sociedades de la isla. En el foso, la banda, vestida con trajes blancos impolutos. En la platea, una postal de trajes elegantes. Curros y Chané, reconciliados, destacaron en la velada, uno leyendo un poema dedicado a Veiga y el otro dirigiendo al orfeón en la gran noche de la galleguidad universal.

El litógrafo seguía haciendo país sin levantar la voz: convenció a otro poeta recién llegado, Ramón Cabanillas, para escribir en gallego, y este terminó publicando allí el clásico *No desterro*. Fontenla, afín al autonomismo, también fundó un partido agrarista. Mantuvo sus cargos en la sociedad de Ferrol, en el Centro y en su logia masónica. Pero el reconocimiento no parecía llegarle, mucho menos al ir pasando los años. Al fallecer Curros Enríquez, Chané custodió el cajón en el barco. Luego murió Chané y fue él quien lo llevó a enterrar en A Coruña. Y dos años después le tocó a él irse de este mundo. Pero ¿quién se encargaba de Fontenla?

El alma más gallega de Cuba, así lo llamaban en su día, murió en soledad en 1919, en un hospital ajeno a la colectividad, porque no tenía dinero para la cuota del Centro Gallego ni para un entierro digno: se le dio tierra en la parcela más barata del cementerio de Colón, arrendada por cinco años. Luego lo exhumaron y terminó en una fosa común, y ya no se supo más de sus restos. Quizás lo penalizó ser «promotor y no cultivador», como dijo de Fontenla el también ferrolano Ricardo Carvalho Calero, directo a la diana: «Un país en el que las actividades del espíritu estén servidas solo por intelectuales sería como una religión en la que todos los fieles fuesen exclusivamente sacerdotes». Algo de eso explica la historia posterior de Galicia.

Ahora, cada vez que se cumple el aniversario de su muerte o hay visita de políticos gallegos a La Habana, se suceden los homenajes a Fontenla. Se le hace una ofrenda simbólica en el panteón de Ferrol y su comarca, se toca el himno que él mismo alumbró, se hace la promesa de que van a encontrar sus restos y así queda tapada la culpa colectiva del olvido hasta la siguiente efeméride.

En el mismo pasillo del salón de las taquillas, puerta con puerta, cuelga un banderín del Real Club Deportivo y los retratos de varios jugadores. Ahí están, mirando a los pocos que se acercan a un lugar histórico sin que casi nadie lo sepa. En esa pared hay una puerta y en ella un cartel que dice Sociedad Beneficencia Naturales de Galicia, la más antigua de toda la diáspora (1871). Lo que hay dentro es el único espacio que nadie tocó ni un milímetro a lo largo de la Revolución. Hoy la puerta está cerrada, aunque yo la visité años atrás, y Carmita me dice que sigue igual que siempre, con sus escritorios y aparadores de caoba, su pendón lleno de adornos, su biblioteca y un montón de reconocimientos y diplomas en las paredes.

Falta su guardián, Alfredo Gómez, en ese momento enfermo de gravedad. Unos meses después me enteraré de que murió poco después de mi visita. Lo había conocido en 2006, cuando Gómez ya era una persona clave en la colectividad, enérgico, con el rostro chupado, unas gafas que le hacían los ojos enormes y la hiperactividad como fórmula de vida. Solo le faltaba dormir allí, si es que no lo hacía. Gómez tenía, en las cajas fuertes del despacho —empotradas tras una pared de madera, enormes, rojas con el nombre de la sociedad— las partituras originales del himno gallego. Cuando lo visitaba alguien, si había suerte, abría la caja y sacaba de ella un maletín con el tesoro en su interior. Otras veces no enseñaba nada y jugaba al arca perdida. Al periodista Pablo de Llano lo despachó rápido cuando le preguntó por ellas en una visita: «¿Las partituras? Olvídese. Las tengo en mi casa».

Tiscornia o Triscornia, el mismo infierno

Pensaban todas aquellas cabezas anónimas que señalaban el faro del Castillo del Morro, a la entrada de La Habana —«la otra torre de Hércules», como lo llamó un emigrante de Oleiros— que ya se terminaba el suplicio del ahorro en la aldea, los papeles, la espera, los días previos al viaje y los doce días de vapor hacinados, sudorosos a medida que bajaban grados de latitud y subían los de temperatura. Creían que fondearían, desembarcarían y harían lo que se suponía, empezar a trabajar e inscribirse en la sociedad de emigrantes correspondiente. Pero no.

Entre las barcas de las familias que venían a buscar a tiro fijo a los suyos, había otras, más grandes, con gente uniformada y cara de pocos amigos. A quienes les faltaba algún papel, no tenían a nadie esperando o eran polizones, les tocaba pasar un peaje de horror. Los detenían y los mandaban al campamento de internamiento para inmigrantes, convertido en un submundo de abusos contra el recién llegado. Era tan siniestro el lugar que ni siquiera se sabe bien cómo se llamaba: Triscornia o Tiscornia. Miles de anónimos pasaron por allí, también otros reconocibles, como Ramón del Valle-Inclán o Lucky Luciano.

Hoy no sale en guías ni mapas. Para encontrarlo hay que pasar tiempo estudiando planos en papel —los digitales están restringidos en Cuba— y preguntando en una zona sin viviendas. Después de cuatro vueltas en coche por las colinas verdes cercanas a la fortaleza de La Cabaña, al fin llego a una ladera perdida, donde solo se escucha la chicharra de la tarde y la maleza come la pequeña carretera de subida hasta un muro blanco. Al lado, un portalón con barrera. Y otra barrera detrás. Es un cuartel en la lengua de tierra entre Casablanca y el mar abierto. Un agente en la puerta, una pregunta simple a la que no sabe contestar:

—¿Esto es Triscornia?

—Sí, bueno, esto es un cuartel de policía.

No deja ni mirar sobre su hombro, pero se adivinan dos pabellones con forma de E mayúscula enfrentados, con un pasillo por medio y otros edificios abandonados atrás, herederos de aquel lugar que se ganó una fama de pesadilla.

En la novela *Estebo*, publicada por el coruñés Xosé Lesta Meis en 1927, se narran las penurias del lugar a través del protagonista que da nombre al libro, *alter ego* del propio autor.

Era una cárcel encubierta, un patio enorme cerrado con alambres en el que los internos se peleaban para convencer a los capataces que reclutaban trabajadores. En una de esas le tocó a Estebo, que prosiguió su vida de abatimiento en el batey de un ingenio.

Hay pocas crónicas desde que se abrió, en 1900, después de ser campamento de tropas americanas dos años antes. Lo describen como un sálvese quien pueda, en donde las mujeres eran obligadas a prostituirse y los más débiles corrían peligro de muerte nada más poner un pie en la isla. Para salir había que pagar las extorsiones de los intermediarios conchabados con los policías.

—Triscornia es parte de la leyenda negra de la inmigración —dice Miguel Barnet, con pena—. Era como un campo de concentración con corrupción incluida. Los inmigrantes no tenían con qué pagar y pasaban la cuarentena entera allí. Hasta que lo cerraron tras la Revolución, los que podían se escapaban al barrio más cercano, que además era de gallegos.

Casablanca y Peixiño

La gorra es una mezcla redundante de apologías del capitalismo en el lugar menos esperado: los arcos dorados de McDonald's, pero en vez de ese nombre dice «Monopoly», y un eslogan subrayado, *«Play to win»*. La viste un anciano con barba de tres días y ojos venosos llamado Rafael, que se apoya en un tocón de madera, La Habana de fondo, al otro lado de la bahía, antes de aplicar la dosis justa de palabras a un recuerdo vaporoso:

—Sí, claro que me acuerdo de los gallegos. Todo esto era de ellos. Pero hace tanto tiempo que no queda ninguno.

Suficiente para resumir la situación, combustible para hacerme entrar en el barrio. Hay una bajada pronunciada con una curva, de nudo de corbata y, al llegar a nivel del mar, una calle recta y larga hasta una antigua estación y un cartel: Casablanca. Si hubiera un barrio étnico gallego en Cuba sería este, porque fue aquí donde se asentaron, antes incluso del inicio de la primera oleada, los pescadores del golfo Ártabro, una serie de aldeas y pueblos costeros en A Coruña que hoy son turísticos y entonces solo un trampolín de emigrantes: Redes, Caamouco, Mugardos, Pontedeume, Ares, Limodre, Miño, Sada. Mil topónimos gozosos conocidos aquí precisamente por haber poblado Casablanca, haber empezado con la pesca de altura donde no había tradición e incluso haber fundado un barrio dentro de la localidad al que llamaron Peixiño. Era un *lleguipón*, un laberinto de casuchas propiedad de un lucense llamado Lourido, que cobraba el alquiler puerta por puerta, entre la bahía y la antigua vía del tren, del que ya no queda nada. Tras la Revolución retiraron el asentamiento, que ya se había poblado de gente del interior de la isla, porque los gallegos se habían empezado a mudar a lugares cercanos en la propia Casablanca, a Regla o a Cojímar.

Tiene la mejor vista de La Habana, tendida como un lienzo con la cúpula dorada del Capitolio reluciendo al sol, pero de este lado ya no hay actividad. Junto al antiguo enclave sobrevive solo un muelle abandonado con los norayes oxidados. Hacia la entrada de la bahía —que seguro llamarían ría—, el faro del morro y el fuerte de La Cabaña, y en las estribaciones, con la misma agua mansa y el calor sin viento, una pequeña península donde un puñado de gente charla mirando al mar sin mucho más que hacer, porque no hay pesca ni pescadores, tampoco mucho interés en la propia historia del lugar cuando se les pregunta. Nada queda de la bodega La Palma, donde alternaban los gallegos. Nada.

Donde no habita la memoria hay que recurrir a la letra. El guardián de la historia de Peixiño y Casablanca es Xosé Neira Vilas, rastreador de las señales de un pueblo disperso, como él decía, que pasó cuatro décadas en la diáspora escribiendo su crónica, siempre acompañado de Anisia Miranda, literata galaicocubana cuyos libros, y su revista *Zunzun*, son clásicos en la isla. Emigrado a Buenos Aires, trazó un arco vital con su pareja a través de la militancia y la literatura, que los llevó a La Habana en 1961. En la década siguiente Neira Vilas hizo una inmersión completa para ponerle nombre a los anónimos habitantes de Casablanca.

Según cuenta en *Galegos no golfo de México*, ya en 1802 un tal Xosé Rivas abrió una bodega en Casablanca, y en 1850 otro tal Gandón puso a funcionar el primer vivero. Era este un tipo de barco de vela curiosísimo, que escondía una especie de tanques inundables agujereados, por donde entraba el agua de mar, unas piscinas donde los peces, ya atrapados, nadaban tranquilamente hasta que los barcos volvían a tierra. Luego se vendían por la noche en el muelle de Caballería, del otro lado de la bahía. Se adentraban los pescadores en mareas de un mes o más en el golfo. Traían peces de nombres que alimentan solo de leerlos: guachinangos, chernas, pargos, yajaibas, zubigulinas, caballerontes, serruchos, alcaroas. En invierno acometían hacia México —la paradisíaca Isla Mujeres era territorio muy gallego— y en verano, hacia Tampa. Pero enfrentaban peligros a pares: el traicionero clima, el no menos traicionero Caribe, las corrientes entre cayos, los tiburones y la proximidad con Estados Unidos: se conocen multitud de casos de gallegos presos por contrabando durante la ley seca, un negocio extra en una época sin casi controles marítimos. Hay incluso una novela sobre el fenómeno, del cubano Enrique Serpa, en la que los marineros cantan «Airiños, airiños aires».

Algunos ya miraban de reojo tierra adentro para ganarse la vida como botero para cruzar la bahía en lanchita. Otros trabajaban en varaderos o como buzos. Hubo quien fue amigo de Hemingway —quién no lo fue allí—, como Pepe Cancán, y llegó a hacer incluso de extra en la película de *El viejo y el mar.* Otro marinero, Caseiro, le contó a Neira que llegó a Peixiño muy pronto y que «siempre se llamó así», pero nadie supo quién le puso el nombre. También aportaron sus reivindicaciones laborales. Fueron pioneros en sindicarse frente al patrón, apenas tres o cuatro empresas, una de ellas propiedad de Casteleiro, el mismo de la ferretería de La Habana Vieja. Con la experiencia adquirida de una familia de varias generaciones metida en el mar de la ría sumada a su olfato, se hizo con sesenta viveros y construyó el muelle de los Cocos, del que solo queda un triste esqueleto de hormigón.

En el sindicato también se involucró María Araújo, de Carril, Pontevedra, activista comunista que después tuvo un papel destacado en el sector de las conserveras en Vigo, hasta que la pilló la guerra civil, huyó de nuevo a Cuba, se enroló en las filas de los revolucionarios y después fue condecorada por Fidel Castro. Todo eso también salió de Casablanca.

En ese grito cooperativo arrastraron a otros inmigrantes como los isleños —así llamaban a los canarios—, que adoptaron incluso vocabulario gallego cuando faenaban. De Casablanca y la lucha sindical salió también un libro de poemas, *Páginas de héroes,* sobre la vida con final trágico de dos hermanos, los Prieto Balsa, escrito por su hermana María. Los tres eran de Mugardos, hijos de un pescador socialista emigrado a Casablanca. Cuando volvieron a su pueblo, uno de ellos, Xoán, fue elegido alcalde en las elecciones del Frente Popular de 1936 y, tras el golpe, fue fusilado. Al otro, Agustín, también lo pasaron por las armas al terminar la guerra.

Neira Vilas entrevistó a los pescadores de Peixiño cuando ya eran ancianos. Tenían más puntos en común: la emigración juvenil, el carácter nada dócil pero el fondo lleno de retranca, el uso del gallego con giros cubanos, el haberse casado con mujeres autóctonas, los apodos agudos del mar —Piluqueiro, Xan Palomo, Gardel, O Cuco, Meriño, Piringallo, O Xa Vou, Toraño— y por supuesto, la presencia: pitillo pegado a la boca, piel cuarteada, manos agrietadas, dedos como chorizos de la aldea, cabeza siempre tapada del sol. La comunidad sufrió naufragios célebres, como el del Manuel Deus, en el que murieron los once tripulantes gallegos. Pero nada comparable al ciclón de octubre de 1926: calma chicha, sin moverse una hoja, y de una hora para otra, vientos de doscientos kilómetros y diluvio. Se hundió el Coruña, con sus doce tripulantes, todos de Redes. También desapareció el Cerdido, con muchas víctimas de Ares. En Galicia tocaron las campanas a muerto durante días por los anónimos emigrantes.

A mediados de siglo empezó a imponerse la pesca industrial. Cuando accedió Castro al poder, las empresas, incluida la de Casteleiro, fueron nacionalizadas y se prometió que se reformaría el sector. Neira Vilas habló con uno de los últimos gallegos de Peixiño, Prego, que vivió un momento histórico. Fondeado con su vivero de madrugada, se les acercó una lancha de la Marina y en cubierta alguien empezó a hablarles en voz alta. Era Fidel Castro, vestido de verde olivo. Tres horas estuvo anotando en una libreta los ruegos y demandas de Prego y sus otros compañeros. El comandante les dijo: «¿Qué les parecería si en un futuro hubiera en la bahía trescientos pesqueros modernos?». «Pues sería lindo», le contestaron. Pero allí no pasó nada.

Instrucción e indianos

La Habana estaba más cerca que Madrid, en términos sentimentales y también reales, porque lo que traían los emigrantes desde la isla hasta Galicia llegaba antes que el propio Estado. Por ejemplo, escuelas. En una sociedad casi feudal, cultura; en un yermo de letras, alfabetización. Lo decía Concepción Arenal: «Abrid escuelas y las cárceles cerrarán».

En 1904, un grupo de veinticuatro emigrantes de Ares, A Coruña, fundaron la Alianza Aresana, la primera sociedad de instrucción de América. En su acta de constitución hacían un llamamiento a los nativos de la villa para construir una escuela elemental en ese *concello* costero «para difundir la instrucción, de que tan necesitada está aquella villa, por las deficiencias y males inveterados de que adolece la enseñanza oficial». En 1906 se empezó a construir, a través de las cuotas voluntarias de los socios cubanos, la primera *escola de americanos* de Galicia. Desde ese momento, decenas de agrupaciones parroquiales siguieron el camino. Su legado conforma un hecho singular. En las primeras tres décadas del siglo se construyeron más de trescientas sociedades de instrucción con el dinero de los emigrados. Solo en Viveiro se construyeron más de cincuenta, lo que le dio resultados inmediatos en su desarrollo: en 1920 no había analfabetos en el censo de quintos del ayuntamiento que se iban al servicio militar.

El sabor cubano, y americano en general, brota a cada paso en A Mariña Lucense y también en As Mariñas Coruñesas: la primera sociedad de instrucción de Ares funciona ciento veinte años después como biblioteca municipal. Un viaje por las carreteras de las Rías Altas sumerge al visitante en una mezcla de arquitectura autóctona de galería y pizarra con mansiones de torres vistosas y una palmera al frente para marcar que allí construyó un indiano, un emigrante acaudalado que volvió exhibiendo su fortuna. Cada pocos kilómetros salen al paso las escuelas, parecidas entre sí: apaisadas, de un piso o dos, grandes ventanales y una fachada muchas veces rematada por una campana, el año de construcción y la sociedad que la financió.

Se apostaba, en la mayoría de casos, por una educación laica, influenciados por la masonería y por el resentimiento arrastrado desde Galicia. «Si cuando nuestros queridos padres nos mandaron a estudiar hubiéramos tenido escuelas modernas como las que nosotros sostenemos ahora allí y no nos hubiesen enseñado tanto catecismo [...] hubiéramos estado más preparados para las luchas de la vida». Este relato en la Cuba de 1915, recogido por el Consello da Cultura Galega, es la versión larga de la frase que se repetía entre los emigrantes como un mantra popular: «Aquí no me pidieron si sabía el credo, sino si sabía leer y hacer cuentas». También existe una visión crítica por parte de algunos historiadores y economistas contra las *escolas dos americanos*. Según esta vertiente, eran una máquina de crear emigrantes, más cualificados pero igualmente instrumentales para perpetuar la emigración, pues a los alumnos se les formaba para cruzar el océano.

A las escuelas se les sumaban las sociedades agraristas, fundadas para luchar contra los privilegios feudales de los *señores da terra*. En 1926 tuvieron su momento central, con la redención de los foros, o sea, la eliminación forzosa de las rentas, normalmente en especie, que pagaban los campesinos a quienes tenían el dominio directo de la tierra —nobleza, clero o nuevos propietarios—. De la única revuelta exitosa de la Galicia contemporánea, liberadora para cientos de miles de campesinos, no participó la intelectualidad, pero sí el líder agrario, orador, periodista y sacerdote Basilio Álvarez. Aunque opuesto a la emigración, *o abade de Beiro* siempre reconoció que las remesas de los americanos no solo traían dinero, sino aires de libertad. Él mismo lo comprobó *in situ*, porque tras la guerra civil se exilió en Argentina, luego en Cuba y murió en Tampa, Florida.

Pedro Murias salió adolescente de Ribadeo en 1856. Entró a trabajar en una fábrica de tabacos y menos de veinte años después abrió la suya propia, además de explotar latifundios de tabaco y ganadería. La marca de cigarros La Meridiana le dio dinero; su propio nombre, la fama. En su testamento dejó escrito que quería ser embalsamado y depositado en un panteón en su parroquia de A Devesa y dejó fortuna para que se construyera una escuela agrícola «para contribuir al mayor adelantamiento de mi patria»: otra forma de instrucción que todavía hoy funciona como granja escuela de la Xunta.

El caso de Murias es paradigmático entre los indianos que se enriquecieron con el tabaco: Pedro Moreda, también de A Devesa; Pancho Pego, de Ortigueira; Antonio Villamil Santalla, de A Pontenova; José Fernández Rocha, de Reinante. Antes de todos ellos, los Acea, de Ortigueira, los mayores terratenientes de Cienfuegos, dueños de ingenios y cafetales. Todos, en tanto oligarcas rurales, eran potentados en una sociedad colonial y esclavista, aun después de la prohibición de la trata (1867) y de la propia esclavitud (1886), con unas condiciones de trabajo durísimas para sus peones. Al mismo tiempo, todos compartían el perfil filantrópico que alimentaba la economía local o dejaban obras públicas a medida, desde un lavadero o una fuente a un cementerio.

Más de un siglo después, la moda de las recreaciones ha encontrado un filón en este mundo. Cada julio se celebra el

Ribadeo indiano, una fiesta temática que transforma el pueblo limítrofe con Asturias en una pequeña Habana años veinte. Trajes de dril, sombreros y mocasines lustrados ellos, pamela y sombrilla ellas, paseando junto a palacetes con la palmera al frente y la claraboya en el tejado, los toques de distinción indiana. Coches americanos, comida caribeña, música de las dos orillas, programación de cine, mercado de productos de ultramar y una traca final, el sorteo de un viaje a Cuba, un regalo con resabios aspiracionales: la isla de los indianos, pocos y elegidos, no tiene nada que ver con la que conoció la mayoría de los emigrantes.

Castelao y la guerra civil

Durante la Navidad de 1938 hay campaña política entre los gallegos: el primer domingo del año se celebran las elecciones a la asamblea del Centro y la colectividad choca como nunca, al ritmo de lo que pasa en la península. De un lado se presenta Cayetano García Lago, empresario hostelero de Muxía, A Coruña, firme defensor de Franco desde el golpe de Estado y presidente desde el año anterior, al frente de Afirmación Gallega. Del otro, la candidatura republicana de la recién creada Hermandad Gallega, apadrinada por Alfonso Daniel Rodríguez Castelao, remangado en campaña hasta el último minuto.

El *rianxeiro* llega en noviembre a La Habana desde Estados Unidos entre una gran expectación por parte de los gallegos y la prensa progresista. Castelao recorre la isla para hacer propaganda a favor de la causa republicana —se habla en las crónicas de que miles de leñadores y carboneros gallegos lo van a ver en sus mítines en el interior—, pero reserva su versión más afilada para la campaña. A medida que se acerca la fecha, aumenta su presencia en los medios. En el diario izquierdista *Hoy* escribe que el Centro «es un sepulcro blanqueado que solo sirve para celebrar verbenas divinas y otros actos incompatibles con el luto que reina en nuestra patria». En ese periódico publica un dibujo cada día de campaña, siempre con la misma estampa, dos viejos socios del centro charlando. El del 31 de diciembre:

—*Podes estar cos que asesiñaron a sesenta mil irmáns nosos?*
—*Non.*
—*Pois logo tes que afiliarte a Hermandad gallega.*

Para cerrar la campaña ofrece un mitin multitudinario en el Parque Central que empieza así: «*A meus irmáns na sorte e na desgracia*». Las elecciones las ganó la Hermandad de Castelao, pero Afirmación se alió con otra lista conservadora y le arrebató la presidencia del Centro, reconvertido en un espacio franquista. García Lago, de hecho, llegó a aparecer vestido de falangista en muchos eventos. Un mundo nuevo surgía en España y la diáspora no era ajena. El líder galleguista volvió en 1945, todavía acompañado por sus seguidores, pero ignorado por el Centro Gallego, donde le vetaron la entrada. De hecho, le prepararon un homenaje que tuvo que celebrarse en el Centro Asturiano.

Hijas de Galicia: el orgullo de las 60 000

El 12 de noviembre de 1894 la gallega Antonia Martínez protagonizó un acto de los que quiebran tabúes y hacen temblar el suelo: salió a la calle en bicicleta por La Habana.

La sociedad cubana se convulsionó por semejante transgresión de las normas sociales. Ella misma lo contó años después en una carta: «Me convertí en precursora de algo que causó gran malestar en los hombres, pero que no pudo ser detenido».

Antonia, a quien llamaban Titina, tuvo que escuchar una cantinela que traspasó generaciones: «Titina, titina, montando en bicicleta, al doblar la esquina se le ponchó la teta». Pero seis años después de su paseo, amaneciendo el nuevo siglo, se permitió a las mujeres pedalear en público. Mientras trataban de respirar bajo las piedras, oprimidas por un mundo que no contó con ellas, las mujeres en Cuba se organizaron para funcionar con autonomía y crearon Hijas de Galicia. Pero el viaje no fue fácil.

En la revista *Galicia* se leía en 1903 que la inmigración femenina adquiría «proporciones alarmantes». Con ellos se referían a las mujeres que llegaban solas, normalmente para emplearse en el servicio doméstico. El viaje era de terror, un peligro constante que en el barco se hacía más patente. Si no iban vinculadas a un familiar o marido, caían a veces en redes de trata, o simplemente en ganchos conchabados con proxenetas y *madames* que reclutaban carne fresca en los mismos muelles de La Habana.

El investigador Julio César González Pagés recogió nombres y fotos de gallegas con historias escabrosas, seguidas de un juicio social y muchas veces un castigo penal: una condenada, apodada la Rapaciña, tras ser violada sistemáticamente por su tío. Otra, obligada a prostituirse, cortada por un proxeneta y luego asidua de comisarías al entrar en una espiral de robos. Se habla de las gallegas; no de los tratantes, algunos de ellos familiares. ¿Hacia dónde miraban las sociedades, con sus palacios y sus donaciones filantrópicas? En 1914, Solidaridad Pontevedresa propuso «proteger» a las mujeres. De ese germen nació, tres años después, Hijas de Galicia, una nueva sociedad que daría asistencia sanitaria y social a miles de emigrantes, aunque la directiva sería masculina.

Cuando ya eran cuatrocientas socias, consiguieron una vicepresidencia segunda, un verdadero cambio. Después consiguieron que se atendieran dolencias femeninas en el hospital del Centro, llamado La Benéfica. El gran salto ocurrió al iniciar la construcción de un sanatorio propio en el barrio de Diez de Octubre.

Era un palacete de piedra blanca bautizado como Concepción Arenal, con el nombre de la sociedad bien grande en la fachada como símbolo de orgullo contra el doble estereotipo femenino y gallego. También abrieron un balneario con salas de juego, canchas de tenis y un club de playa donde las mujeres podían hacer uso terapéutico del mar y darse baños de sol. Se daban pequeños pasos. Por entonces ya había sufragio femenino, lo que convertía a Hijas en un apetitoso vivero electoral. Ya estaban normalizadas las publicaciones femeninas hechas por y para gallegas, ya se esforzaban en borrar tópicos folcloristas —la criada, la ingenua, la bruta— y ya tenían referentes: Mercedes Vieito, que llamó «caravana del dolor» a la emigración femenina, o la maestra Andrea López Chao, directora del plantel Concepción Arenal, la mujer que gobernaba más personas en Cuba: llegó a tener más de tres mil matriculados. Las dos participaron, y fueron ovacionadas, en el Congreso Nacional de Mujeres.

Cuando la Revolución llegó, Hijas de Galicia tenía 60 000 socias, pero el nuevo sistema público de salud nacionalizó la sociedad y sus posesiones. El sanatorio se convirtió en maternidad y todavía sigue en un rincón del barrio de Luyanó, con la fachada verde quirófano, una virgen en el hall y el nombre, todavía muestra de orgullo. Como en el Centro Gallego, poco queda más que el recuerdo.

La Revolución que todo lo atraviesa

Fue la última obra inaugurada por Fulgencio Batista antes de escaparse en un avión con los cofres llenos de billetes. La encargó su esposa, Marta Fernández Miranda, hija de emigrantes de Chantada y A Pontenova. La pareja se había conocido de forma accidental. Cuando ella tenía veintidós años, la mitad que él, fue atropellada por el coche presidencial mientras montaba en bicicleta por El Vedado. Se enamoraron y Batista abandonó a su esposa para casarse con ella. Tuvieron cinco hijos. En 1957 atacaron el palacio presidencial y ella, en agradecimiento a la Providencia por salir ilesos, ordenó construir un Cristo de veinte metros de altura sobre la bahía. Se inauguró, en un promontorio entre Casablanca y Triscornia el 24 de diciembre de 1958. Siete días después, en Nochevieja, salían volando al exilio escapando de los barbudos de la guerrilla, que ya estaban a la puerta de la ciudad.

En septiembre de 2006 viajé de urgencia desde Buenos Aires a La Habana. La excusa oficial era una cumbre de Países no Alineados, pero la razón real era la reciente enfermedad de Fidel Castro, hecho inédito, al menos públicamente y, como diría Eduardo Galeano para chotarse de rumores infundados durante cuarenta años, «fuentes bien informadas de Miami anunciaban su inminente caída». La prensa internacional acudió en masa gracias a que la cumbre permitía acreditarse con facilidad, otra rareza, y cada uno iba a hacer lo que podía ante la incertidumbre en la isla. Resultaba muy gráfico ver a los corresponsales de grandes cadenas mundiales haciendo directos sobre la agenda política de un puñado de países que no recibían en el día a día la más mínima atención mediática. Allí estábamos recibiendo a un tambaleante Robert Mugabe, presidente de Zimbabwe, en el aeropuerto José Martí, o informando sobre los planes de África para 2010, o narrando en directo la declaración final de la cumbre. Pero cuando la agenda terminaba, nos tirábamos a la calle a hacer reportajes.

En mi caso, como *freelance* trabajando para medios gallegos, visité el Centro —y la caja fuerte de Gómez—, entrevisté a emigrantes ya ancianos, que hablaban sobre la difícil vida desde el *período especial* de los años noventa, y entrevisté a Pedro Trigo, uno de los gallegos de Sierra Maestra, hermano del mártir, así lo llaman, Julio Trigo, fallecido durante el asalto al cuartel de Moncada, el 26 de julio de 1953, primer chispazo de la Revolución. Cuando lo conocí, Pedro era un amable jubilado de setenta y ocho años, con guayabera blanca y caminar de domingo. Me recibió en su casa, un mínimo apartamento en un edificio residencial de El Vedado, rodeado de fotos de su hermano, y resumió así la influencia de la diáspora: «Sin los gallegos no habría habido Revolución. Empezando por Fidel».

En el asalto a Moncada las tropas de Batista pasaron por las armas a sesenta guerrilleros. Treinta se salvaron por la mediación del arzobispo de Santiago de Cuba, monseñor Enrique Pérez Serantes, de origen ourensano. En ese grupo había al menos quince combatientes gallegos o descendientes: los hermanos Castro, los hermanos Santamaría (Abel y Haydée, él muerto, ella superviviente y luego promotora de la Nueva Trova Cubana; en los ochenta se suicidó), los hermanos Frank y Josué Pais (en Cuba escrito País, con tilde, ambos asesinados con treinta días de diferencia), Juan Manuel Ameijeiras, el mayor de otra saga guerrillera, José Luis Tasende (o Tassende) y los hermanos Trigo. Todos esos apellidos, tan reconocibles, dieron nombre desde entonces a escuelas, hospitales e incluso efemérides. El último gallego, Fidel Castro, fue preso y juzgado, pero salió fortalecido tras su defensa resumida en el título del alegato: «La historia me absolverá».

Escaparon a México, reagruparon filas y en diciembre de 1956 entraron de nuevo en Cuba a bordo del yate Granma. Desembarcaron en la playa de las Coloradas, cerca de Sierra Maestra, donde murió en las primeras escaramuzas Ñico López, cuyos padres eran de Sarria. En los años siguientes fueron apareciendo más nombres, como Manuel Piñeiro, Barbarroja, fundador de la Inteligencia castrista, o los hermanos Díaz. A uno de ellos, Manuel, también lo conocí y lo entrevisté. Empezó como chófer del obispo Pérez Serantes y de ahí se enroló, junto a sus dos hermanos, con los barbudos. Con otro perfil, también se sumó a la guerrilla el hijo de ribadenses Carlos Rafael Rodríguez, comunista histórico, luego artífice del acercamiento a la URSS.

Y también estaba *la sombra* del Che. Se llamaba Óscar Fernández Mel y fue criado en Mondoñedo hasta la guerra civil. Estudió medicina, como el argentino, con el que hizo migas en Sierra Maestra. Oscarito —así lo llamaba el Che—, le presentó a Aleida March, que se convertiría en la segunda esposa de Guevara. Los tres fueron clave en la batalla de Santa Clara, que allanó el camino hacia la capital. Tuvo tiempo de seguir a su colega a la aventura del Congo antes de la muerte de este en Bolivia. En el poder, Fernández Mel integró el comité central del Partido Comunista y fue alcalde de La Habana.

En Sierra Maestra también había civiles emigrantes, como Manuel Galán, a quien la guerrilla pilló en el medio porque él ya estaba allí. Llegó desde O Ribeiro, compró un monte, le puso Galicia por nombre y lo llenó de plantas de café. Cuando los barbudos pasaron por allí les dio logística y atendió heridos en su Galicia tropical, que por cierto aparece como topónimo en los mapas de Cuba, según cuenta Neira Vilas. El relato mayoritario de los emigrantes, alejados de la lucha política, habla de otras experiencias menos aventureras cuando Castro tomó el poder y empezó con su programa: reforma agraria, centralización de la economía y un cambio de paradigma radical respecto al mundo capitalista al que habían emigrado, que eliminaría a lo largo de los diez años siguientes la propiedad privada.

A los gallegos el proceso de nacionalizaciones les fue cambiando el espíritu según iba avanzando. Parece imposible generalizar dado el ancho sector de los oficios y su distribución geográfica, pero existen patrones transversales. En los testimonios recogidos por el historiador José Antonio Vidal se percibe la evolución. En principio, optimismo con el cambio, sobre todo en el interior, mientras en la ciudad los pequeños comerciantes seguían la vida convencidos de que las confiscaciones no iban con ellos —al revés que la comunidad judía, que escapó en masa a Estados Unidos—. Más tarde empezó la fase de descolocación, y finalmente resignación, la mayoría, o indignación, los que optaron por irse a Florida o España.

Los que se quedaron, se incorporaron al proceso revolucionario —los menos—, o se plegaron ante la nueva realidad —la mayoría—. Para ellos no tenía sentido reemigrar, y a muchos los pilló en edad de jubilación. Como le dijo un gallego de Rois a Vidal, los primeros años había un fervor popular enorme «pero el comercio fue como una vela que se iba apagando», por la escasez de productos, tras el inicio del bloqueo estadounidense. El proceso político fue paulatino: primero, en 1960, se nacionalizaron las grandes empresas, centrales azucareros, multinacionales, latifundios (reforma agraria) y la banca; luego los clubs privados y sociedades étnicas, más tarde los comercios y almacenes junto a propiedades medias. Y en 1968 se eliminó *de facto* la propiedad privada.

Se hizo popular el léxico revolucionario: a los expropiados les decían con desprecio *siquitrillados*. A los chiringuitos de los que montaban los más pícaros para burlar las medidas, *timbiriches*. A los enemigos del nuevo modelo que se marchaban de la isla a Miami, *gusanos*. El concepto lo inauguró Castro en un discurso en 1961: «Nosotros sabemos que los parásitos no se pueden adaptar a una Revolución. ¿Adónde van los mosquitos? Adonde hay pantanos. ¿Adónde van las larvas y los gusanos? Adonde hay pudrición».

Los gallegos que se quedaron en el campo aceptaron una indemnización fija al mes a cambio de entregar las tierras. En la ciudad, a los escarmentados de anteriores *crashes* bancarios que habían ido invirtiendo en ladrillo no les fue bien, porque se confiscaron las casas vacías (reforma urbana). Otros vieron una oportunidad en la compra masiva de productos como licores. A los que no descubrieron y denunciaron como «acaparadores», hicieron caja durante un tiempo. Era el principio del concepto de «resolver», cotidiano desde entonces en Cuba.

Un día de 1961 Xosé Neira Vilas llegó al Centro Gallego y descubrió a varios policías tirando por las ventanas del palacio toda la hemeroteca de la ingente prensa gallega en Cuba. Neira, que había empezado a trabajar en el Ministerio de Comunicaciones con el Che Guevara, acudió al recién creado

Instituto de Literatura y Lingüística y, con la respiración entrecortada, le espetó al titular, José Antonio Portuondo:

—José, por favor, ayúdame, que están tirándonos todo. ¡Es la hemeroteca más grande de La Habana!

—Tráelo para aquí todo, eso no se puede perder, es historia del país.

—¿Y qué van a decir?

—Tú trae todo lo que puedas. Ya veremos dónde lo metemos.

Neira Vilas trasladó pilas de periódicos y con sus manos salvó una parte del patrimonio cultural gallego. Con Portuondo creó el Fondo Gallego dentro del Instituto de Literatura y Lingüística, aunque todo terminara alojado en cajas. Un gallego que había huido ofreció una donación de obras que tenía en su antigua casa vacía de la capital. El propio Neira Vilas se metió en el sótano, donde encontró libros casi irrecuperables por la humedad. En la planta de arriba aparecieron dos dibujos originales de Castelao, de la serie de negros, que fueron trasladados años después al museo Carlos Maside de O Castro.

El Centro Gallego lo nacionalizaron en la oleada de noviembre de 1961. Un representante del Gobierno destituyó al presidente —que, por cierto, era de la tendencia republicana y galleguista que auspiciaba Castelao años atrás— y el palacio quedó en manos del Estado. La Benéfica e Hijas de Galicia, instituciones sanitarias que se llevaban el grueso del presupuesto de la sociedad, ya habían sido nacionalizadas, igual que el plantel Concepción Arenal. Pero el Centro Gallego, que a esas alturas tenía 55 000 socios, recibió un trato especial, no se sabe si por orden expresa de los Castro o por aquellos más papistas que el papa: con los gallegos mejor no meterse tanto, por si acaso.

Cuenta hoy un dirigente —«sin nombre, por favor»— que el Centro fue expropiado «solo de palabra». Que no hay ningún papel oficial que lo diga. Mientras el resto de las colectividades abandonaron por completo sus sedes, los gallegos se quedaron con su trocito incorrupto. Y en el búnker de la Beneficencia Naturales de Galicia se respetaron incluso las cajas fuertes, las de Gómez, en un nuevo país sin secretos para el Estado. Y eso, creen, ocurrió por Raúl y Fidel, este último exsecretario de A Capela y miembro, por tanto, de la colectividad.

Fidel y Fraga: dos gallegos, dos cubanos

Ángel Castro Argiz, de Láncara, Lugo, llegó pobre en 1895 y se asentó en el oriente cubano. Cuando compró más tierra de la que había visto nunca y amasó fortuna, construyó una casa a imagen y semejanza de las que había en su aldea, con dos pisos y el *cortello* bajo las habitaciones. Lo cuenta su hijo: «Tenían la costumbre en sus aldeas de cultivar un pedazo de tierra y en invierno tenían los animales debajo de la casa. Allí criaban cerdos, tenían alguna vaca. Entonces yo digo que a mi casa llegó la arquitectura de Galicia, porque estaba construida sobre pilotes (...) y las vacas dormían debajo de la casa». El hijo de Ángel Castro se llamaba Fidel y le contó este detalle al religioso brasileño Frei Betto en una entrevista en 1985.

El padre del comandante —«con una capacidad natural de organización», así lo definió el mismo hijo— se estableció rápido en el campo por su olfato en los negocios. Era de pocas palabras, recio igual que su mirada de presidiario. Analfabeto, empezó cortando caña y acabó levantando su hacienda, Manacas, en Birán. Llegó a poseer miles de hectáreas: un latifundista. Fue generoso en descendencia: cinco hijos con su primera mujer y siete hijos con la segunda pareja —primero amante, luego esposa—. Uno de ellos era Raúl, el otro Fidel. Ambos, educados con los jesuitas españoles en Santiago de Cuba antes de proponerse la meta de derrocar a Batista. Cuando estaban en México, preparándose para el desembarco en la isla, se enteraron que Ángel había fallecido.

Manuel Fraga Bello, de Vilalba, también en Lugo, llegó a Cuba por los mismos años que Ángel Castro. Allí conoció a la que sería su esposa, Marie Iribane, en el central azucarero en el que trabajaban en Manatí, también en el Oriente. Ella como institutriz y profesora de francés, él como mayordomo. Aparte, regentaba un quiosco, La guarapera, a la entrada del ingenio. Tuvieron doce hijos. El mayor, Manuel, fue engendrado en la isla, pero su madre quiso dar a luz en Galicia. Luego regresaron a Cuba, donde el pequeño vivió tres años, y volvieron a la tierra natal. Allí destacó en la universidad, llegó a ministro y embajador durante el franquismo, y en la Transición fundó el mayor partido de derecha de España. Después fue presidente de la Xunta de Galicia durante dieciséis años. Pero en todo ese tiempo nunca olvidó la isla caribeña. Cuentan que en 1983 el embajador de Cuba en Madrid le hizo una visita a Manuel Fraga Iribarne cuando era jefe de la oposición. Este descalificó con fiereza la Revolución y a continuación pasó a recitarle los nombres de sus bueyes de Manatí. «No quiero morirme sin volver allí», le vino a decir. Cumplió.

En su primera legislatura tras llegar a la presidencia gallega —gracias a un controvertido recuento de las sacas electorales de la diáspora en Venezuela, al que llegaremos— Fraga decidió que quería visitar a Fidel Castro. A priori, un ser con cuernos y rabo que encarnaba el marxismo, su mayor enemigo, según recitaba de carrerilla en la Transición. Sin embargo, no lo era tanto: Cuba para él era familia y Galicia lo debía ser también para Fidel.

Una madrugada de septiembre de 1991, en pleno derrumbe del bloque soviético y cuando la isla se había convertido en una paria internacional a la que todos le giraban la cara, Fraga bajó la escalerilla del avión en el aeropuerto José Martí de La Habana. Rompiendo el protocolo, al final de la escalera le esperaba el comandante como si fuera un primo emigrado. Los dos galaicocubanos, coetáneos y en edad de jubilación, se preparaban para una agenda frenética mientras escuchaban las gaitas de fondo.

Castro le dio tratamiento de jefe de Estado, con la mayor de las atenciones y una complicidad que superaba cualquier previsión. Fraga arrasó en una ametralladora de actos con la colectividad —el Centro, el cementerio, sociedades de todos los colores— y reservó el resto del viaje para departir con los gobernantes cubanos. Se dio el gusto incluso de buscar un cura que diera la misa en gallego en la catedral de La Habana. Encontraron uno de Ciudad Real que veraneaba en Galicia, algo es algo.

También fue a su Manatí de la infancia, ya en guayabera y sombrero de jipijapa. Lo recibieron con un «Bienvenido a tu casa», le dieron fotos de su familia, lo llenaron de café y azúcar, le mostraron vídeos de antiguos compañeros de la infancia en el batey. Fraga contuvo la emoción a medias. Antes de volver a casa elaboró una queimada para Fidel y dijo, sin micrófonos a la vista, con su dicción correosa: «Hay teorías que dicen que esto es para espantar las *meigas*, pero yo sostengo que las *meigas* son buenas y esto debe hacerse para que nos permitan reunirnos de nuevo en menos de un año».

Diez meses después, Fidel llegaba a Lavacolla.

—Me llamó cuando estaba dentro de la casa familiar. Un escolta me vino a buscar corriendo porque Fidel quería preguntarme algo. Dígame, comandante, qué quería saber. «Miguelito, dime la verdad, ¿dónde dormían mi padre y mis abuelos?». Mire, le voy a ser sincero, aquí solo veo un lar. Pues ahí, ahí dormían, al lado del fuego y la vaquiña. «Eso es lo que yo quería saber, Miguelito».

Miguel Barnet cuenta lo que nadie pudo ver, porque Fidel estuvo a solas veinte minutos dentro de la casa de piedra y mandó llamar al escritor. La comitiva esperaba junto a una placa en la pared, que decía: «En esta casa en 1875 nació Ángel Castro Argiz, gallego que emigró a Cuba, donde plantó árboles que aún florecen».

El acceso a la aldea en Láncara era caótico. Pancartas de «Benvido Fidel», grupos castristas que atizaban instrumentos de percusión y hacían sonar gaitas. Los guardaespaldas sacaban las manos de las mujeres que lo abrazaban. Raúl caminaba con las manos atrás mientras su hermano tocaba el tejado de pizarra de la casa familiar. Ese día siguió con una fiesta del pulpo en su homenaje en un prado cercano, con mesas corridas, mantel de papel manchado de vino —patrimonio nacional— y comida y bebida *a fartar*. Brindis con licor café, Fraga encendiendo un purito y el final en alto con una partida de dominó. Castro había llegado a Galicia tras alternar brindis en Sevilla con el rey Juan Carlos y pullas con Felipe González y algunos presidentes latinoamericanos como Carlos Menem o Violeta Chamorro. Recorrió Santiago, donde le dieron muestras de cariño —«*Cuba si, ianquis non*», «*Fidel, seguro, aos ianquis dálles duro*», «*Galiza ceibe e Cuba socialista, a mesma loita*»— y ahora estaba en su salsa, a chupitos con otro animal político mitológico.

—¿Qué tenía Fidel de gallego? —le pregunto a Barnet.

—Todo, lo tenía todo. Era galleguísimo —responde en su casa de El Vedado, y enumera sin recato—: inteligencia, tenacidad, laboriosidad, honestidad, sinceridad. Eso era Fidel. Hablaba bajito, como me hablaban mis informantes gallegos para el libro. Y siempre ocultaba algo; había que sabérselo sacar.

Habló alto y sacó todo en el mitin que dio en el Hotel Araguaney de Santiago, a rebosar de seguidores —y algunos *conselleiros* de Fraga, aunque él se excusó en esa ocasión—. Después del primer «patria o muerte, venceremos», reconoció algo que transformó en parábola: «No nací en cuna pobre, realmente, y en los documentos del partido y las biografías a mí me iba a tocar poner "hijo de terrateniente", y no me convenía mucho [risas]. Entonces se me ocurrió otra cosa: puse "nieto de campesinos pobres". Esos campesinos pobres eran de aquí, de Galicia, y de verdad no podía dejar de hacerles una visita al terruño de mi padre». Ovación. Él echó manos a las sienes, acariciadas con sus uñas largas, templando la voz de cadencia actoral para una última sentencia: «Queremos seguir siendo esta maravillosa mezcla de españoles, indios y africanos, nos sentimos privilegiados por eso, es lo que nos dio la historia, lo que nos dio Dios para los creyentes, es lo que nos dio Santiago hace diez mil años [aplausos a rabiar, incluidos los *conselleiros*] [...] Queremos seguir siendo acreedores a la solidaridad de ustedes, por eso decimos patria o muerte, venceremos».

Fraga y Castro se daban arrumacos en una esquina escondida del laberinto de la historia, pero hasta Franco había sido ambivalente, tanto que nunca rompió relaciones comerciales, para enfado de Estados Unidos. Hay ciertos indicios, destaca Pablo Batalla en *Yo podría haber sido Fidel*, sobre cierta simpatía del caudillo por ese galleguito que había hecho la revolución en la isla. Parecía más el residuo de un antiamericanismo hijo del desastre de 1898 que otra cosa, pero fue suficiente como para que Cuba decretara tres días de luto cuando murió Franco, deferencia que no tuvo con Mao Tse Tung. Fraga fue mucho más allá en Láncara: «No dudamos de vuestra plena dedicación a la patria y vuestro deseo sincero de servicio a la causa de toda América en el espíritu del gran Martí».

Para Fraga el reencuentro con Cuba supuso una revelación, no solo en lo personal. Como político, supo intuir que cualquier gesto en dirección a América regresaría como un bumerán. Puso en marcha una *consellería* de emigración, luego *secretaría xeral*, para desarrollar una política asistencial en consonancia con las necesidades de cada país. El caso cubano es palmario: sin esa ayuda difícilmente podrían vivir muchos emigrantes. Instauró un Día da Galicia Exterior, desarrolló cursos de verano para jóvenes y abrió programas de retorno. Les dio rango institucional a los órganos de las colectividades, reunidos en un Consello das Comunidades Galegas, y promovió una política de unificación en la estructura minifundista de las sociedades, lo que le valió el reconocimiento de los más acerados críticos, a pesar del fondo clientelista del que le acusaban. «Fraga le dio la vuelta al calcetín de la emigración, la puso en el centro y la gestionó como política de Estado», dice un dirigente opuesto a la ideología del político de Vilalba.

Lo hizo como había acostumbrado a lo largo de su carrera, jugando con la propaganda. Igual que en la primera legislatura se inventó el Xacobeo o Galicia Calidade, el inventor del *Spain is different* franquista también hizo de la emigración una marca. Varias fueron las vías para blanquear un fenómeno silenciado en el inicio del régimen del que fue ministro: la Televisión de Galicia empezó a emitir programas como *Galeguidade*; puso en marcha el proyecto Reencontros, en el que pagaba viajes a ancianos emigrados para ver a sus familias; envió vídeos individuales a cada centro gallego felicitando la Navidad y el Año Nuevo; promocionó la Enxebre Orde da

Vieira y sus *xuntanzas* anuales con premios a emigrantes egregios. Y, en un arranque definitivo, contrató por trescientos millones de pesetas (1.8 millones de euros) a Julio Iglesias a cambio de los derechos de su tema *Canto a Galicia* para promocionar los eslóganes de sus programas.

Igual que se embanderó en el galleguismo sin pasar por el soberanismo —su gran hallazgo— Fraga también se puso la diáspora de capa y la dotó de recursos, que iba repartiendo en las continuas visitas a la diáspora, especialmente en época electoral: ahí estaba el bumerán.

No solo viajó Fraga a la isla. Los siguientes presidentes mantuvieron el puente aéreo e incluso lo incrementaron. Por el centenario del himno, en 2007, se organizó un multitudinario concierto en el Centro Gallego. Acudió la plana mayor de la Xunta y varios gobernantes cubanos de ascendencia galaica. El presidente, Emilio Pérez Touriño, del PSdeG, dijo que la emigración era «un factor decisivo para que Galicia cobrase mayor conciencia de sí misma y de sus posibilidades». Dos meses después, con la *consellería* de Cultura al mando, a cargo del BNG, escritores, músicos y artistas acudieron a la Feria del Libro de La Habana, donde Galicia fue la invitada de honor.

Tampoco renunció Alberto Núñez Feijoo cuando llegó a la Xunta. Pese a sus críticas al castrismo, repitió viaje, con acto incluido en la plaza de la Revolución y el Che detrás. Tras una entrevista con Raúl Castro, sentenció: «Galicia puede ser la puerta de Europa para Cuba». Y en otro acto: «Nosotros no estamos simplemente en América; nosotros somos América».

Música de ida y vuelta

El día comenzó como siempre que había verbena. Salían en tranvía desde la esquina del Centro Gallego hasta los jardines de las dos grandes marcas cerveceras, la Tropical y la Polar, adonde iban llegando cientos de familias para comer, beber y bailar en cuanto se emitiese la primera nota, después de misa, como una romería en una parroquia. El *gaiteiro* sabía que tenía el poder.

Se echaba el roncón por encima del hombro, los *farrapos* meciéndose como olas. Hinchaba el *fol* con los carrillos, ajustaba los dedos en el *punteiro* y arrancaba con una jota para meter en harina a la gente, el tamboril percutiendo, el bombo a tierra, como el pie de los que bailaban. Se disparaban bombas de palenque entre alboradas y *muiñeiras*. Luego, concurso de baile por piezas y género, de jota a danzón. Y la banda de música sin parar de tocar pasodoble, vals, mazurca, *muiñeira*, habanera, polka. Horas después las piernas iban solas, las parejas sudaban en el tacón-punta-tacón y las mesas desbordaban de caldo, lacón y ribeiro. En una de esas verbenas, los rapaces decidieron volver al centro andando y cantando. La gallegada inundó La Habana como si fuera la vuelta de una *foliada* en el *campo da festa*, pero en la ciudad más caliente y elegante de Galicia.

El coche, da igual un Seat 124 o un Renault 9 o un Citroën CX, es una campana de humo con ventanas cerradas y un casete disparando música tropical. Suena la Sonora Matancera a todo volumen, o Ernesto Lecuona y su orquesta Cuban Boys cantando «Para Vigo me voy». Cuando termina, el padre o la madre cambian a Ana Kiro o Fuxan os Ventos, sin tregua, porque todo el repertorio forma parte de lo mismo, aunque puedan parecer opuestos. Las generaciones de la segunda mitad del siglo XX han vivido esta escena en cualquier viaje semanal a la aldea desde la ciudad. La emigración interior, que se quedó sin ir a América o a Europa y migró a A Coruña o Vigo, se crio con la música importada desde los trópicos, muchas veces interpretada por hijos de la diáspora. Por ejemplo, Miguel Faílde, hijo de un trombonista de Betanzos y una cubana, creador del danzón, uno de los géneros más populares. O el sonero Tito Gómez (en su pasaporte, José Antonio Tenreiro), autor de la popular «Vereda tropical», o el compositor Ernesto Duarte, autor de «Cómo fue» de Benny Moré, o la Orquesta Hermanos Castro (de fácil chascarrillo).

La herencia de todos ellos y el resto de músicos cubanos pronto viajó de vuelta a través de las orquestas en las verbenas populares. Todavía en los años ochenta le sonaba extraño al turista foráneo la familiaridad de los paisanos con aquellas formaciones con una sección de metales a todo trapo y coristas con trajes coloridos atacando piezas de sabor afrolatino. Las parejas que bailaban agarrados los pasodobles enseguida bailaban y cantaban las rumbas, las congas o las cumbias de las interminables noches de verbena. Para cuando el mundo musical comercial cambió el pop anglosajón por los ritmos *latinos*, Galicia ya venía de vuelta. Porque, igual que la fraseología y aportaciones derivadas —*manda chover* o *manda carallo na Habana*—, ya había importado la música desde la diáspora y la había incorporado como otro de sus fenómenos singulares.

El trasvase del fuego sagrado

En marzo de 2016 la lluvia recibe a Barack Obama en su histórica visita como presidente de Estados Unidos a Cuba.

Es una revolución en la Revolución, que también tiñe a la colectividad: el gran acto se celebra en el Gran Teatro de La Habana, o sea, el Centro Gallego, lleno hasta los topes, donde Obama da un discurso a medida para la platea. Los emigrantes recuerdan el momento con emoción a pesar del incordio: la seguridad entra en cada recodo de lo que queda del palacio, revisa una por una las taquillas de las *micro*, e incluso hurga en la caja fuerte de la beneficencia. Todo sale bien. Alguno se queda, incluso, con el vaso del que bebió el presidente durante el discurso. Ha pasado el huracán Obama y la ciudad se queda tranquila. Todos menos una persona llamada Sergio Toledo. A él le ha sido encargada una misión para él tan titánica como la visita de los vecinos imperialistas. Tiene que organizar el Consello de Comunidades Galegas, apenas dos meses después, con el acto central en ese mismo teatro.

Al caminar por las calles laterales de La Habana Vieja las paredes de las casas coloniales descascaran, los colores vivos de las reformas desaparecen y brotan ramas inesperadas entre balcones donde cuelga la ropa y se asoma alguna cara de señora con trapo blanco al hombro y cinta en el pelo. Muchos edificios sobreviven sin mantenimiento desde hace décadas, pero en cuanto se da la vuelta a la esquina aparece otro palacio que no se sabe si estamos en el Caribe o en Compostela. Aparte de por los arcos de piedra de medio punto, los frontones y los soportales, también por el sonido de las gaitas afinando, que se meten por el oído. Un bicitaxi, una especie de tuctuc a la cubana, pasa y toca la bocina como si se quisiera sumar; un camión de tropecientos años acelera y por unos segundos ciega el sonido, hasta llegar a una manzana en calle Ejido entre Dragones y Monte. Es el palacio de Villalba o Moré, donde se ubica la Sociedad Cultural Rosalía de Castro o, simplemente, La Rosalía.

Puede ser fácil llegar, no lo es tanto entrar, porque la puerta está cerrada y no sé cómo termino accediendo por un garaje con habitante dentro, contraseña mediante: «Vengo a ver a Sergio Toledo». Ahí sí, me señala una escalera de piedra y ladrillo señorial, con una barandilla de fundición elegante y escalones altos. Al llegar al primer piso, un espectacular patio colonial con techo artesonado y arcos celestes de piedra porosa me recibe, y, al lado, en una esquina, una escultura de Rosalía con una rosa de plástico a modo de ofrenda, y una bandera gallega solemne como el propio rincón.

Dentro de un salón alargado y de balcones abiertos están bailando *muiñeiras* varias parejas al son de las gaitas. Visten mallas coloridas y camisetas. Edad media, veinte años. En el hall se abre una puerta. Sorpresa: un despacho con aire acondicionado. No lo había disfrutado hasta el momento en Cuba. Tras un escritorio, después de colgar el teléfono, está Toledo, que ya me ha visto y me saluda, serio, por encima de los sesenta, corpulento, bronceado, con cadenas de oro y un anillo masónico. Además de dirigir La Rosalía, es también presidente de la Federación de Sociedades Gallegas y lleva la nave de la colectividad.

—El año clave es 1991, cuando viene Fraga. Ahí se reactiva todo, con el dirigente Antonio Cougil en la Federación de Sociedades. En 2007 enferma y me manda llamar al hospital. Al oído me dice que me haga cargo de La Rosalía —dice, serio y grave, como si le transmitiera un fuego sagrado—.

Su reválida llegó con ocasión del Consello de Comunidades Galegas de 2016 y el mandato de hacerlo en el Centro, un imposible hasta unos años atrás. Sergio se inclina hacia adelante sobre la pequeña bandera española que hay en su mesa, enmarcado por fotos de la catedral de Santiago y un botafumeiro, casi buscando el susurro.

—Yo les decía que era mejor no celebrarlo en La Habana, que se hiciera en otro lugar, pero en la Xunta estaban empeñados. Me decían que el presidente ya había dicho que se hacía en Cuba y no había nada más que hacer. Y salió redondo. El exvicepresidente *Gallego* Fernández ayudó y a mí me terminaron dando —se inclina más—, fíjate bien, me terminaron dando un manojo de llaves del teatro. «Todo tuyo», me dijeron.

Y así los gallegos recuperaron simbólicamente y por unos días el Centro. Es más, consiguieron volver a abrir los balcones que dan al Parque Central y se colocaron las tres banderas como cortinas bajando de las ventanas, el edificio engalanado para una foto inédita en la Cuba revolucionaria. Cumplida la misión, Toledo recibió de Gómez un aviso que le recordó a aquel traspaso de poderes de Cougil. Le dijo que tenía un secreto para contarle. ¿Sería algo de las partituras que no deja a nadie? ¿Algún otro tesoro escondido? ¿Una promesa verbal de los Castro? Solo le advirtió: «Aún no es el momento».

Le volvió a preguntar tiempo después, a los meses. Luego cada año. Y se volvió una pregunta recurrente con la misma respuesta por parte del veterano dirigente: «Aún no». Y así hasta el día que Toledo me lo contó.

—Espero que me diga pronto de qué se trata.

Pero ese momento nunca llegó. Gómez murió dos meses después.

Cátedra Neira Vilas

El punto de fuga marca el camino a lo lejos, en el inicio de la subida de San Lázaro, una de las calles más características de la ciudad. Empieza en el límite de La Habana Vieja, atraviesa Centro Habana y termina en esta escalinata, de casi cien peldaños, que remata en el Alma Mater, la escultura femenina que todo lo domina, con el edificio neoclásico del rectorado atrás. Bordeando la colina de la Universidad está la Facultad de Arte y Letras, un edificio más moderno que el resto. En el segundo piso está Arantxa Fernández Crespo esperando como si fuera una foto, bajo el cartel que anuncia la Cátedra de Cultura Gallega. En la puerta, un póster del *Alba de Groria* de Castelao.

—La Cátedra se creó en 1992, fruto de los viajes de Fraga y Fidel. Yo vine en 2005. Luego se acabó el convenio, pero quedó dependiente de la Universidad de La Habana, regresé y aquí sigo.

La cátedra es un espacio parecido a un aula, con paredes celestes y olor a papel, con estanterías de metal repletas de libros gallegos catalogados, con pinta de haber atravesado mil mares hasta llegar aquí, junto al ventanal con la luz inmensa, el verdor tropical de fondo. La obra de Neira Vilas tiene un lugar especial junto a una edición crítica del *Sempre en Galiza* de Castelao, sobre una mesa modesta con una pizarra. Allí trabaja Arantxa.

—Se supone que algún día daré clase aquí mismo, ya tenemos encerado y un lugar para el proyector, pero falta el aparato —risas—. Y mira, no tengo ni un ventilador. —Y de repente— Por favor, búscame un libro rosa, juraría que lo dejé por allí. Es de Virginia Felicia Aubert, que nació en Coruña en 1840. Nadie la conoce allá y aquí escribió mucho.

Arantxa tiene abierto el ordenador con una montaña de carpetas repletas con proyectos por hacer. El último, una serie de conversaciones con un hijo de gallegos, boxeador y cantante lírico. Con la misma alegría de su vestido turquesa con motivos florales, explica que en un mes abre una muestra de Castelao en una galería de El Vedado. También va a atender a la televisión, mientras colabora activamente con la colectividad. Y luego está su entusiasmo con los alumnos.

—Lengua gallega es de libre configuración, pero aumenta el currículum. Y es optativa dentro de literatura española, así que doy clase de literatura gallega dentro del programa oficial a doce alumnos. Y también hay charlas como la de hoy —dice mirándome.

Hoy me toca a mí ser el ponente del día, para hablar de la investigación que desemboca en este libro. En el aula esperan diez alumnos, ya sentados, bajo un enorme retrato de Simón Bolívar. No son pocos, dice Arantxa, después de la pandemia y sin saber las motivaciones que les hacen asistir a charlas como la que me toca dar. Por eso les pregunto, en gallego, como toda la jornada: ¿Por qué venís aquí?: «Por la cultura de nuestros abuelos y la de gente que ayudó a crear Cuba», dice una alumna. «Y también por el contraste que me produce», replica otra. Durante más de una hora conversamos alrededor de la diáspora y concluimos que debe tener un poder muy grande para reunirnos a todos los que estamos en el aula de manera natural, da igual el origen, la lengua, la generación.

El viejo y el bar

—Hola, ¿hola? ¿Puedo pasar?

—Entre, claro, pase.

Y paso. Un local luminoso, con el piso escaqueado, salpicado por motas blancas de los pintores que trabajan sobre un andamio. A su lado, una gran barra de madera con solera y unas estanterías propias de las antiguas bodegas cubanas, de suelo a techo, con pegatinas de Havana Club y una fila de neveras de tiradores. Al terminar la barra se abre un salón de restaurante y al final una azotea. Lo que podría ser un local cualquiera en medio de una reforma tiene para mí algo más. Este esqueleto de bar forma parte de la historia de mi familia, de la propia Cojímar, y, tirando por elevación, de la literatura universal: aquí nacieron las historias y los personajes de *El viejo y el mar,* de Ernest Hemingway. El escritor llegaba por la mañana desde su casa habanera, la Finca Vigía, y le pedía su trago mañanero al dueño, un hombre menudo de ojos claros y repeinado, que hablaba animadamente: era el tío Salvador, el que estuvo a punto de llevarse a mi madre a Cuba a 1959, el marido de Adela, la mujer del batido de mamey.

En todas las guías, de papel y en internet, se repite lo mismo sobre esta casona cuadrada con la fachada de balcón señorial sobre la calzada real de la localidad y la parte de atrás colgada de una pequeña bahía, que todavía luce el cartel con su nombre, La Terraza de Cojímar, que abrió como bodega en 1925, después fue una fonda y que en 1940 adquirió su nombre definitivo cuando la compró el gallego Salvador Blanco.

Los detalles de su vida los daba por correspondencia a mi bisabuela, después a mi abuela y mi madre. Había llegado a La Terraza tras un viaje vital de quince años en La Habana. Cuando llegó desde Portocamba consiguió un trabajo en una bodega de otro gallego que tenía negocios con los americanos. Allí fue escalando hasta ser su chófer. Un día el patrón se le murió de un derrame entrando en su casa. El negocio quedó en manos de su esposa, quien meses después le declaró su amor a Salvador. Se casaron, pero no duró mucho tiempo la pareja. Al divorciarse, verbo que escondía en las cartas que mandaba a Galicia, recaló en Cojímar, un remanso costero a diez kilómetros de la capital. Allí conoció una fonda con unas posibilidades estupendas, especialmente por la trasera descubierta sobre las rocas de coral y la pequeña entrada de mar que le daba nombre al pueblo en idioma taíno. «Salvador Blanco las transformó en un moderno y exclusivo restaurante que se fue insertando paulatinamente en la preferencia de la sociedad y los artistas», dicen los libros.

Entre la gente conocida apareció un escritor de barba blanca llamado Ernest Hemingway, que pasaba horas con un amigo patrón de barco, Gregorio Fuentes, nacido en Lanzarote. Juntos salían a pescar pez espada y juntos volvían a beber —más mojito que daiquirí, según la versión de mi tío a mis padres cuando lo visitaron en Cuba—. Allí Gregorio le presentó a Anselmo Hernández, un viejo marinero de cara chupada y barba con pelos como púas, sombrero y puro en la boca, que inspiró al estadounidense para crear el personaje de Santiago, el protagonista de la novela que le daría el premio Pulitzer de 1953 y el empujón definitivo para el Nobel de Literatura del año siguiente. Escribía Hemingway, traducido al español por Lino Novás, el autor de *El negrero*, para rematar el cruce: «Se sentaron en La Terraza. Muchos de los pescadores se reían del viejo, pero él no se molestaba. Otros, entre los más viejos, lo miraban y se ponían tristes».

En La Terraza recreada por Hemingway había pescadores; en la real se congregaba todo tipo de gente, del pueblo y de la ciudad. Un día Salvador conoció a un joven cubano hijo de gallegos liderando una mesa de estudiantes: era Fidel Castro. Se lo contaba a mis padres y lo repetía en las llamadas cuando hablaba de Beto, uno de sus mejores amigos, también enrolado en el movimiento estudiantil reprimido por Batista, y que le ayudó en los tiempos que vendrían después. Pero en ese momento era todavía muy pronto para pensar algo tan loco como una revolución de barbudos, si aquellos eran lampiños y vestían traje.

Por entonces el tío Salvador tenía ya la nariz afilada para el negocio y decidió aprovechar el mayor patrimonio del pueblo, la pesca. Cojímar tenía su pequeño malecón, que hoy sobrevive con las mismas piedras rotas que el de La Habana, pero con un busto de Hemingway junto al torreón de la punta. Aquel pueblo de pescadores, con las mismas mansiones de la capital, era un hervidero de gente del mar, porque desde allí se podían ver tiburones dando vueltas a metros de la costa. Los pescadores no se arredraban, al revés: los capturaban. Y avispados comerciantes como el tío lo aprovechaban.

Salvador montó la conservera Cubamar, la misma de los membretes de las cartas a mi familia, con un socio veterano en el ramo. Al principio no triunfó. Pensó fórmulas nuevas, como meter langosta en latas. Luego optó por los camarones y el bonito. Llegó a un acuerdo con un pescador local, que le recomendó combinar tiburón con el bonito, pues nadie se daría cuenta. Los escualos eran la cosa más común en Cojímar, como también dejó escrito Hemingway en la novela que empezó a a escribir en notas en una libretita en el bar del tío: «Cuando el viento soplaba el este, el hedor se extendía a través del puerto, procedente de la fábrica de tiburón; pero hoy no se notaba más que un débil tufo porque el viento había vuelto al norte y luego había dejado de soplar. Era agradable estar allí, al sol, en La Terraza».

Todo es plácido en Cojímar: la brisa, el mar, el sol reflejado en él. Por la ventana que miraba Hemingway veo un barquito atracado en una casa con embarcadero que bien podría ser el yate Pilar, en el que salía con Gregorio. Allí el escritor conoció a Fidel ya en 1960, durante un premio de pesca. El tío Salvador andaba por allí cerca, y ya no le hacía tanta gracia

Castro, después de que lo retuvieran un par de días el año anterior, sospechoso por mantener tanto negocio. «Debe de ser un error», decía en las cartas, de loable sintaxis y vocabulario pese a las faltas propias del aprendizaje rápido de la escritura.

Ya no pudo repetir la foto que había mandado un par de años antes, con traje claro, corbata a juego y camisa blanca, apoyado en un enorme Plymouth, el coche americano que quedaba fuera de escala a su lado, pequeño, con las manos huesudas y cara de desconfiado. Nacionalizaron la conservera, tuvo que vender el coche y buscarse la vida para conseguir retener el dinero sin que pasara por el banco. Hemingway se suicidó en 1961 y quedó Gregorio Fuentes, que hasta el final de su existencia amenizó a los visitantes, cada vez más mimetizado con Anselmo. Vivió más de cien años.

La coincidencia de las obras en La Terraza me permitió disfrutar del local desnudo, como una invitación a colorear la época imaginando aquel mundo real sin más pistas que el recuerdo familiar. La reforma terminó unos meses después de mi visita y ahora vuelve a estar lleno de turistas que escuchan en bucle las historias del mundo paralelo creado por Hemingway, como si de repente fuera aparecer por allí el viejo Santiago o, quién sabe, el tío Salvador.

2
ARGENTINA

Si se encendiera una luz en cada casa emigrante, se dibujaría un firmamento tendido sobre la capital

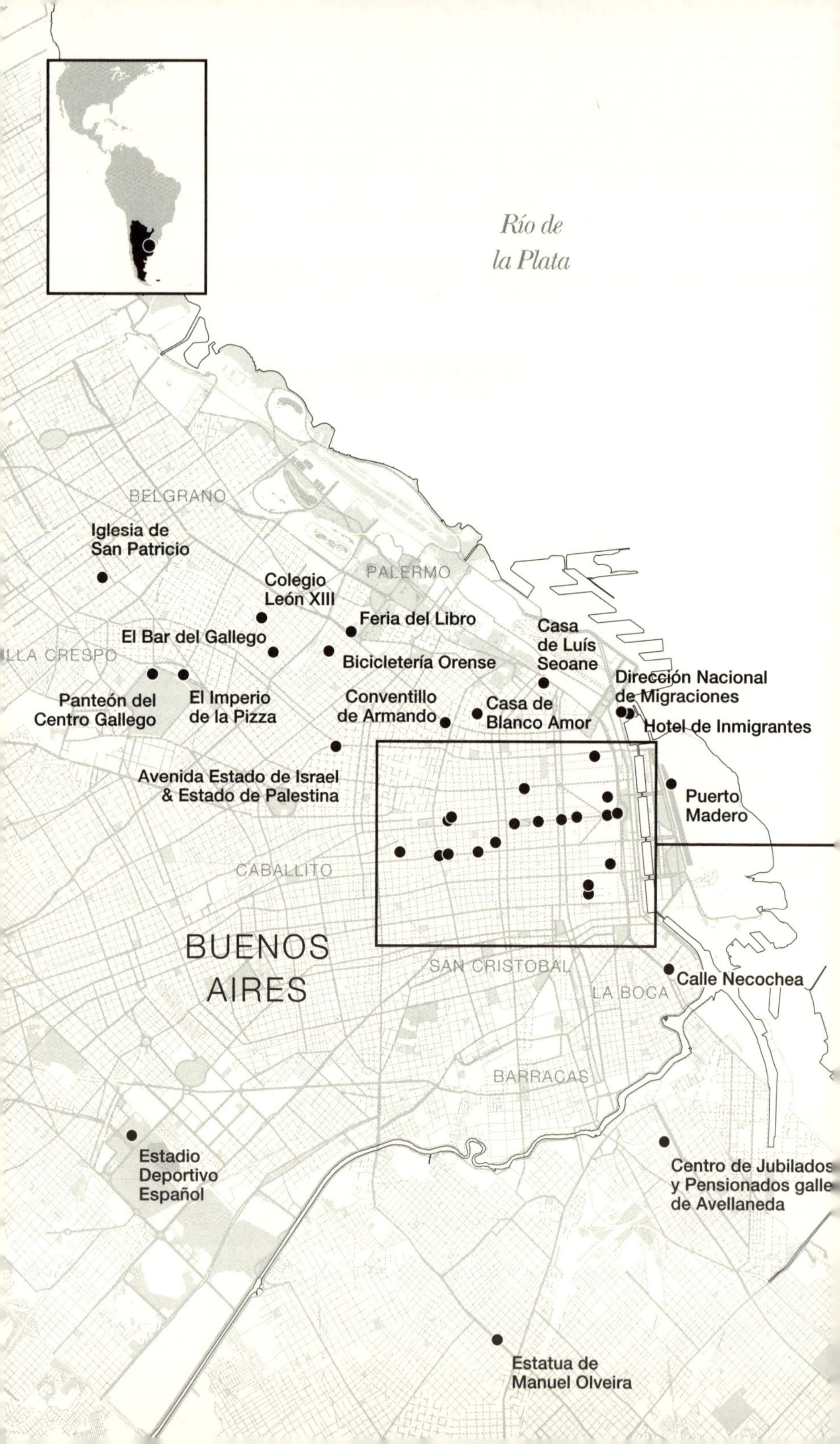
Río de
la Plata
BELGRANO
Iglesia de
San Patricio
PALERMO
Colegio
León XIII
Feria del Libro
El Bar del Gallego
Casa
de Luís
Seoane
Bicicletería Orense
Dirección Nacional
de Migraciones
Hotel de Inmigrantes
Panteón del
Centro Gallego
El Imperio
de la Pizza
Conventillo
de Armando
Casa de
Blanco Amor
Avenida Estado de Israel
& Estado de Palestina
Puerto
Madero
CABALLITO
BUENOS
AIRES
SAN CRISTOBAL
Calle Necochea
LA BOCA
BARRACAS
Estadio
Deportivo
Español
Centro de Jubilados
y Pensionados galle
de Avellaneda
Estatua de
Manuel Olveira

Galerías Pacífico
Teatro San Martín
Torre Galicia
Café Tortoni
Instituto Santiago Apostol
Centro Galicia
Plaza del Congreso
Centro Lalín
Palacio Barolo
Avenida de Mayo
Plaza de Mayo
Casa Rosada
ALMAGRO
O Faroliño, casa de Castelao
MONTSERRAT
Sociedade Galega de Arantei, Vilamarín e A Peroxa
Casa de la Princesa de Borbón
Centro Gallego
Casa de Mafalda
Federación de Sociedades Galegas
Hotel Las Brujas
SAN CRISTOBAL

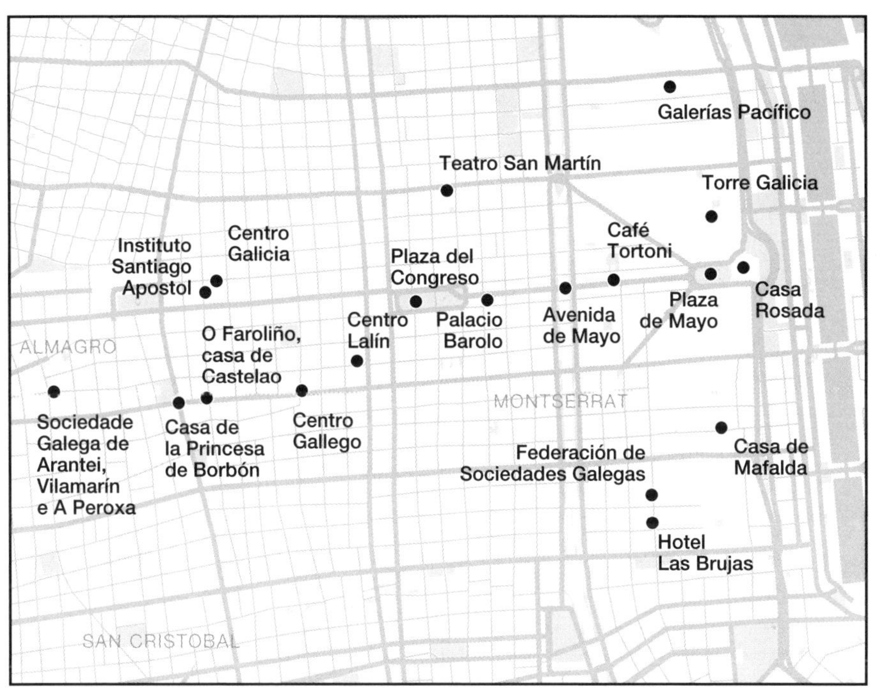

1 km

El argentino de las Cíes

El viento empuja hacia tierra en la ría de Vigo, como si quisiera que los barcos no salgan de puerto, pero ya suena la sirena. Es 23 de agosto de 1952. El Buenos Aires está a punto de partir. Cientos de pasajeros se arremolinan en cubierta, sobre la panza gris y el nombre bien grande en la proa del barco, un carguero transformado en contenedor de emigrantes, que ya echa humo negro para enfilar el océano.

Una pareja de veinteañeros se asoma en la tercera fila de la baranda de cubierta. No tienen de quién despedirse entre la multitud que agita los pañuelos. La familia de él está en Madrid. La madre de ella ha muerto en su aldea de Sarria. El padre está preso por rojo. Se encuentra mal antes de zarpar, y no es por mareo, sino porque está embarazada de siete meses. En cuanto sale el buque, se refugian en la litera del camarote de tercera. Pero al poco de pasar las islas Cíes, un latigazo le sacude las entrañas. Pocos minutos después, otro, y otro, hasta que un chorro de agua transparente le cae por las piernas: se ha puesto de parto prematuro.

Cuando llega el médico de la nave comprueba que no hay tiempo que perder y, en unos minutos, aún con las costas gallegas a la vista, asoma la cabeza de un bebé. Llaman al capitán, personaje de libro, alto, de barba blanca y soluciones rápidas, que enseguida manda traer de su camarote una caja de zapatos. El niño, sietemesino, cabe perfectamente y allí se acomodará los siguientes quince días. Le dan el nombre de Armando. No hay bautizo, pero sí saben qué pasaporte tendrá.

—Cuando alguien nace en un barco, toma la nacionalidad del pabellón del buque. Y el Buenos Aires era argentino. Si el barco fuera de Egipto, sería egipcio —cuenta con humor, setenta años después, Armando, voz cavernosa y emocional, bigote con las puntas hacia arriba, barba de tres días y cráneo limpio, un fiel retrato de Martín Caparrós, en una mesa minúscula de bar en la avenida Santa Fe de Buenos Aires. Tiene que elevar la voz para imponerse al ruido de la máquina de café y el soplo de la leche hirviendo en la Cimbali—. Pero pensá en mis padres, recién salidos de allá, cuando les dicen que su bebé es argentino.

Ahora el pequeño Armando Rodríguez Calvo acaba de cumplir doce años, edad de expedir la cédula (el carnet de identidad). Antes de ir a la policía, su madre se sienta con él a hablar y le explica que en su partida de nacimiento aparece una fecha —7 de septiembre de 1952, el día siguiente a la llegada del barco, cuando pudieron registrarlo— que no es la correcta. En realidad, le confiesa, nació el 23 de agosto, y él lo recibe como un impacto que permanece indeleble.

—Mi madre no quería que yo supiera que nací en un barco y frente a la costa, porque aún tenía miedo de que Franco me reclamara al cumplir la mayoría de edad para el servicio militar. Mirá lo que es el miedo, que nunca volvieron a España hasta muerto el dictador ni dejaron que yo fuera.

El abuelo de Armando fue prisionero de las cárceles de Franco desde la guerra civil hasta 1954 y le tocó picar piedra en el Valle de los Caídos. La abuela, al poco del arresto de su marido, murió atropellada, y dejó sola en la vida a la madre de Armando. Esta conoció muy joven al padre y con él se acogió a un programa de ayuda de la fundación Eva Perón. Escribieron una carta contándoles su situación y su voluntad de emigrar a Argentina y un día de 1951 llegó la respuesta, firmada de puño y letra por ella, con dos pasajes.

—Entenderás que fui, soy y seré peronista. Sin Evita no estaríamos aquí —y rompe a llorar.

La calle arbolada, tres carriles de cada lado, es un fragor de coches, taxis negros y amarillos y colectivos o autobuses urbanos. Los transeúntes atestan las aceras, un comercio al lado del otro y, cada tanto, un quiosco de prensa o de flores y una boca de metro. La avenida Santa Fe de Buenos Aires parece un espejo deformado de cualquier otra madrileña o barcelonesa. Aquí hay más movimiento, más color, también más ruido y agitación. Los frenos hidráulicos de los colectivos, que despiden un bufido característico, me obligan a acercarme más a Armando para hablar. Está observando un edificio de trece plantas.

—Aquí me crie yo sin saber toda la historia del barco: avenida Santa Fe, 2608, casi esquina Ecuador. Pero no había esta torre, sino mi conventillo, ¿sabés lo que es eso? Las casas colectivas de los emigrantes.

Armando y su familia se mudaron allí un par de años después de llegar porque su padre encontró trabajo en un lugar de comidas españolas en el burgués Barrio Norte y así no gastarían en transporte público. Esta era una casa de dos plantas, con una hilera de habitaciones y una sola cocina y baño para cincuenta personas de toda procedencia, el enjambre de nuevos argentinos que trataban de vencer los prejuicios culturales entre besos y codazos.

—Jugábamos juntos los tanos [italianos], los rusos [judíos del este de Europa], los turcos [siriolibaneses] y gallegos, cada uno con su acento y algunos con su lengua, casi sin entendernos. Me llamaban «*gayego* pata sucia», se lo escuchaban a sus padres y replicaban, porque decían que olíamos mal —se le quiebra la voz—. Y mirá, no les faltaba razón, pero tenía sentido: mi padre trabajaba en aquel restaurante donde deshuesaban el jamón para el cocido y él traía el hueso para reutilizarlo. Y a veces lo secaban, lo guardaba y servía para otro puchero. Muchas estrecheces, porque en la habitación dormían mis padres de un lado, una cortina por el medio y del otro mi tío y luego yo en una cama turca. Cuando a mi padre le empezó a ir mejor ya no traía solo el hueso y compraba a mayoristas una horma de queso de diez kilos. Era un lujo, pero claro, una pata de jamón colgada y el queso en una habitación de poca ventilación traía un olor a podrido que aún me revuelve el estómago. A eso sumale que en invierno mi madre ponía un brasero de carbón y la ropa también quedaba impregnada de ese olor.

Frunce el ceño Armando, limpia las gafas grandes y de montura metálica y empezamos a caminar por la acera en dirección hacia la avenida 9 de julio. Quiere enseñarme algo. Tres cuadras más abajo, en la esquina con Azcuénaga, paramos frente a otro edificio moderno de dos plantas, con grandes letras y un logo colorido de un banco, mientras se mesa el bigote ensimismado.

—Aquí estaba mi escuela, un edificio histórico fundado por el creador de la educación pública argentina, Sarmiento. Aquí la discriminación por el acento era peor que en el conventillo. Y eso que la mayoría eran extranjeros, judíos del barrio del Once y otros inmigrantes. Ahora le llamarían *bullying*, pero con el correr del tiempo me di cuenta de que nosotros nos fortalecimos donde otros se quedarían mirando. Con un plato lleno de consejos te morís de hambre, pero si vives para contarlo tenés la conciencia de lo que te pasó. Y te voy a decir algo —y para de caminar en medio de la frase enigmática—: gracias al universo no soy un hijo de puta, y podía haberlo sido. Progresamos, mi padre se hizo con un negocio, mi madre consiguió trabajo en una portería de un edificio de paisanos, nos mudamos y se nos quitó el olor. Pero te diré otra cosa: a día de hoy no puedo comer jamón crudo ni queso.

Antes muertos que esclavos

Gallegos ha habido siempre en Argentina, mucho antes del aluvión migratorio. En el siglo XVIII reclutaban familias, aprovechando la ruta comercial abierta con A Coruña, para poblar las orillas del Río de la Plata y también de la Patagonia. De ellos quedó la impronta a través de apellidos conocidos, incluso entre los próceres argentinos, de Quiroga a Sarmiento, pasando por Rivadavia.

Hacia 1790 se fundó una Congregación de Naturales del Reyno de Galicia, y en 1806 los gallegos se hicieron notar durante las Invasiones Inglesas, cuando el Imperio británico intentó ocupar el virreinato del Río de la Plata. Para defender la ciudad se formó el Tercio de Voluntarios Urbanos de Galicia, una milicia que ayudó a detener a los invasores, sin la ayuda de España, lo que ayudó a construir el espíritu que dio pie a la revolución de Mayo de 1810 y la independencia seis años después. Eran seiscientos hombres, el segundo mayor cuerpo de defensa de la ciudad. Según el estudioso del Tercio de Gallegos, Horacio Vázquez, de una de aquellas batallas salió el lema «¡Muertos antes que esclavos!», que en el siglo siguiente incorporó como divisa Castelao —*«Denantes mortos que escravos»*— en su interpretación del escudo de Galicia.

En cierta ocasión acudí a un edificio de la Armada —tragando saliva por las derivadas militares de siglo XX— invitado por Vázquez a ver de cerca un incunable. Eran los restos de la bandera gallega que llevaba el Tercio: un pendón blanco de seda natural con el escudo bordado en hilos de oro y plata. A estos héroes de la capital Argentina el Cabildo los obsequió con una gaita escocesa, sustraída a los británicos tras la batalla. No trascendió si la supo tocar alguien.

Los descendientes de los barcos

Siempre que pasaba por la misma esquina que dividía los barrios de Villa Crespo y Almagro me maravillaba de la ciudad en la que vivía. En cada intersección hay dos placas con los nombres de las calles, y en esta decía bien claro «Estado de Israel» en una y «Palestina» en otro, condenados a entenderse. Aunque parezca un guiño tonto del callejero, o una casualidad, la Esquina de la Paz, así la llamaron informalmente, era fruto de la herencia migratoria, de la fuerza de sus colectividades, de los *lobbies* y la política. De hecho, la segunda se reconvirtió en Estado de Palestina, reconocimiento simbólico de una ciudad hija de las diásporas.

Entre 1880 y 1930 entraron por el puerto de Buenos Aires más de seis millones de europeos. En torno a 1915 la mitad de la población de su capital era extranjera en un país con la cabeza demasiado grande y llena y el cuerpo estirado y vacío. Eran los años de la Argentina potencia mundial —sobre el papel—, de la expansión económica y reclamo para inversiones y, también, para mano de obra. A ese período le llamaron la Gran Inmigración. Según los estudios más seguidos de la diáspora, en 1914 Buenos Aires tenía 150 000 habitantes gallegos, un diez por ciento de la población de la capital y casi el triple que la ciudad más grande de la tierra de origen, A Coruña. La colonia más abundante era la italiana, pero ninguna región de ese país se acercaba en porcentaje a la de los galaicos, que constituían el setenta por ciento de los españoles, por lo que se erigía como el mayor grupo territorial del crisol demográfico. Y a esta oleada hay que sumarle la segunda, que arribó entre 1945 y 1960. En aquellos años en la ciudad llegaron a vivir, entre nativos y descendientes, unos cuatrocientos mil gallegos. Entre las dos oleadas, los cálculos acercan al millón el total de galaicos que entraron en el país austral, de ellos dos tercios radicados definitivamente, y cifran en al menos un quince por ciento la población argentina de origen gallego.

Desde la Gran Inmigración, la capital es un caldo en ebullición donde flotan nacionalidades y pueblos recién llegados junto a los autóctonos, y le dan forma y sabor al universo del arrabal, con sus figuras del malevo y el cuchillero, el guapo y el compadrito. También a sus hablas mezcladas, como el cocoliche, que se termina fundiendo en el lunfardo, la jerga por excelencia de los porteños —pocos gentilicios tan ilustrativos como el de la capital, puerto colonial y migratorio—. La lengua popular renombra nacionalidades y procedencias por sinécdoque, el representar la parte por el todo, una fórmula para homogeneizar la tremenda diversidad. Así, los españoles son *gallegos*, por razones obvias, *gayegos*, *yoyegas* o *gaitas*, simplemente, metidos a oficios urbanos como mozos de cuerda, carboneros y carreteros, y las mujeres empleadas domésticas y costureras; otros muchos obreros en curtiembres, mataderos y frigoríficos. Y, sobre todo, almaceneros.

Los italianos, mayoría desde el inicio, son *tanos*, por aféresis de *napolitanos*, aunque antes hubo más calabreses y piamonteses, muchos albañiles, carpinteros, constructores y con negocios de barrio. Los *rusos* son judíos, en principio askenazís, efectivamente de Rusia, pero también de Ucrania, Polonia —o de la otra Galicia o Galitzia, que en la actualidad se reparte entre esas fronteras— y resto de Centroeuropa, siempre ligados al comercio, de telas, ropa y joyas. Pero también hay mucho judío sefardí, que además muchas veces es confundido con un *turco*. Estos son todos los que vienen del antiguo Imperio otomano y de Oriente Próximo: la mayoría son siriolibaneses, pero también hay turcos e incluso armenios, colonia menor pero muy activa —y a su vez profundamente antiturca—.

Eso sí, todos comparten *apellido:* el «de mierda» que escuchaban por parte de los autóctonos, cuando no del resto de colectividades.

Todos esos retales forman el traje argentino en el inicio del siglo XX, el «Cambalache» del tango «problemático y febril». Más allá de las trifulcas tangueras de conventillo, los roces entre colectividades se reducen a las burlas por los estereotipos étnicos en la destilación de la argentinidad. En un país despoblado, la elite criolla se llevó por delante a los pueblos originarios para conquistar la inmensa geografía austral y borró a los esclavos africanos que habitaban los puertos, al mismo tiempo que abría las puertas a los gallegos, tanos, rusos y turcos, por más de mierda que fueran. Las ínfulas europeas forman parte de la construcción nacional, como resumen estas frases atribuidas a Borges: «Los argentinos son europeos nacidos en el exilio» o «El argentino es un italiano que habla español, piensa en francés y querría ser inglés». Ambas tienen el punto irónico de su autor, pero también un eje aspiracional. Metidos en citas, en 2022 saltó la polémica porque el expresidente Alberto Fernández hizo una broma que de tanto repetirse ahora tiene el mismo efecto que hacerse cosquillas a uno mismo: no hace gracia. Elevó a axioma lo que se supone que dijo como ocurrencia Octavio Paz: que si los peruanos descienden de los incas y los mexicanos de los aztecas, los argentinos lo hacían de los barcos.

Gallegos de mierda

La feria del libro de Buenos Aires es la más importante de Sudamérica. Cada mes de abril, el recinto ferial de la Sociedad Rural se llena de novedades de culto y también de superventas. En 2008, Pepe Muleiro, un seudónimo, presentaba un nuevo libro de la serie que lo había hecho famoso: los chistes de gallegos. Todo discurría con normalidad, hasta que apareció un grupo de sesenta personas repartiendo volantes y dirigiéndose en voz alta a la gente que ocupaba el stand de la editorial: «No a los chistes de gallegos». No era la primera vez que ocurría. Catorce años antes, el doctor e intelectual Antonio Pérez-Prado denunció los chistes que hacían chanza de los paisanos, estereotipados como seres rudos «cabeza grande y cuadrada, corte de pelo de cepillo, cejas frondosas y sin solución de continuidad, quijadas recias y sombreadas por una barba incipiente», cuando en realidad, decía Pérez-Prado, si de algo tenían cara los gallegos era, precisamente, de porteños.

En simultáneo, en ese 1994 la protesta saltó al otro lado del océano. Durante la visita del entonces presidente argentino, Carlos Menem, a Santiago de Compostela, un grupo de militantes nacionalistas desplegó una pancarta con la leyenda «Por la dignidad de Galicia: no a los chistes de gallegos». Menem paró junto a ellos rompiendo el protocolo y se disculpó «en nombre de todo el pueblo argentino». Le terminaron aplaudiendo.

Sin embargo, los libros continuaron publicándose hasta que estalló todo con la denuncia ante el Instituto Antidiscriminación, iniciada por Gastón Quiroga, hijo de emigrantes. «Cuando nos tratan de burros, idiotas o brutos pienso en mis abuelos, que ayudaron a construir el país, y no lo puedo tolerar. Por respeto a Borges o Cortázar, creo que emplear papel para editar esa *porcallada* no tiene sentido», se quejaba. Aunque no lo dijera por eso, a los dos autores los rodearon escritoras gallegas: María Esther Vázquez, amiga y confidente de Borges, al que llevó a casa de Ramón Piñeiro en Santiago, y Aurora Bernárdez, esposa y traductora de Cortázar. Y ambos íntimos de un natural de Corcubión, el editor del *boom*, Paco Porrúa, el primero en publicar *Rayuela* y *Cien años de soledad*, para más inri en la misma editorial en la que décadas después saldrían los libros de Muleiro.

La acción contra los chistes coincidió con la visita del presidente Emilio Pérez Touriño a la Casa Rosada. Allí el vicepresidente argentino le prometió que le pediría «un gesto» a la editorial. Muchos también miraron hacia dentro de la colectividad.

—Habíamos convocado a todo el mundo para hacer el escrache, pero de los mayores no apareció ninguno. «Qué van a pensar de nosotros», decían. Preferían que les llamaran brutos a quilomberos —recuerda en el presente el entonces dirigente juvenil Santos Gastón Juan—. Nosotros podríamos tener un *lobby* impresionante, y si no lo tenemos es por el tema de la vergüenza. Tengo amigos de clase alta que no dicen que son gallegos hasta que alguien se manifiesta como ellos. Si no, *olvidate*. Llevan desde que bajaron del barco con ese peso.

La identidad de Buenos Aires, sostiene Pérez-Prado, nació con el tango «Milonguita» y el combate de Luis Ángel Firpo contra Jack Dempsey en 1923: un parto de cuatro minutos seguido en masa por la radio. No ganó, pero la velada dio renombre mundial a un argentino hijo de italiano y española. Todo sucedió cuando la gran inmigración empezaba a declinar, con todas las aportaciones foráneas ya sobre el tablero. Y ahí cabría preguntarse por lo que la escritora María Rosa Lojo llama la criptoidentidad gallega de Argentina, un país cien veces más grande que Galicia, literalmente, pero teñido por su carácter semioculto o invisible. La autora, junto a Marina Guidotti y Ruy Farías, elaboró el estudio más profundo sobre los estereotipos gallegos en Argentina.

No solo en el Río de la Plata, sino también en Cuba, Venezuela y en el resto de países hispanohablantes se desarrolló el mismo tópico. Lo escuchaban hablar y lo calificaban de animal de dos patas. ¿Y no sería porque no lo entendían? El emigrado, *galegofalante*, no conseguía hacerse entender como a él le gustaría. En la nueva jungla se debía abrir paso hablando castellano deformado. Lo aprendió, pero nunca se sacudió el complejo, como le había ocurrido en Castilla, donde fue objeto de mofa por tener un idioma propio lo suficientemente cercano y lejano a la vez. En 1909, un anuncio-chiste en la revista *Caras y Caretas* mostraba a un mozo de cuerda con una bombilla: «*Rejaláronme* este *cijarrillo* Monterrey y voy a encenderlo en la luz *eléutrica*, pues como son los *megores* que se fabrican en la república, quiero tomarle bien el gusto».

Arrastraban la carga de una lengua oral, sin estatus oficial durante siglos y sin enseñanza en las escuelas; un vehículo transmitido en la aldea, siglo tras siglo, entre prohibiciones y oscurantismos, materializando un milagro duradero. Muchos desistieron de ella para no contaminar a los hijos: servía para cantar o contar historias en la *lareira*, pensaban, pero no para hacer carrera en un mundo lleno de obstáculos. Y esto aplicó también a los éxodos internos hacia Vigo o A Coruña. En América, por adaptación camaleónica o autoodio, o ambas, fue menguando el uso de la lengua, salvo en el registro culto y en el político, o cuando el inconsciente gana a la necesidad, como en los momentos de tensión o de fiesta.

Acriollarse era una manera de ser aceptados y sacudirse el *gallego de mierda*. Y, pese a todo, la lengua se metió en el lunfardo, aun compartiendo influencia con el portugués: *descangayar* («escangallar» o estropear), *yeite* («xeito», habilidad), *gayola* («gaiola», jaula como metáfora de cárcel), *arranyar* («arranxar», arreglar), *yantar* («xantar», comer), y otras literales, como *chumbo* (pistola, metonimia de plomo), *buraco* (agujero), *lamber* (por adular), *cismar* (pensar con insistencia), *pispar* (fisgonear), *revirarse* (enfadarse), *empurrar* (empujar), *bosta* (excremento de vaca).

Cándida

A Ramona, moño enhiesto, delantal y zapatillas, le daba por barrer la escalera de abajo arriba, y claro, no había forma humana de que acabase su trabajo. Era una mucama —empleada doméstica— ficticia, creada por el caricaturista Lino Palacios en los años treinta. Afloraban algunas críticas, pero el autor se sacudía la levita aduciendo que se había inspirado en la criada de su abuelo y que los chistes los contaban ellos mismos. Había, más allá de un tópico étnico, una mirada de clase.

Ese fue el mismo reproche que también se llevó Niní Marshall, la reina del humor argentino. En realidad, se llamaba Marina Traverso, y era hija de asturianos de A Veiga-Vegadeo y Santiso d'Abres, zona *galegofalante*. Niní, a quien apodaban «Chaplin con faldas», era muy versátil en la actuación y también en la escritura, pues ella misma elaboraba los guiones de los personajes, tras una infancia en el barrio de San Telmo absorbiendo acentos e idiomas como una esponja. Creó a una italiana de *conventillo*, a una judía con todos sus tópicos, a una abuela que hablaba en cocoliche, incluso a una mujer de la clase alta.

Pero por encima de todas sus creaciones estaba Cándida Loureiro Ramallada, la criada que amontonaba toda la carga tópica del imaginario de la gallega en Argentina: ingenua e ignorante, que se expresaba mezclando lenguas con modismos adquiridos, que cambiaba la ge por la jota sistemáticamente, abría y cerraba vocales como solo una *falante* sabe. «*Muitas gracias por tanto comedimento*», era su despedida en Radio Nacional.

Para sus críticos, se lucró con el personaje real en el que se inspiró, Francisca, una empleada doméstica que tuvo en casa y que vivió el lado anónimo de la emigración. Pero Niní siguió su carrera durante décadas con el mismo éxito y la misma polémica. Arrasando película tras película —estrenó casi cuarenta—, se exilió con el primer gobierno de Perón, dicen, porque en privado imitaba a Evita. Se marchó a México, otro país lleno de gallegos, y volvió a triunfar con Cándida.

Cicatrices

En sus visitas a Buenos Aires, la cineasta Margarita Ledo me preguntaba siempre por la estación Constitución. Le rondaba en la cabeza una idea de documental en torno a ese nudo de comunicación en el sur de la ciudad, en donde se entrecruzaban las historias de las mujeres que emigraban solas. Finalmente entró en ese universo y salió con una película de ficción llamada *A cicatriz branca*, en la que abre la costura mal cerrada de miles de mujeres de las que no tenemos relato.

«A mí me mandaron con trece años con un pariente que no era tal. Vine con la máquina de coser en la cabeza, limpié, cosí para él, hice de comer. Él andaba en la trata. Cuando salía me dejaba encerrada. "Esa Singer te va a dar la vida", me habían dicho. Pero mi cabeza ya no puede tener más de una Singer», cuenta una de las mujeres. Llegaban sin saber leer, pero cosían. Eso les permitió salir a algunas de mucamas hacia otros destinos laborales, como las fábricas de medias o de trajes de baño. Otras, arrastradas por el desarraigo, maltratadas en la precariedad y la servidumbre, fueron forzadas por redes y mafias.

Las mujeres encajaban como un engranaje más en la maquinaria de los estafadores, desde el origen con los ganchos hasta el destino con los tratantes, como explica en sus textos la historiadora Pilar Cagiao. El problema remite al desequilibrio entre hombres y mujeres en la emigración —en la segunda década del siglo viajaba una mujer por cada cinco hombres— y a la indefensión desde el puerto de salida. En sus pesquisas incluye el testimonio de un desplazado de Vilalba que en 1927 llegó y se encontró con una muchacha de Vilagarcía que le contó su trabajo de prostituta. «Tenemos una vida muy desgraciada, porque mire cuántos hombres han pasado por mí esta noche». Y, sin embargo, no hay evidencias históricas de redes gallegas de prostitución masiva.

Cuesta explicarse por qué en Estados Unidos se formaron mafias urbanas de grupos étnicos europeos y no las hubo en Argentina. Algunos apuntan a la regulación más que visible que ejercía la polícia sobre el juego y la prostitución: la extorsión vestía de uniforme. Hubo un enfrentamiento célebre entre el *tano* Ruggerito y el *gallego* Valea —asturiano de Castropol— por el control de los burdeles en la zona sur; ambos murieron a balazos en los años treinta, pero no hay constancia de fenómenos como el de la mafia judía polaca, la llamada Zwi Migdal, una organización intercontinental que seleccionaba mujeres en Europa del Este, las desembarcaba en Montevideo y las cruzaba por tierra a Argentina. La Migdal fue desarticulada gracias a la denuncia de una mujer explotada.

De las gallegas pocas referencias hay en la prensa, pero aparecen en la literatura y en la música, especialmente en el tango, manifestación popular que recrea la realidad en los barrios bajos pero siempre narrado por hombres. «Galleguita», interpretada por Carlos Gardel en 1924, recoge la historia que sus compositores imaginaron tras una gira europea, al ver mujeres solas en el barco. Un cuento sobre los márgenes interpretado en dos minutos y medio.

Eras linda / Galleguita / y tras la primera cita / fuiste a parar al Pigall / Sola y en tierras extrañas / tu caída fue tan breve que, como bola de nieve / tu virtud se disipó… / Tu obsesión era la idea / de juntar mucha platita / para tu pobre viejita / que allá en la aldea quedó.

La Princesa de Borbón

En 1907 Luis Fernández salió del puerto de A Coruña y embarcó a la modernidad de Buenos Aires. Pensaba que allí haría lo que no podía en casa por temor al escándalo: disfrazarse, pintarse, desmelenarse. Y tal cual lo pensó, así lo hizo. Desde su llegada recorrió los cabarés haciendo números de cuplé y prostituyéndose con hombres atraídos por sus encantos. De su olorosa estela y su carisma brillante salió el apodo con el que empezó a ser conocida en la ciudad: Princesa de Borbón.

Al mismo tiempo que triunfaba, sacaba dinero extra de hurtos y pequeñas estafas a conocidos y clientes. No pasó desapercibida y fue detenida por primera vez. Pero la Princesa no se detuvo: era astuta y refinada, también en el robo. Los medios la calificaban como «alto, de trazos agraciados, voz aflautada y grandes ojos». Las fotos, vestida de hombre o de mujer, muestran una nariz abombada y mirada seductora, con mucho estilo en el posado. A veces iba en carruaje por el centro y recibía a un cliente, lo hacía subir, lo desplumaba y lo despedía tras el engaño.

Se creció en el papel cuando intentó estafar al Estado, al solicitar una pensión haciéndose pasar por viuda de un soldado muerto en Paraguay. La apresaron de nuevo, y sobrevoló el peligro de deportación. Pagó multas que dejaron al descubierto la cantidad de dinero que amasaba y se marchó. Dejó su apartamento de la avenida Belgrano y Jujuy y viajó Latinoamérica adelante acompañada de Culpino Álvarez, este con apodo gallego: La Bella Otero. Vivió aventuras, en la noche y entre rejas, en México, Perú, Chile. Allí consiguió cobrar cheques de incautos hombres de negocios, timaba a otros o simplemente se hacía con su billetera.

Su periplo se terminó en los años veinte. Cruzó el Atlántico dos veces y pasó el resto de sus días en Buenos Aires, arrumbada en un arrabal o, según otras versiones, en un piso burgués sin problemas de dinero. En eso también el misterio la acompañó hasta su muerte.

Manolito

Llegó de Lugo y encontró hueco en el mercado de San Telmo, una preciosa plaza de abastos cubierta, construida a finales de siglo con sabor europeo —pilares de forja, arcadas, mármol—. Don Manolo Fernández trataba las monedas como un tesoro y anotaba cada movimiento en su libreta de almacenero.

Mientras, Manolito jugaba encima de los sacos de *porotos*, aprendiendo a contarlos para continuar, algún día, el negocio de su padre, el almacén Don Manolo.

Allí iba, día por medio, un chico con poco pelo, desgarbado, flaco, medio despistado. Se acababa de mudar a la esquina de Defensa y Chile, a cuatro cuadras. Se llamaba Joaquín Salvado y era un dibujante mendocino hijo de andaluces, que se dedicaba a la publicidad, aunque a él solo le interesaba recrear el mundo que lo rodeaba. Le decían Quino y en esos años creó una tira protagonizada por una niña precoz e impertinente que soltaba bombas de precisión. La llamó Mafalda, la hizo fan de los Beatles y le regaló una pandilla de amigos, prototipo de la clase media de raíz europea, que fue pescando de aquí y allá en el mundo real. Para una se inspiró en la hija de unos amigos; para otro, en su sobrino. Y cuando pensó en el gallego, que no podía faltar, se dio cuenta de que lo tenía delante todos los días en el almacén, y hasta el nombre le sonaba bien: Manolito.

El barrio de San Telmo tiene un aquel colonial que le falta al resto de Buenos Aires, un entramado de callejones adoquinados con casonas e iglesias, vestigios de una capital de la España americana que no tenía el glamur de Lima o Sucre, pero era cabecera del virreinato del Río de la Plata. El barrio, que albergó a familias patricias, se vació a finales del siglo XIX por una epidemia de fiebre amarilla. Los ricos emigraron al norte de la ciudad, entonces un suburbio de grandes fincas que se fue loteando con nombres ahora reconocibles en el mapa: Palermo, Belgrano, Núñez. Con la llegada del nuevo siglo San Telmo se rellenó de europeos que volvieron a darle vida a estas calles.

El barrio abraza con las centenarias ramas secas de los árboles, empuja con el viento del río a entrar en galerías perdidas, eleva con el olor a parrilla y horno de pizza, invita al paseo con la sensación del tiempo suspendido. Los domingos se llena de turistas la calle Defensa, un mercado callejero de antigüedades, discos y libros, y desde hace años también hay cola en la esquina con Chile, donde una Mafalda en miniatura invita a sentarse con ella en un banco para sacarse una foto. La flanquean Susanita y Manolito. En esa esquina está la casa de Quino, un anodino edificio de ensanche con un portal con pomos dorados que reconocerá de las tiras el seguidor obsesivo, igual que el portalón del estacionamiento a la vuelta de la esquina, e incluso el dos caballos que hay a veces aparcado en esa calle. Este es el barrio de Mafalda y su universo de dibujo, incluido el almacén donde iba a comprar mantequilla rancia —«con alcurnia», le decía Manolito— o fideos para la sopa que odiaba o cualquier otro artículo de oferta, porque, como le vendía su galaico amiguito, «Almacén Don Manolo vende baratísimo».

A punto de oscurecer, un día sin prisas, años antes de que el barrio reivindicara a Mafalda como vecina, di por casualidad, en la calle Balcarce, con un establecimiento que no era quiosco ni ultramarinos ni tienda de chucherías, sino todo a la vez, y me llamó la atención porque sobre la puerta tenía un cartel que decía: Almacén Don Manolo, y un dibujo de Mafalda con Manolito. Me acerqué a la ventana por la que atendía un señor de sesenta años, flaco, calvo, con cuatro pinchos por barba. Le pregunté por el nombre y me dijo, tan pancho: «Yo soy el del cartel. Soy Manolito».

—Mis padres tenían el almacén en el mercado y por allí venía Quino a comprar. Se habrá inspirado en nosotros porque éramos la típica familia gallega, mi papá llevaba boina y todo eso —decía, mirando de medio lado, como si no tuviera ganas, a frases cortas y sin profundizar mucho—. No sé qué vio en mí para su personaje. Sería por el tópico de gallego bruto. Porque lo primero soy, pero lo segundo, y todo el resto de lo que era Manolito, no.

En el buen rato que estuve con él recitó a Rosalía, cantó «A Rianxeira» con acento porteño y luego repasó las figuras del exilio con las que alternó, de Luis Seoane a Arturo Cuadrado. Metidos en conversación, terminó confesando que en las últimas tres elecciones había votado al Bloque Nacionalista Galego. Otra realidad paralela que regalaba la diáspora: el amigo de Mafalda era un devoto de Rockefeller, solo pensaba en el dinero y el ahorro; este era un idealista y lo dejaba ver en su establecimiento, *horror vacui* a granel, al que no le faltaba género de ningún tipo ni tampoco ninguna consigna de la izquierda latinoamericana en la pared: había fotos del Che, proclamas contra el pago de la deuda externa y un grafiti: «Alerta militante». También tenía fotos de Alfonsín y decía que fue preso en la dictadura. Era Manolito al revés.

Entre las chocolatinas, los cigarrillos, los bocadillos de milanesas y la nevera con refrescos, los chicles y los artículos de urgencia para el hogar, asomó por última vez y zanjó la tarde con una frase más propia de Mafalda que del pequeño almacenero unicejo:

—Los políticos son como los helados de un peso. No saben a nada.

Sangil *vs.* Eurnekian

Un armenio entra en el bar de un gallego en el barrio de Palermo y le dice:

—Te doy un millón de dólares por el local.

—Ni loco, yo de aquí no me muevo.

Parece un microcuento, pero todo es real: los personajes, las cifras y la esencia que resume la historia contemporánea de Buenos Aires.

La esquina que forman las calles Honduras y Bonpland es representativa del barrio más visitado por turistas de toda la capital, el más frecuentado por consumidores de tiendas de moda, bares coloridos y restaurantes de copete. Es, además, un gran polo audiovisual formado por productoras, estudios de cine y canales de televisión. Por eso a esta porción de cuadras la llaman, desde principios de este siglo, Palermo Hollywood. Antes no pasaba de una zona de talleres mecánicos entre casas bajas, caserones antiguos y algún edificio de los años sesenta, un barrio de calles amplias empedradas y árboles altos, alejado del centro y sin la vida de, por ejemplo, Recoleta. Pero había negocio, pensó Emilio Sangil, cuando en 1978 vio que se vendía la casa de la ochava de aquella esquina, como le llaman al chaflán, local abajo y vivienda encima. El canon del emigrante: comprar el *pack* completo, a tocateja y sin deudas. Lo consiguió tras un ahorro de casi tres décadas.

Cuando miró alrededor, pensó que estaba en tierra de nadie, así que ni se ocupó en ponerle nombre al bar que montó. Abrió sin cartel ni nada que lo identificase con letras —sí lo hacía el toldo característico, los ventanales, la puerta batiente, las mesitas de madera con sombrillas en verano—. La razón social llevaba su nombre, Emilio Sangil, pero para los clientes y también para la memoria popular de Buenos Aires sería para siempre el Bar del Gallego.

Emilio, llegado desde Samos, Lugo, pasaba el día abajo y solo subía para dormir lo justo. A las seis bajaba desperezándose y empezaba el turno de desayunos. Olor a café y naranja, tostados de queso derritiéndose en el grill, medialunas frescas. Al mediodía se oía el sifón disparando sobre el vermú antes del menú diario, propuesta simple de un par de cortes a la parrilla, cinco o seis platos de cocina y su famoso bocadillo de jamón crudo con queso. Abundante y económico como ninguno en el barrio, se llenaba de trabajadores y taxistas, raza omnipresente en la ciudad hasta que los engulleron los Uber. A medianoche Emilio apagaba las luces, cerraba y subía a casa, que pronto iban a dar las seis otra vez. Todos los días igual. Si se hiciera una foto diaria de la esquina, como en el cuento de Paul Auster que dio pie a la película *Smoke*, nada cambiaría en el bar, mientras alrededor todo se modernizaba sin descanso.

Los años noventa en Argentina fueron el mejor exponente del laboratorio neoliberal latinoamericano: privatización de empresas estatales vendidas a multinacionales europeas, convertibilidad del peso al dólar y el país subido a una ola financiera que parecía no tener fin. La vida era una *joda*; se importaban productos de todo el mundo mientras se vaciaba la industria y los argentinos viajaban a Miami a comprar ajuares enteros. La década la resumieron los argentinos como «pizza con champán». Luego se despedazó en añicos. Pero entretanto, y ajeno al frenesí, Emilio seguía, hormiguita andante, despachando milanesas a la napolitana y café en jarrito como si no hubiera mundo exterior.

Justo al lado, en 1994 el canal 2 de televisión, rebautizado como América, inauguraba nuevos estudios en la calle Fitzroy, a una cuadra del bar y en el medio de un barrio todavía con olor a grasa y neumático. La que parecía una aventura arriesgada se reveló como una jugada de visionario. Atraídos por América, empezaron a mudarse a Palermo Viejo productoras y diseñadores, y con ellos se llevaron los restaurantes modernos y el ocio nocturno: la gentrificación antes de popularizarse el término.

Y entonces llamaron a la puerta del bar. Era un tipo de la edad de Emilio, con el gesto de desconfianza de los emigrantes como él. Podrían haber salido de la misma aldea, jugar al mismo dominó, beber el mismo vino. No hacía falta que se presentaran, porque eran los dos personajes más conocidos del barrio: el gallego del bar y el armenio que lo había cambiado todo. Se llamaba Eduardo Eurnekian y era el dueño de aquel canal que se había convertido en un *holding* gigantesco, con una sede a la que solo le faltaba el vértice que ocupaba el bar. Visto desde arriba el mapa cuadriculado de la calle, era como un pequeño agujero en una dentadura reluciente.

Tras un duelo de miradas, Eurnekian le hizo la propuesta a Sangil, este le aguantó el pulso y el armenio se fue como vino. A esas alturas, el gallego ya era célebre porque uno de los programas de radio del grupo América lo llamaba al bar para gastarle bromas. El mal humor y el acento provocaban carcajadas hasta la siguiente vez. Pero el pulso con el empresario fue más allá y saltó a la prensa. En una entrevista en *Clarín*, Emilio dejó un titular lapidario: «Antes que vender el bar, lo derribo y hago una plaza para que jueguen los niños».

En junio de 2004 entré al bar por primera vez. El establecimiento se mantenía como una isla de distinto color al resto de la calle. Seguía trabajando uno de sus hijos; los fines de semana aparecían sus dos hijas, también su mujer, enfermera. La familia había cerrado filas junto al padre, que no negociaba el honor de su esfuerzo. Y yo quería conocerlo.

Al entrar me fijé que en la pared estaba enmarcada la página de *Clarín* con el titular de la plaza y los niños. Quise hablar con Emilio. Casi ni me miró, absorto en el trabajo, hasta que le dije que era gallego. Se secó la mano, me la estrechó sin hablar y se sentó conmigo en una de las mesas del lateral.

Tenía solo pelo por las sienes, domado por las patillas de las gafas, la nariz enorme y una sonrisa oculta que descubrió al hablar la tierra común. Vestía con el uniforme del almacenero emigrante: pantalón de tergal oscuro, camisa raída en verano y chaqueta de lana en invierno.

—Solo si no me da la salud me voy —dijo.

Y solo la salud lo apartó. En 2011 enfermó, traspasó el negocio manteniendo la propiedad y dos años después falleció y su familia vendió finalmente el bar. Sus hijos no seguían en el ramo de la gastronomía y el barrio era ya otro. Pero Eurnekian solo se cobró la pieza cuando Sangil ya no estaba para bajar a abrir a las seis de la mañana.

Galicia capital Buenos Aires

Decía Pérez-Prado, teórico y práctico de la diáspora, que Buenos Aires era un archipiélago de hogares gallegos separados entre ellos por no más de cinco cuadras, quinientos metros, la distancia, añado yo, de los quehaceres cotidianos en la aldea extrapolados a la urbe. Y, aunque pasan las generaciones, si se encendiera una luz en cada casa emigrante, se dibujaría un firmamento tendido sobre la capital y su área metropolitana.

A diferencia de los italianos, que diversificaron sus destinos, es decir, se repartieron entre la gran capital y zonas agrícolas, la mayoría de gallegos se acomodaron en ciudades, especialmente en el manchurrón urbano a orillas del Plata. Igual que ocurrió en otros países americanos, no formaron barrios étnicos, pero sí tiñeron ciertas zonas de la ciudad, especialmente en el centro y sur: Constitución, Barracas, Parque Patricios y sobre todo San Telmo, Balvanera, Montserrat. Y se extendieron también en la conurbación de la capital y sus municipios adyacentes: Avellaneda, Lanús o Lomas de Zamora.

Desarrollaron los mecanismos solidarios más rápido y mejor que nadie, a través de los centros parroquiales, los comarcales y los provinciales, también su vertiente recreativa para recrear el mundo de allá. Las *foliadas* y romerías típicas se volvieron picnics. Se formaban *xuntanzas* de cientos en zonas junto al río, acompañados de gaitas, empanadas, filloas, vino. Alrededor de la comida germinaba la unión y se atemperaba la morriña.

Intervinieron la ciudad desde el mismo punto de su fundación, el Parque Lezama, entre La Boca y San Telmo, donde plantaron un *cruceiro* sobre tierra traída de Galicia. Cerca le pusieron un busto al referente de la colectividad, Castelao, cuando ya la avenida de Mayo y la avenida Belgrano eran las arterias de la gran ciudad que no teníamos, la metrópolis que algunos economistas creen que siempre le faltó a Galicia. Se escuchaba la misma lengua, se veían rasgos familiares, gestos y modos de expresarse, pero iban vestidos de urbanitas a la moda de un país moderno. A la pujanza se sumaron ellos fundando el Banco Galicia. Con el tiempo, pasó a otras manos, Argentina atravesó mil crisis y un corralito, pero nunca perdió el nombre y el logo, una cruz de Santiago omnipresente en la ciudad en agencias y cajeros, y sobre todo en la Torre Galicia, una de las más reconocibles del *skyline*.

A pie de calle sigue habiendo también pistas de su presencia, en carteles de negocio de nombre críptico excepto para el galaico —O Catoirés, Suevia, La Añonesa—, o incluso sin nomenclatura asociada, como los restaurantes que ocupan las esquinas de las principales avenidas. En Buenos aires triunfó el pulpo, la empanada y el resto de gastronomía gallega, aunque le llaman española, seguramente para quitarse antiguos matices despectivos —con excepciones, como el

Morriña de Manuel Corral Vide—. Pero los emigrantes también supieron aprovechar la mezcla de culturas para hacer caja con la cocina ajena. Muchos de los negocios famosos que se presuponen italianos, como las fábricas de helados, las de pasta o las pizzerías, son de gallegos, normalmente escondidos tras nombres foráneos, excepto una, Imperio, que proclama su origen desde el mismo cartel: el logo son los escudos de las provincias y de Galicia. Enfrente justamente está el cementerio de la Chacarita, donde se alza un enorme panteón también con tierra gallega en los cimientos, unión simbólica de dos mundos.

Allí me subo a un taxi clásico, negro y amarillo. Mientras pasamos por una tienda de bicicletas de nombre inequívoco, Orense, veo en el asiento la licencia expuesta del conductor: Juan Carlos Canzobre.

—Canzobre, ¿es gallego usted? —Se da la vuelta, calvo, cincuenta años, entre extrañado e interesado.

—¿Cómo lo sabe? Sí, mi familia entera. Pero toda la vida me tomaron por italiano. *Canchobre*, me decían. Y no. Coruña es mi casa, aun fui hace dos años.

Cuando para de contar su árbol genealógico, ya por el barrio de Caballito, doblamos en la avenida Honorio Pueyrredón hacia Galicia. La calle Galicia; la otra está en todos lados.

Los inventores del colectivo

La línea 132 atraviesa la ciudad de Buenos Aires, desde Retiro hasta Flores, un vecindario de clase media, también conocido por ser el barrio del papa Francisco, aquí llamado Jorge Bergoglio. Cualquiera que pasee por avenidas como Rivadavia o Pueyrredón verá los colores de las carrocerías, azul, rojo y blanco con el nombre de la empresa en fileteado —un arte ornamental hecho a pincel—, las llantas brillantes y sus frenos silbantes en el abarrotado tráfico. Los colectivos o *bondis* son una seña de identidad de la capital. Utilizados por la gran mayoría de población para desplazarse por el entramado de calles y avenidas, recorren la ciudad día y noche. Muchos visten una carrocería que se destaca entre el resto, la Galicia, cuyo modelo estrella es el Orensano, reconocible para los fans de los colectivos —legión en Argentina— y para los que los ven sin mirar cada día al ir a trabajar.

Durante décadas los vehículos utilizados eran Mercedes con morro redondeado y faros grandes como ojos abiertos. Uno de esos *bondis* le fue ofrecido a Arturo Prieto, oriundo de Xerdiz, una parroquia de Ourol, en Lugo, a inicios de los años setenta, después de trabajar como tendero, feriante y cobrador de la luz. Por entonces era habitual comprar un autobús entre dos socios, vincularlo a una línea y turnarse para trabajarlo. Pasar doce horas diarias al volante permitía ahorrar el salario de un empleado y, descontando el combustible, el taller y el mantenimiento, quedaba un buen excedente.

—Recuerdo que con la recaudación de ese medio coche en mayo de 1974, trabajando yo también sin descanso, me alcanzó para ir de vacaciones a casa y pagar todos los gastos. Tardé once años, pero ya había hecho dinero con el autobús y quería ver a mi madre antes de que muriera —cuenta Prieto, rozando los noventa, tomando un café una mañana de otoño todavía templado, en camisa de manga corta y estampada.

La presencia gallega en los transportes existe desde el principio de la automoción en Argentina. En 1907, Manuel Iglesias, de Vila de Cruces, Pontevedra, patentó en la localidad bonaerense de Campana el primer coche nacional. Era un chasis con travesaños de hierro, ruedas con radios de madera, un volante a la vista desde el eje delantero y un banco de dos plazas. Petardeando sin parar, alcanzaba los doce kilómetros por hora: suficientemente veloz para la época como para que lo llamaran *Mataperros*. Con ese nombre pasó a la historia y ahora tiene una estatua en Campana y otra en Vila de Cruces.

En la ciudad, los tranvías y el metro o *subte*, el más antiguo de América Latina, eran propiedad de los ingleses y empezaban a ser insuficientes para la demanda. En 1928, un grupo de siete hombres —siempre hombres— hablaban en el café La Montaña, en la avenida Rivadavia. Eran taxistas, la mayoría gallegos, quejosos por los costes y la falta de pasajeros, que preferían el tranvía, por cierto conducidos por *motormen* paisanos. Uno de los taxistas, Manuel Pazos, tuvo una idea: podrían hacer con sus Ford T un servicio para más de una persona proponiendo recorridos fijos. Así nació el auto-colectivo, o simplemente colectivo. Sufrieron las embestidas de la Tramway Anglo Argentina, los amenazaron y les quemaron coches, pero el invento se impuso y pronto se exportó al resto de las capitales latinoamericanas.

Después del primer autobús, Prieto siguió su camino y, gracias a las ganancias, diversificó sus ahorros y entró en la sociedad del café más famoso de la ciudad, el Tortoni. No como capitalista, sino a la usanza de la diáspora: compró una pequeña parte y un salario a cambio de trabajar seis días por semana. Allí trabajó veinticinco años sin abandonar los colectivos. Al revés, siguió adquiriendo unidades, aunque ya no eran tan rentables como antes. Falleció en 2024, pero su 132 sigue zumbando por las calles de Capital.

El método Tortoni

Una marquesina *art nouveau* da la bienvenida al visitante en el Café Tortoni, un lujoso establecimiento indispensable en todas las guías turísticas. El interior, compuesto por columnas, vidrieras, paredes en *boiserie* y mesas de mármol, desprende un aroma aristocrático, el espíritu parisino que tiñe ciertas esquinas de la ciudad. Fundado en otro local en 1858, desde los años veinte el local se convirtió en el lugar de encuentro cultural. Allí recitaba Alfonsina Storni, leían Borges y Bioy Casares, cantaba Carlos Gardel y charlaban decenas de escritores en sus tertulias. Más tarde, los exiliados del franquismo conformaron la Peña Galega do Tortoni. En los años cincuenta el café atravesó un período de penuria financiera que aprovechó un grupo de camareros, inmigrantes todos ellos, y se hicieron con el negocio.

Un día de 2003 entró un grupo de ocho treintañeros en el café. Se sentaron en una mesa larga al final del salón. Al llegar el camarero, cada uno pidió algo diferente. Este escuchó, asintió, pero no tomó ninguna nota del pedido. En cuanto se fue, sin que les viera el mozo, los clientes se intercambiaron los sitios. Cuando volvió, este entregó la comanda correctamente. La escena, organizada en secreto, formaba parte de un estudio dirigido por neurocientíficos del Instituto de Medicina Experimental de Buenos Aires. Ellos mismos comprobaron de primera mano el objeto de su investigación: la memoria fotográfica de los camareros.

—¿Cómo lo hizo? —le preguntaron.

—No lo sé —respondió con sinceridad.

La conclusión del estudio, publicado por una revista estadounidense, es que los camareros desarrollaban una técnica para conectar al cliente con su pedido. Por medio de complejas combinaciones neuronales identificaban algún rasgo, ya fuese el pelo, las manos o un pin en la solapa. Un mapa mental. La investigación académica, de título kilométrico, quedó abreviada en un *paper* como «The Tortoni Effect».

—El único secreto es este —dice Miguel Ángel González Represa, gerente, tocando en la barra dos veces, junto a la caja—. Este es el punto cero del Tortoni y desde aquí controlamos todo. Aquí detrás estamos siempre al menos dos socios. Y somos nosotros los que llevamos el bar de primera mano. Puedes preguntarme cómo estuvo el día, si llovió o hizo sol, y a lo mejor no sé contestar. Pero lo que sí sé es lo que dio de caja la jornada.

González Represa es el arquetípico hijo de la diáspora: nacido en Argentina de padre y madre criados en hogares emigrantes. Sus abuelos, dos de Monforte y los otros dos de Tomiño y Camporrapado, nunca habían salido de sus aldeas hasta coger el barco. Su nieto, Miguel Ángel, galaico por los cuatro costados, adquirió el verbo autóctono:

—El correlato del estudio neuropsiquiátrico es que los mozos del Tortoni siguen un paradigma armado por los propietarios desde hace décadas.

Los gallegos ya no son camareros, pero han transmitido el sistema de trabajo. Usan modales exquisitos y atuendo de vieja escuela: camisa blanca, pajarita, chaleco y traje negros, con mandilete hasta la pantorrilla, servilleta planchada al almidón en caída perfecta y la bandeja a un palmo de la cabeza. Es la una de la tarde y tras el mostrador hay cuatro empleados atendiendo a otros ocho camareros que pululan por el salón. Ahí está la sala de máquinas invencible de este reloj de precisión.

—Hace poco intentamos instalar la comanda electrónica, para que los camareros ordenasen a cocina directamente.

No funcionó. Aprendimos que el contacto tiene que ser verbal. La capacidad de percepción de la gente que está detrás de la barra es mayor que ningún sistema informático. Todos mamaron el método y es el mejor —presume con orgullo Represa, con más aspecto de gerente de banco, camisa, gafas y afeitado perfecto—. Tuvimos durante muchísimo tiempo a un mismo *sanguchero*, que se encarga de la plancha. Podía tener veinticinco pedidos que no los anotaba, los despachaba de cabeza y no fallaba ni uno. Ya se jubiló, pero no pasa nada, lo sustituyó su hijo.

El Tortoni lo llevan los descendientes de aquellos que, cuando olieron la bancarrota de los dueños anteriores, lo compraron con ayuda de un par de italianos y otros tantos judíos, y lo reflotaron siguiendo otra receta mágica: sumar al capital la fuerza del trabajo propio.

—Se juntaron quince socios y dijeron: «No hace falta empleados: yo soy cajero, tú gerente, ellos mozos» —recrea Miguel Ángel, señalando al aire con el dedo, organizando un grupo invisible—. Así todos tendrían una participación, trabajarían a cambio de un salario y después se repartían las ganancias. Y así seguimos.

El efecto Tortoni habla de la memoria de los camareros, pero bien podría hacerlo de su visión de negocio, el reparto de la propiedad y, finalmente, su transmisión: un manual de galleguidad. El grupo de quince fundadores se fue ramificando hasta llegar a los cuarenta de la actualidad, sin salir de un círculo cerrado: en la sociedad solo entran herederos, con derecho a comprar puntos porcentuales, que llegan a ser fracciones inferiores al uno por ciento. Comprar es la prioridad número uno. No vender es la número dos.

—Eso tiene una explicación: el hambre —apunta Miguel Ángel—. Terror a pasar hambre. El día en que Argentina entró en guerra por las Malvinas recuerdo a mis padres llevándose las manos a la cabeza mientras salían corriendo al supermercado. ¿Sabes lo que compraron? Aceite, harina y sal. Podría pasar cualquier cosa, pero al menos tendrían para hacer pan.

—Trabajar, ahorrar, progresar.

Se incorpora a la conversación Antonio Barro, otro de los socios, apelando a la trilogía que define a la diáspora, aunque él la utiliza para resumir la vida de sus padres. Barro nació en Miñotos, Lugo, y emigró junto a ellos cuando tenía catorce años, en 1970, última hornada migratoria. El verano anterior, mientras el ser humano llegaba a la Luna, en aquella aldea preciosa a la que apenas había llegado la luz eléctrica apareció un vecino residente en Argentina a bordo de un Chevrolet 400, uno de esos coches gigantes americanos. Cuando los vio malviviendo de la tierra, los convenció de que diesen el salto.

—Teníamos vacas, trigo, maíz, patatas y fincas de pinos, que era lo que permitía que yo estudiase. Pero con catorce años yo ya no quería estudiar más, y la idea de Buenos Aires me sedujo mucho. Cuando llegamos me sentí en casa, de tanto que había oído hablar de todo esto.

Antonio, cabellera entrecana y frondosa, la lágrima a flor de piel en cada frase, habla en el salón donde funcionaba la antigua barbería del Tortoni —hasta eso tenía—, rodeado de estanterías de libros apretujados y una luz que amarillea el ambiente. De vez en cuando asoma un turista para sacar una foto de la barbería, donde antes se trabajaban los bigotes mientras las familias jugaban al *pool*. Frente a él, un café *en jarrito*, que remueve mientras mira fotos en el móvil. En una sale su padre, que tardó tres días en empezar a trabajar en el Tortoni desde que bajó del barco, porque sus hermanos eran ya socios del bar.

—Mi padre tenía unos cojones gigantes. En la aldea no se podían permitir ninguna fiesta, porque tenían que dejar la vaca ordeñada y la casa hecha, y aun así era imposible descansar. Por eso cuando le dijeron después de un año trabajando si quería vacaciones, contestó: «¿Vacaciones? Ya estoy todo el día de vacaciones». Comprende por qué este lugar era un paraíso para ellos.

Trabajar ocho horas y olvidarse de la *leira*, las plagas y el arado de subsistencia ya suponía hacer las Américas. Calculan Antonio y Miguel Ángel que con las propinas de un mes pagaban el alquiler del piso. El salario lo ahorraban completo, y el reparto de dividendos, también. Seis años después, al fin se fueron de vacaciones. Calcularon que en ese tiempo solo habían salido del barrio para ir al campo del Centro Galicia y al hospital del Centro Gallego. En aquellos diez días en Mar del Plata supieron por primera vez en la vida lo que significaba el descanso. Tenían cincuenta y tres y cuarenta y ocho años.

Siguiendo la ecuación habitual, cuando el padre de Antonio ahorró algo más, se hizo con un trocito de un negocio. Y adquirió una tercera parte de la decimoctava parte del Tortoni. Es decir, uno de los dieciocho socios partió su parte en tres y las vendió entre familiares. Gracias a eso, llegó a su cumbre: salario, propinas y dividendos.

En 1990 los socios consiguieron hacer una oferta por el edificio a sus propietarios, una de las primeras familias terratenientes de Argentina. Era un traspaso simbólico, pero no salió en los periódicos, y quizás sea eso lo mejor del método Tortoni: para la opinión pública ellos eran y son simplemente camareros, cuando en realidad se convirtieron, gota a gota, en los propietarios del mejor café de Buenos Aires.

El *telo* que nació en un barco

El SS Highland Monarch soltó amarras en Vigo el 25 de septiembre de 1956 con una historia de amor a primera vista en sus tripas. En tercera clase viajaba Alicia Martínez Álvarez, de dieciocho años y nacida en Samieira, Poio, Pontevedra, junto a su hermana. En la misma clase, pero camarote masculino, viajaba Argimiro Vilar Novio, de Vedra, A Coruña, diecinueve años. Lo acompañaba su madre, de nombre antiprofético: Soledad Novio Jamás. Los dos chicos se vieron en cubierta y empezaron a hablar. Sus horizontes eran diferentes: Argimiro desembarcó en Río de Janeiro y Alicia continuó viaje hasta Buenos Aires, donde trabajaría como costurera. Durante tres años se cartearon y se declararon su amor. Cuando él hizo el dinero suficiente, viajó a Argentina a verla y ya no regresó a Río. Empezó a trabajar en hostelería y terminó asociándose a otros como él para probar suerte en un sector pujante en los años setenta: los hoteles de parejas, aquí llamados *telos*, amor fugaz pagado por horas, el reverso de la historia de Argimiro y Alicia.

Es un tablero compuesto por varios cuerpos de botones, números y clavijas, barómetros y termómetros de agujas, interruptores, fusibles y un dial telefónico. Tiene luces verdes y rojas parpadeantes y unos carteles con mensajes que parecen cifrados —bomba de jardín y cascada, toma música, luz tortugas—. Visto de frente parece una antigua central nuclear o una nave espacial de ciencia ficción sesentera, un ente perdido en una galaxia lejana que sin embargo toco con mis manos, encajado en la recepción de Las Brujas, en el barrio de San Telmo.

Su aspecto externo es el de la mayoría de los *telos* que se esparcen por la capital: una fachada de colores tenues, ventanas con persianas eternamente bajadas, un portalón para coches y una entrada para peatones, discreta como su cartel de bienvenida, sin nombre a la vista. Solo su categoría oficial de hotel: «Albergue transitorio». El hall deja a la vista al encargado, que parece un busto enmarcado por un cristal y un interfono. A los lados, dos pantallas rosas con las habitaciones: Estándar, Relax, Imperial, Cinema Suite.

Miguel Vilar —cerca de cincuenta, melena rubia y vestido de negro de pies a cabeza— mira a un lado y a otro haciendo un reconocimiento de su *casa*. Él es uno de los dos hijos que tuvieron Argimiro y Alicia y en este *telo* pasó más horas que en casa. Miguel mantiene los puntos societarios heredados de su padre, pero este negocio no le trae penas ni alegrías: solo nostalgia.

—Aquí llegó a haber 39 socios —interviene Marcelo, el encargado, rostro rechoncho como el cuerpo y discurso rápido—. El que más tenía, un diez por ciento, algunos solo un punto o menos. Pero claro, un puntito te daba un alquiler de un piso en el centro. Decían: somos todos pobres, pero si nos juntamos, ponemos un poquito todos y ya tenemos algo nuestro para crecer. ¿Poca ganancia? Puede ser, pero poco riesgo también.

Se escucha un ruido de chicharra eléctrica y se enciende un piloto con un número de una habitación. Cerca hay un casillero con llaves colgadas sobre una pared de espejo. Un flexo ilumina la mesa de madera carcomida con bolígrafos de colores encima, dos tazas de café vacías, mandos a distancia y un bote de colutorio azul a medio terminar. De fondo se escucha el zumbido constante de dos neveras antiguas. Marcelo sigue disparando frases.

—Eran solidarios, no sé si es la palabra justa, pero creo que sí. Entramos todos y vemos cómo salimos. Y de repente tenían un hotel y una panadería y un bar, no se detenían. Luego se fue modificando: ellos se dedicaban a esto pero los hijos no.

Le ocurre a Miguel, dueño de una pequeña imprenta en el barrio de Barracas. Durante muchos años veraneó en A Coruña. Recuerda llevar maletas con regalos para familiares y amigos y volver con ellas llenas de exquisiteces gastronómicas. Sus padres compraron un piso allá y Miguel hizo amistades de por vida y presentes en un chat, que me muestra con un título en su honor: «*Os boludos dos Castros*», su barrio coruñés.

—Allí soy el boludo y aquí el gaita, qué hacer.

Hoy resisten 120 *telos* en la capital y otros 180 en el Gran Buenos Aires, con poca ganancia, pero sin que nadie se desprenda de ellos, algo que se entiende al entrar hacia el fondo y comprobar el tamaño del edificio y sus posibilidades. Huele a jazmín en el pasillo, donde suena un mantra infernal de fondo con melodías pegajosas. En el medio se abre un patio, y ahí se entiende el jardín y la cascada del cuadro de recepción. Hay treinta habitaciones, algunas con jacuzzi, otras temáticas, unas pocas un *loft* entero. Al final se abre una puerta y se accede a otro patio donde hay un ficus enorme, y del otro lado están el garaje y las oficinas: al final el secreto era el suelo y su partición.

—Son dos mil metros cuadrados —explica Marcelo—. Pero si se vende pueden levantar un edificio y multiplicar esa planta por cuatro o cinco.

—O no lo venden… y lo hacen ellos —contesta Miguel—. Por eso es mejor aguantar.

Hay quien pensó que podría repetir la fórmula en casa. En los noventa un retornado abrió un hotel por horas en la zona de ocio nocturno de A Coruña. No funcionó y un par de años después tuvo que cerrar y reabrirlo como hostal normal. En la misma ciudad, unos amigos me presentaron a un vecino potentado que había estado toda la vida en Argentina. Tenía ochenta años y era parco en palabras, pero cuando le hablé de que vivía en Buenos Aires se le iluminó la cara. «Cuánto la extraño», dijo con deje gallego porteño. «Once *telos* dejé allí, y mira, aún me dan bien de comer».

Chacabuco 955

El escudo oval avisa desde el frontal de la casona, típica de San Telmo. Una hoz y un ancla entrecruzadas relucen sobre fondo blanco, con una estrella roja encima y un libro abierto con la leyenda «Cultura popular», y el nombre de la sociedad en el perímetro: Federación de Sociedades Gallegas de la República Argentina. Bajo la declaración de intenciones, un portón con un estandarte más moderno: Museo de la Emigración Gallega, Chacabuco 955, una dirección clave en la colectividad. Por el fondo sale de la negrura del hall Miguel Chiloteguy, director del museo, quijotesco, enjuto y serio, agitando un manojo de llaves.

—Tanto tiempo, che.

Por esa puerta que abre Miguel entré a decenas de actos y conferencias y exposiciones y documentales sobre la diáspora y específicamente sobre el exilio; cubrí reuniones militantes y visitas de políticos. En el centro de todo estaba siempre Paco Lores, referenciado ahora en una gran foto en una de las salas del caserón. La Federación, fundada en 1921 para agrupar microsociedades, como las de Cuba, abanderó los ideales republicanos españoles. Llegó a tener 15 000 socios y 88 centros vinculados. Aquí se lanzaron editoriales de libros prohibidos por el franquismo, se celebraron actos de protesta y resistencia. Sin todo lo que pasaba sobre el parqué chirriante de Chacabuco 955, Galicia sería otra. Muerto Franco, continuó con su signo combativo, e incluso participó en la querella contra el Estado español por parte de víctimas del franquismo, iniciada por el lucense Darío Rivas, si bien se orientó hacia la actividad cultural y la memoria histórica.

—Está el Centro Gallego para la salud, el Centro Galicia para la educación y el recreo y la Federación para la política y la cultura. Son las tres patas de la colectividad y, sinceramente, nunca se han llevado bien del todo —dice Miguel, unas canas jaspeando la cabellera tupida, de pie en el centro del edificio.

Con el salón principal a media luz, el museo parece una casa particular llena de recuerdos. Gracias a las aportaciones privadas y de las sociedades que aún tiene la Federación —actualmente catorce, 1700 socios en total— el visitante se sumerge en la partida, el viaje, la llegada y la vida de los inmigrantes. Hay pasajes de barco, sellos, cartas, llaves, maletas, mantas, permisos de embarque, aperos de labranza y de costura y una rueda de afilar que provocó las lágrimas de una señora que pensaba que era la de su padre.

—Y esta máquina de escribir, que pertenecía a una familia que se la dejaba a Castelao cuando él mandaba la suya a limpiar o arreglar y la guardó como un tesoro, hasta ese punto llega la veneración por él —dice Miguel, señalando también los retratos en las paredes—. Ahí tienes también los nombres de muchísimas sociedades históricas. La Xunta intentó juntar a los centros, pero no es posible.

Castro Caldelas y sus comarcas, Unión Quiroguesa y sus Distritos, Sociedad Hijos de Buján, Asociación Arbo Cultura y Recreativa, Unión Residentes de Dodro, Hijos de Pol, Nativos del Ayuntamiento de Cambados, Sociedad Hijos de Montecuveiro y su Distrito. Y así sucesivamente.

Era 17 de mayo, Día das Letras Galegas, ya hacía frío en el otoño austral. Por la puerta de la Federación entró un anciano con sombrero que llamaba la atención. Se movía lento, pero mantenía un atractivo magnético. Me dijeron que era Antonio Pérez-Prado, un intelectual de los que ya no había, el último de una generación. Ese mismo día conseguí el libro que ya no me abandonó. Se titulaba *Los gallegos y Buenos Aires* (1973), y era un ensayo escrito con bisturí, con una dosis justa entre erudición, humor y experiencias.

Se inicia con una dedicatoria muy gráfica —«*A miña nai que emigrou para me facer porteño*»—y ahonda en aquel mundo que conoció él desde niño, educado en una familia típica por oficio, atípica por política —su madre frecuentaba círculos anarquistas, su tío tenía una sastrería llamada Galiza Ceibe—. Su ironía desborda cualquier análisis ortodoxo y sirve de manual de la diáspora argentina para llevar siempre en el bolsillo. De Castelao dice que «por ser un gallego perfecto se nos vino a morir a Buenos Aires». Y de su propio nacimiento: «Mi padre, feliz y asustado, dijo a mamá después de verme por primera vez: "querida, ya tenemos al que nos va a llamar *gallegos*"». Erró el diagnóstico su progenitor, porque a nadie le calzó mejor que a Pérez-Prado el traje de galaicoporteño.

Unos meses después me llegó el aviso de que acababa de fallecer. Cuentan que Paco Lores, siempre irónico, le decía que cuando se muriese tenía que donar los libros a la Federación. Él le contestaba que todavía estaba muy vivo, que no iba a pensar en eso. Pero a su muerte efectivamente fueron donados y engordaron los fondos en más de cinco mil ejemplares de la que ahora se llama Biblioteca Pérez-Prado.

Siñor Afranio

Un mendigo recorre aldeas y parroquias de Pontevedra. Se hace llamar Afranio do Amaral y dice ser portugués. Pasa temporadas viviendo como puede en bosques y prados, ofrece sus brazos para trabajar en el servicio o en el campo y pide posada para dormir donde sea. Es verano de 1936. No hay frente bélico en Galicia, pero hay quienes, al no poder escapar, hacen lo que sea para no caer en manos de la Guardia Civil o la Falange. El Siñor Afranio es, en realidad, un político galleguista, escritor y maestro, diputado agrario el año en que estalla la guerra, cuando participa en el Estatuto de Autonomía y lidera el anteproyecto del texto como delegado de la emigración. Se llama Antón Alonso Ríos y, como otras figuras del exilio, su vida es transversal al Atlántico. Nacido en Silleda, Pontevedra, emigra en 1919 a Argentina y vuelve al proclamarse la República. Es maestro en las escuelas de emigrantes de Tomiño y se implica en la lucha galeguista hasta convertirse en el Siñor Afranio.

Tras el 18 de julio, cuando los fascistas fusilan a los huidos en el monte Aloia, en Tui, desaparece. Al menos en apariencia, porque ahora se camufla caminando. Viste desharrapado y lleva una barba larga y un abrigo marrón. Se inventa una biografía perfecta: criado en Lisboa, enfermo y desnortado, no le queda otro remedio que pedir por los caminos y las aldeas. Su *alter ego* toma el nombre de un naturalista brasileño y con esa defensa ya está tranquilo.

Después de vagar por las sierras meridionales, tira hacia Terra de Montes y vuelve a desplazarse por la *raia seca* hasta pasar a Portugal y embarcar en Lisboa, ya despojado del disfraz, hacia Buenos Aires, de donde había salido. Allí se convierte en la figura que no pudo ser en casa: forma parte del Consello de Galiza, el Gobierno autónomo en el exilio, y asume la presidencia cuando muere Castelao, pero a su tierra ya no retorna. En los años sesenta publica en Buenos Aires *O Siñor Afranio ou como me rispei das gadoupas da morte.*

Y en 1980, con noventa y tres años, se tira a las vías del tren. Era 12 de octubre, todavía llamado Día de la Raza, y faltaban dos meses para el referéndum del Estatuto de Autonomía actual.

Emigrantes y exiliados

Mientras Galicia sobrevive vaciada de cultura en la posguerra, Buenos Aires es un burbujeo incesante de exiliados con hambre creativa, respaldados por el colchón de miles de coterráneos. Todos intervienen la ciudad. Los visuales —el pintor Manuel Colmeiro, autor de uno de los frescos que adornan la cúpula de las Galerías Pacífico, o Maruja Mallo y sus murales en el Cine Los Ángeles, o Laxeiro—, pero también los escritores y periodistas, como Rodolfo Prada, Arturo Cuadrado, Rafael Dieste, Núñez Búa y muchos otros.

En ese grupo heterogéneo hay otros —Ramón Suárez Picallo, Lorenzo Varela— que cumplen una doble condición de destierro: son emigrantes y exiliados a la vez, igual que Alonso Ríos, y forman la lista de nombres más importantes del reservorio cultural y político en Argentina, con vidas increíbles que no terminan demasiado bien: o mueren en el destierro o, los que consiguen volver, tienen un reconocimiento insuficiente y, a veces, nulo.

Alfonso Daniel Rodríguez Castelao, hijo de Mariano y Joaquina, de Rianxo, A Coruña, viajó a Argentina a bordo de un vapor desde el puerto de Vilagarcía en 1895. Tenía once años y nunca olvidaría la aventura iniciática hasta Bernasconi, un pueblo perdido de la Pampa. Allí ocurrió el mayor evento de su corta vida: conoció a su padre.

En aquel remoto fin del mundo se había instalado para hacerse cargo de una pulpería —un almacén rural argentino—

en la inmensidad pampera, campo y horizonte verde y azul interminable. El niño Castelao aprendió lo que eran los gauchos, presenció navajazos en crudas peleas y también se nutrió de libros y revistas. De aquella experiencia salieron varios cuentos publicados en *Retrincos*.

Castelao regresó a Galicia y desarrolló una carrera polifacética sin pensar que tendría que volver a Argentina: lo hizo en 1940, tras un periplo por la Galicia americana, de norte a sur hasta Buenos Aires. Allí pintó y escribió, y también publicó la biblia del nacionalismo, *Sempre en Galiza*, antes de salir a Francia al ser nombrado ministro en el exilio y volver en 1947 con los primeros síntomas de un cáncer espantoso. «*Eiquí me criei i eiquí veño envellecer*», dijo al llegar.

Manuel Puente, mecenas de la colectividad, fue vértice del galleguismo argentino. Cuando supo que Castelao volvía a Buenos Aires, le facilitó un piso de la avenida Belgrano, al que el de Rianxo llamó «*o meu faroliño*». Pese a la enfermedad, siguió dando discursos en los *xantares* multitudinarios. El más famoso lo dictó el 25 de julio de 1948 en el Teatro Argentino. Lo tituló *Alba de Groria* y se asumió como su testamento. Fue su último gran acto público. El Castelao mito había nacido.

En una esquina insípida, un edificio de chaflán chato descubre un bajo con la persiana echada. No hay nadie dentro. Del portal, verde y sobrio, no sale tampoco gente. Un viento húmedo barre las calles. Resulta fácil imaginar que, quitados los coches, el ruido y la contaminación, la calle Juncal 2111, esquina Uriburu, estaba igual en 1959. Ese año se encerró en ese bajo de Barrio Norte Eduardo Blanco Amor a escribir *A esmorga*, la mayor novela de la literatura gallega. Allí, a diez mil kilómetros de su ciudad natal, en una vivienda anónima, se imaginó su Auria. Se abstrajo de colores, olores y acentos, les dio vida a Cibrán, al Milhomes, al Bocas, y los hizo circular en una parranda huyendo hacia adelante sin fin. Terminó de mecanografiar y la llevó a la editorial Citania de Luis Seoane. Este diseñó su portada, con su estilo característico, y la publicó once años antes de que lo hicieran en Galicia.

Nada hay en ese edificio, ni una placa, ni un recuerdo que diga que allí vivió Blanco Amor o que se escribió *A Esmorga*: otra medalla para nuestra historia. Se deben acordar los vecinos más viejos de cuando acudía un grupo de jóvenes descendientes para darle una serenata nocturna frente a la ventana donde lo veían escribir en la máquina ese libro o el siguiente, *Os biosbardos*. Aquel personaje sensible, un rato incomprendido, nunca dejó de ser libre. Nacido en 1897, emigró con poco más de veinte años, pasó varias etapas en España y en 1936 regresó a la Argentina exiliado.

Una visita guiada en la capital de la Galicia exterior podría seguir los variopintos pasos laborales del escritor: la Federación de Sociedades, *La Nación* o el Centro Gallego, pero también los institutos y casas donde dio clases de oratoria y de lengua, el Teatro Popular Galego, que él mismo fundó, la editorial Emecé y, aparte, el Restaurante Berna e incluso Nordiska, una fábrica de muebles en la que trabajó como relaciones públicas de lujo. Escribía donde fuese, en su bajo, en la casa de Manuel Puente o, como hizo a su vuelta, en la casa de Valentín Paz-Andrade en Samil. La esposa de este, Pilar Rodríguez Prada, que vivió más de cien años en el centro del *galeguismo* entre su marido y su hijo Alfonso, le dejó dicho a su nieto Valente que allí Blanco Amor escribió, casi de un tirón, *Xente ao lonxe*, otro de sus clásicos. Mis padres, que lo conocieron bien en sus últimos años en Ourense, escucharon de su boca que los *Seis poemas galegos* de su amigo Federico García Lorca (uno de ellos ambientado en la Buenos Aires de la emigración), fueron algo más que corregidos y publicados por él. Quizás sería parte de su personaje, quizás no. Pero el espíritu escindido y disidente de Blanco Amor no sería tal sin su condición de emigrante y exiliado a la vez.

La Patagonia rebelde

«Los explotadores patagónicos cotizan menos al hombre que al mulo o al caballo porque se sustituye un hombre por otro sin más. Somos de todos lados del mundo, ¿no es cierto, alemán? ¿Eh, polacos? ¿compañeros chilenos? Y todos estamos unidos por la solidaridad». El discurso, extraído de la película *La Patagonia rebelde* (1974) recrea las palabras de Antonio Soto, el gallego que lideró la mayor revuelta obrera de la historia argentina, una rebelión anarquista contra los dueños de estancias en la provincia de Santa Cruz, en 1921, que acabó con una matanza, pero también con un legado de lucha, difundido a través de los libros de Osvaldo Bayer y la película de Héctor Olivera. El escritor dijo en alguna ocasión que los peones chilenos le aseguraron que no entendían casi nada a Soto porque hablaba un gallego mezclado con castellano argentino, pero el carisma que desprendía hacía que lo siguieran enfervorizados. Su retrato, idealizado como los grandes mitos políticos, muestra una figura de rasgos finos y cuerpo arrojado. Vestía pantalones de montar, polainas, una chaqueta larga, corbata corta y una gorra ladeada, tan displicente como las manos en los bolsillos.

Nació en Ferrol en 1897, cinco años más tarde que Francisco Franco, casi medio siglo después que Pablo Iglesias. Su padre falleció al año siguiente a bordo del crucero acorazad Oquendo, hundido por Estados Unidos en la guerra de Cuba. Su madre se casó de nuevo y embarcaron a Argentina, pero Antonio tuvo problemas con su padrastro y viajó solo a Ferrol con diez años. Allí se formó, hasta que en 1914 regresó, a punto de cumplir dieciocho años y embebido en lecturas rusas muy inspiradoras.

Buenos Aires estaba en plena efervescencia obrera en fricción con el nuevo capitalismo. Los trabajadores, casi todos inmigrantes, traían de Europa ideales socialistas y anarquistas y fundaron sindicatos. Lo celebró *La Nación* tras un Primero de Mayo: «Había en la reunión poquísimos argentinos, de lo que nos alegramos mucho». Junto a catalanes e italianos, los gallegos crearon sociedades gremiales de tranviarios, panaderos, carreteros y portuarios. En 1916 el radical Hipólito Yrigoyen ganó las primeras elecciones democráticas, justo antes del estallido de la Revolución rusa. El panorama se caldeó y explotó tres años después, con la Semana Trágica y su reguero de muertos y deportados. Para entonces nuestro Soto ya estaba embarcado en una nueva aventura en el sur.

La Patagonia es una sola unidad geográfica que multiplica por cuatro la superficie de España, un territorio vastísimo en el extremo del Cono Sur, un desierto inhóspito gris y frío, barrido por el viento y el polvo, que comprende dos países, varios relieves y climas y, común a todo ello, posee un influjo inefable.

De siempre ha sido terreno fértil para las promesas, paraíso para idealistas como Soto. Bruce Chatwin, periodista inglés que escribió *En la Patagonia*, una obra de orfebrería reporteril, inspiración para amantes de los confines americanos, lo describe como un «gallego enjuto, pelirrojo, que apenas había terminado de perder la pelusa de las mejillas, con esos ojos azules miopes que se asocian con la ambigüedad y el fanatismo celtas». Y cuenta que lo eligieron secretario general de la Unión Obrera cuando bajó el precio de la lana y empeoró, aún más, la vida de los trabajadores.

Los peones se reunían en asambleas agitadas por el propio Soto, donde redactaban sus exigencias, tan nimias como disponer de velas en los galpones o tener las instrucciones del botiquín en castellano y no solo en inglés. Soto, secundado por otros gallegos como Ramón Outerelo, alentó una huelga general.

El Gobierno mandó al ejército ahorrándose los tribunales y esquivando a una policía ineficiente y corrupta. Después de una trama vertiginosa, militares y peones se encontraron en la estancia Anita, a cuarenta kilómetros del glaciar Perito Moreno. Había discordancia de opiniones dentro de los galpones. Una parte quería aceptar la propuesta de rendición de los soldados. Soto dijo entonces una frase que recoge Bayer en sus libros con épica lapidaria: «Yo no soy carne para tirar a los perros, no me rindo», y escapó junto a su grupo de confianza, formado por chilotes —habitantes de la isla de Chiloé—. Con ellos cruzó la cordillera y empezó otra vida. Entretanto, al amanecer, los que se quedaron, se entregaron pensando en salvar la vida, pero fueron obligados a cavar su propia tumba. Murieron por cientos.

Según los cálculos de Osvaldo Bayer, ocho de cada diez muertos en la rebelión patagónica eran originarios de Chiloé, un lugar especial para Antonio Soto porque de allí eran sus acompañantes y también su segunda mujer, pero también porque le hacía recordar a su tierra. Ubicado en la misma latitud, pero en el hemisferio sur, posee rías ricas en marisco que salen de valles entre montañas suaves y verdes, un paisaje único en un continente de cordilleras, selvas y desiertos, y además su capital se llama Castro. Por algo los españoles la bautizaron como Nueva Galicia.

Tras un periplo por Chile, en 1945 Soto llegó a Punta Arenas, donde fundó un Centro Gallego y abrió un restaurante, refugio de bohemios, al que llamó Oquendo, en homenaje al barco donde murió su padre. Cuenta Chatwin que cuando alguien se quejaba él se revolvía: «Este es un restaurante anarquista, sírvase usted mismo».

El Centro ya no es gallego

El segundo domingo de 1950 amaneció como corresponde al verano austral: luminoso y con una ligera brisa, perceptible en la bandera que ya ondeaba a media asta en la ochava de Belgrano y Pasco, la fachada esquinera del Centro Gallego. Acababa de morir Alfonso Daniel Rodríguez Castelao.

Se preparaba la capilla ardiente en el suntuoso salón de columnas, con la bandera detrás, el escudo bordado en oro, que le habían regalado para volver como presidente de una democracia a la que no llegó. Desde media mañana empezó a llegar gente a un salón que parecía un bosque de flores y no paró hasta el día siguiente. Los telegramas se contaban por decenas, las llamadas también. Junto al ataúd presidían la escena el presidente del Centro, José Villamarín, y Alonso Ríos, *o siñor Afranio*, figuras casi gemelas, calvos y de traje cruzado, junto al crucifijo y la caja abierta.

Al día siguiente se preparó la comitiva que debía recorrer ochenta cuadras, ocho kilómetros, hasta el cementerio de la Chacarita. El entierro estaba pautado para las tres de la tarde, pero la riada de gente llenaba la avenida Belgrano desde primera hora. Se cerró el cajón con tierra de Rianxo y encajes de Camariñas. Virxinia Pereira, la viuda, se despidió por última vez. Una doble hilera de enfermeras custodió la salida hacia la calle. Al enfilar la puerta empezaron a llover pétalos de rosa desde los balcones y el tejado del Centro Orensano, ubicado enfrente. Subieron la caja al carruaje tirado por caballos que encabezaría la caravana inmensa: doce carrozas con casi cien coronas. Y tras él, otra hilera de vehículos de la colectividad y gente a los lados, el tráfico cortado y los argentinos boquiabiertos. No se había visto nada igual en Buenos Aires, dicen, desde la muerte de Carlos Gardel.

Han cambiado los coches, la tecnología, han pasado dictaduras y gobiernos de varios signos, ha habido crisis de todos los colores y Argentina ha ganado tres mundiales, pero el Centro permanece inalterable por fuera y envejecido por dentro, como una representación de la propia diáspora.

El edificio ocupa la misma media manzana en piedra y pintura blanca. La entrada por el vestíbulo circular, el escaparate de Ediciones Galicia junto a la puerta —con un busto de Castelao—, el salón de columnas, parecido a un banco antiguo, todo sigue igual. Las escaleras no han cambiado tampoco. Y al llegar al pasillo del segundo piso, a mano izquierda, se abre a la vista una cápsula del tiempo. Una puerta modesta y barnizada, con manilla antigua y el número 202 encima. Al lado, una placa contradictoria: «*Eiquí morreu o 7 de xaneiro de 1950 o noso inmorrente Castelao*», y una vitrina con su foto y sus obras editadas en Argentina, más una máscara de la pieza teatral *Os vellos non deben de namorarse*. Tres veces estuve dentro de ese cuarto en varias décadas y permanece idéntica: la cama estrecha con la manta marrón, arrimada a una mampara. Una mesilla, un escritorio mínimo y la luz tenue dando un respiro al espacio gélido y mortuorio.

Ocurrió a las 23:50 del 7 de enero y fue embalsamado por su amigo, el doctor Sánchez Guisande. Pero el verdadero lugar de dolor y preparación a lo largo de todo 1949 fue su casa de unas cuadras más arriba, *O faroliño*, el departamento 12, piso séptimo, de avenida Belgrano 2605.

—Castelao sigue estando aquí, es imposible que no esté —dice, mirando la habitación desde fuera, más de siete décadas después, Ramón Suárez, O Muxo, presidente del Centro.

Las instituciones se crearon para sostener a los paisanos del desarraigo. Pero al revés de lo que ocurre con otros lugares, el Centro Gallego de Buenos Aires no es una sociedad recreativa, sino una mutua asistencial y un hospital con un gran departamento de cultura. Nació en 1907 con vocación de cubrir las necesidades de los emigrados, y cuando se centraron en la atención sanitaria, construyeron este edificio que sigue lleno de gente por los pasillos, alguna cama sin inquilino en los pasillos de la guardia, ajetreados médicos y enfermeras de aquí para allá.

Durante décadas el Centro no paró de crecer, entre la infinita colectividad de la primera oleada y los jóvenes que llegaban en la segunda: en los años sesenta llegó a tener 120 000 socios y una intensa vida política y cultural. Allí se crearon las Mocedades Galeguistas, allí se publicó la revista *Galicia*. Era la entidad colectiva más importante y en ella no faltaba la disputa por el poder, especialmente tras la guerra civil. Se dice que votaba más gente en las elecciones del Centro que en algunas provincias argentinas y su gobierno llevaba aparejada la articulación del mapa minifundista de la diáspora.

En Buenos Aires las colectividades crearon sus propios hospitales. Se fundaron el Italiano, el Británico, el Israelita, el Sirio Libanés, el Alemán, el Español. Y el Gallego, uno de los más avanzados y modernos. Con la cantidad de socios que tenía, se financiaba con las cuotas de los socios y la caja desbordaba: gente joven y saludable en edad de producir y muy poco anciano dependiente para atender.

—Todo cambió en 1970 —cuenta O Muxo, ya sentado en un despacho señorial en un lateral del edificio, otro lugar con el reloj petrificado—. A partir de ese año, cada asalariado en el régimen general tendría derecho a lo que acá llaman obra social, es decir, la asistencia sanitaria a cargo de los sindicatos gremiales. Entonces empezaron los problemas: ¿para qué vas a pagar una cuota si ya te lo dan en el trabajo? Así que los hospitales empezaron a desaparecer. Se salvaron los que se convirtieron en empresas privadas.

Se inició una interminable agonía hasta el presente. Con la población envejecida y un funcionamiento anacrónico, el centro tuvo que buscar soluciones hasta que fue intervenido por el Estado argentino en 2012 y comprado por un grupo empresarial en 2019.

Nada ilustra mejor el estado del patrimonio del Centro que el lugar donde se guardan los libros. La puerta, con el escudo del Centro en el cristal y la fecha de fundación y una vitrina con la edición original del *Sempre en Galiza*, anuncia un espacio en el pasillo principal del edificio, junto al cajero del Banco Galicia, pero solo con abrir la puerta se mete un olor a humedad por la nariz. La biblioteca es una estancia rectangular con libros por todos lados, con dos mesas repletas de tomos bajo la luz lánguida de los fluorescentes. En el techo desconchado se dibujan humedades enormes, evidencia de la falta de mantenimiento e inversión para salvaguardar el patrimonio, estimado en 160 obras de arte y 18 000 libros.

O Muxo, que ha vivido todo como periodista de la colectividad antes que como presidente, no está descontento, porque han conseguido que los emigrados de nacimiento mantengan atención sanitaria pese a haber perdido la propiedad de los gallegos, pero es crítico sobre el futuro. Ahora mismo son dos mil socios, de ellos aproximadamente la mitad nacidos en Galicia. Una pálida sombra del pasado.

—¿Quién se va a hacer socio del centro? ¿Los que quieran usar la biblioteca o ver los cuadros? Eso es como hacerse socio de un equipo de fútbol por su museo.

Rianxeira de Buenos Aires

En una cena gallega de Navidad en Argentina se come, a pesar de los treinta grados del verano austral, cordero y bacalao, turrones y un postre de castañas, como si estuviera en el frío de una aldea en diciembre, en una demostración de cómo la tradición cultural se impone al rigor climático. Lo viví en un club de la colectividad, donde a la hora de los licores empezaron las canciones y las gaitas. El punto álgido se vivió con «A Rianxeira», el producto más argentino de toda la noche. Aunque no lo adivinasen los más jóvenes, la canción se compuso y se cantó por primera vez en Buenos Aires.

En 1947, al comerciante y músico Anxo Romero, presidente de la Sociedad Parroquias Unidas de Rianxo, el pueblo de Daniel Castelao, al saber que su coterráneo volvía de París tras unos meses con el Gobierno republicano en el exilio, se le ocurrió hacer una propuesta a su amigo Xesús Frieiro, Pinciñas, hábil con la pluma. Estaban seguros de que una muchedumbre lo iría a recibir al puerto y podrían prepararle una canción para celebrar su llegada. Se pusieron manos a la obra, inspirándose en coplas tradicionales cantadas en la fiesta de A Guadalupe de Rianxo —y, según se supo en los últimos años, también en una canción popular castellana— y les salió tan redonda que prefirieron no cantarla a pie de barco en la Dársena Norte, sino esperar al día siguiente, cuando se le daría un banquete de bienvenida en el centro *rianxeiro*. Tuvo tal éxito que pensaron en grabarla.

Tres años después consiguieron reunir, en un estudio de Montevideo, al coro que dirigía Romero, cuarenta voces masculinas y femeninas vestidas de traje tradicional. El disco lo editó RCA tras la muerte de Castelao. Se titulaba «A Rianxeira, Ondiñas da nosa ría» y tenía una letra algo diferente a la que se hizo famosa: «*Moito me gustas, rianxeira / que estás aquí na Arxentina / vouche cantar e bailar / como alá na terra miña. Ondiñas veñen, ondiñas veñen / ondiñas veñen e van / non te embarques rianxeira / que te vas a marear*».

La primera vez que se escuchó en Galicia fue en el gramófono del Bar Feliciano de Rianxo, al recibirla desde Buenos Aires recién grabada. Dos años después, un coro la grabó alterando ciertas estrofas, con la censura al acecho, y la canción quedó inmortalizada para siempre en las dos orillas.

Colegio Santiago Apóstol

Un grupo de escolares cruzan la calle Bartolomé Mitre y giran hacia la calle Paso enarbolando una bandera gallega, cantando y bailando. Un judío ortodoxo, vestido totalmente de negro, mira de reojo mesándose la barba. Otro, con kipá y camiseta de rayas, ignora al grupo mientras descarga tela de una furgoneta. A mitad de calle, un asiático acaricia un palillo en la puerta de su supermercado, mientras un trabajador andino entra y sale con cajas de fruta, como si nada fuera con ellos. Los chavales llegan a un edificio blanco con un porche arcado y un cartel bien grande: Instituto Argentino Gallego Santiago Apóstol. Allí se congregan para festejar su graduación, como en cada escuela de la ciudad, también en esta atípica institución, ariete de la galleguidad en el barrio más multicultural.

El Once es un hormiguero de mercaderes vendiendo todo lo que a uno se le pueda ocurrir: mil comercios y ni un solo árbol. Enclavado en el distrito oficial de Balvanera —y llamado así popularmente por la terminal de trenes Once de Septiembre—, aquí se instalaron desde inicios del siglo XX judíos y siriolibaneses e hicieron del barrio un gran mercado textil. Posteriores migraciones sumaron color a la zona: los de países limítrofes, como Bolivia o Perú, pero también coreanos y chinos, incluso senegaleses. A los negocios de telas se unieron bazares del hogar, juguetes, accesorios de móviles, bisutería, ropa interior, marroquinería, que sumaron tráfico, gente y ruido, en un cóctel colorido y lingüístico. Solo se vacía al cerrar los comercios y los fines de semana, desde la caída del sol del viernes, con el *sabbat* y el descanso en el colegio de la calle Paso.

A diferencia de los muchos edificios judíos porteños, este no tiene ni policía ni pilotes de cemento delante de la puerta para evitar coches bomba —a siete cuadras de aquí se cometió en 1994 el atentado contra la mutua AMIA, 85 muertos—. Solo una reja y enseguida el hall. Allí está Carlos Brandeiro, director del colegio y emigrante a su manera, pues llegó como profesor de gallego en 2001 y no regresó. Nacido en San Román, Cedeira, llegó poco después de la creación del colegio. Había 42 alumnos; hoy son casi seiscientos. En él se imparte el programa curricular argentino y se le añaden otras materias obligatorias extracurriculares: lengua, literatura, historia y geografía de Galicia, además de optativas como baile y música tradicional. Desde 2025, es además el primer centro gallego en el exterior en emitir el título oficial español de Bachillerato. Pero lo más distintivo es que un cuarenta por ciento de los alumnos son de otros orígenes.

—Nuestro papel es hacer olvidar la Galicia ornamental y vetusta que se tiene en la emigración, tiene que ser moderna y pujante. Aquí los chavales también conocen nuestro pasado, pero a través de las cantigas de Alfonso X, no a través de expresiones folcloristas. Tenemos un capital y no se aprovecha. Nos miramos al ombligo y nos hemos ido quedando aislados como colectividad. Tenemos que estar en los núcleos de decisión y poder, y por eso un colegio es tan importante. Sin transmisión generacional no hay nada, y a ellos hay que darles un mensaje de modernidad.

Llaman a la puerta y Brandeiro mira el reloj.

—Son los chavales —anuncia. Abre la puerta y entran dos chicos y una chica con la camiseta del colegio y el escudo (una cruz de Santiago sobre un libro abierto). Tienen dieciséis y diecisiete años y están a punto de hacer el viaje de egresados —de fin de curso— por supuesto a Galicia. Es un trío tan diverso como el propio colegio: Matías, el más alto, pelo rapado y cejas felpudo, es hijo de chinos de la provincia de Fujian, la más presente en el país, asentados desde hace décadas en el Once. Ha hecho toda su escolarización completa en el Santiago Apóstol y por eso habla gallego fluido, como todos. Nicolás, moreno y fornido, es hijo de una *rianxeira* y de un checo. En su caso el cruce de culturas e idiomas es natural. En el medio de ambos está Macarena, rubia y menuda. Su caso cierra un círculo, porque es la hija de Miguel Vilar, del *telo* de San Telmo, la nieta de Argimiro y Alicia que se conocieron en el barco, tres generaciones que dieron el giro completo: sus abuelos se casaron en la Federación de Sociedades, su padre nació en el Centro Gallego y ella estudia en el Santiago Apóstol. Todos son *neofalantes* en tierra lejana con el inconfundible acento gallego rioplatense.

O noso Guernica

Por el laberinto interior del colegio se puede llegar, a través de pasillos y escaleras, al Centro Galicia, ubicado en la misma manzana. Así lo hice en varias ocasiones. En la última, Brandeiro me acompañó en silencio al segundo piso y atravesamos un corredor hasta entrar en una sala de reuniones. Al final, tras un cortinón azul y un panel de madera, se abrió una antesala con luz muy baja donde hay expuestos varios dibujos de la serie de negros de Castelao. Al lado, el pupitre del artista, una vitrina con objetos personales suyos y un busto. Allí, iluminado por los focos direccionales, como suspendido en el aire, estaba el cuadro gritando desde la pared. Carlos se retiró a un lado.

La pintura, más de dos metros de alto, casi metro y medio de ancho, muestra un adulto tirado en un paisaje tétrico, con la sombra de un charco de sangre bajo el cráneo apoyado en el suelo, y dos chicos, uno arrodillado, el otro sujetándolo por el hombro, llorando la muerte de su profesor. *A derradeira leición do mestre* es el homenaje de Castelao a su compañero y amigo Alexandre Bóveda, dirigente galeguista asesinado en Pontevedra a comienzos de la guerra civil. La obra es una adaptación al óleo de una de sus estampas de guerra, pintada en agradecimiento al Centro Ourensano al recibir el primer ejemplar de *Sempre en Galiza*, publicado allí. Cuando se fusionaron los cuatro centros provinciales, los bienes culturales se trasladaron al nuevo Centro Galicia, donde se expone en privado.

En 2018 saltó una enorme polémica que puso de manifiesto que entre las dos orillas hay, además de un océano por medio, un par de zonas pantanosas. La obra salió por primera vez de Argentina para una exposición en Santiago. Fue presentada por el presidente de la Xunta, Alberto Núñez Feijoo, acompañado por todos los grupos parlamentarios. Solo una diputada se apartó de la foto, la nieta de Alexandre Bóveda, en protesta por las omisiones al franquismo en el discurso de Feijoo. La polémica arreció cuando políticos de todo el arco defendieron que el cuadro debía quedarse de forma permanente. Y estalló la tormenta.

Al cuadro se le llama el *Guernica* gallego por lo que representa la pintura, pero también se podría comparar por la derivada de su traslado. La obra de Picasso viajó de Nueva York a Madrid en 1981 en medio de un secretismo de película de espías. Se dijo que con el *Guernica*, encargado por el Gobierno republicano, se repatriaba al «último exiliado». El planteamiento con el cuadro de Castelao, sostienen en la colectividad, es muy diferente.

—Estamos en un centro de la diáspora, o sea, en territorio gallego aunque estemos lejos. Porque Galicia no solo es la de los mapas. Cerrarse en eso es no entender la verdadera dimensión del país —dice Brandeiro delante de la pintura. Y continúa—. Si la voluntad de Castelao fuera que la obra marchara para allá, todavía podría ser. Eso ocurrió con sus restos, pues es lo que quería. Pero no con el cuadro. ¡Y además están las leyes argentinas! Este es un país soberano y el cuadro forma parte de su patrimonio.

Se cruzaron improperios entre los que querían repatriar y los que se quejaban de la concepción raquítica de Galicia. Hay quien dijo que se podría enviar, con el debido consenso, si hubiera un museo de la emigración y el exilio, pero ni eso hay. Algunos apuntamos, inocentes, que debería ser la primera obra en recibir un simbólico certificado de patrimonio universal de la galleguidad. Si la diáspora marca nuestra identidad, para qué ponerle fronteras.

Roteiro Luís Seoane

Dos pisos más abajo del cuadro de Castelao se expone otra obra histórica. El mural *Campesiños Mallando* —conocido como *A Malla*—, cinco metros por dos, presenta una escena rural, con dos grupos de aldeanos trillando el cereal en una era. Su autor es Luís Seoane. Los colores vivos que resaltan la composición y las figuras estilizadas resucitaron, tras una restauración integral, bajo la grasa y la suciedad del mural, expuesto durante décadas en el comedor del Centro Lucense. Ahora brilla en el edificio más moderno de la colectividad, donde está la oficina de la Xunta y también el Ximnasio Keltia, así escrito en el cartel que da a la calle.

En 2007 comprobé de primera mano cómo restauraban paso a paso *A Malla*, un ejemplo de la obra gigantesca de un artista reivindicado a ambos lados: para los argentinos Seoane es suyo, para los gallegos es nuestro, y seguramente sea la mezcla más acabada, porque nació en el barrio de Montserrat, en 1910, de familia emigrada a inicios de siglo, luego se formó en Galicia y tras la guerra civil se exilió durante treinta años en Buenos Aires, donde desarrolló la mayoría de su carrera artística, para hacer un último retorno a Galicia, donde falleció con sus dos identidades a cuestas. La suerte con Seoane es que se puede disfrutar en su fundación, en A Coruña, y también en las calles de la capital austral.

Desde los años cuarenta su arte ha intervenido la ciudad y su esfera cotidiana, ya sea en un teatro, una galería comercial, un portal o un parking. Recorrer sus murales es disfrutar de un itinerario *sui generis* de arte, un *roteiro* con mapa propio y todos los detalles para no perderse, porque muchas de sus obras están ubicadas en vestíbulos de edificios residenciales. El detalle le dio un matiz desconocido para el gran público y a la vez democratizó su propia obra como nadie. Decía Seoane que la pared era para el muralista como un folio en blanco para el escritor, pero no opinaban lo mismo sus vecinos del número 1985 de la calle Montevideo, en el selecto barrio de Retiro. Allí pintó un mural y un día lo cambiaron por un espejo.

Empezó a toquetear la capital en los años cuarenta —restaurante La Casa de Troya, en la avenida de Mayo— sin saber que iba a trazar un circuito propio en la ciudad, incluso en el subsuelo: uno de sus más preciosos murales, un relieve de figuras femeninas en cemento policromado, está en la rampa de un garaje, en la avenida Corrientes 2166. Las galerías comerciales, de moda en los años cincuenta, recurrieron mucho a su firma: El *Mater Gallaeciae* en las Galerías Las Victorias, *Los músicos* en la Galería Santa Fe o el mural abstracto en la Galería Larreta. Y tantos más.

El *roteiro* discurre por los barrios de Recoleta, Retiro, San Nicolás y Balvanera, y también por Belgrano (el barrio, no la avenida), con su forma personalísima de encajar culturas: meter unas mariscadoras a todo color o la siega en portales nobles es poesía; él mismo reconoce en su extenso epistolario que en sus murales retrata las tradiciones y supersticiones propias, «las que un burgués no puede entender». El hall de doble altura del Teatro San Martín acoge su gran obra: *Nacimiento del teatro argentino,* treinta metros de figuras esquemáticas y colores característicos de Seoane. Quien visite Buenos Aires puede disfrutarlo sin tiques ni colas.

Los murales solo fueron parte de su polifacética obra. Seoane abrió editoriales —Citania—, fundó revistas —*Galicia emigrante*, que también tuvo su programa de radio durante décadas— y dinamizó la cultura de la quinta provincia. Vivió de cerca premios, certámenes y los juegos florales y las jornadas en defensa de la lengua. Incursionó en la poesía cuando, después de quince años transterrado, se fue a Londres y París y en una escala en el puerto de Vigo le invadió la morriña. En el barco escribió *Fardel de eisilado* para dejar en letra lo que ya hacía en las otras artes. Era dibujante, diseñador de libros, grabador, ceramista y aparte ensayista, poeta, periodista, publicista.

Cuenta Neira Vilas que un día le llevó a su casa y la de Maruxa, su compañera, unas cuñas de madera de las sierras paraguayas, porque trabajaba en una empresa del sector. Fue como si hubiera llevado bombones: de aquello también arrancó arte.

Cuando regresó, eligió A Coruña para asentarse: «Madrid o Barcelona para ir a vivir, no. En cualquiera de estos sitios me siento más emigrante que en Buenos Aires», le escribió en una carta a su inseparable Isaac Díaz Pardo. Con él creó la mayor industria cultural del país, antes de fallecer en 1979.

Sargadelos pasa por Argentina

La casa, con exterior de piedra, ventanas blancas y techo de pizarra, aprovecha la ladera para esconderse y al mismo tiempo dominar el valle que forma el río Xunco en Cervo, en Lugo. El lugar se llama Sargadelos, una parroquia con fama universal. Oculta entre *salgueiros* y frutales, deja un camino empedrado a la entrada que conecta con una carretera muy transitada para ser una aldea. A la izquierda, subiendo tras una curva, está la explicación. Allí se alza, deslumbrante, la planta circular de la fábrica de cerámica de Sargadelos, creada a inicios del siglo XIX y refundada por Isaac Díaz Pardo y Luís Seoane.

En el jardín se levanta una araucaria, una conífera propia del Cono Sur, y aquí por tanto un sello de distinción, como las palmeras de los indianos, con sus ramas separadas como tentáculos verdes, y que también simboliza la ramificación de una familia marcada por el exilio, el arte y la cultura. Camina entre los árboles Camilo Díaz, por encima de setenta y cinco años, cuerpo pequeño y vital, de gran parecido a sus padres, Isaac Díaz Pardo y Mimina Arias de Castro, también en su espíritu inquieto. Está jubilado de su trabajo en la fábrica de enfrente, donde era técnico de producción, además de miembro de la familia propietaria. Su esposa, Adriana, argentina de origen danés, también está retirada de su trabajo como pediatra local después de una vida en conjunto que comenzó en la localidad bonaerense de Magdalena, a diez mil kilómetros de Sargadelos, pero a menos de cien de la capital del exilio.

«*Prendinlle na cabeza do meu fillo, unha estreliña forxada na irmandá e quero ver brilar a lus d'esa estreliña hastra chegar cegar*». Camilo Díaz Baliño, pintor, escenógrafo y cartelista, fue fusilado en agosto de 1936. Días antes, desde la cárcel, empezó ese poema/testamento dedicado a su hijo Isaac, de quince años, ya entonces un artista que alternaba con las grandes figuras del galleguismo en el taller de su padre. Talento natural y precoz en la pintura, se destacó como promesa en Madrid, pero en un lugar y en una década equivocada. En los años cuarenta le ofrecieron —por utilizar un verbo— pintar los murales del Valle de los Caídos. Se negó y decidió abandonar la pintura para recluirse y dedicarse a la cerámica. Unió fuerzas con su mujer, Mimina, también artista, y montaron en O Castro el germen de la industria que los haría célebres.

Las autoridades les buscaban las cosquillas sabiendo de su pasado: una inspección de trabajo, otra de Hacienda, amenazas de multas. El ambiente siniestro de la posguerra ofuscaba a Isaac, así que en 1955 viajó a Argentina invitado a exponer y se reencontró con Luís Seoane, a quien había conocido cuando él era niño. De Buenos Aires regresó entusiasmado con la idea de montar una cerámica en la Galicia *espallada*. En unos meses reunió el capital necesario, aportado entre otros por los intelectuales gallegos, y comenzó la construcción de la nueva empresa, a la que llamaron Celtia, aunque siempre se conoció más por Magdalena, el lugar donde se instaló la fábrica.

—Isaac se marchó solo, pero a la familia nos iba preparando para irnos todos, porque veía que el régimen era una podredumbre. Éramos tres hermanos y los tres estábamos desde pequeños en O Castro en la producción de porcelana desde muy niños. Y mira, al final me terminé yendo yo unos años después, la vida, *¿oíches?*

Camilo mezcla la muletilla argentina con el gallego, recostado en el sofá de su sala, mientras habla de su padre. Isaac tenía el pulso del artista del Renacimiento que hacía de todo: diseñaba, inventaba, pintaba, escribía y, ante todo, emprendía. Paz Andrade le llamaba «*o xigante comprimido*».

—De cada viaje Isaac —así llama siempre Camilo a su padre— venía con nuevas ideas: quería recuperar la historia de Sargadelos, que siempre le había llamado la atención, a través de una idea mayor, el Laboratorio de Formas.

Se trataba de un instituto artístico de innovación inspirado en la Bauhaus junto al que forjar nuevas instituciones culturales alrededor junto a Luís Seoane: «Queremos enriquecer el mundo con nuestra diferencia», decían. Y así, juntos, crearon una identidad estética nacional, cristalizada en la apertura de Sargadelos.

—Entonces me dijo que me fuera a estudiar allí, mientras él iba y venía. Aquello era impresionante, Argentina estaba mucho más avanzada intelectual e ideológicamente, sobre todo las mujeres. Me consustancié con el país. Fui militante de las Juventudes Comunistas Universitarias, donde conocí a Adriana. Volví y regresé a Magdalena. Recibí clases de cerámica y construí hornos en la fábrica. En 1976, el año del golpe de Estado argentino, Isaac me pidió volver; ahora las cosas se ponían feas allá. Y aquí se había muerto Franco, así que él insistía también a los exiliados: «Venid, hay que volver, que la tierra os necesita, que aquí sois grandes desconocidos», les decía Isaac. Y algunos se enfadaban. Rafael Dieste, personaje fabuloso, daba golpes en la mesa: «No me lo creo, ¿cómo no van a conocer mi obra?». A algunos que volvían sin dinero ponía a disposición un piso que tenía en Madrid. Por allí pasó medio exilio, incluso Lorenzo Varela murió allí.

Camilo, que heredó el nombre de su abuelo inmolado, se levanta y camina por la casa haciendo un recorrido por la impresionante colección familiar: acuarelas de Mimina, óleos de Isaac y otras obras de su hermano Xosé, diseñador y académico del arte. En un despacho, cientos de libros de Ediciós do Castro, y un archivo con seiscientos sobres de fotos, la historia completa de una aventura épica que se apagó en este siglo.

Conocí a Isaac Díaz Pardo en un homenaje en el centro cultural Borges de Buenos Aires en 2008. Se emocionó al hablar de Luís Seoane y de Magdalena, quizás por los momentos duros que acababa de pasar al haber sido apartado de la dirección por otros accionistas. Tras su fallecimiento, en 2012, la nueva Sargadelos tomó nuevos rumbos que mancillaron la idea original y desfiguraron el espíritu del proyecto. Queda la obra en las cocinas y estanterías de todas las casas gallegas y de medio mundo.

La masacre de San Patricio

El dibujo, extraído de una tira de Mafalda, muestra a un policía uniformado, con gorra de plato y una porra colgando del cinturón. A su lado, la niña creada por Quino dice: «¿Ven? Este el palito de abollar ideologías». Un póster con esa ilustración apareció sobre el cadáver del sacerdote palotino Salvador Barbeito Doval, tirado boca abajo y colocado junto a otros cuatro compañeros en la casa parroquial de San Patricio, un templo de ladrillo rojo y un altísimo campanario, en el acomodado barrio de Belgrano, acribillados a sangre fría con setenta balazos. Era domingo, 4 de julio de 1976, y hacía poco más de tres meses que Argentina vivía bajo una dictadura militar. Aunque la prensa publicó un comunicado oficial en el que atribuían la matanza a «elementos subversivos», la propia Iglesia denunció el terrorismo de Estado, sabedora de que los sacerdotes estaban amenazados. Cuando el nuncio se reunió con la junta militar para pedir explicaciones, les reconocieron que quizás fueron «grupos de tarea fuera de control».

Los cuerpos los descubrieron los vecinos que esperaban para entrar a la primera misa del domingo. Tenía las hechuras de una operación encubierta de un grupo paramilitar, probablemente de la temida Escuela de Mecánica de la Armada. Entraron de madrugada y actuaron en represalia por un atentado guerrillero en los días previos contra un cuartel de la policía, tal y como dejaron escrito con pintadas en la pared: «Por los camaradas dinamitados en Seguridad Federal. Venceremos. Viva la Patria», decía una de ellas. «Estos zurdos murieron por ser adoctrinadores de mentes vírgenes y M.S.T.M.» (siglas del Movimiento de Sacerdotes del Tercer Mundo).

Los religiosos tenían apellidos europeos tan diversos como el propio país: Duffau, Leaden, Kelly, Bartletti y Barbeito. Se ensañaron con el último, el más joven, porque se acercó al teléfono a pedir ayuda, y, como un escupitajo en la cara, le pusieron encima el dibujo de Mafalda que tenían pegado en la pared. La investigación policial y judicial se perdió en los laberintos de la dictadura.

Tres décadas después visité a sus padres, emigrados en 1948 desde Portonovo, Sanxenxo, Pontevedra, con una niña y un niño que enseguida desarrolló una fuerte inclinación religiosa. Mientras el padre trabajaba de marino mercante, el joven

Salvador ingresó en el seminario y estaba a punto de ordenarse cuando llegó el golpe de Estado.

Ese día los dos me esperaban en su casa para hablar por primera vez sobre el caso. Vivían en un humilde piso de paredes amarillentas, mesa camilla con fotos de nietos y la gran imagen de su hijo Salvador. Estaban rotos como si lo hubieran perdido el día anterior.

—Nos cansamos de escuchar que había que perdonar. Cómo perdonar que le maten un hijo —me dijo su madre, Rosario Doval, Saruca, entre sollozos y unas ojeras de décadas.

—Fueron militares que querían matar y mataban. Nos dieron las disculpas pero…ya estaba muerto —me decía, con la voz para dentro, su padre, también Salvador, jubilado—. Mi hijo era un seminarista que trabajaba en el colegio y que llevaba a los chicos a campamentos. Decían que los atacaron porque uno de los curas decía sermones sobre la pobreza que no gustaban a la gente importante del barrio.

La Federación de Sociedades presentó en 2007 dos querellas contra el Ejército por los veintitrés muertos y desaparecidos gallegos en la dictadura. Acudí a la presentación en los tribunales y entrevisté al premio Nobel de la Paz, Adolfo Pérez Esquivel, hijo de un emigrante de Combarro. «Esto es sembrar el presente y el futuro, para que todos puedan vivir en libertad», me dijo en los pasillos. La investigación judicial no encontró aún responsables. El cardenal Bergoglio, luego papa Francisco, impulsó la beatificación de los religiosos como mártires de la fe. Una placa en la puerta de San Patricio recuerda a los palotinos como «víctimas del terrorismo de Estado». Se escribió incluso un libro y se filmó un documental sobre el suceso, pero la masacre sigue impune.

Nisa, la gallega de Zona Norte

El sol empezaba a bajar como todos los finales de marzo en Buenos Aires, un inicio de otoño, lento, limpio y despejado, tamizando la luz entre los árboles que dan un aura verde a esta ciudad gigantesca. Era jueves, eso es importante. Era 23 de marzo de 2006 y al día siguiente se cumplían treinta años desde el inicio de la última dictadura militar en Argentina, y quería entrevistar a una de las Madres de Plaza de Mayo llamada Nisa, conocida como la gallega de Zona Norte. Llegué y la vi con el pañuelo blanco alrededor de la cabeza, las puntas atadas a modo de lazo que parecían transparentes por el sol, marchando con cientos de personas, muchas ataviadas como ella, gritando el estribillo de siempre:

«Ahora, ahora, resulta indispensable, aparición con vida y castigo a los culpables».

El 30 de abril de 1977 un grupo de catorce mujeres se reunió en la plaza de Mayo para reclamar información sobre sus hijos desaparecidos, previa detención ilegal o secuestro a manos de la dictadura. Era jueves. Ante la prohibición de juntarse en grupos de más de dos personas, las mujeres empezaron a dar vueltas alrededor de la pirámide del centro de la plaza, burlando la disposición militar. Desde entonces, aquellas mujeres, constituidas como Madres de la Plaza de Mayo, repitieron liturgia, y la ronda nunca paró. Cada jueves a las 15:30 continúan haciéndolo, las que viven y muchas otras que las relevaron pidiendo memoria, verdad y justicia, los tres pilares de su reivindicación.

Nisa, apelativo familiar de Dionisia López Amado, de Cedeira, A Coruña, tenía los ojos verdes y el pelo claro, la frente y los pómulos muy arrugados y unas gafas ahumadas muy grandes con montura de metal. Llevaba colgado el cartel que identifica a las madres, igual que el pañuelo blanco, por sus hijos, retratados en fotos junto a la fecha de su desaparición: «Antonio Díaz López y Stella Maris Riganti, su mujer, desaparecieron el 15 de mayo de 1976». Con los dedos llenos de anillos sostenía una pancarta pidiendo verdad. Avanzaba con su figura grandullona, jersey verde y vaqueros, y un gran collar de cuentas blancas y grises. Movía la cabeza con un pequeño tic. Cuando terminó la ronda me achuchó dejando ver los dientes grandes y sonriendo como cualquier abuela.

—Cuando llega el 24 de marzo me cambia la salud. Me he vuelto más sensible al recuerdo de mi hijo, del que no tengo esperanza de encontrar vivo. No creo que haya nada semejante a que te desaparezca un hijo. Porque cuando no lo puedes enterrar, porque no lo viste muerto, ¿cómo elaboras un duelo? —me dijo sentada en un banco de plaza de Mayo. Sonaba la gaita de un joven descendiente vestido con la camiseta reivindicativa de aquellos años en Galicia contra la gestión de la catástrofe del Prestige, con el mismo lema antidictadura: «*Nunca máis*».

Tenía setenta y ocho años recién cumplidos y llevaba más de medio siglo en Argentina, ya retirada de su trabajo como modista en una empresa textil en Tigre, al norte de la capital. Fumaba mucho y atropellado. Había empezado muy tarde, cuando secuestraron a su hijo, secuestrado por los militares junto a su novia, ambos trabajadores sociales en las villas miseria y militantes de izquierda. Durante años presidió la comisión de familiares de desaparecidos españoles y declaró en las causas abiertas contra los jerarcas militares argentinos.

—Son muchos años de lucha, de mucho sufrimiento y dolor, pero mira, lo que queremos dejar es la memoria: es lo único que se puede rescatar, porque ellos no están. Que ellos estén presentes cuando nosotros no estemos más. Hasta el día de mi muerte seguiré luchando porque puedo llorar, pero no me voy a quedar paralizada.

Murió dos años después de aquel encuentro. A la gallega de Zona Norte le llovieron homenajes y muchas perpetuaron su lucha llevando la pancarta cada jueves. Y ya van camino de tres mil consecutivos.

Al mismo tiempo vinieron las Abuelas de Plaza de Mayo. Estas buscaban, y buscan, a sus nietos desaparecidos, bebés apropiados por los militares tras las detenciones ilegales de activistas. Entre ellas, varias gallegas o descendientes, como Elsa Sánchez Beis, hija de dos emigrantes de Vila de Cruces, Pontevedra. Su marido, Héctor Oesterheld, fue el creador de *El Eternauta*, una célebre historieta de ciencia ficción en la que Buenos Aires sufre una invasión extraterrestre, y cuya interpretación política equipara a los invasores con las dictaduras militares que vivió el país. Oesterheld, militante peronista y de la guerrilla Montoneros, fue secuestrado y desapareció en 1977, al igual que las cuatro hijas que tuvieron Elsa y él, de entre diecinueve y veinticinco años, todas militantes, varias embarazadas o con hijos. De cuatro niños apropiados, dos fueron recuperados y luego criados por Elsa, pero dos siguen desaparecidos. La última ficción audiovisual basada en *El Eternauta* reactivó la búsqueda de los nietos para poder sumarlos a la lista de 140 nietos recuperados.

«Lalín-Alfonsín»

En 2009 comprobé de primera mano el fervor que levantaba Raúl Alfonsín por su papel en la vuelta a la democracia. Fue en su funeral. En la plaza del Congreso, de donde partió una carroza con el ataúd hacia el cementerio de la Recoleta, las señoras se tiraban encima del cajón. Algunas de ellas eran emigrantes y decían que era «uno de los nuestros».

La llegada al poder en 1983 de este político socialdemócrata, de cabellera tanguera y bigote de cepillo, significó un cambio en las relaciones de España con Argentina. Se terminaba la dictadura y se abría un nuevo período. Tenía sintonía con Felipe González, recién aupado a La Moncloa, y mantenía buen tono con todo el abanico político y los reyes. A todos ellos los saludó en una de las primeras visitas de Estado que hizo, en 1984. Pero había algo más. Como Fidel, se empeñó en ir a la tierra de sus antepasados.

Una multitud lo recibió en su aldea de Casaldarnos, en Ribadumia, de donde habían emigrado sus abuelos. La gente gritaba «Argentina, Argentina» y agitaba banderitas. Bajó del helicóptero y, entre el gentío, llegó a la *solaina* de granito de su casa familiar. Allí pronunció un discurso improvisado con su voz de locutor, sudando el traje en el calor de agosto, frente a un mar de cabezas, como si fuera el balcón del Cabildo donde tomó posesión meses antes, o el de la Casa Rosada, donde diría aquello de «La casa está en orden», al apagar los levantamientos militares de los *carapintadas*. Pero en Casaldarnos, con paisanos subidos hasta a un hórreo, se dibujó una escena más emocional, como si hubiera algo más. Al visitar Lalín, por petición propia, lo explicó. Allí lo esperaba una muchedumbre aún mayor, dicen que de veinte mil personas, casi tantas como el pueblo. La gente coreaba al unísono el grito de «Lalín-Alfonsín», que quedó para siempre en la memoria de la localidad. Lo nombraron hijo adoptivo y descubrieron un monolito en su honor, y cuando alcanzó el balcón, saludó con una frase para recordar: «Queridos amigos de Lalín: ustedes no lo sabían, pero hace tiempo que nos conocemos».

No se refería a su familia, sino a un amigo llamado Aurelio Cortizo, su protector durante los encuentros que cada miércoles, en plena dictadura, tenía con correligionarios de la Unión Cívica Radical. Él mismo narró el miedo que la gente tenía a refugiarlos. «Hasta que unas puertas se abrieron de par en par y todas las semanas nos encontramos en la clandestinidad gracias a la hospitalidad de un club. Y yo me juré que cuando recuperáramos la libertad y la democracia iba a ir a esa comarca a dar testimonio del orgullo de los que quedaron. Ese club era el de los hijos de Lalín». Se caía la plaza.

En el centro, reconvertido después en Lalín, Agolada y Silleda, uno de los más conocidos de la capital, se siguieron celebrando las reuniones de los radicales en democracia. En 2023 se inauguró una sala llamada Raúl Alfonsín, con un retrato suyo donde se reunían en secreto, y descubrieron una placa con una leyenda: «Hace tiempo que nos conocemos».

Galicia en Malvinas

El estrecho de San Carlos divide las dos mayores islas del archipiélago de Malvinas, un brochazo de roca y matojo que hasta en el mapa parece golpeado por el viento, y que en algún momento millones de años atrás se separó del continente como esculpido a cincel. Lo que la geología formó luego la política lo embarró, en época de las colonizaciones y, en 1982, con la guerra de Malvinas. Se enfrentaron Inglaterra, la potencia que las ocupó en 1833, y Argentina, el país que reclama su soberanía desde su independencia de España. Acuciada por los problemas económicos y la baja popularidad, la dictadura militar decidió que era una buena idea plantarle cara al inglés —o la inglesa, porque la *premier* era Margaret Thatcher— e invadir las islas.

Para dar apoyo logístico y de transporte de suministros, Argentina utilizó a su marina mercante, en la que trabajaban un buen número de emigrantes.

Cinco semanas después de la invasión, cuando aún era incierto el signo la guerra, uno de esos buques, el Isla de los Estados, fue bombardeado por una fragata inglesa. Explotó con sus tanques de combustible a rebosar y la mayor parte de la tripulación murió. Se salvaron cuatro marineros en botes salvavidas; dos eran gallegos. Alfonso López, coruñés. Tras días de penurias, sin alimentos y bebiendo agua de lluvia gélida en el eterno vendaval del Atlántico Sur, fue rescatado junto a un compañero, curiosamente por un barco inglés. Los de la otra balsa hinchable no tuvieron la misma suerte. Iban a bordo un argentino y un gallego, que nunca fue hallado. Lo declararon héroe de guerra pese a no ser militar ni tampoco argentino. Se llamaba Manuel Olveira Insua.

Cuando se cumplieron veinticinco años me acerqué a Lanús Oeste, a ver una estatua ubicada en una plazoleta en el damero interminable del Gran Buenos Aires, casi veinte millones de habitantes. El monumento representa la figura de un hombre rescatando a un piloto del mar, con mostacho y pelo con raya al lado. Debajo, una placa: «Manuel Olveira, un gallego enorme. 1934 Finisterre (Galicia)-1982 Islas Malvinas (Argentina)».

—Nosotros nos enteramos de la peor de las maneras: por televisión. Cuando había un ataque cortaban la programación y ofrecían un comunicado militar. Aquel día dijeron que se había perdido contacto con el buque de Manuel y ya nos desesperamos —me dijo su viuda, Carmen Cambeiro—. Recuerdo que era el comunicado 47, lo tengo presente como si fuera ayer.

Los días pasaron espesos hasta tener la certeza de que no iba a aparecer. No entendía por qué había ido a Malvinas, cuando podía haber renunciado precisamente por ser extranjero. Pero Olveira era tozudo, me contó Cambeiro, que lo conoció en un baile en la Federación de Sociedades. Tenía nueve hermanos, de los que solo uno se quedó en Fisterra.

—Mi papá y mi marido eran iguales en eso. Y Manolo era muy insistente con no nacionalizarse. «Nací gallego y moriré gallego». Pero aun así, fue. Y mira, Alfonso, el que sobrevivió, era de Fisterra también y lo conocía. Nunca volvió a hablar de la guerra.

Unos días después volé a Malvinas en uno de los viajes más alucinantes de mi vida, porque pude palpar con las manos, un cuarto de siglo después de la guerra, un libro de historia real. Los campos de batalla estaban intactos, con aviones derribados sin tocar, el fuselaje destripado por el suelo. En las colinas inhóspitas y barridas por el viento vi mantas, munición, objetos personales metidos en la tierra, como si estuvieran en la nevera eterna de las islas. De allí me llevé, de hecho, casquillos de bala de fusil. El resto no quise ni tocarlo.

La pregunta era cómo habían aguantado en aquellas trincheras precarias, donde se tapaban como podían, tratando de calentar las raciones de comida que transportaban barcos como el de Olveira. Había que imaginar muy poco para empatizar con los desertores de los *Pichiciegos*, la novela de Fogwill. En aquel lugar, donde no conseguía mantenerme de pie por el viento, se libró la gran batalla terrestre de la guerra en Pradera del Ganso, o Goose Green. Muy cerca se levanta el cementerio argentino de Darwin, aunque lo construyeron los ingleses cuando desde la Casa Rosada les comunicaron que no tenían que repatriar ningún cadáver, porque «ya estaban en su patria». En el medio de la desolación se ven las cruces blancas en el suelo y otra enorme al fondo, con un cenotafio presidiendo con el nombre de los 649 caídos.

Entre ellos aparece Olveira, aunque nunca se encontró su cuerpo.

Aparte del cementerio y de la estatua, le dieron su nombre a un islote en el estrecho donde perdió la vida: Isla Olveira, y así figura en la cartografía argentina.

Llegar a Malvinas no era fácil. Había que volar a Santiago primero, de ahí a Punta Arenas y hacer noche, porque el único avión semanal desde la Patagonia chilena hacia Malvinas salía a primera hora, sin otra conexión posible. O sea, tres vuelos, dos países y una noche de hotel, para un viaje que se resolvería en una hora y media desde Buenos Aires, si no fuera una consecuencia colateral del conflicto.

Cuando llegué, varios me dieron el mismo titular: «Gracias a Argentina porque nos cambiaron la vida». Se referían a la zona exclusiva de pesca reconocida tras la guerra, que provocó una mejora exponencial del archipiélago. De vender lana pasaron a ser dueños de uno de los mayores caladeros del mundo: en su mar se captura buena parte del calamar que se come en Europa, merluza negra y langostinos. Los gallegos vinieron detrás para aprovecharlo: donde acaba una guerra empieza un negocio. En esas doscientas millas exclusivas dominan los barcos de nuestra flota, pero abanderados en las Malvinas, donde formaron empresas mixtas con compañías locales. Los armadores galaicos habilitaron una oficina en Port Stanley para los ingleses, o Puerto Argentino. En 1989 acudió a la llamada un hombre sapiente llamado Antonio Cordeiro, que se convirtió en el único gallego residente en Malvinas.

Su capital es un enclave de dos mil habitantes que parece sacado de una zona costera de Inglaterra o Escocia: casas diseminadas mirando al mar con su valla de madera y su jardín, donde a duras penas crece la hierba por el clima riguroso.

Yo mismo me alojé durante una semana —estancia mínima en las islas dado el escaso tráfico aéreo— en una casa particular, con una señora que hacía el té en la reglamentaria *kettle* y horneaba excelentes tartas de frambuesa importada de Chile. En español no sabía, o no quería, decir ni hola.

El pueblo tenía una cabina roja, un buzón del Royal Mail, un súper, un museo y un pub pintoresco con mucho ambiente, especialmente el día de permiso de los soldados. Más allá en la línea de costa estaba la Casa del Gobernador, en la calle Margaret Thatcher. La guerra ya quedaba lejos, pero todos tenían la respuesta preparada a cualquier pregunta. Superado el trauma, todo había sido ganancia. Los descendientes de los pastores de ovejas manejaban ahora coches de cincuenta mil libras y superaban por mucho la renta per cápita británica. Cordeiro había entrado naturalmente en aquella sociedad donde todos se conocían: en las islas hay medio millón de ovejas, pero apenas 2500 civiles y otros tantos militares en la base subterránea, una ciudad en sí misma. La inmigración la forman chilenos y oriundos de la *cercana* isla de Santa Helena, sí, la de Napoleón.

Gracias a Cordeiro conocí a una diáspora flotante. Me empotré a su trabajo, acompañándolo a él y a las autoridades malvinenses a los barcos. Embarqué en varios arrastreros, vi cómo inspeccionaban las capturas y hablé con las tripulaciones. Gente de O Barbanza, de O Morrazo o A Costa da Morte, que pasa embarcada medio año, y durante muchas semanas flotando. La gente del Fígaro, un buque de Ribeira, aseguraba que de tanto en tanto recogen una bomba que quedó en el fondo. Los del Kalatxori decían que «los ingleses les sacan a unas islas de piedra y ovejas toda la tinta del calamar». Y Cordeiro, que tenía un hijo criado en Malvinas y listo para emprender el camino de los jóvenes de las islas

—Inglaterra—, me dijo que después de veinte años estaba deseando volver a Galicia y su clima maravilloso. Comparado con el de Malvinas, seguro.

Saltar entre dictaduras

Cuando murió Augusto Pinochet, crucé la cordillera de los Andes para cubrir su despedida. Allí me ocurrió lo que nunca en América Latina, fuese un conflicto, noche electoral o catástrofe: recibí la hostilidad de la gente en pleno directo de televisión. La idea era salir para el *Telexornal* junto a las colas kilométricas de seguidores a la espera de entrar en la capilla ardiente. Ya había notado reticencias a contestar preguntas en las entrevistas que iba haciendo en la fila, pero llegada la hora del directo un coro empezó a escucharse a mi alrededor: «Garzón, Garzón, marxista y maricón». No me llevé la peor parte. A la compañera de TVE le tiraron cáscaras de plátano, yogures y un buen puñado de improperios.

Cerca de allí, observando todo, en silencio y con una pausa que no parecía de este mundo, estaba Manuel Calvelo, académico y teórico de la comunicación que tenía aprendido cómo reaccionar a la ira de los pinochetistas: con indiferencia. Junto a su madre y su hermano, Calvelo huyó de dos dictaduras, la de Franco en España y la de Onganía en Argentina, y sufrió la tercera en Chile, el país de los tres tercios. Él me explicaba esta interesante teoría, con los brazos atrás, con su gorra y sus gafas, a metros de aquellos que llevaban flores y tributos al dictador muerto, según la cual hasta la dictadura había tres bloques muy marcados en el país, el democristiano de clase media, la izquierda popular y la clase alta derechista y militarista. Este bloque no digirió muy bien lo que vino después de 1990. Y así es fácil llegar a la escena de los gritos y el lanzamiento de objetos.

Manuel Calvelo había nacido en Curtis, A Coruña, hijo de su homónimo padre e Isabel Ríos. La pareja, que durante la República organizó el Partido Comunista en su pueblo, fue detenida tras el golpe de Franco y condenada. A Calvelo padre, médico, lo fusilaron el último día de 1936. A Isabel le fue conmutada la pena capital por cadena perpetua, aunque finalmente solo cumplió siete años en prisión. Lo cuenta ella misma en el libro *Testemuño da guerra civil*, donde da ejemplo de fortaleza en una existencia marcada por la represión.

En 1947 salió con sus hijos Manuel y Roberto hacia Buenos Aires. Allí trabajó y siguió militando en el Partido Comunista, hasta que fue expulsada por desavenencias y cayó en el desencanto hacia la política partidista. Cuando murió Franco voló de inmediato a España, sin dejar de sufrir el vacío sin sus compañeros y sobre todo su pareja. Por eso tomó el camino de las memorias, el exorcismo necesario.

Sus hijos dibujaron un arco diferente al habitual. En Argentina, después de trabajar en panaderías o comercios, convalidaron sus estudios y ambos encontraron un camino pionero en la televisión y la universidad. Con la Noche de los Bastones Largos —un episodio de represión de la dictadura de Onganía contra universitarios y docentes—, huyeron a Chile para continuar con sus proyectos educativos y de comunicación, con la mala fortuna de que subió Pinochet al poder y tuvieron que escapar de nuevo. Tras un tiempo en Perú, Manuel regresó con el pospinochetismo.

Calvelo era una *rara avis* reemigrada a un país con una colectividad menor a la de los países atlánticos, pero presente, como comprobé en el terremoto que sufrió el país en 2010. En Talcahuano el mar salió del molde y escupió a los barcos a doscientos metros hasta aparcarlos ordenados en tierra como si fueran bicicletas. En la zona cero, en Concepción, y en Santiago, estuve con ourensanos —de una emigración ultralocalizada, casi todos de Chaguazoso, en A Mezquita—, casi todos panaderos, que aguantaban con puntales sus casas y tahonas de vigas cedidas, con un aplomo impresionante.

Descendientes de ojos azules y acento chileno decían, en gallego aprendido a doce mil kilómetros, que no pasaba nada, que la muralla de adobe con ladrillo se tiraba y se hacía de nuevo. En aquella ocasión volví a hablar con Calvelo y, con su flema habitual, dijo: «Aquí en la mezcla con los españoles se formó una etnia con cierto fatalismo pero mucha resiliencia. Si lo piensas, muy gallego».

Las memorias marinas de Perfecto Marcote

La televisión, pequeña y cuadrada, escupe la llegada del enésimo frente frío aunque aquí haga un calor de demonios. El presentador de la TVG da paso a la encargada de la información del tiempo, religión en Galicia, con su particular léxico y sus pronósticos por horas, también sobre el oleaje en el mar y un repaso por comarcas, desde Ortegal al Miño. Cuando llegan a la montaña de Lugo, las dos siluetas que se recortan en la luz blanca de la cocina aguzan el oído y se encorvan frente al aparato. Son Ada y María, dos jubiladas que parecen fotocopias con diez años de separación. Como varios miles de gallegos, ellas reciben ayuda asistencial para paliar las crisis sucesivas y las bajas pensiones: «Todo aumenta y nada alcanza». Nacidas en las cumbres de A Fonsagrada, llevan más de media vida en Avellaneda, ciudad vecina e independiente de la capital, aunque en el mapa solo la separe el Riachuelo.

La capital —cerrada, con la misma población que hace décadas— termina en una autopista de circunvalación llamada General Paz. Solo es una tira de asfalto, pero las diferencias con el otro lado son notorias. Lo que un día fue sinónimo de riqueza industrial, hoy es un minipaís con enormes bolsas de pobreza de la que no se salvan los emigrantes, en Quilmes, Lomas de Zamora o, por supuesto, Avellaneda.

Allí existe un Centro Gallego de los más antiguos (1899) y también otra sociedad importante por su labor social. El Centro de Jubilados y Pensionados asiste desde 1992 a los paisanos en situación de necesidad. La colectividad, «de pocos ricos y no muchos pobres», según estimó Pérez-Prado, sufrió los embates de las crisis, pero los viejos se llevaron la peor parte, sin la pensión ni el sistema de salud europeos. El centro lo fundó Perfecto Marcote, de Fisterra, cuando él mismo se jubiló. Reunió fondos y compró el terreno de una antigua mueblería. Allí, bajo una higuera, empezó a ayudar a los primeros socios, hasta que pudo edificar. Desde pequeño se había criado en esa visión de la vida y cuando tuvo oportunidad, la brindó. Llegó a tener más de seis mil socios, atendidos por un médico, una enfermera, una trabajadora social y por Alejandra Marcote, hija de Perfecto, con mano para todo. Allí conocí las historias más emotivas de la emigración; los invisibles del país invisible.

En 2025 Alejandra vive en Fisterra. Junto a su marido, Claudio —hijo de calabreses y napolitanos— volvió al fin del mundo de donde salió su padre. La empujaron los problemas de Avellaneda: una banda de atracadores asaltó su casa con sus padres y su hijo dentro. Los encerraron durante horas en el baño. Dos costillas rotas para Perfecto y un trauma para el niño, que no pudo ver una puerta cerrada durante muchos años. Vendieron sus casas y con ese dinero se mudaron al pueblo y abrieron un asador llamado Los Argentinos. Habían cerrado el círculo migratorio.

Alejandra mantiene su melena larguísima y lacia, al estilo argentino, y la facilidad para resumir la vida sin dramas. En la barra, su hijo Lionel, ya veinteañero, pone cafés y devuelve el saludo como un chaval del pueblo.

—Él habla en gallego de Fisterra, es uno más. Yo en cambio lo hablaba más en Argentina que aquí. Allí me había apuntado a los cursos de la Xunta, pero aparecí aquí con mi gallego normativo y se reían de mí, así que me lo reservo para los insultos —ríe—. Al final allá era la gallega y acá la argentina, *mirá vos*.

Su madre, Edivia, falleció en 2012, y Perfecto en 2016. Se escribieron obituarios en prensa, se redoblaron homenajes y recuerdos de la opinión pública y Alejandra lo lloró al quedarse sin su referencia vital.

—Yo aún estoy bloqueada y no soy capaz de nada, casi ni de mirar la boina que se ponía siempre y que tengo enmarcada.

De repente se levanta, se va a la cocina y vuelve con una bolsa con papelerío. Sin gestos graves, con la amabilidad de siempre, me dice:

—Esto no lo vio nadie nunca, ni siquiera yo, no puedo. Eres el primero y único. Mira a ver qué te parece.

Hay documentación de migraciones de sus padres, pasaportes de la década de 1940, visados de varios países, certificados laborales. Y también dos libretas de espiral tamaño folio, de pauta simple, con un texto manuscrito de frases cortas con letra temblorosa, inclinada y de rabos largos, con lógicas faltas de ortografía pero una constancia y uniformidad exquisita, las páginas numeradas a mano hasta 150. Es el relato de vida de Perfecto. Tardé meses en atreverme a abrirlo. Cuando lo hice me sumergí y no paré desde el encabezamiento: «Avellaneda, donde vivo en este momento, 23 de julio de 2008». Lo que sigue es una transcripción moldeada y muy resumida de sus recuerdos como emigrante en el mar.

Nací el 4 de julio de 1922 y con trece años ya estaba en el mar, porque al terminar la primaria muy pocos chicos tenían la dicha de poder estudiar por la pobreza. Allá se montaban en los barcos y a bajar, por la rampa, que puerto no había, con *zocas* y boina. Mi familia tenía dos embarcaciones de pesca y en ellos pescaba *robaliza* y *marajota* a diez millas de Praia de Nemiña.

En otoño de 1936 mi padre me confió un secreto que le habría costado la vida si se descubría: ayudó a dos hermanos anarquistas del pueblo al darles una carta de navegación para guiarlos en su escapada hacia Francia por el Cantábrico. Se jugaron la vida saliendo una noche de temporal de esos que solo se ven en la Costa da Morte, y cuando atravesaron el telón de rayos y truenos y vientos huracanados recordaron lo que les dijo mi padre: si conseguían llegar a treinta millas mar adentro estarían a salvo de todo, también de la Guardia Civil. Los días siguientes fueron una pesadilla en Fisterra, pero nadie descubrió cómo se habían escapado. Luego a aquellos huidos los reencontré en Lomas de Zamora, del otro lado del Atlántico.

A mi casa la llamaban «el cuartel» por la cantidad de gente que se le daba de comer y creo que algo me quedó de aquello. Pero la guerra nos agarró de la garganta. Se llevaron a dos primos míos al frente y también vinieron a buscar a mis tías, las raparon y las encerraron en la cárcel de Corcubión por tener hijos comunistas. Las fábricas de salazón y conserva cerraron. Y el diésel para los motores lo racionaron con un cupo miserable. A mí me llamaron a filas después de la guerra, a San Fernando, en Cádiz. Tres años. Cuando volví, teníamos pesca pero no a quién vendérsela. Me puse de novio con Edivia, me casé y tuvimos una niña, que murió a los diez meses de una mala enfermedad. Entonces tomé la decisión de emigrar, como medio pueblo, a América.

El día más triste de mi vida fue el de mi marcha, el 14 de diciembre de 1948. Una empresa alemana me ofreció ir a Chancay, en Perú, a una fábrica de conserva. Aquel puerto era solo una caleta con cuatro botes chicos que salían a por cojinovas y róbalos. Allí llegamos dos gallegos, Pedro Chouciño y yo, para la pesca del bonito para conserva. El gerente alemán nos decía: «Ustedes dos son europeos y blancos como nosotros, por eso deben comer juntos con nosotros en el comedor». No nos gustó.

Nos dijeron que vendría un contingente de Cerro de Pasco, a 4500 metros de altura, indios que nunca habían estado en la costa en toda su vida. Yo me quedé con nueve tripulantes y el otro patrón con otros nueve. Se encontraron con un mundo distinto del que venían. Gritaban cuando veían la gran cantidad de peces saltando en la red. La primera marea fue increíble: cuatro mil bonitos, dieciséis toneladas de pescado. No lo podían creer.

En tierra separaba los bonitos más pequeños para darle a la gente que venía a pedir limosna al puerto. Un día el dueño alemán me pidió explicaciones: «Marcote, no estarás dando mucho pescado?». Yo le dije: «¿Si esa señora que pide fuese su madre qué haría?». Y me contestó: «Tiene razón, Marcote, usted tendrá las puertas abiertas allá donde vaya». Una semana después apareció con una carta firmada para que pudiera reclamar a mi mujer. Edivia vino enseguida y al año siguiente tuvimos el primer hijo en tierra americana. Pronto cambiamos de aires para independizarnos. Probamos suerte en un lugar llamado Chimbote.

Aquí hay que hacer un paréntesis. En agosto de 1938, sesenta jóvenes salieron desde Malpica, A Coruña, huyendo de la represión y la escasez, sin más víveres que pan y agua, y el objetivo de llegar a Francia. Algunos se quedaron; otros cruzaron el océano en el Winnipeg, el buque fletado por Pablo Neruda para llevar refugiados a Chile. Enterado de la llegada de paisanos, un emigrante de Corcubión que había hecho fortuna con las conservas en Perú les ofreció trabajo en Chimbote. Esos primeros atrayeron a otros de Malpica —entre ellos Pedro Chouciño, socio de Perfecto—, y durante décadas formaron una colonia de doscientas familias. Sus vidas se cruzaron con las de Marcote, que iba por libre. Continúa.

> Llevaba ocho años en América y al fin pude comprar un barco a medias con un paisano: el Esperanza. Decidimos explorar otras costas y nos mudamos a Pisco, a 240 millas náuticas al sur de Chimbote. Mi señora venía en camión con los dos hijos y los muebles, setecientos kilómetros por carretera. Dos casas había en el puerto, la del administrador de una factoría de carne de ballena y la de una señora alemana con un niño de tres años. Desierto alrededor.
>
> Como en la Costa da Morte, íbamos a pescar de noche a la ardora. El agua en el mar se vuelve fosforescente y así los cardúmenes de pescados se ven mejor y es más fácil pescar. La primera vez nos fuimos con veintidós toneladas. Poco después volvimos a Chimbote, otra vez con toda la familia trasladada por tierra.
>
> El 24 de enero de 1957 fue un día muy especial en mi vida. Salimos con el Esperanza al bonito, al oeste de Punta Salinas. Se levantó un temporal y el barco no pudo resistir el mal tiempo y se fue a descansar al fondo del mar. Fuimos salvados por otro pesquero, pero el barco se hundió y me quedé sin

medio de vida. Entonces sentí una voz que me decía: «Anda, que tienes mucho camino por recorrer. Anda y cumple con tu padre y tu abuela para ayudar a los que sufren». Entonces pensé en el lugar donde estaba toda mi familia emigrada. Nos íbamos a Argentina.

Sin avisar a nadie, salimos por avión a Santiago y de ahí a Buenos Aires. Nos tomamos un taxi a Avellaneda, por las señas de mi hermana Tomasa: calle Vicente López al 1500. Llamé al timbre y salió ella, y ya se pueden imaginar lo que pudo pasar en ese momento, al encontrarnos sin pensar que estaríamos juntos otra vez.

Conseguí trabajo de foguista (fogonero) en un remolcador de río, luego en un barco frigorífico de un paisano, luego en un pesquero a la merluza. Fue todo muy rápido. Salimos del muelle de la Boca, frente a Necochea, una calle muy concurrida por gallegos e italianos. Trabajamos al este de Mar del Plata. El primer día llenamos el barco con 48 toneladas de merluza, mil doscientos cajones de cuarenta kilos. De la pesca me fui a la mercante. Íbamos a los puertos de Norteamérica y Caribe en viajes de meses. Pasaba el tiempo como si no me diera cuenta.

Una vez viajé a Alemania, y a la vuelta pasamos por Fisterra. Nos agarró un temporal. El barco se movía como cáscara de nuez y se rompieron las soldaduras de los camarotes de popa. Mientras todos se lamentaban, yo me reía. «Che Marcote, de qué te reís», me decían. Yo conocía ese mar y sabía que la tormenta se desplazaba ya hacia el oeste y perdía fuerza aunque parecía que nos arrancara del agua. Fueron catorce horas de baile y luego vino la paz y la calma.

En otra ocasión paramos en el puerto de Vigo, una alegría. Cuando lo supe preparé paquetes de ropa para la familia. Navegamos pensando en comer buenos mariscos y ribeiro. La ropa les hacía buena falta. Fuimos a comer al restaurante

> El Mosquito, que tenía buena fama. Nos sentamos a las dos y serían las seis cuando nos levantamos de la mesa con la familia. Y luego nos despedimos.

Y ahí se corta el testimonio de vida de Marcote, sin mayor explicación. En la página final del libro también hay una foto de Perfecto y Edivia, los dos jóvenes y con esa cara blanca y lavada de posguerra, él con las mismas orejas salidas y la nariz fina de cuando lo conocí, pero con el pelo moreno como su piel, y ella con un peinado a la moda y unos labios muy pintados, agarrándolo a él y rodeándolo con el otro brazo. Entonces recordé un último secreto que Alejandra me contó en el asador.

Sus padres querían que los cremasen al morir. Perfecto le pidió a Alejandra, su confidente, que fueran hasta la punta del faro de Fisterra porque quería estar entre América y Galicia. Así que Alejandra guardó las cenizas de su madre y cuando falleció su padre las juntó, llamó a un primo que tenía un barco, se fueron hasta el cabo del fin de la tierra y allí las arrojó juntas para siempre.

—Ahora Lionel tiene el mismo mandamiento por parte de su padre y de mí. Nosotros también somos de aquí y de allí, aunque el camino haya sido al revés.

Ríos Seoane y el Gallego

Era como un sueño: yo salía por la bocana de vestuarios de un estadio de fútbol que no conocía. El acceso parecía normal, un pasillo angosto y oscuro con olor a humedad. Pero en cuanto daba el último paso, me daba cuenta de que allí fuera había campo, sí, pero no césped, sino un prado sacado de cualquier pampa, con bosquecillos de retamas y cardos en flor aquí y allá. Miraba hacia arriba y veía un estadio grande y vacío, con el cemento de las gradas comido por la vegetación, enredaderas que habían aprovechado para crecer sin límites, un jardín vertical cayendo en cascada selvática hasta las porterías. Me imaginé a treinta mil personas apartando las lianas para gritar un gol. Hasta que al bajar la mirada vi el culmen del disparate surrealista. Frente a mí tenía un precioso caballo castaño oscuro, con el cuello metido en los matojos, segando la hierba con los dientes. Del sueño alucinado, que haría las delicias de dos Robertos, Arlt y Fontanarrosa, me sacó Carlos Andújar, jefe de prensa del club dueño de ese estadio. Estaba en la casa de Deportivo Español, aunque su apodo, cae de cajón, siempre fue el Gallego.

Había elegido vivir en Argentina, en parte, para contar desde dentro el fútbol y lo que lo rodea, que en ese país significa todo, pero esto era un desafío para creyentes, pasto de realismo mágico. Había ido con el objetivo de contar el delicado momento que pasaba el club de la colectividad y me encontraba con un caballo de crines engreñadas propias de un volante ochentero argentino rasurando la medular. Andújar me anunció que ya estaba llegando el presidente, Mario Rodríguez Sanmartín, para contarme la historia. Cuando lo hizo, con cara de esforzado y traje de oficinista, mocasines marrones y una corbata en tonos rojizos con estampado de ondas psicodélicas, muy acorde a la situación, no se sorprendió de ver el animal. Metió las manos en los bolsillos y soltó el titular a la primera.

—Cuando llegué aquí esto era un baldío. Lamentablemente, vuelve a serlo.

Pero ¿cómo se llegó a esto?

A mediados de la década de 1950, mientras los militares derrocaban a Juan Domingo Perón, entre los emigrantes afloró una idea: fundar un club de fútbol que fidelizase a los españoles, más pendientes de otros colores, especialmente Independiente y San Lorenzo.

—Pero había un pequeño detalle, el problema político —cuenta Carlos Andújar en el presente, sin vinculación oficial al club pero hincha como siempre—. Así que inventaron un escudo donde si te fijas no hay bandera franquista ni republicana. Recuerda a un mapa de la península. Tiene el rojo por España, y el blanco y el azul por Argentina, con las siglas CDE, de Club Deportivo Español, sin más.

Y así se fundó en 1956. Los clubs deportivos en Argentina son entidades de recreo cuya punta de lanza es el equipo profesional, pero desarrollan multitud de actividades en sedes financiadas con el aporte de los socios. El gobierno de la ciudad le cedió dieciséis hectáreas al sur de la ciudad, una zona pantanosa entonces casi despoblada y abandonada, usada como vertedero de basura, para que levantaran sus instalaciones.

—Para construir esto se unieron todos, aportando materiales, dinero y mano de obra —recuerda Andújar, originario de Camariñas—. Español nos daba orgullo. Me decía mi papá: «Aquí tienes italianos, judíos, esto, lo otro, cada uno con su idioma y su cultura. Pues igual que nosotros, nosotros no somos menos. Y además ahora tenemos un club».

El arranque del Gallego fue un éxito: del fútbol *amateur* a primera división en solo diez años. Tras dar el primer bajón deportivo, en 1978 apareció el hombre que lo iba a cambiar todo. Se llamaba Francisco Ríos Seoane, un emigrante de Ordes, en A Coruña. Su ficha de socio del Deportivo Español en los años sesenta lo presentaba con el pelo alborotado, más que cuando se hizo presidente, pero el mismo rostro de ojo fijo, nariz ganchuda y el labio superior adelantado, que le daba un aire característico. Cuando llegó a la presidencia ya era un cuarentón de traje gris y corbatas llamativas del que se decía que «nadaba en millones».

Ríos Seoane era una figura excéntrica, de pronto explosivo y decisiones rápidas, que muchas veces sorteaba los escrúpulos con instinto depredador. «El fútbol es un gran negocio, se gana mucha plata, se hace diferencia», se sinceró al llegar al club ante una nube de periodistas. En eso se distinguía de sus paisanos: era de todo menos invisible.

Empezó fuerte en los ránkings de popularidad: en 1980 hizo una oferta formal a Argentinos Juniors por el astro Diego Armando Maradona, cuando ya se lo rifaban los grandes clubs europeos. Seis millones de dólares. «Por favor, pido que me tomen en serio», decía. Lo consiguió a medias, pero se instaló para siempre en las primeras planas. La colectividad presumía de dirigente y todavía más cuando al año siguiente terminó el estadio, que inauguró en un partido contra el Deportivo. A partir de ahí empezó la época dorada de Español, catorce años en primera, fama de matagigantes y podio del fútbol argentino en tres ocasiones.

Su carrera como dirigente discurrió en paralelo a la era de los presidentes histriónicos del fútbol español que hicieron del deporte un show. En Argentina los doblaban en exageración: «A mí me pueden decir cualquier cosa, pero gallego hijo de puta no», gritó Seoane a cámara en un partido accidentado contra Huracán. Otro día prometió en *prime time* a los jugadores de la selección del Mundial 86 que si ganaban les daría una prima de 200 000 dólares. Lo ganaron, pero el dinero nunca apareció. También quiso importar de España las Sociedades Anónimas Deportivas, para borrar de un plumazo los números rojos que habían acumulado por manejos oscuros y desequilibrios financieros. «No se pueden sostener sociedades como la nuestra. Aunque tenemos una colectividad muy grande, la gente no nos acompaña y con nuestras recaudaciones no llegamos, por eso buscamos inversionistas que se hagan cargo de la situación».

Sus ánimos se fueron caldeando según empeoraba la situación económica, siempre con las cámaras de televisión como testigo. «Yo soy así y punto. Al que le gusta que le guste y al que no, me da igual». Y, además, divertía con su forma de hablar, argentino en un noventa por ciento con toques de gallego, en vocales y sobre todo en las zetas. Se le complicaba cada vez que decía «asociación», por la AFA, la asociación del fútbol argentino, una palabra que por lógica usaba mucho, cada vez que soltaba un dardo a su todopoderoso presidente, Julio Grondona, descendiente de italianos. Los dos se entendían con la mirada del inmigrante y se medían como dos tenderos vecinos. Grondona manejaba gran parte del fútbol mundial desde su ferretería de Sarandí, Avellaneda, rodeado de los gallegos de Independiente; Ríos Seoane dirigió su imperio desde las mesas de los bares de esquina de la capital, que había ido comprando por decenas. «Era muy vivo. Le decías una palabra y él te lo plasmaba en un negocio al día siguiente», cuenta un paisano que lo conoció de cerca. «Pero otra cosa era quien lo sufría del otro lado de la mesa. Debía ser complicado».

—A mí me quiso cagar la vida, fue el delincuente gallego más grande de la Argentina. Siempre fui directo y no puedo traicionar a mis ideales, te lo firmo ya mismo.

Así me lo soltó Armando Rodríguez Calvo, el argentino de las Cíes del jamón y la gaita, cuando caminábamos por la avenida Santa Fe al ver los restaurantes al pasar. «Son todos suyos», decía, aquellos establecimientos abiertos día y noche, grandes cristaleras, camareros de pajarita y copiosa facturación.

Se dijo en su mejor época que tenía más de ciento cincuenta. Antes había hecho dinero con la concesión de puestos de comida y quioscos en las estaciones de tren de la ciudad, por donde pasaban cientos de miles de personas cada día. Después invirtió en propiedades que multiplicaron su fortuna.

Deportivo Español tenía veintisiete mil socios y acumulaba temporadas impresionantes. Pero en 1994 todo se torció en una asamblea del club que no terminó bien. Un miembro de la oposición, Ignacio Torres, que tenía un bar cerca del estadio, se revolvió contra Seoane y este lo echó del club. Tres semanas después, tres hombres entraron en el bar de Torres y uno de ellos le arrojó al cuerpo el contenido de una lata de disolvente inflamable, y luego le tiró una cerilla. Torres murió tras una agonía de varios días. Detuvieron a los tres hombres y acusaron de autor material de los hechos a uno de ellos. Empezó entonces una larga investigación que determinó que el presunto autor intelectual del atentado era el propio Ríos Seoane. Lo detuvieron en abril de 1995, tras diez días prófugo cuando se daba a la fuga por el río cruzando hacia Uruguay en una lancha con cien mil dólares en una maleta.

Se le acusó de ser instigador de homicidio, pero solo pasó 87 días en la cárcel. Pese a que se reabrió la causa varias veces, nada sucedió. La viuda de la víctima reclamó en vano: «Estos son los métodos que utiliza Ríos Seoane para deshacerse de sus opositores».

Aun con el poder en sus manos, acosado por causas judiciales, provocó una huelga de jugadores por impagos e intentó fusionar el club con otras sociedades de la emigración. Empezaba el fin. El dinero dejó de llegar vía socios por la misma razón que el Centro Gallego u otras instituciones de la colectividad: los emigrantes envejecían e iban desapareciendo.

Finalmente, el empresario abandonó el club, que entró en bancarrota, descendió y no volvió a Primera División. En 2003 fue intervenido y le fueron clausuradas las instalaciones. Así estaba cuando visité al presidente y al caballo.

«A mí Franco me quiso fusilar seis veces», gritó un viejo socio a los policías. «Tengo más de ochenta años, me hacen un favor pasándome por encima», decía otro. «Nosotros no vamos a pelear, solo vamos a hacer resistencia pasiva», decía un tercero. Un grupo de socios que llevaban en el club desde su fundación se encerraron para evitar que se subastaran las instalaciones tras años de abandono. Cuando tuvieron noticia de que venía la policía a desalojar, se pusieron delante del portalón y provocaron que el jefe del operativo llamase allí mismo al juez y le dijese: «O viene usted a ponerse al frente o yo aquí no entro». No fue y no entró. Y desde ese día cambió la historia.

El gobierno de la ciudad, que funciona como un distrito federal, se hizo cargo de la deuda del club y dio en usufructo los terrenos al club. Reconstituido con el nombre Club Social, Deportivo y Cultural Español de la República Argentina, ya con el estadio en condiciones, pena desde entonces por las categorías bajas del fútbol argentino.

Ríos Seoane estaba ya por entonces más en Galicia que en Buenos Aires. Con discreción fue comprando inmuebles importantes en las grandes ciudades, sobre todo en A Coruña, además de hoteles y empresas. También en su tierra recogió sinsabores en los juzgados: la Audiencia Provincial lo condenó a pagar una deuda de casi un millón de euros. Durante esos años sufrió varios accidentes de tráfico con graves secuelas. Terminó enfermando e incluso vivió escenas penosas durante entrevistas de televisión, en las que hacían mofa de él.

Dice un excolaborador que por entonces ya «era como la púa de un tocadiscos, de repente patinaba y cambiaba de tema por algo que no tenía nada que ver». Acabó ingresado en un centro hospitalario del barrio de Almagro aquejado de trastornos psiquiátricos, aunque sus opositores decían en la prensa que era una treta para no ser juzgado. Murió en 2015 a los ochenta años.

El hijo del fusilado

Dice Bruce Chatwin que la historia de Buenos Aires se puede contar a través de la guía telefónica. Eso mismo pensé aquel día de 2004 en el Colegio León XIII, en la avenida Dorrego, cuando me dieron en mano el listado de una clase de sexto de primaria de 1937. Era una colección de apellidos de al menos cinco procedencias, entre los que brillaba como un diamante el nombre que buscaba: José María Martín.

El 31 de agosto de 1936 los franquistas fusilaron al alcalde republicano de la ciudad de A Coruña y al secretario del Ayuntamiento en el Campo da Rata, junto a la Torre de Hércules. El nombre del secretario era José María Martín Martínez. Su hijo pequeño, también José María, al que llamaban Cheché, de doce años, vivió todo con los ojos muy abiertos y el corazón en un puño. Al poco, su madre, dos hermanas y él escaparon hacia Argentina. Fueron sin más colchón que un lienzo enrollado regalado por el pintor ferrolano Álvarez de Sotomayor. Era monárquico e incluso fue alcalde coruñés unos meses durante la guerra, pero también era amigo de la familia. Al llegar, su madre vendió el cuadro y con ese dinero alquiló un buen piso para abrir una pensión en Plaza Italia, en Palermo, muy cerca del Colegio León XIII, donde me recibieron con amabilidad cuando les dije que quería saber datos sobre un exalumno de hacía setenta años.

Me abrieron la secretaría para ver la ficha y calificaciones de aquel niño recién desterrado. Cheché resulto ser un chico con dos habilidades: el dibujo y el fútbol. Por la mañana, en el León XIII, pasaba horas dibujando. Por las tardes, daba patadas al balón, como hacía antes en las plazas coruñesas. Pronto llamó la atención de varios clubes y terminó integrando las categorías inferiores de Banfield, en el sur de Buenos Aires. El largo trayecto en colectivo y tren cada día de entrenamiento lo aprovechaba para llenar cuadernos con dibujos. Pero el espíritu del chaval volaba libre. Con dieciséis años se marchó un verano a una comunidad de artistas en la sierra de Córdoba, a ganarse la vida haciendo retratos callejeros. Cuando tuvo que decidir si llegaría a profesional en Argentina, un agente de los que pululaban en el fútbol de antes le ofreció ir a jugar a la primera división de Venezuela, un país con poca tradición fútbolística, pero con todo el atractivo para un artista. Además, conocía, por su familia, a algunos exiliados que habían recalado allí.

En Caracas jugó en el Centro Vasco, apenas un paso intermedio, porque lo llamaron para jugar en el Angers de Francia, cerca del París de posguerra y de su bohemia artística. Allí despuntó definitivamente, tanto que en 1948 a un periodista coruñés le llegó la noticia de que el hijo de José María Martín destacaba en el fútbol francés y lo sopló en el club de la ciudad, el Deportivo. Los directivos decidieron hacerle una prueba, un partido contra los juveniles entre semana. Se anunció en prensa y se corrió tanto la voz que la tribuna principal de Riazor se llenó de gente para ver al hijo del fusilado. Aquello se tomó como una manifestación tácita del antifranquismo en la ciudad.

Martín se quedó en el club, que jugaba en primera división, y al año siguiente alcanzó el subcampeonato de Liga con él de puntal, detrás de la delantera que llevaba el apodo de Orquesta Canaro, en honor al conjunto argentino que hacía furor en la emigración. Las dos temporadas de Cheché, fino y duro a la vez, y sobre todo polivalente, le valieron su fichaje por el Barcelona de Kubala. Pasó por el Atlético de Madrid y el Valencia, fue internacional con España y terminó jugando en México, pionero también en eso. Allí también comenzó su etapa de entrenador, que luego le haría volver a España y convertirse en un clásico del Dépor y de la Liga en los años setenta. Su asistente, luego técnico, siempre dijo que lo había aprendido todo de él. Se llamaba Arsenio Iglesias.

La historia de Cheché Martín, que me había acercado el periodista Moncho Viña con su suave poder de convicción —«*Neno*, aquí hay una historia sin contar y la tienes que hacer tú»—, me abrió la puerta a la vida que ansiaba. Dejé la televisión donde trabajaba y volé directo a Buenos Aires. La investigación la volqué en un libro en 2005, *Fútbol sobre lenzo*, y significó mi empujón definitivo hacia Latinoamérica.

Activistas contra el tiempo

«Galicia era un lugar donde nacían adultos que decían haber sido niños alguna vez y que tenían forma de padres y de madres; seres que nombraban de una manera especial a las cosas y hablaban entre sí un idioma dulce y en él cantaban». Antonio Pérez-Prado, el descendiente más atento a los detalles, compendia lo que vivieron tantos niños galaicoporteños. Según pasan las décadas, el recuerdo se borra cada vez más, porque la diáspora lidia con un enemigo implacable, el tiempo, y entre todos se conjuran para mantener vivo el espíritu. Se lleva haciendo desde los años cincuenta, cuando se crearon las primeras asociaciones de jóvenes gallegos, integradas por nombres señeros de la cultura. En el siglo XXI han surgido todo tipo de iniciativas, muchas relacionadas con la lengua, con nombres evocadores —Lectores Galegos en Bos Aires, con Débora Campos y Andrea Cobas a los mandos, Terzo da Fala, Escola da Palabra, Faladoiro—, y con la música, todo para mantener la llama viva en la carrera contra el reloj.

Gastón y Nancy viven en un centro gallego. O, más bien, su casa albergó uno durante muchos años. Ubicada en el barrio de Barracas, tiene un patio enorme que termina en un huerto en el que plantan hasta pimientos de Padrón.

Clac, clac, clac. Gastón corta patatas sobre una tabla con el escudo de River Plate. Cuando aparece Nancy —cuarenta y tantos, delgada y una presencia amplificada por una potente voz— con la carne lista para poner a la parrilla, Gastón improvisa el papel de periodista y le pregunta qué es ser gallega para ella. Piensa, sirve sifón en el vermú y tira:

—Para mí es una condición de vida. Es haber crecido en la sociedad, cada fin de semana, cada fiesta, con unas tradiciones marcadas. De pequeña mis amigas me veían vestida con traje de baile y me preguntaban: ¿Por qué te disfrazas? Yo les decía, como me habían enseñado: no voy disfrazada, voy ataviada. Y esa palabra sigue teniendo importancia para mí.

Cuando lo conocí, en 2006, yo recibía clases de *pandeireta* y percusión gallega en el Centro Arzuano Melidense, y Gastón, con amigos comunes, gastaba la misma barba recortada, el mismo peinado perfecto y la misma hiperactividad que en el presente, en el que acumula cargos en la colectividad y en la política. Muy joven asumió la presidencia de la Sociedade

Galega de Arantei, Vilamarín e A Peroxa. Se estrenó con fuerza. Durante una visita de Fraga, este le dijo que tenían que fusionarse con el centro de Salvaterra —*concello* al que pertenece Arantei—. El joven Gastón le respondió *a lo Fraga*. «Puede que sea bueno en términos generales, pero la identidad de los paisanos de mi centro no la negocio ni con usted ni con nadie». Tenía veintiún años. La razón no era tanto no fusionarse, sino que le querían imponer el otro nombre primero, y eso era imperdonable en el fragmentado manual de la colectividad.

—Llevo un centro repartido entre dos provincias, tres ayuntamientos y una parroquia. La edad media de los socios es solo de treinta y ocho años. Y el cincuenta por ciento de la comisión directiva son mujeres —dice con orgullo—. Había un vacío tras la generación histórica de los ochenta y noventa y no había recambio, pero salimos adelante. Nosotros incentivamos a nuestras hijas a que sigan con todo esto. Una es *cantareira* y toca, otra va al grupo de teatro. Es nuestra fórmula de sacar lo propio hacia afuera, porque muchos de los antepasados hacían justo lo contrario. Mi abuela pasó ocho años en la cama al final de su vida. Cuando se dio cuenta de que no se iba a levantar, volvió a hablar la lengua que había desechado.

Esos días preparaban una pieza musical para el Día da Galicia Exterior, que se celebra cada año en Santiago, en la que mezclaban lo tradicional y la danza contemporánea. Ensayaban durante semanas involucrando a decenas de jóvenes, ya tercera y cuarta generación, incluidas sus niñas. En un momento después de comer el asado inmenso, Luchi, la más pequeña, siete años, me llama por mi nombre y me pregunta con naturalidad:

—¿Vos sos gallego, como nosotras, no?

Hacer las Américas

Su padre se suicidó frente a él, al pie de la Torre de Hércules, cuando tenía ocho años, y su madre, hidalga ourensana, murió poco después. Huérfano, lo internaron en un hospicio y con doce años se enroló en una corbeta y desembarcó en Argentina con lo puesto, mediado el siglo XIX. Pero se le quedó pequeño el trabajo portuario en Buenos Aires y fue más allá: se adentró en la *frontera del indio*, así llamaban a las llanuras por donde avanzaba la *conquista del sur,* colección de eufemismos. Entró a trabajar como peón de estancia. Con los primeros ahorros compró una carreta y se convirtió en proveedor de bienes de la ciudad de Tandil. Vinieron detrás otras veinte con las que hizo fortuna con el comercio, muchas veces pagado por el Estado con tierras usurpadas. Ramón Santamarina y sus colonizaciones formaron parte de la construcción de la Argentina actual, a costa de los indígenas, como todas. En poco tiempo se convirtió en un gran terrateniente, comprando campos sobre los que se fundaron pueblos, luego ciudades, como Tres Arroyos. Cerca de allí se ubica una localidad con su nombre y a setenta kilómetros —un paso en estas inmensidades—, otro lugar bautizado con el nombre de Orense, en honor a su tierra, a su vez íntimamente ligado a su balneario homónimo, una localidad de playa que se conecta por una pista, y que es lo contrario a Ourense: llanísima, ventosa y junto al mar.

A Santamarina, que se casó con una descendiente de las tierras de Euskadi, dejaron de llamarlo gallego para llamarlo Vasco: había ascendido en la escala social. Tampoco se ocuparon demasiado los historiadores de dejar clara su procedencia, según recuerda Xavier Alcalá, contador minucioso de historias de diáspora, en su obra *Arxentina.* Fue uno de los hombres más ricos del país, reconocido en placas y enciclopedias, pero en 1904 también se suicidó sin dejar nada escrito, aquejado, creen, de un tumor incurable. No podía trabajar más y eso era un decreto mortal, según sus descendientes. Reposa en un panteón en una esquina noble del cementerio de Recoleta, el de la elite porteña. Dicen que su mayor legado es el familiar: más dos mil descendientes, su hijo Enrique incluido, vicepresidente del primer Gobierno militar del siglo, el del general Uriburu, en 1930. Los tataranietos sacan pecho del patriarca: «Trajo el progreso a esta tierra».

La vida de Santamarina es un ejemplo de manual de lo que se llamó «hacer las Américas». Llegar con nada, morir con todo. Como él, en la primera oleada se repiten las historias de éxito económico destinado a fines a cada cual más singular: Manuel Lemos, de Nigrán, empezó vendiendo vinos y terminó con una empresa de mil quinientos empleados. Su mayor legado es haberle cambiado el nombre de la playa de su aldea: cuando regresó en los años veinte, montó un club veraniego en la playa de Lourido y lo llamó Playa América, y así quedó rebautizado para siempre ese arenal tan conocido; Casimiro Gómez, de Cotobade, otro terrateniente, construyó un balneario y una mansión llamada Villa Buenos Aires en Pontevedra; Roque Naveira, de Betanzos, amasó tanto dinero que optó por construirse un castillo neogótico en Luján, Buenos Aires, con pinta de Disney, que aún sigue en pie.

El sueño imposible de El Pasatiempo

A simple vista es lo que llamamos una *desfeita*, una cadena de decisiones desastrosas que casi destruye un parque singular, patrimonio único de la diáspora, pero que ha sobrevivido a una historia tan alucinante como la de sus propios protagonistas.

En 1870 Juan y Jesús García Naveira, dos hermanos campesinos huérfanos de padre, se marcharon a Argentina y allí, como otros indianos, se hicieron ricos gracias al comercio con el interior del país. Instalados en San Nicolás de los Arroyos, entre Buenos Aires y Rosario, viajaban por todo el país, y luego por Europa, comprando mercancías. Se casaron con dos mujeres de clase acomodada, lo que les permitió introducirse en esferas en las que ni soñarían estar un par de décadas antes.

A su regreso a casa, los García Naveira levantaron obras para los más desfavorecidos —ancianos, niños, mujeres—: un asilo, varias escuelas y unos lavaderos aún en funcionamiento. Pero en el baúl trajeron también unas ideas estrafalarias para la sociedad conservadora betanceira, que siempre los despreció por su aroma a dinero nuevo. Ellos no plantaron palmeras en su casa, sino que hicieron construir un parque gigantesco. La misión era horadar una montaña, modelar cuevas artificiales y adornar sus laderas con monumentos de significados inextricables. Era una idea tan desconcertante que las autoridades tardaron cien años en reconocer la obra, llamada con toda la intención Parque del Pasatiempo.

—De nueve hectáreas solo queda una séptima parte —me explica Ángel Arcay, historiador y director del Archivo Municipal de Betanzos, con una foto antigua en la mano, señalando al horizonte, ahora un solar verde, pastiche de instalaciones industriales, residenciales y deportivas—. Pero vale la pena conocerlo.

Con él entro a lo que queda del Parque, un lugar donde nada parece tener sentido. Es una sucesión de elementos universales, artísticos o no, monumentales o no, naturales, religiosos o lo contrario, todo en aparente entropía: un estanque con un templete encima, fuentes, esculturas, inventos tecnológicos, dinosaurios, dioses, relojes, bustos de todo tipo y un león colosal coronando la montaña. Todo está sujeto a interpretaciones. Y Arcay, pelo a cepillo, barba rala y chubasquero azul marino, desarrolla su tesis: estamos en un parque masónico.

—Por una parte es una extensión de sus escuelas, para que los niños aprendan, como un parque enciclopédico, como dijo Luís Seoane cuando lo visitó. Mi familia no había visto ningún animal que no fueran vacas, y gracias a esto conocieron casi cien animales exóticos. Era como el mundo a la puerta de casa. Pero por otra es como un jardín iniciático. Entramos de una manera y salimos convertidos en mejores personas, o eso es lo que esperaban ellos. Por eso entendemos que la única teoría que no tiene contradicciones para explicar el Pasatiempo es la del parque masónico. Vamos a verlo recorriéndolo de abajo arriba, de lo más oscuro a la luz, subiendo terrazas desde el nivel profano al iniciante y de ahí al nivel de maestro.

Los rostros parecidos, el peinado de mínimo pelo en la coronilla también semejante, como las orejas y las narices, también las cejas y el atuendo. Y los dos con enorme mostacho de época, pero ojo, ahí también está la distinción: Juan tenía las puntas del mostacho hacia abajo, Jesús hacia arriba. Así eran los García Naveira. De su historia penden muchas leyendas porque no hay grandes archivos familiares ni oficiales. Apenas existe un libro de un contemporáneo que viajó con ellos por Europa y que dio pistas sobre el legado del Pasatiempo.

Las memorias de un viaje improvisado, de Rogelio Borondo, recoge el periplo del autor con los hermanos, un viaje por Italia y Francia. De cada lugar toman algo; también de Argentina y Portugal. El Pasatiempo es un laberinto de acertijos que empieza a describir Arcay, empezando por lo que ya no está: una entrada con dos leones de piedra, que fueron vendidos por los herederos al santuario de Covadonga; un jardín geométrico con los bustos de doce emperadores romanos en mármol; otro con la estatua de los hermanos, trasladada en 1983 a la plaza principal de Betanzos, bautizada con su nombre. Cuando cierra el álbum de fotos, termina también la historia del Estanque de los Papas y su triste destino.

—Los hermanos trajeron del Vaticano una postal con las 257 caras de los papas, y les pidieron a los obreros que las construyeran en hormigón y las colocaran en un estanque con forma de trébol de cuatro hojas. Todos mirando al centro, y allí una mujer con los pechos al aire. Te puedes imaginar la prensa pacata de entonces. El estanque estuvo en activo hasta la década de 1980, cuando el parque ya estaba más que abandonado. Un grupo de estudiantes se dedicaron a limpiar la maleza y encontraron piezas de las estatuas. Se llegó a presentar un proyecto para recuperar el estanque, pero una semana después entraron las palas para construir, allí encima, el nuevo campo de fútbol del Betanzos.

Y allí está justo delante, cemento visto y uralita, con el aspecto de un matadero de pollos, el cartel que solo sería gracioso si fuera irónico: «Estadio Municipal García Hermanos».

Los sacos azules llenos de escombro se apilan apoyados en la fuente central. Apenas tiene un dedo de agua cubierta de musgo a la entrada de lo que queda en pie del parque. Desde ese lugar, llamado Estanque del Retiro, iniciamos el viaje ascendente por una montaña de fantasía recargada de monumentos, escaleras, balaustradas, pasadizos, relieves, cuevas y terrazas, pensado con la lógica de un juego de aventuras.

—Por aquel camino no podemos subir: en las paredes hay animales salvajes, mujeres desnudas, pero hay que avanzar. Por eso ahí tenemos —y señala unas esculturas en relieve—

vehículos antropomorfos que nos llevan hacia arriba, o un dirigible, medio técnico para escapar de la pobreza y emigrar: hay mundo más allá de estas cuatro paredes. Mira, ahí hay un barco y un faro que parece la Torre de Hércules —dice, tocando el muro contiguo, donde aparece, con grandes letras, el lema «España monárquica y sus 18 hijas republicanas», con los escudos de los países latinoamericanos—. Ellos nos marcan el camino hacia el primer piso, donde está Argentina y los bustos de sus primeros doce presidentes. Mira, allí hay una estampa en bajorrelieve del Martín Fierro. Y aquí un gorro frigio republicano. Y aquí, la pirámide de Plaza de Mayo con sus rayos solares, todos símbolos masones.

Cada cosa parece superar a la siguiente, hasta que llegamos al siguiente piso. Enmarcado en un arco ciego, decolorado por la humedad, un paredón muestra 41 esferas con relojes de hormigón marcando las horas en las grandes ciudades del mundo. En el medio, y casi con el doble de tamaño, el centro del mundo para los hermanos: Buenos Aires marcando las doce en punto. Sobre la esfera, el nombre de la relojería más afamada de la ciudad: «Cronómetro Escasany».

No hay tregua y seguimos subiendo por grutas y paredes con estampas enciclopédicas, didácticas o políticas, justo cuando llegamos al árbol genealógico del capital, otra ensoñación en la que una serie de carteles destacan una serie de valores: el entendimiento, la voluntad, el carácter, la rectitud, que desembocan en el ahorro hasta llegar al capital. Parece una demostración gráfica del gallego emigrante.

Ya estamos cerca del nivel maestro. Solo hay que dejarse guiar por las paredes que hablan. En este caso conminan a hacer cinco viajes simbólicos relacionados con las grandes obras de la humanidad, antes de llegar al tercer piso, allí donde asoma el último símbolo del parque: un león colosal que corona el Pasatiempo, asistiendo a la salida del sol día tras día con Betanzos a sus pies.

La obra no terminó hasta que murió Juan, en 1933. Mucho antes, en 1912, lo hizo Jesús en un accidente en Argentina. Sin los hermanos, el parque empezó un largo penar, incluido cuando el hijo de Juan se convirtió en primer alcalde franquista —y por tanto refractario a los símbolos republicanos y masones—. En los años sesenta se abandonó por completo. Hubo expolio, robos, vandalismo y hasta una víctima mortal: una señora que entró en los años sesenta a orinar y terminó cayendo en el estanque cubierto de vegetación. En los ochenta se hizo cargo el Concello, aunque fue casi peor el remedio que la enfermedad: acometió una reforma delirante. El desastre se empezó a revertir con el trabajo de asociaciones y particulares y con la declaración de Bien de Interés Cultural en 2020, con una restauración protegida. Pero falta, a juicio de Arcay, mucho más para reconocer como se debe a una obra de difícil comparación.

Transeúnte (I)

En el puerto de Buenos Aires aún se siente una ráfaga del pasado cuando corre la brisa del Río de la Plata. A este mismo punto, kilómetro cero de la hibridación argentina, llegaban los emigrantes y los trasladaban al Hotel de Inmigrantes, una especie de ciudadela donde se alojaban hasta cinco días aquellos que no tenían familia en destino.

«Europa y su borrasca de odio da la espalda y se trueca por el panorama luminoso de la patria adoptiva», decía el noticiero argentino en los años cincuenta. Pasaban el control de llegada y equipaje y el primer control sanitario. Si la documentación estaba conforme, desembarcaban. Enseguida se pasaba a la oficina de trabajo. Allí les mostraban maquinaria para ver con cuáles de los aparejos estaban familiarizados: un torno, un arado, un tractor. Los no formados también recibían una capacitación exprés. Las mujeres, lo mismo con actividades domésticas. Y así trataban de reconducir la riada de inmigrantes llegados desde medio mundo.

Estoy frente al antiguo embarcadero, más bien desembarcadero, que domina la línea del río en la dársena norte. Hacia atrás, una plaza central se rodea de una serie de pabellones, incluido el de alojamiento, con capacidad de tres mil personas. En la planta baja, comedores de mesa corrida interminable. Los pasillos tienen lámparas discretas y pilas grandes para asearse. Separado estaba el hospital, donde se hacía el control sanitario y se derivaba a enfermos. Al revés que Triscornia, no tenía afán de encierro. Aquí eran libres de salir e irse.

En 1953 se clausuró y allí se abrió un museo, un viaje al pasado por el que pasan argentinos, en su mayoría escolares, y también turistas. Otros acuden a saber de sus antepasados, a través de los archivos digitales. Hay objetos históricos que venían con los emigrantes —incluidas gaitas y panderetas—, literas originales de los pabellones, una montaña de ropa que en realidad es una obra de arte contemporáneo, maletas que se quedaban allí al llegar, archivos apilados, maquetas de barcos. Actualmente una parte del antiguo hotel lo ocupa la Dirección Nacional de Migraciones, donde los nuevos inmigrantes tienen que hacer los trámites de residencia y donde yo terminé convirtiéndome en asiduo.

«Para nosotros, para nuestra posteridad y para todos los hombres del mundo que quieran habitar el suelo argentino».

El preámbulo de la Constitución argentina de 1853 sienta las bases de un país donde la inmigración no es una palabra, sino la base más sólida de la república. A él se acoge todo argentino para hablar de la condición de país hospitalario. Pero no siempre es fácil cumplir un texto constitucional. Por el medio hay palos en las ruedas, barrotes burocráticos de primera categoría. En ellos caí en el mismo Hotel de Inmigrantes adonde llegaban los gallegos cuando intenté regularizar mi situación.

Había recalado en Buenos Aires pensando, ingenuo de mí, que un visado de turista y las continuas entradas y salidas por trabajo me allanarían el camino para residir de forma legal. Después de tres años en Argentina no tenía papeles y vivía en un limbo que me obligaba a ir al menos dos veces al mes a aquel lugar, sin el sabor de cien años atrás pero con la misma atmósfera cosmopolita de aquellos que se tienen que abrir camino. Chinos la mayoría, originarios de países limítrofes (bolivianos y paraguayos), algunos caribeños —todavía no venezolanos—, cuatro senegaleses mal contados y yo. Al final, un gallego; más que emigrante, transeúnte, pero con la obligación de tener los papeles en regla. Y para eso debía vencer un monstruo de siete cabezas llamado burocracia. El desierto que atravesé hasta lograrlo también me ayudó a entender mejor las penas de los que llegan a estas costas sin ser europeos.

El primer paso era conseguir la llamada residencia precaria, un papelito amarillo que permitía durante tres meses ser algo más que turista, mientras se tramitaba la residencia temporaria, que en algún momento daría pie a la residencia permanente, a la que solo se accedía a través de certificados, apostillas de La Haya, antecedentes, partidas de nacimiento, fotos y fotocopias en continuas visitas a ese otra gran ente burocrático llamado España. Enseguida me di cuenta de que mi condición de profesional independiente me hacía escurrir entre las rendijas del sistema. No había un criterio migratorio que se ajustara a mis características laborales. Al trabajar por cuenta propia como *freelance*, sin contrato de trabajo, no entraba en ningún epígrafe laboral dentro de la ley de migraciones. Lo que más se aproximaba era la categoría «religioso», así que tuve que buscar soluciones.

Aquello era un microcosmos regido por sus propias reglas. Fueron muchas horas de espera observando los mecanismos renqueantes de la administración, con sus historias personales: me sabía los nombres de los trabajadores y ellos el mío; sabía a qué hora hacían la pausa para el café y cuándo empezaban a prepararse para largarse a casa. Y también los atajos y las trampas. Una vez entrenado el ojo, era fácil detectar a los gestores migratorios, personajes oscuros que se movían como pez en el agua entre gente necesitada de ayuda, atentos a sacar provecho de la situación más propicia: yo mismo caí en las garras de una, pagué por adelantado un servicio para agilizar un trámite y me quedé como estaba. Así que llamé a mi amigo Sebastián, abogado laboral al que saqué de su despacho en Tribunales para sumergirlo en este otro submundo pintoresco.

Juntos dimos entrada a todo tipo de papeles y a cada semana volvíamos con la carpeta más abultada a la ida y con más deberes a la vuelta. Algunos días parecía que se avanzaba, otros retrocedías tres casillas: un besito, una torta. Llegué a decirle un día que Terry Gilliam podía haber titulado *Argentina* y no *Brazil* a su distopía burocrática cinematográfica —no sabía aún lo que me depararía la vida—. Lo vi todo perdido después de explorar todas las categorías posibles: de persona pública a rentista pasando por estudiante o empresario. Nada conseguimos, aunque en un momento dado hubo un rayo de esperanza: al haber abierto una productora audiovisual en España yo podía actuar como representante. Hice los trámites pertinentes en una Navidad para llegar con todo hecho y, cuando pagué las tasas, me comunicaron que no podía iniciar el camino, porque el 1 de enero se había modificado el reglamento.

Un día hablaba Sebas sobre el espíritu abierto de su país, como dice la propia Constitución, y de repente algo me golpeó la sien como un eureka: «¡El preámbulo, el preámbulo!». Y entonces avanzamos: decidimos redactar una carta con argumentos basados en la Constitución y la entregamos, por mesa de entrada, para el director de Migraciones. En ella exponía mi caso y explicitaba que me hallaba en un callejón sin salida en cierto modo jocoso pues, al ser corresponsal, me paseaba por la ciudad con cámara y micrófono haciendo directos, entrevistaba a ministros y cubría viajes de políticos españoles y hasta el rey. Es más, presentaba en directo una sección en un programa de televisión argentina y me acreditaba en la Casa Rosada o en la Quinta de Olivos sin ningún problema. Un indocumentado en las entrañas del poder, así de kafkiano y, también, una lección de humildad para los del norte del mundo. Por eso solicitaba una entrevista con el director para acogerme a una última doblez del sistema, un fallo en la Matrix, el criterio «casos especiales», tan enigmático como esperanzador cuando preguntamos por él en ventanilla: «Esos son los que resuelve directamente la Dirección».

A ese clavo ardiendo nos aferramos y dejamos la carta en el departamento Extra Mercosur sin ninguna convicción, igual que la funcionaria, que le puso el sello de entrada mirando de reojo con compasión. Pero un día recibí la llamada de la secretaria del subdirector de Migraciones. Me recibió en su despacho como si fuera un mandatario internacional, él en un sofá, yo en otro. Me ofreció café. Me felicitó por mi sinceridad y por no haber caído en las tentaciones de la coima o mordida. «Su carta merece ser publicada», dijo con dignidad. Hablamos de los problemas de la burocracia, de la herencia gallega en el país y me despidió con una palmadita en la espalda. «Acompañe a este buen hombre y que se lleve su papel tranquilo a casa», le dijo a un subordinado. Y así fue como me sellaron mi primera residencia temporal, que en seis meses se convirtió en la definitiva, como «caso especial». Era imposible no estar contento, a pesar de la convicción agria de que mis compañeros de banco en el Hotel de Inmigrantes seguirían meses o años penando. También es cierto que la burocracia se comió mis plazos vitales. Para cuando me llegó el DNI argentino, que por entonces todavía era una carterita con funda plástica igual que la de aquellos emigrantes antiguos, yo ya tenía fecha de salida del país para trasladarme a vivir a Brasil. Empezaba de cero otra vez como transeúnte.

3
URUGUAY

El modo gallego pegó más en Uruguay que en Argentina, más italiana. Somos lo mismo, con porcentajes diferentes: nosotros más gallegos, ellos más italianos

CASAVALLE
Hogar Español
Panteón Casa de Galicia
BELVEDERE
CERRITO
PRADO
La Teja
Cutcsa Planta Añón
MONTEVIDEO
Cerro
La Blanqueada
Aguada
Flor de Galicia
Parque Central
Palacio Legislativo
Estadio Centenario
Puerto de Montevideo
Patronato da Cultura Galega
Losa Libros
Palacio Salvo
Asociación Española
'Lechería' de Antón Crestar
Casa de Galicia
Centro Gallego
Villa Biarritz
Museo Zorrilla - A Santiña
1 km

*Río de
la Plata*

La Suiza de Sudamérica

Destella el sol del Río de la Plata sobre los espejos de los rascacielos de Puerto Madero, en Buenos Aires. Antes, en la época de las migraciones, lo hacía en las cúpulas de avenida de Mayo y en la punta del palacio Barolo, que según la leyenda iluminaba con su faro el palacio Salvo, en la plaza de la Independencia de Montevideo. Es imposible por la distancia y la curvatura de la Tierra, pero también lo es el mito de Ith, el hijo de Breogán divisando Irlanda desde la Torre de Hércules, y llevamos dos mil años regocijándonos con la historia.

En aquella época se gastaba una noche en cruzar en los «vapores de la carrera». Hoy son tres horas de ferry rápido atravesando un río que parece un mar de chocolate. Los sedimentos le dan a este enorme brazo de agua un color característico que contrasta, en su horizonte limpio, con un cielo azul que pronto deja ver la costa uruguaya. A aquel mismo puerto llegaban los inmigrantes desde principios de siglo a la que llamaban Suiza sudamericana por su fama de país avanzado. No solo por el valor de su moneda —los argentinos le llamaban el peso oro— o por el posterior decreto del secreto bancario, sino por su legislación liberal: ocho horas de trabajo, divorcio legal, sufragio femenino y educación laica. Para los emigrantes que se iban arrimando a esta orilla, el país daba oportunidad de crecer en el sector servicios: puerto, almacenes, panaderías, fábricas de pasta y pizzerías, transporte público y hostelería, así como también empleos industriales: compañías textiles las mujeres, frigoríficos y mataderos los hombres. Era una versión apacible, más contenida y con menos población, que su vecina argentina. Si Buenos Aires era la reina del Plata, Montevideo era la tacita de plata. Y eso era suficiente para los gallegos.

Montevideo tiene más de veinte kilómetros de costa, largas playas y una rambla o paseo repleto de gente en domingos y festivos, y que por entonces se llenaba de inmigrantes. Muchos de ellos, acriollados, tomaban mate con la misma dedicación que los uruguayos. La mayoría no vivía cerca del río, sino en barrios al norte de la avenida Italia, e incluso hacia el Cerro, el que según algunas teorías dio nombre a la ciudad cuando lo vio aquel marino portugués —*Monte vide eu*—.

Galicia está presente en el puerto y sus restaurantes; en las chiviterías —de chivito, el bocadillo de carne característico del país— más clásicas, como Arocena o La Pasiva, o cafés como el Expreso Pocitos. En los carteles, pistas por todos lados: La Coruñesa, El Orensano, Morgadáns. En los supermercados hay albariño local, elaborado por la bodega Bouza, antiguos dueños de las pizzas Sibarita. A un descendiente de emigrantes se le dio por reunir en una sola página web las historias de los bares de gallegos más destacados de la ciudad. Allí están el Fun Fun, Su Bar, Tasende, Unibar, El Hacha, Facal y muchos nombres históricos más.

Antes de internet, un hombre laborioso llamado Manuel Losa contó la historia de la galleguidad de Montevideo en libros como los que acumula en la esquina de Colonia y Tacuarembó, en el centro. En Losa Libros no hay paredes, sino volúmenes y más volúmenes repartidos en estanterías con nueve anaqueles, en el suelo, en el mostrador, en cajas. Parece una librería de película, conservada en el formol montevideano, ajena a tiempos y modas: en el rincón, un apartado de saldo («todo a 150 pesos»), manuales de informática, empresa y cómic y una escalera para los pisos superiores, adonde se sube Manuel como si tuviera cincuenta años menos de los que tiene. Pero Losa se distingue por sus fondos sobre Galicia. En otro recodo un cartel anuncia un «outlet de libros en gallego».

Cuando baja de la escalera se sienta en su escritorio. Lo tiene como si fuera el mostrador de una mercería: organizado, minucioso, con olor a madera, el aire tibio del ventilador de pie al lado de la silla de cuero ajada de escribir miles de páginas sobre emigrantes cómo él.

—Yo siempre hice el chiste de decir que soy contador, como se dice contable aquí, dejo un silencio y luego digo: contador de historias.

El aspecto no dista mucho del oficinista de horarios rígidos y codos clavados en la mesa: camisa beis, pantalón gris y gafas cuadradas de hipermetropía. De una pila de libros empieza a sacar ejemplares de obras suyas, editadas por otros y por él mismo. Su autobiografía *Relato dun emigrante* cuenta la historia del chico de Santiago de Compostela que embarcó en el Juan de Garay en 1955, que trabajó en varias empresas antes de convertirse en vendedor —y contador— de historias. Generoso y sin admitir objeción, me prepara una bolsa de libros en la que cabe toda la Galicia montevideana y me despide con una sonrisa de oreja a oreja.

La república de los ómnibus

Durante una época los gallegos bajaban del barco sin saber si aquello era Uruguay o Argentina. Lo único que tenían claro era que iban a trabajar a CUTCSA, pero tampoco sabían si era una ciudad o una empresa. Preguntaban por el señor Añón y sin muchas más disquisiciones se ponían a trabajar.

José Añón nació en Vilaño, una parroquia de A Laracha de Bergantiños, y emigró a Uruguay en la década de 1920. Trabajó en una granja lechera, pero unos años después se interesó por el mundo de los autobuses, el transporte colectivo popularizado por sus paisanos de Buenos Aires. En Montevideo quien podía invertir compraba un ómnibus —nombre local— y lo asignaba a una línea. Añón compró un vehículo y se afilió a un gremio de pequeños propietarios que no tardó en dirigir. En la década siguiente, la compañía propietaria de los tranvías quiso comprar los buses a los emprendedores, pero Añón y sus compañeros opusieron resistencia. En 1937 encontraron la fórmula para convencer al Estado: crearon una sociedad anónima, la Compañía Uruguaya de Transportes Colectivos (CUTCSA). Desde ese momento, pintaron una franja roja horizontal, como su propio logo, para distinguirlos del resto. La directiva estaba llena de gallegos —Lois, Sande, Varela, Pombo— y algunos italianos.

Añón tenía madera de líder. Además de su trabajo, fue directivo de la Casa Galicia y del Centro Republicano Español, además de recibir a líderes exiliados, como Castelao, en su casa de Villa Biarritz. Ganó la presidencia de Nacional en una etapa exitosa del club de fútbol. No daba puntada sin hilo: empleaba a los gallegos y los vinculaba a la entidad deportiva. También los integraba en CUTCSA, al permitirles comprar una cuarta parte del bus. Dicen que la esposa de Añón enseñaba a hacer las cuentas a los gallegos para que supieran devolver el cambio del billete y hacer la caja.

Uno de ellos fue Severino Couselo, de Ordes, y terminó siendo accionista. Su hija, Mari Carmen, se crio desde niña con el autobús a la puerta de casa como un integrante más de la familia. Cuando creció, Mari Carmen se convirtió en la primera conductora de transporte público en Uruguay y ató para siempre su vida al ómnibus al casarse con otro trabajador de la empresa. Uno de sus hijos también está en nómina y ella integra el consejo de dirección de CUTCSA. Hoy hay más de cien conductoras en la empresa, que ya tiene 1200 vehículos, el operador privado de transporte de pasajeros más grande de Latinoamérica.

Vasos comunicantes

Un periodista madrileño se quedó impactado una noche de 2005 en el estadio de San Lázaro, en Santiago de Compostela. En el palco de prensa nos pasaron las alineaciones del partido que estaba a punto de celebrarse y pensó que se habían equivocado. De un lado aparecían apellidos como Mallo, Bouzón, Otero o Losada. Del otro figuraban unos tales Pereira, Pouso, Varela, Castro, Salgueiro. Los primeros pertenecían a la selección gallega. Los segundos, a la uruguaya. Para colmo, los dos equipos compartían colores. El reportero se echó hacia adelante y nos dijo a unos cuantos compañeros de pupitre:

—¡No sabéis la suerte que tenéis, podéis hacer dos equipos de gallegos!

Era el primer partido de la selección de Galicia desde la II República. Que el oponente elegido fuese Uruguay no era casual: por cifras de emigrantes le ganan Argentina o Cuba, pero no por peso demográfico e influencia. Y algo más: es el país más próximo en carácter de toda la diáspora. El *paisito*, como lo llaman en comparación con sus vecinos, nació como estado tapón entre Brasil y Argentina y ha sobrevivido en el medio del sándwich, escuchando las chanzas desde el otro lado del río de la Plata: Uruguay provincia argentina, Montevideo último barrio de Buenos Aires; pero ellos le dan la vuelta y se defienden peleando por el fútbol o por el origen del tango, del mate, del dulce de leche, de Carlos Gardel. Es inevitable la comparación: mismos paisajes, mismo acento, mismas costumbres, mismo origen mayoritario de su población, pero en otra escala, como vasos comunicantes a través del río. Y se nota.

—El modo gallego pegó más en Uruguay que en Argentina, más italiana. Somos lo mismo, con porcentajes diferentes: nosotros más gallegos, ellos más italianos.

Habla claro César Troncoso, actor de larga trayectoria con gran presencia en el cine y las plataformas audiovisuales. En *Yosi* o *El eternauta* desempeña roles de argentino, peajes naturales de compartir área geográfica común y forma de hablar, pero orgulloso de su país y su origen emigrante. Troncoso, de mirada poderosa, como su perfil, apura un agua con gas en una terraza de avenida Italia, en Montevideo. Amable y hablador, cuenta su historia tras unas gruesas gafas de pasta. Su padre, de Borreiros, en Gondomar, Pontevedra, llegó con dieciocho años, entró a trabajar en un par de bares de paisanos y terminó cayendo en el de un buen señor llamado José Barros, de Cerdedo, también Pontevedra, cuya hija se enamoró del nuevo mozo.

Ya casados, abrieron un almacén en el barrio de La Aguada, con vivienda al fondo, pero no pudieron comprarlo. Eran de esa mayoría de emigrantes que ni se enriquecen ni lo pasan mal, que ven pasar la vida y tienen hijos que construyen la suya como americanos con un asterisco encima. César, pelazo negro frondoso sin media cana, luce una barba blanca y gris que no se sabe si es por un papel o para descansar de vivir en personaje.

—Yo era gallego de cuna. Nací aquí en 1963, cuando mi padre ya trabajaba dieciséis horas al día en el almacén y mi madre hacía shorts. En mi colegio podríamos decir que estaba bien ubicado económicamente: comíamos carne todos los días si queríamos, porque además teníamos el almacén, y mi padre, en cuanto empezó a hacer algo de dinero, se hizo con un terreno en Parque del Plata —una zona de playa a cincuenta kilómetros de Montevideo—. Pero claro, yo era hijo del almacenero. Y había esa cosa de la vergüenza de que te llamaran gallego bruto, lo mismo que decían otras cosas de los italianos y los judíos. En el barrio había sobre todo de los nuestros. Yo era César el Gallego, pero estaba también el Gallego Turnes y el Gallego Tomé. Me pasaba que me avergonzaba de mi padre por no escribir, pero también creo que había un complejo de inferioridad de parte de ellos. Hasta que tomé conciencia de dónde venía. En Galicia una vez fui a las casas de mis tíos, casas de aldea pero modernas. Ellos hacían vida en una planta y luego tenían un comedor o una cocina que no usaban. Ahí entendí por qué nosotros teníamos también un salón comedor que no usábamos, solo para recibir visitas o grandes momentos. Ahí te das cuenta de lo gallegos que éramos.

A César se le cruzó la vocación artística y su familia se la potenció, primero con libros. Después, al alentarlo para hacerse socio de la Cinemateca, con quince años, luego al teatro cada semana, y al cine todos los días: siempre dinero y facilidades. Hasta que llegó a la gran pantalla.

—Serían brutos estos gallegos, pero mira.

Flor de Galicia

—Por cada gallego que tuvo suerte, otros cien simplemente vivieron.

Dice Mónica Ramos, nacida en Montevideo en una familia gallega hace cincuenta años, que la emigración de sus padres no tuvo nada de especial, como la mayoría. Estamos en Hocquart 1501, esquina Batoví, a una cuadra y media del Legislativo, un palacio gigantesco y exagerado donde se ubica el Congreso de la República. Este es el punto central alrededor del que giró la vida de la familia Ramos. Aquí se ubicaba el bar de su padre Pepe: Flor de Galicia, que ofrecía «minutas, pizzas, parrilla, buenos tragos». Lo vemos juntos, y Mónica, el rostro lleno de emoción y la sonrisa levantándole las gafas, empieza un relato abriendo un álbum de fotos.

—A mi padre le tocó el sacrificio de hacerlo todo, porque era el mayor de doce hermanos en Lema, Arzúa, y detrás de él venían muchas mujeres, así que ya sabía que sería el candidato a emigrar. Al llegar vivió con un pariente, como todos, que no lo trató demasiado bien. Decía que tenía tanto frío en la casa que se tapaba con la maleta, porque no tenía otra cosa. Cuando se independizó, trabajó en una empresa metalúrgica doce años, y con eso compró dos casitas en La Teja, un barrio obrero cerca del Cerro. Conoció a mi madre en la Quinta de Galicia y juntos abrieron el bar. Mi madre trabajaba en una casa de familia en Pocitos, aunque a mí, de niña, no me lo decía porque le daba vergüenza. Detrás del bar había una habitación y nosotros vivíamos allí. En un entrepiso dormíamos mi mamá y yo, y abajo mi papá en un sofá. Comprar la vivienda de arriba supuso un cambio importante.

Mónica muestra fotos según va haciendo el relato, y en una de ellas se la ve, con vestido colegial de falda de cuadros, junto a la caja registradora, mientras su padre descorcha una botella sobre la barra de mármol, con una damajuana para guardar el vino detrás, la bandeja apoyada y las botellas alineadas sobre sus cabezas. El bar tenía mesas de formica verde, con ceniceros de cristal de la época, el periódico abierto y un gran espejo al final, bajo la lista de precios.

—Mi padre solo vivía para el bar. Abría a las seis de la mañana y cerraba a las doce de la noche. El domingo por la tarde no abría, único momento de descanso para echar una siesta arriba o, si no, en un catre en el almacén, entre las cajas de cocacolas. Cuando marchaba bien compraron una casa en Pocitos, donde trabajaba mi madre. Eso significó un triunfo, pero mi padre ya ni venía a casa a dormir, no le valía la pena desplazarse para esas pocas horas. Cuando se jubiló, se dedicó a andar y descubrir la ciudad: ¡no conocía Montevideo! Desde que llegó solo trabajó, esclavitud total. Pero nunca dijo que quisiera volver a Galicia, le traía mal recuerdo, y en cambio sí volvía por aquí, como nosotros ahora. A mí me gusta verlo aunque esté así, la verdad.

Se cierra el álbum y miramos a la esquina del bar. Donde estaba el Flor de Galicia hoy hay una casa semiabandonada sin cartel ni personas y con la persiana echada sobre una vida entera, con una última vuelta de tuerca. Mónica se casó en 2014 con Alfonso, un primo de A Coruña que hoy vive con ella en Montevideo, en el eterno retorno de la familia Ramos a Uruguay.

Bolos celtas

Montevideo rezuma galleguidad en cada esquina. En una calle de Villa Dolores, con la luz tamizada entre los plátanos de sombra, se descubre un cartel en grandes letras metálicas: «Club Deportivo y Sociedad de Bolos Valle Miñor». El edificio tiene una fachada larga y apaisada, de una sola altura, que no deja ver su enormidad. Al conocerlo tampoco se puede encuadrar en una sola cosa: podría ser un complejo deportivo, un salón de bodas, un club social, un restaurante, un gimnasio de artes marciales, una biblioteca o todo a la vez. Pero entre todos sus usos esconde una tradición, núcleo del centro, desconocida para los uruguayos y para muchos gallegos: los bolos celtas.

Nacido de un antiguo juego tradicional —*os birlos*—, se trata de tirar, con bolas de madera, una serie de bolos colocados al otro extremo de una pista de tierra de veinte metros de longitud. El juego forma parte de la cultura de O Val Miñor, en Pontevedra, y con la emigración enraizó también en América. Aquí, en medio de la manzana, mantienen la pista de césped artificial y tierra, con un mural al fondo con banderas y el logo del centro.

Desde aquella comarca, una de las más uruguayas junto a Bergantiños, repartieron la tradición a ambos lados del Río de la Plata. En Buenos Aires también hay un centro con bolos celtas, y desde hace décadas, por cada aniversario de las entidades, el otro cruza el charco para celebrar un campeonato: el clásico rioplatense más gallego.

Así lo cuenta Juan Valverde —apellido típico de la comarca pontevedresa, y ya muy uruguayo—, presidente de un club lleno de niños y actividades, rozando los sesenta aunque no los aparente, con un gallego nativo y todos los matices locales de la zona, el centro de su vida pese a haber nacido y vivido siempre en una ciudad americana de un millón y medio de habitantes.

—Vivíamos en el barrio de La Blanqueada y mi cuadra era todo paisanos, uno detrás de otro. Hacíamos vida como en la aldea. Para empezar, elaborábamos vino. Comprábamos mil kilos de uva y lo íbamos haciendo entre todos. Era tan bueno que había que masticarlo para tragarlo —se ríe Valverde, mecánico de coches y barcos, barba recortada casi sin bigote, corpulento y pelo gris, con una bola de madera maciza en la mano—. Y una vez al año hacíamos una matanza de cerdo, como allá. Lo traíamos de fuera y nos juntábamos todos en el fondo de una casa, en un patio, apartados. A mí me enseñaron de niño cómo hacerlo para que no sufriese el cerdo. Había matarifes y se hacía a cuchillo, todo igual que allí, pero aquí.

La Celeste de las dos orillas

Decía Eduardo Galeano que la camiseta celeste de la selección «era la prueba de la existencia de la nación, de que el Uruguay no era un error». Un monstruo de hormigón, ovalado como un platillo volante y con un rectángulo de césped en el centro, recuerda esa frase y sube el envite: además de existir, puede ganar. El Estadio Centenario es una de las atracciones turísticas de la ciudad, por la mística que desprende —aún tiene asientos de cemento— y por el museo que recuerda que la Celeste se proclamó multicampeona. En el primer Mundial de la historia, en 1930, se impuso en ese estadio a Argentina con una alineación en la que había cuatro gallegos o descendientes. Dos eran hijos de emigrantes, a cada cual con un apodo más florido: Álvaro Gestido Pose, el Caballero del deporte, y Héctor Castro, el Divino Manco —se había cortado una mano trabajando con una sierra mecánica; luego se convirtió en el primer goleador uruguayo en un Mundial—. Sobre los otros dos no hay unanimidad en su lugar de nacimiento. Según versiones, Lorenzo Fernández y Pedro Cea nacieron en Redondela o en Montevideo, pero no hay duda de su origen, aunque además al segundo le colocaron como apelativo Vasco, por el apellido materno.

Pasaron dos décadas y Uruguay logró su gran gesta futbolística: ganó a Brasil en su Mundial, en el llamado *maracanazo*. En ese equipo brillaba como delantero Óscar Míguez, hijo de emigrantes de Meicende, a las afueras de A Coruña, al que el ingenio rioplatense transformó en el Cotorra Míguez. Fue el máximo goleador uruguayo del Mundial, que también ganaron gracias a la sabiduría antigua de su capitán. «No miren hacia arriba, el partido se juega abajo. Los de afuera son de palo» dijo antes de empezar el partido ante 200 000 brasileños. Le llamaban Obdulio Varela y le apodaban el Negro Jefe, pero en realidad tenía otro apellido en el medio por su padre gallego, Muíños. De aquellos nombres históricos hasta los actuales hay un puente invisible tendido entre Galicia y Uruguay, y viceversa.

Cuando era niño, cada domingo aparecía en Riazor una bandera que llamaba mi atención. Era una especie de negativo de la bandera gallega pero en color Dépor, lo que me despistaba todavía más: fondo azulón, franja diagonal blanca y unas siglas en medio que no entendía: C.N. de F. Cuando me explicaron que significaba Club Nacional de Football, así, sin decir de dónde, asentí sin saber muy bien lo que era.

Tres décadas antes, a miles de kilómetros de Montevideo, se fundaba en una parroquia de Arteixo un equipo llamado Peñarol de Lañas, en honor al gran rival de Nacional. Su traje, como la matriz uruguaya, era de listas verticales negras y amarillas, y pantalón negro con medias amarillas. El escudo en el pecho, para darle más mística aún, era igual que el del Deportivo.

La historia se agrandó en los años setenta, cuando Peñarol disputó el trofeo Teresa Herrera en A Coruña y su presidente, Washington Cataldi, casado con una arteixana, prometió que llevaría a su equipo a ver a su homónimo de Lañas, como cuenta Xabier Maceiras en su historia de fútbol local.

En agosto de 1975 Peñarol aterrizó en Alvedro y, pocas horas después, salió al campo de tierra de Elviña a enfrentar en un amistoso al Peñarol de Lañas. Con las gradas llenas, el campeón uruguayo se impuso por 8 a 1. Dos días después también ganó el Teresa Herrera.

En este siglo, Nacional brindó su homenaje a su hinchada gallega en otra edición del torneo. Se desplazó hasta Malpica, en la Costa da Morte, comprobó el fervor de los galaicouruguayos por los colores y asistió al izado de una bandera del club que flamea en el paseo marítimo, mirando de frente al mar que todo lo unió y que tuvo una última vuelta de tuerca en 2016, cuando Deportivo y Celta jugaron en el Parque Central, el estadio de Nacional. Fue el primer derbi celebrado fuera de la Galicia territorial.

Martínez juega en casa

De Andrés Martínez, que jugó en el Racing de Ferrol en los años 2000, decían que era uruguayo no solo por el acento, sino porque parecía tener cuatro pulmones y barría la parcela central dejándose el aliento en cada jugada, la famosa garra charrúa. Pero lo que no sabían era que, cuando terminaba el partido, salía de A Malata en su coche y se iba hasta la aldea de A Andragalla, en Zas, A Coruña, llamaba a una puerta y allí lo recibía su familia: abuelos, tíos, primos, todo a mesa puesta, los manjares humeando y el anecdotario preparado para sentarse a cenar.

La casa estaba rodeada de maíz, el cultivo más habitual de la comarca. Lo que para Andrés era un bonito manto verde, para su padre había sido su condena.

—Me cansé de trabajar con las vacas y las ovejas y de comer *broa* (pan de maíz), tanto que me fui con dieciocho años a Montevideo. Trabajé en una fábrica de zapatos, en un bar y, mira, terminé haciendo pan. Justo yo, que no sabía lo que era el pan de trigo salvo dos días al año, hui por esa *broa* que todavía me persigue.

Óscar Martínez, nacido en 1937, gasta un corpachón en forma. Mandilón y cuchillo en ristre, trincha un asado exquisito sobre la parrilla de su finca en Pando, cerca de Montevideo, de casi dos hectáreas, normal en términos americanos, «imposible» en Galicia, dice. Con él, Dominga, su mujer, de origen italiano, y su hijo Andrés, que no se pudo quitar el apelativo desde que empezó a jugar al fútbol con cinco años. Para todos fue y será siempre el Gallego Martínez. Mientras su padre se abría camino para vivir con cierta holgura en el país que lo acogió, Andrés empezaba su carrera en el pueblo y pronto pasaba a Peñarol. Con dieciocho años saltó al primer equipo y debutó de la mano de César Luis Menotti en el estadio Centenario. Ya podría contar algo a sus hijos.

Unos meses después entendió, *in situ*, la importancia de su apodo, cuando viajó a Riazor a disputar el trofeo Teresa Herrera con Peñarol. En la semifinal, contra el São Paulo, Andrés destacó en el centro del campo.

—Y yo me quedé sorprendido —cuenta con el asado en la mesa— porque empecé a oír mi nombre en la tribuna. ¡Cantaban por mí! Luego entendí. Estaba toda la aldea de Andragalla y se animaron. Luego, como no llegamos a la final, nos pusieron a ver el partido en unas sillas en la pista de atletismo, pegadas a la grada, y la gente nos daba empanadas y la bota de vino. Mis compañeros, al verme tan integrado, me decían: «Quedate, Gaita, hablá con el presidente de acá y te quedás, que es tu lugar en el mundo».

Al final fichó por Osasuna, jugó en Italia y recaló en Ferrol, donde debía de ser el único futbolista que no iba a un restaurante de moda y a tomar copas en su única noche libre. Él se marchaba a Andragalla a escuchar en la *lareira* las historias del abuelo para entender su propia vida.

A Santiña

Se llama *Santa* pero no es una representación religiosa ni una mujer idealizada, sino una escultura de madera policromada de casi dos metros de una campesina gallega, desnuda excepto el *pano* que le cubre la cabeza, con el vientre abultado de tantos partos, las manos encallecidas, las piernas robustas del campo, un yugo sobre los hombros y una vara en la mano. Francisco Asorey la esculpió en Galicia en 1926 y fue trasladada a Uruguay en 1951, adquirida por la poderosa Casa de Galicia de Montevideo. Como un equivalente del Centro Gallego de Buenos Aires, era la mutual de asistencia sanitaria de referencia en el país junto a la Sociedad Española de Socorros Mutuos. Igual que su espejo porteño, también tenía una sección social, un panteón en el cementerio y un rico patrimonio cultural.

Es preciso hablar en pasado, porque en marzo de 2022 la casa de Galicia cerró después de más de un siglo de historia. El Gobierno uruguayo decretó su clausura después de una intervención de varios años y una deuda acumulada de millones de euros. Tenía 45 000 socios (llegaron a ser 100 000) y 1300 trabajadores, que pasaron a otra empresa de salud. «Era inevitable», me reconoció un exdirectivo, por la ausencia de relevo entre los socios, las deudas y una generosa dosis de mala gestión.

El patrimonio corría peligro de pasar a manos ajenas a la comunidad, al formar parte de la propia casa. Hubo movilizaciones para salvar el patrimonio, hasta que la Xunta y el

Gobierno de Uruguay firmaron un convenio según el cual Galicia compraba la escultura y esta se quedaba en Montevideo. «Estamos seguros de que ustedes nos la van a cuidar igual que cuidaron de los gallegos», dijo el *conselleiro* de Cultura a su homólogo uruguayo durante la firma en Santiago. Desde entonces está expuesta en el museo Zorrilla de Punta Carretas. Quien la quiera visitar, allá estará esperando otro símbolo de la diáspora.

La lucha de un grupo de exsocios, que fundaron una nueva asociación llamada A Casa de Galicia, consiguió recuperar otras obras y también el panteón en el cementerio del Norte de la ciudad, un cubo acristalado con vidrieras coloridas, donde hay miles de gallegos enterrados: «Patrimonio son también los huesos de nuestros padres y madres».

Y también los que aún viven. En los años sesenta, cuando la segunda oleada todavía era joven y la Suiza de Sudamérica ya no era tal, al menos en términos económicos, los gallegos abrieron el Hogar Español de Montevideo. Previsores, para cuando llegaron las primeras crisis, los gallegos ya habían inaugurado un centro para asegurarle un techo a sus ancianos. Durante muchos años, cada vez que había un viaje oficial a Montevideo los políticos visitaban el palacete. A la entrada, da igual quién fuera el visitante, una señora tocaba la melodía del himno gallego como bienvenida, otra escena indescriptible que viví muchas veces. Del Hogar se hizo cargo hace unos años La Española, la mutua creada en 1853, en la misma ciudad que en 1879 vio nacer el Centro Gallego más antiguo del mundo.

Pero la decadencia no entiende de fechas y nostalgias. Al poco de cerrar, la antigua sede social de la casa de Galicia presentaba un aspecto desolador. En el local de la avenida 18 de julio, bajo las letras de la extinta sociedad, junto a la cruz de Santiago, se veía un ilustrativo anuncio de una tienda de saldos: «Miles de prendas a precios únicos».

Jesús Canabal, el hilo

En una foto de 1923 se le ve sobre un carreta tirada por caballos y la marca de su empresa en grande, enmarcada por una cruz de Santiago: «Fábrica de sobres Suevia», en alusión al primer reino de Galicia, del siglo V, y su nombre en el techo: Jesús Canabal. Casi recién llegado, aún no sabía que se convertiría en el vector transversal que une a dos oleadas de emigrantes, a través de la empresa, pero también de la cultura y la política.

Suevia se convirtió en un emporio papelero con un nombre de menos fantasía, Industria Papelera de Uruguay, Sociedad Anónima, IPUSA. Con esas siglas el emigrante nacido en O Amenal, Arca, en A Coruña, ganó una fortuna que puso a disposición de la causa republicana y galleguista, empleó a exiliados y ejerció como anfitrión del Consello de Galiza.

Con Argentina gobernada por Perón, Uruguay, más favorable a aceptar movimientos étnicos contestatarios, se erigió como lugar fundamental en la reconstrucción del galleguismo, con Castelao en el centro. Su paso más importante fue crear en 1944 un Gobierno gallego en el exilio: el Consello. Lo hizo junto a Elpidio Villaverde, Antón Alonso Ríos —Siñor Afranio— y Ramón Suárez Picallo, diputados del Frente Popular. Castelao fue el primer líder y Alonso Ríos el segundo, pero cuando volvió la democracia, Galicia no siguió los pasos de Cataluña, que reconoció como presidente de la Generalitat a Josep Tarradellas. El Congreso de la Emigración, celebrado en Buenos Aires en 1956, también fue ideado en la casa y la fábrica del empresario, también ministro delegado de la República y presidente del Patronato da Cultura galega.

Creado para mantener la llama del galleguismo en los años sesenta como contrapeso al Centro Gallego, inclinado al régimen, el Patronato se convirtió en faro comprometido del idioma y la cultura de la diáspora, primero en una sede pagada por Canabal, luego en un caserón que conserva la esencia de sus fundadores y también del propio mecenas. Allí estaba Antón Crestar, personaje aventurero salido de Miño, pescador, fogonero buscavidas en Nueva York y La Habana, contrabandista de opio por una vez, hasta que, asentado en Uruguay se reveló como artista y sobre todo como activista del galleguismo desde su lechería, en la calle Piedras 411.

Crestar auspició junto a Canabal, Manuel Meilán, Lois Tobío, Alfredo Somoza y varios más, el nacimiento del programa de radio *Sempre en Galicia* en 1950, en homenaje a Castelao, y que todavía sigue en activo, en gallego y en directo cada domingo. En Buenos Aires no permitían audiciones que no fueran en castellano, así que los gallegos de la otra banda del Plata estuvieron rápidos. El 3 de septiembre de 1950 se escuchó por primera vez en Radio Carve de Montevideo un saludo imperecedero hasta hoy: «*Bos días galegos, eiquí* Sempre en Galicia, *a audición radial ó servizo da arte e da cultura do pobo galego*».

Canabal fue el primer representante de la diáspora en recibir el más alto honor de Galicia, la Medalla Castelao, en 1985. Días después, de regreso a Montevideo, se murió echando una siesta.

La batalla de Montevideo

Un comando de guerrilla cultural asaltó los pasillos del palacio Legislativo de Montevideo en 1954. En él se celebraba la

Asamblea de la Unesco, alto organismo de la ONU para la educación y la cultura, en la que había sido aceptada la España franquista dos años antes. Antes de que entraran al pleno los delegados de decenas de países, también los españoles, un grupo de gallegos salieron a su encuentro para entregarles un texto escrito en tres idiomas —gallego, francés e inglés—: *Denuncia ante a Unesco da perseguizón do idioma galego pol-o Estado Hespañol.* En ella se desgranaban siete puntos sobre la situación de la «milenaria y gloriosa lengua de los cancioneros medievales, del rey Sabio, del padre Feijoo, padre Sarmiento, de Rosalía, Curros Enríquez y Castelao». El texto se redactó en la Galicia interior y se imprimió en el Río de la Plata, como una voz coordinada a nivel global contra Franco. Corrían nuevos tiempos para el galleguismo, con la creación de la editorial Galaxia, y ahora lo mostraban en una de las capitales del exilio, hasta llegar a la batalla de Montevideo, así bautizada por Xesús Alonso Montero.

Los delegados se quedaron de piedra. No estaban acostumbrados a una acción directa, por simbólica que fuese. Mucho menos los representantes de España: el ministro de Educación y Cultura, Joaquín Ruiz Giménez, el académico Pedro Laín Entralgo y un joven político llamado Manuel Fraga Iribarne.

La acción vino refrendada por los apoyos de otros centros gallegos en la diáspora y los posteriores editoriales de la influyente prensa galleguista en el exilio. «Galicia emigrante», de Luís Seoane, decía que los delegados de la Unesco parecían más preocupados por preservar una cerámica antigua, una moneda romana o un texto antiguo que por «el idioma que hablan unos cuantos millones de peninsulares».

El franquismo abrió algo el juego y se pudieron colar colaboraciones escritas en gallego en prensa, editar algunos libros y traducir algunas obras universales. Algunos lo atribuyeron a la mano, o a la mala conciencia, de Fraga Iribarne.

Letra, música, acción

Le llamaban el Viejo Pancho y pasó a la historia como el poeta costumbrista del rural uruguayo, el que idealizó un mundo de gauchos alejado del modelo urbano y europeo de Montevideo, pero en realidad su nombre era José María Alonso y Trelles y nació en Ribadeo. Muy joven se instaló en Tala, una localidad a cien kilómetros de la capital, y allí dirigió un semanario y escribió poesía, a la luz de un quinqué, en un despacho atiborrado de papeles y botes de tinta. Existen muchas fotos de sus últimos años, cuando ya se le podía decir Viejo Pancho, impoluto en el vestir, con largos trajes negros y sombrero, repeinado hacia atrás, con dos quevedos sobre la nariz en tobogán hacia el bigote.

Sus textos de vidas desgarradas los cantaron Carlos Gardel y Alfredo Zitarrosa. Dijo el Viejo Pancho en su autobiografía que se dio a la poesía para adormecer la morriña «como me hubiera podido dar a la bebida». Y así quemó el vicio, dándole letra a la más auténtica expresión musical de la región. No fue el único: también ocurrió con los tangueros de este lado del Plata, como Víctor Soliño. Nacido en Baiona, emigrado con sus padres en la bisagra de los dos siglos, escribió innumerables canciones populares y tangos. El más famoso, «Garufa» —musicalizado por Juan Antonio Collazo, originario de Carballo—, además de otros títulos compuestos en sociedad con el ourensano Joaquín Barreiro.

El caso del Viejo Pancho —emigrado como adulto en 1875— fue diferente. Vivió y escribió desde el rural, y con sus textos perpetuó la cultura criolla, como el tango a la ciudad. A fin de cuentas, los dramas humanos son los mismos, se vistan con el sombrero calado hasta los ojos y traje cruzado a la luz de una farola junto al conventillo, o boina, bombachas y facón; de hecho, los dos prototipos se cruzan en el nacimiento del primer tango a través de la milonga. Y, también, a través del gallego que no era gaucho ni tanguero, sino un señor, ya viejo, de Lugo.

Por el origen de Gardel se pelean argentinos y uruguayos, pero de lo que no hay duda es de la imagen que lo inmortalizó. En 1933, dos años antes de su trágica muerte, fue retratado, elegante como nunca, corbata oscura y camisa a rayas, el sombrero impoluto y la cara iluminada, la sonrisa de perlas y los ojos brillantes mirando fuera de plano. Era el retrato de un ídolo musical, la imagen de cabecera que se le viene a todo el mundo a la cabeza.

Su autor es José María Silva, de Souto, A Estrada, en Pontevedra, que conoció a Gardel —cuando era «un hombre gordo que se peinaba con raya al medio y sin gomina»— y desde entonces, con su transformación artística y física, lo retrató a lo largo de los años de todas las maneras, desde vestido de gaucho —para vender la imagen rioplatense que se tenía en Europa— hasta engominado de medio lado o en mangas de camisa, y por supuesto en la foto inmortal. «Che Silva, ni los gringos me sacaron así», le dijo Gardel. Para entonces Silva ya tenía una fama ganada como retratista de artistas y políticos.

En 2024 se celebró una exposición en Montevideo sobre las fotos de Silvita, como lo llamaba el tanguero, con un título expresivo: *El inmigrante que nos legó a Gardel*. «Cada día canta mejor», se dice del cantor, igual que luce en la foto del gallego.

Marta Traba Taín y Ángel Rama Facal se conocieron siendo ya figuras de la literatura y el arte, ella argentina, él uruguayo, ambos de cuatro apellidos gallegos. Y, además, con origen muy cercano sin que lo supieran. Ella, posiblemente de Fisterra, donde su apellido está muy extendido. Él, de Bergantiños. Los padres de Marta se asentaron hacia un lado del río y los de Rama, al otro. Luego la cultura los juntó.

Se conocieron en un congreso de escritores en Bogotá, en 1966, los dos con hijos de anteriores matrimonios, ambos con intelectuales: Traba con el colombiano Alberto Zalamea, Rama con la uruguaya Ida Vitale. Se instalaron en Uruguay, donde a él le otorgaron la Vieira de Prata del Patronato da Cultura Galega por su labor en la literatura y la crítica latinoamericana. La pareja tuvo que exiliarse de las dictaduras militares del Cono Sur, primero en Caracas, luego en México, Barcelona y las universidades de Estados Unidos, antes de ser invitados a salir del país por sus inclinaciones izquierdistas. Se instalaron en París y desde allí salieron un día de 1983 hacia Bogotá, donde se iba a celebrar el I Encuentro Hispanoamericano de la Cultura. Al iniciar el descenso para hacer escala en Barajas, el avión de Avianca, que llevaba el nombre de Olafo, se estrelló y ambos fallecieron junto a otras 180 personas, entre las que estaban otras figuras de las letras del continente, aquel que Marta llamó deliciosamente Homérica Latina.

La cultura gallega pervivió en los desvanes de la diáspora. En 2008 la Cinemateca de Uruguay recuperó de uno de ellos una joya que entregó al Centro Galego das Artes da Imaxe. Se trataba de una película de los años veinte sobre A Coruña y sus tranvías. Aquel hallazgo inédito formaba parte del cine de correspondencia, un género de intercambio emocional, consistente en películas financiadas por gallegos para traer de vuelta a América las tradiciones o los avances de la tierra en formato audiovisual, y a la vez una forma de comunicarse con sus afectos. En los años veinte, José Gil, el pionero del género, ya había filmado los puertos gallegos y el de La Habana. Un par de décadas después, Eligio González ideó una especie de noticiero de la emigración, y dejó su impronta con las grabaciones de Castelao en Buenos Aires, incluso cuando ya guardaba cama, y ya en los cincuenta, Manuel Arís aportó sus películas de viaje por Galicia. El cine de correspondencia permanece como una aportación genuina de la emigración, transversal a países y épocas.

Votar después de muerto

La machacona melodía de sintetizadores se mete en el cerebro por enésima vez. Flamean las banderas del partido, flop, flop, que se repartieron en las horas previas. Ya están de pie las más de mil personas —ancianos, en su mayoría— que han ido llegando al recinto con la entrada para el almuerzo gratuito en una mano, un sobre en la otra y el pasaporte en el bolsillo de la chaqueta. Antes de entrar, han pasado por una mesa donde se les fotocopiaba el documento de forma discreta y se les ubicaba en las sillas. Ahora sí, entra el candidato, suenan las fanfarrias otra vez, lo comen a besos y abrazos, como si lo conocieran de la aldea, y se escucha el discurso de siempre, da igual dónde y cuándo: vamos a luchar por sus derechos, Galicia está en deuda con la diáspora, tendrán acceso a programas asistenciales y tienen las puertas abiertas, ustedes y sus descendientes, para volver a la tierra querida. Después, cena y show con todos los paisanos que pasaron idénticas penas y alegrías del lado americano del charco.

Esta escena, mezcla recreada de actos políticos en Uruguay y Argentina, resume el combo pendular del Río de la Plata que funcionó durante mucho tiempo como vivero electoral de la Galicia Exterior. No es ficción: a mí me tocó cubrir decenas de esos eventos, más próximos a una verbena en la parroquia que a un mitin a la europea, con comida, bebida y música, y también la sospecha de que se cometían maniobras turbias, en una carrera con el codo abierto donde todo valía para conseguir el ansiado voto emigrante.

La campaña gallega se libró durante mucho tiempo, sobre todo en la primera década de este siglo, entre dos continentes. En Montevideo y en Buenos Aires se vivía la política gallega a pleno. PSOE y PP vestían las fachadas de sus sedes con fotografías de los candidatos, en los medios de la Galicia exterior, de mucha audiencia, se libraban encendidos debates entre los representantes locales, como si fuera una provincia más. Se hacían incluso pegadas de carteles. Recuerdo una que se convirtió en un acontecimiento mayor que en Santiago o Madrid, a las siete de la tarde para que coincidiera con la medianoche española, la gente convocada para el aplauso, los flashes listos por parte de la activa prensa de la colectividad. El BNG, aunque podría haber sido el depositario del galleguismo histórico, ha tenido históricamente menos peso en el voto exterior, pero en Montevideo tenía presencia en la calle con un local en el centro donde lucía una gran *estreleira* pintada sobre el cierre metálico.

Las elecciones en la diáspora eran un acontecimiento con toda lógica: la primera oleada, que vivió la Restauración, la monarquía o la dictadura de Primo de Rivera, llevaba a América una percepción laxa de la democracia; sufragio restringido y controlado por el caciquismo. La segunda llegó en pleno franquismo, sin elecciones desde la República. Así que para casi todos resultó una novedad que en la Transición, justo cuando las dictaduras se sucedían en Uruguay y Argentina, se aprobara el voto para la emigración y se oficializara la voz de la diáspora.

En los noventa empezó a vislumbrarse la importancia del electorado emigrante para Galicia, donde la opinión del residente ausente —cabriola lingüística creada en el franquismo— podría desequilibrar balanzas. Todavía se hizo más patente con el cambio de siglo, cuando aumentó el número de votantes por la cantidad de descendientes que adquirieron la nacionalidad española para buscarse un futuro tras las crisis económicas en el Cono Sur. Los cambios en las leyes de memoria también ampliaron el censo y, con ello, aumentó el voto exterior: un impulso hacia el poder en caso de marcador apretado cuando es limpio; un ariete del caciquismo más ramplón cuando hay trampas. Aunque parezca de otra época, había censos fraudulentos, los votos se compraban y se multiplicaban las prácticas sospechosas, lo que podía alterar unas elecciones dada la porción de electores en el exterior en Galicia, casi un veinte por ciento en 2024 (Argentina, Cuba, Brasil y Uruguay a la cabeza), con cifras que se multiplicaban en algunas comarcas. Era un botín demasiado jugoso para desdeñar.

En 2005 el futuro político de Galicia se decidió en la Audiencia de Pontevedra. El 27 de junio, ocho días después de las elecciones. El mandato de Fraga parecía terminarse según el escrutinio de la semana anterior. Pero Galicia es anómala y tuvo que contener el aliento porque faltaban por contabilizar los votos de la emigración, que podrían inclinar el resultado hacia el lado del PP si arrebataba un escaño al PSdeG. El recuento no cambió el tanteo, así que el de Vilalba abandonó el poder porque, como muchos dijeron, «la emigración lo abandonó a él».

Un mes antes, Fraga había sido la estrella del acto central de la campaña en Buenos Aires, al reunir a diez mil personas en un recinto ferial. El presidente subió al escenario, prometió derechos sanitarios y laborales y censuró al Gobierno del PSOE por «dejar de lado a la diáspora». Al día siguiente viajó a Montevideo y allí conmemoró el Día das Letras Galegas, dedicado al exiliado Lorenzo Varela, a quien no le ahorró elogios, solo faltaría. Para desengrasar la imagen de Fraga rodeado de ancianos que lo acompañó en Argentina, en Uruguay celebró un acto con cientos de descendientes; el churrasco dio paso a las hamburguesas, y los pasodobles, a la música electrónica. También dejó una frase lapidaria: «Soy un joven de ochenta y dos años». No le alcanzó.

Después de aquellas elecciones se jubiló como presidente, pero no como político —se convirtió en senador— y tampoco dejó de viajar. En la siguiente campaña de las municipales acudí a sus mítines rioplatenses, él con cada vez menos voz, en los que abroncaba con cariño a los emigrantes por el abandono de las anteriores elecciones. En esa época había un puente aéreo de candidatos hacia el Cono Sur en los meses previos a las elecciones y después lo había de presidentes. Todos repetían parafernalia, mensajes y convenios firmados de los que nunca nadie después sabe.

Eran épocas feroces en acusaciones cruzadas. En 2007 el PP criticó al PSOE por haber entregado ayudas a la colectividad en la precampaña electoral, y este contraatacó facilitando fotografías de Fraga y sus *conselleiros* repartiendo cheques asistenciales a los emigrantes. También había cruces por las artimañas del voto en la diáspora, que eran muchas y variadas. Lo recuerda Alejandra Marcote, de cuando trabajaba en el centro de jubilados de Avellaneda:

—A nuestro centro nos mandaban autobuses para que la gente acudiera a las comidas cuando venían de Galicia. Nos pedían que la gente llevara el pasaporte, decían que para que supieran que eran gallegos. Yo les decía a los más viejitos que lo enseñaran si se lo pedían, pero que no se lo dieran a nadie, ni para fotocopiar, porque ahí estaba el tema; con eso ya podían mandar una papeleta con ese pasaporte y valía. Por eso había tantos muertos que votaban.

Era más fácil emitir un sufragio en Montevideo o Buenos Aires que en cualquier lugar de Galicia. Solo había que ir a Correos, o ni siquiera, porque podía ir el hijo o el cuñado con el documento fotocopiado. Y por ahí empezaba el fraude, un monstruo de varias cabezas que empezaba en casa, cuando alguien en la familia llevaba las papeletas de todos los miembros adultos.

—Volaban votos por todos lados, estaba tolerado porque todo el mundo lo hacía y era normal —cuenta un dirigente de segunda generación—. Iban casa por casa. «¿Llegó la papeleta a tu padre? ¿Y a tu madre? Dile que complete todos los datos y yo se lo llevo a Correos». Fotocopiaban el pasaporte, cambiaban el voto y lo enviaban. Pregunta, a ver quién lo niega. Bueno, a muchos ya no puedes preguntarles, porque ya no viven.

Podía ser que votara un muerto, también, porque no se comunicaban las defunciones al consulado y eso provocaba la alteración del censo. En manos de sus familias estaba el votar por ellas si querían, porque nadie se iba a enterar. Otra opción, más organizada, sucedía a través de la recogida de papeletas en domicilios de barrios gallegos o los centros. Y por último está el tráfico de sacas, explicado a la perfección por Anxo Lugilde en su libro sobre el voto exterior. En él pone en boca de un histórico diputado del PP, primer emigrante en el Parlamento gallego, José Manuel Castelao Bragaña, unas palabras definitivas: «Vos tenés un amigo en correos, vas a verlo y te da una saca. Volvés a casa y votás por cien». Ese mismo año, prosigue Lugilde, un diputado del BNG afirmó que el frente nacionalista rechazó una oferta para comprar una saca de votos a cinco dólares la papeleta: elecciones a granel.

Al llegar a España, en cambio, el sobre se abría como una carta bomba, con las sacas custodiadas por la policía cual prisioneras peligrosas, matando moscas a cañonazos para un problema mucho más profundo. Se pidió durante años el voto en urna, también la circunscripción electoral propia, o sea, que la emigración eligiera a sus diputados o senadores como cualquier provincia, igual que lo hacen en Italia o Portugal. Lo que terminó ocurriendo es que se aprobó lo contrario, una restricción a través de la burocracia llamada «voto rogado», que implica la solicitud previa en el censo para votar.

Durante una década la participación bajó a cifras casi residuales, hasta que se retrocedió y se derogó el voto rogado para ampliar de nuevo el voto exterior, pero la participación ya no tiene nada que ver con la de antes. En 2005 votaron más de cien mil personas; en 2024, una cuarta parte. Al menos cumplieron con los emigrantes más críticos, opuestos a la pérdida de un derecho ganado desde hacía medio siglo.

—Yo no voy a andar rogando algo que me pertenece —me dijo una vez, como una sentencia, un dirigente de la colectividad uruguaya.

4
BAHÍA

Si Buenos Aires fuese la capital del país invisible y La Habana su ciudad mitológica, Bahía sería su paraíso secreto

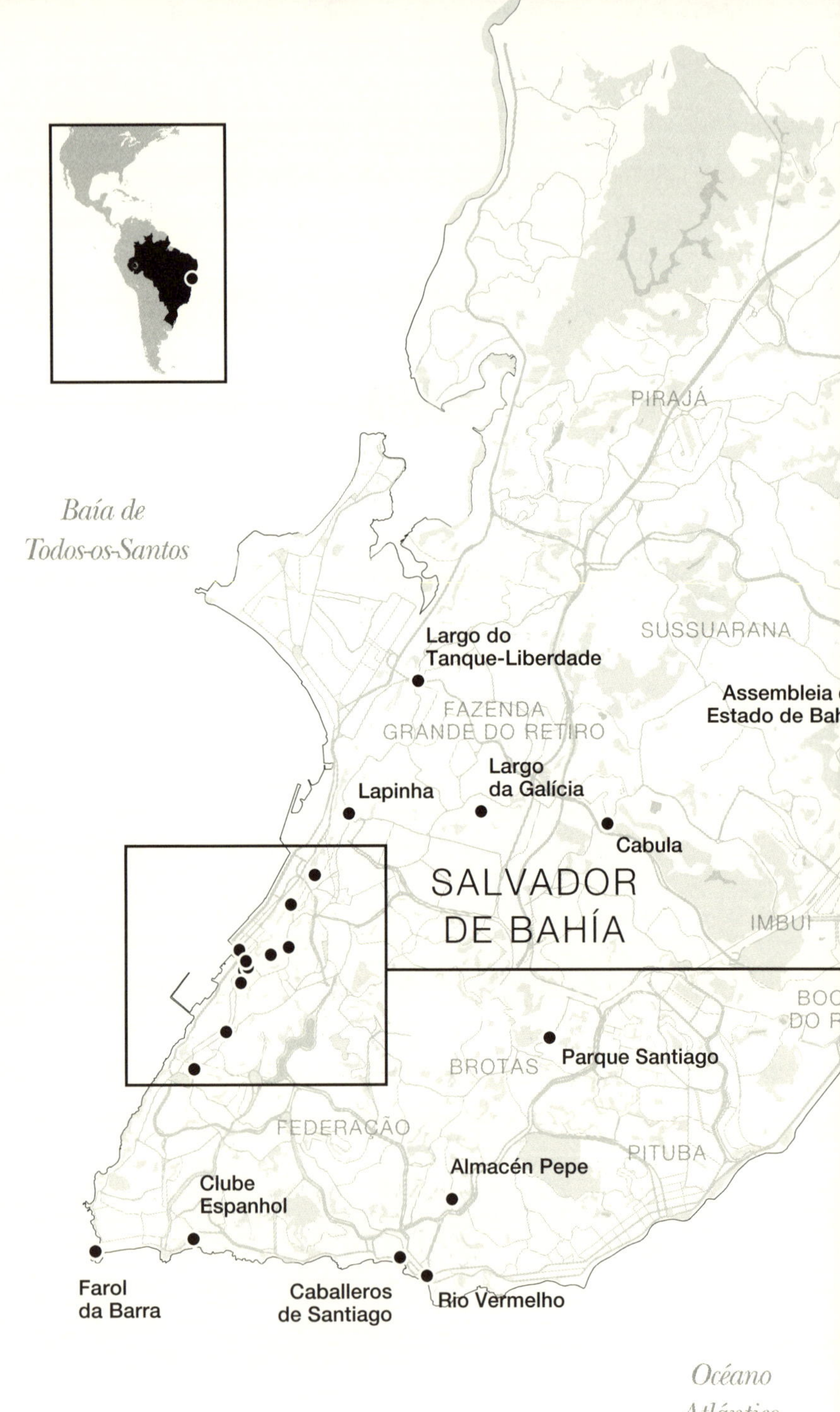

Baía de
Todos-os-Santos
PIRAJÁ
SUSSUARANA
Largo do
Tanque-Liberdade
Assembleia
Estado de Bah
FAZENDA
GRANDE DO RETIRO
Largo
da Galícia
Lapinha
Cabula
SALVADOR
DE BAHÍA
IMBUI
BOC
DO R
Parque Santiago
BROTAS
FEDERAÇÃO
PITUBA
Almacén Pepe
Clube
Espanhol
Farol
da Barra
Caballeros
de Santiago
Rio Vermelho
Océano
Atlántico
1 km

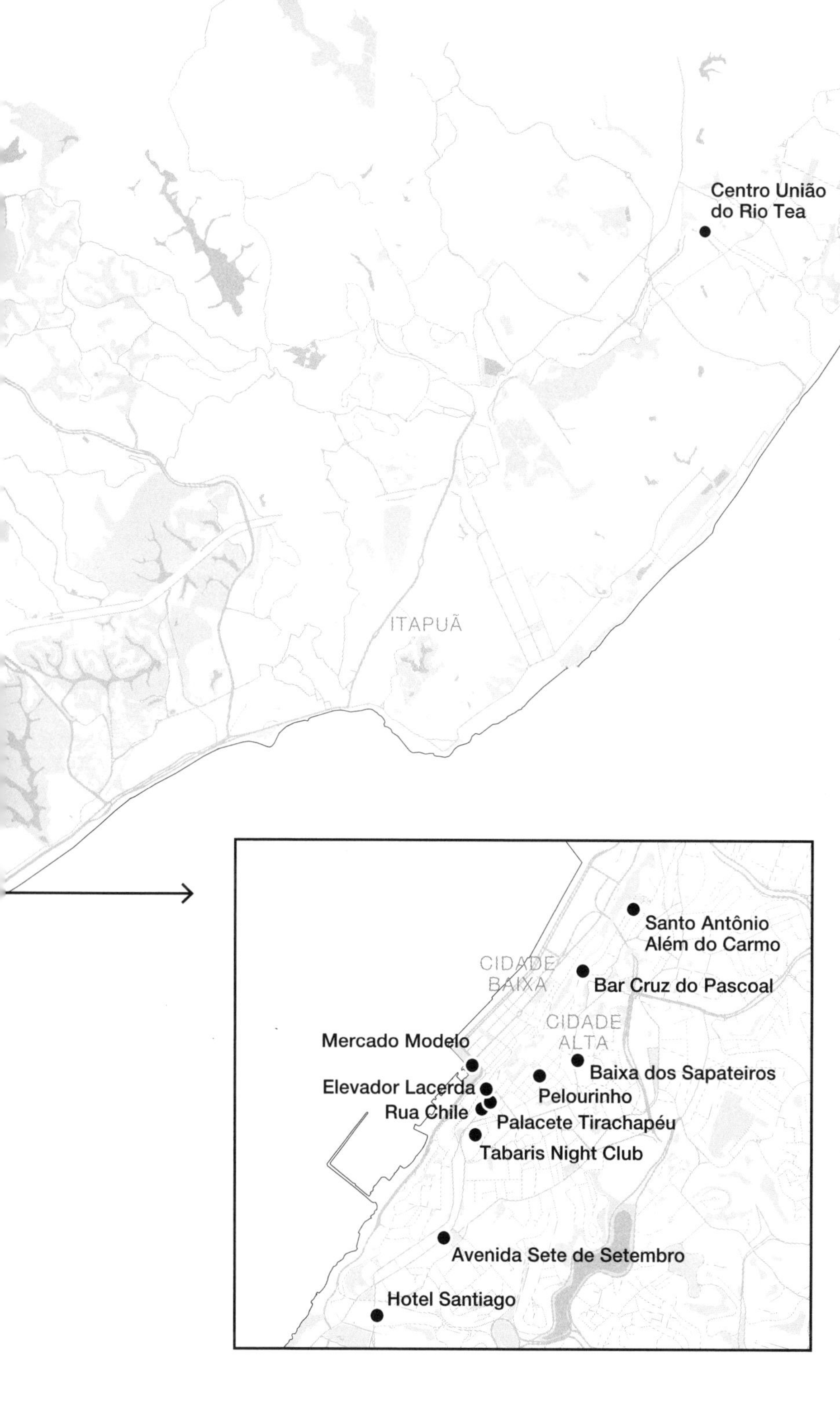
Centro União
do Rio Tea
ITAPUÃ
Santo Antônio
Além do Carmo
CIDADE
BAIXA
Bar Cruz do Pascoal
CIDADE
ALTA
Mercado Modelo
Baixa dos Sapateiros
Elevador Lacerda
Pelourinho
Rua Chile
Palacete Tirachapéu
Tabaris Night Club
Avenida Sete de Setembro
Hotel Santiago

«Secos e molhados»

Si Buenos Aires fuese la capital del país invisible y La Habana su ciudad mitológica, Salvador de Bahía sería su paraíso secreto. En el estado más africano de Brasil habita una pequeña y singular Galicia desde la década de 1880.

Salvador, que había sido primera capital y principal puerto de Brasil, necesitaba con la llegada del siglo XX un empuje a la industria y los servicios. Por esa grieta se colaron los grandes pueblos migrantes. Entre ellos, los gallegos. Las oleadas de europeos engordaron la pirámide socioeconómica por el medio: ni herederos de haciendas tan kilométricas como sus apellidos portugueses ni desposeídos descendientes de personas esclavas. Era una clase nueva hecha de sudor y barro que encajaba perfectamente en la nueva sociedad, y cobró tanta importancia que llevó su esencia más allá que en ningún otro lado. En Bahía ser gallego no solo es un gentilicio, sino un fenotipo: los *galegos* son personas pálidas de ojos claros.

Al estilo de los ultramarinos, los colmados o los abarrotes, en Bahía aparecieron los *armazéns de secos e molhados*, que añadían un sabor europeo a la *feirinha*, el comercio tradicional de calle en Brasil. Los impulsores y dueños de esos almacenes donde se compraba de todo fueron los gallegos, que desarrollaron una competencia de proximidad, de esquina a esquina, sin que nadie se quedase sin negocio; más bien al revés, así se estimulaba la oferta. La clave era ganarse la confianza del parroquiano, con una atención personalizada a medida de cada realidad, por más que no tuvieran fama de afables relaciones públicas: el *galego* era, en el imaginario de las primeras migraciones, un comerciante avaro y desconfiado que pesaba hasta el último grano y cobraba hasta la última moneda. La compra se anotaba en el cuaderno de mostrador y el cliente pagaba a fin de mes. Sin las redes de distribución de los supermercados actuales, los productos se vendían a bulto y los almacenes necesitaban espacio para acumular existencias. Por eso la trastienda era gigante, y en ella también se acomodaba como podía la familia propietaria.

Hoy todavía hay almacenes abiertos, aunque tengan otro uso. Este en el que entro, llamado Cruz do Pascoal, parece un museo etnográfico. La casa, de dos pisos, viste azulejo geométrico y puertas y ventanas de arco pintadas de azul. Al entrar se deja a un lado una registradora antigua, plateada con botones de marfil, aún en funcionamiento. El mostrador, una barra de mármol pulido por el tiempo, tiene debajo un expositor con cristalera. Al fondo hay una estantería de madera oscura repleta de botellas, bolsas de chucherías, comida, pilas, velas, tabaco, tiritas, latas de conserva. Sobre todo el revoltijo reluce la fotografía enmarcada de una ciudad que se extiende a lo largo del relieve montañoso costero. En el cielo de la imagen aparece su nombre en grandes letras rojas: Vigo.

En Santo António Além do Carmo, uno de los barrios más antiguos y pintorescos del casco histórico, se afincaron muchos gallegos en la primera mitad del siglo XX. Después comenzó un declinar hasta quedar semiabandonado. Ahora, con el turismo, el barrio vive cierta revaloración, en un entorno de cuento tropical, que transporta a otro siglo, entre iglesias barrocas, fuertes militares y reliquias arquitectónicas. Y además está pegado al Pelourinho, el barrio más famoso de la ciudad.

Por eso son cotizados los viejos almacenes que dan hacia el mar, como el Cruz do Pascoal, de los que se podría hacer una guía cartográfica —ya casi arqueológica— por toda la ciudad. Hoy funciona reconvertido en bar con encanto para turistas, con derecho a terraza frente a una pintura gloriosa, con el cielo de la tarde arrebolándose en una puesta de sol imponente sobre la Bahía de Todos os Santos. Allí abajo, con el sol destellando en el agua calma, los barcos maniobran para atracar en el puerto al que llegaron los inmigrantes desde su propia esquina encaramada, como Salvador, sobre el mismo océano.

Las lecciones de María das Caleiras

Cada vez que le preguntaban pasaba siempre lo mismo con este vecino tozudo y de puño cerrado.

—Tómate una, hombre.

—*Non quero, xa tomei.*

Al poco rato, aparecía otro con otra ronda, pero se negaba.

—*Non, xa tomei.*

Acababan acumulándose los vasos, una vuelta por cada parroquiano.

—*Veña, ho, a arrancadeira.*

—*Xa tomei!*

Y claro, le quedó el apodo de O Xatomei. Son los años cincuenta en A Aldeíña, parroquia de Petán, *concello* de A Cañiza, provincia de Pontevedra. En esa microgeografía cohabitaban los restos de las familias que habían emigrado en las décadas anteriores a Uruguay, México, Argentina, Brasil. A O Xatomei se le habían ido varios hermanos y uno de ellos, Antonio, le dejó a cargo a su mujer y cinco hijos.

A ella la llamaban María das Caleiras y cuidaba de los niños mientras atendía la taberna de la casa familiar. Pasó un año, dos, diez. Antonio regresó a casa durante un año, antes de volverse, esta vez acompañado de su esposa y dos hijos varones. Pero ella llevaba encima una barriga de siete meses. Al poco de llegar a Salvador nació el sexto vástago, Benito.

La llegada fue traumática para María. En cuanto puso el pie en el barrio de su marido, Santo António Além do Carmo, le afloraron los prejuicios inculcados por los que volvían de Brasil a la aldea: cuidado, no se puede confiar en nada ni nadie, y ojo que hay mucha brujería. Resulta que Dona Zélia, una negra que vendía comida en la calle, le regaló como presente de bienvenida un *caruru*, un plato tradicional bahiano tan desconocido y con un olor tan especiado que le echó para atrás. Quizás fue porque le dijeron que era una comida asociada al candomblé, la religión de matriz africana que profesan muchos bahianos. Ella aceptó el regalo, pero luego, a escondidas, lo tiró sin comerlo. Le ocurrió lo mismo la primera vez que le ofrecieron una jaca, una fruta enorme con pinta extraterrestre. Ante la duda, negación. Ante lo desconocido, caparazón. El miedo a lo preconcebido pudo a la curiosidad, hasta que María se cerró dentro de sí misma.

Antonio, que a su llegada había sido empleado por gallegos, ahora volaba solo con almacén propio. El local se llamaba Armazém Brasil, no por el país, sino por el apellido del antiguo propietario. Ocupaba el bajo de un *sobrado* —una casa colonial de dos pisos— en la rua Direita de Santo António, haciendo esquina con un callejón sombrío, adonde daba la trastienda, ocupada por la vivienda familiar. Eran dos mundos unidos: el almacén, con su fachada de cuatro puertas y sus ventanas de arco en el primer piso repartidas hacia la calle principal, y la parte trasera, oculta en el lateral del callejón, con una puerta independiente y una ventana con reja por la que apenas entraba luz. Tampoco corría el aire, mucho menos se intuía vista más allá del edificio de enfrente. Solo calor y mosquitos. Allí, entre sombras, María das Caleiras cosía, hacía la casa, cuidaba a Benito, pero ni siquiera atendía el mostrador, porque había decidido no poner un pie fuera de esa jaula oscura.

Sesenta y cinco años después, el bebé de María, ahora un hombre de mirada analítica y fondo triste, observa el edificio cerrado, con las persianas bajadas y oxidadas y un cartel de «se alquila». Benito, cara chata, cabello blanco con entradas, camiseta informal, bermudas y zapatillas deportivas para el verano eterno de Bahía, ha dejado la moto en la que llegó y ahora mira y remira la casa. Niega con la cabeza y juzga el pasado familiar.

—Mi madre casi enloquece en estas paredes. ¿Cómo no iba a pasarle eso? Pasó de vivir en medio del verde de Galicia a una casa oscura, de fondo de almacén, con los ratones pasándole por encima de los pies, sin ver a nadie, solo haciendo trabajo de casa. No tenía ni que salir a comprar, todo lo tenía allí. Y mi padre tampoco la animaba; tenía miedo de que le pasara cualquier cosa. Era para volverse loca.

Hasta que un día se levantó, impulsada por quién sabe qué fuerza interior, y dijo: «Me voy a la calle». María decidió ir al lugar donde tantos gallegos tenían sus negocios, la Baixa dos Sapateiros, el corredor comercial de Salvador, a diez minutos a pie desde Santo António. Aquel trayecto, bordeando el barrio colonial del Pelourinho, le hizo entrar por primera vez en los colores y aromas de una ciudad vigorosa, la mezcla barroca portuguesa colándose entre las exuberancias tropicales. María se vio de repente en un mundo nuevo, del que también formaban parte los paisanos que veía en las calles, mezclados pero sin perder la esencia, trajinando con telas y cacharros, herramientas, madera, comidas, o en los *secos e molhados*.

—Por aquella época mi padre hizo una casa en Cabula, una zona apartada del centro, donde había comprado un pequeño terreno, que a mi madre le cambió la vida, porque tenía verde y luz, y a partir de entonces se integró. Incluso la jaca se convirtió en su fruta preferida. A su manera, mató el prejuicio. Fue otra, y bien que lo merecía, por ella y por las otras —dice, apoyado en la moto, y entonces eleva el relato familiar a lo sociológico—. Mis tres hermanas tuvieron que quedarse en la aldea. Una mujer no podía venir por su cuenta y casarse con un brasileño, eso no era aceptable, creo yo que por temor a mezclarse con negros o mulatos. Decían que eran perezosos y no convenía: cómo era posible que alguien del propio país no se hiciera rico y el gallego que venía de lejos sí. También pasaba lo contrario. Un gallego no podía casarse con una brasileña, porque decían que mantener una mujer sin producir era un perjuicio financiero. Así pasó con otro hermano mío, que anunció su compromiso con una morena —«¿entiendes lo que es morena, no?», dice, bajando la voz—, y mi madre no se lo creía. Por suerte la acabaron aceptando y más adelante le pidieron disculpas. Ahora ya no pasa, todo está mucho más mezclado.

Uno de sus viajes a la aldea le sirvió como lección antropológica. Al llegar no entendió por qué nunca le habían hablado el gallego y siempre el portugués. «Como si les diera vergüenza», dice. Un día quiso asar una mazorca de maíz, tan común en América, y le miraron raro. Le pidieron que no lo dijera fuera de casa, porque daba mala imagen y recordaba a la pobreza. Como si borrar el pasado ayudase a olvidar lo malo. Lo vio claro cuando ofreció hacer un cocido bahiano, elaborado con cinco carnes diferentes, tubérculos y verduras.

Cuando ya estaba todo en la olla, añadió algo propio de su casa, aprendido de María das Caleiras, es decir, salido de ese mismo lugar donde ahora lo miraban con curiosidad. Le llamaba *petelo*.

—Mi madre lo hacía siempre en la cocina de Santo António, hiciera cocido gallego o bahiano: echas caldo limpio en una olla, coges un buen puñado de harina de maíz, la mezclas con el caldo y haces una bola. Con el dedo haces un agujero en la bola, y dentro metes un pedazo de tocino y lo vuelves a meter en la olla del cocido de nuevo. Una delicia. Pero mis sobrinos no sabían qué era aquello.

La receta del *petelo* representa la cocina olvidada por el cambio veloz operado en décadas, y en ese contexto la Galicia exterior parece el eslabón perdido. Quizás una ola *vintage* resucite su esplendor, como le pasa a la *broa*, que pasó de tomarse con leche o hervida en agua a ser plato fino en las panaderías más selectas.

Benito nunca dejó de ser emigrante, pese a nacer en Bahía. No vivió otra cosa, porque se pasó la vida entera pegado a su madre extranjera, en permanente desarraigo, sin el triunfo económico que habían imaginado, instalado en un punto cualquiera en el mapa del país invisible. Benito incorpora al estoicismo heredado la cadencia relajada brasileña. Cuando acaba de hablar, coge su motito y se va. Se ha acabado otro domingo y mañana toca trabajar.

Tabaris Night Club

Salvador no es una ciudad, sino dos: la alta y la baja, y están separadas por un promontorio de 75 metros de altura que salva el elevador Lacerda, un ascensor que fue medio de transporte y hoy es atracción turística. Los gallegos se asentaron en la Cidade Baixa, la del puerto y el comercio, y en la Cidade Alta, de la rua Chile a la avenida Sete de Setembro, con la vida más efervescente de la colonia, de día y también de noche.

José llegó en los años treinta y juntó un buen ahorro siguiendo el olfato del capitalismo intuitivo: exportaba escobas a Portugal e importaba whisky de Escocia. Con el dinero que ganó abrió el cabaré más famoso de Bahía, el Tabaris, así nombrado por el teatro de variedades de Buenos Aires. La noche bohemia de Salvador se desparramaba desde el Pelourinho hasta la plaza de Castro Alves. En ese punto final se levantaba el *night club* antes de que José lo comprase junto a un socio de origen alemán, en la década de los cuarenta. Eran varios conceptos de local a la vez: tocaba una orquesta a la vez que se servían viandas elaboradas a la moda francesa, mientras se paseaban prostitutas entre las mesas.

La clientela, hombres blancos de clase media alta, hacían la última parada después de jugar en los casinos. En el Tabaris se juntaba el ala bohemia de la burguesía con los terratenientes del interior y también escritores y artistas. En el palco, shows toda la noche. José no era tímido: participaba de la juerga y se animaba a tocar el violín, junto a su socio que tocaba el saxo.

Los sesenta se echaron encima de José con su nube de modernidad. La juventud arrasaba con nuevas músicas eléctricas, los espectáculos se diversificaban, había cabarés que programaban espectáculos de transformismo. Y el Tabaris se quedaba en tierra de nadie. El gallego nunca tuvo mucho reparo en cambiar de vida, así que vendió su parte y se afincó en un suburbio apartado tras una vida acelerada. Murió en 1967, señal de los tiempos: al año siguiente el club cerró y el edificio fue derribado. Salvador, entre una dictadura que se endurecía y el movimiento tropicalista que tiraba puertas a guitarrazos, también pasaba página.

Candomblé

Había gallegos que tiraban al monte por más que cambiasen el barro por el asfalto. Le pasó al matrimonio González, de A Cortegada, en Pontevedra. Tras dos décadas trabajando sin descanso en el centro de Salvador, se instalaron, en los años setenta, en un barrio del norte de la ciudad donde la vegetación tropical lindaba con los asentamientos informales. La ciudad multiplicaba población con el éxodo rural y ellos se iban a los márgenes. Querían llevar una vida parecida a la de la aldea. Consiguieron comprar media hectárea —impensable algo así en A Cortegada— y cultivaron frutales del país: *mamão, jujuba, caju, maracujá, seriguela, abricó*, un ramillete de nombres musicales cruzados con las lenguas africanas. En realidad, no eran solo los idiomas los que se mezclaban.

Además de frutas y verduras, Seu (señor) González, como lo llamaban en el barrio, también crio todo tipo de aves, sobre todo gallos y gallinas. En principio eran para consumo propio, pero pronto percibió que había un nicho de mercado y empezó a vender. Un día le animaron a ir a vender gallinas a la puerta del *terreiro*, el lugar donde se celebran cultos afrobrasileños como el candomblé, que incluye rituales de sacrificio de animales. Sin el prejuicio que traían otros, especialmente los europeos de la colonia, Seu González pasó a integrar la expresión cultural más popular de Bahía.

De Brasil se ha proyectado siempre una imagen mestiza en la que el discurso oficial acepta la herencia africana en la música, el baile, la comida. Pero la religión fue siempre obligada a discurrir por caminos laterales. Aquellas personas obligadas a trabajar a golpe de chicote en los ingenios de azúcar tuvieron que derivar sus creencias a su intimidad, el de las *senzalas* o alojamientos colectivos de esclavos. Como sucedió con la capoeira —los señores pensaban que era un baile: en realidad era un tipo de lucha encubierta de danza y acrobacia—, la raíz religiosa se disfrazó de forma de socialización, que también le venía muy bien al señor para mantener la paz en la casa: «Baile en la sala de visitas, samba al fondo y batucada en el *terreiro*», como dijo el músico Pixinguinha. Mientras, a la hora del culto se sincretizaba la matriz africana con el catolicismo. Así nació el candomblé, en el que se hacen ofrendas, animales incluidos, a las divinidades u *orixás*.

Ahí entraba González, pero ¿él asistía al culto? ¿Lo hacían más gallegos? Dicen los propios emigrados, con más gestos que palabras, que mucho más de lo que se piensa, pero siempre en secreto. Nada extraño viniendo de Galicia, donde el catolicismo vive teñido de tradiciones paganas. No hay tanta distancia entre las ceremonias sincréticas brasileñas y las romerías de la aldea.

Corrupción

—Nadie se hace millonario porque sí —dice a media voz—. Pero claro, nadie te lo va a reconocer.

Manolo, llamémosle así, porque no quiere que se dé su nombre, es un testimonio preciado por haber vivido todas las etapas de la emigración, y por contar los caminos torcidos de la diáspora que, a veces, terminan en la cumbre sin que se sepan detalles.

—Un amigo mío, que murió millonario, se abrió camino a machetazos. Tenía un pequeño almacén, después transformado en supermercado, que creció muchísimo, gracias, en parte, a que compraba mercadería robada. Por ella pagaba muy poco dinero, y le sacaba más margen a pesar de reservar una parte para sobornar a policías e inspectores de varios ministerios. Esto es habitual en muchos países latinoamericanos: los Estados ponen un montón de obstáculos a través de la burocracia, pero al final son solo puertas que uno puede ir abriendo si va con el dinero por delante. Los atajos para ganar mucho dinero son casi obligados si uno quiere prosperar. Mi opinión es que si no, es imposible hacerse millonario.

Durante décadas los controles eran casi inexistentes: el pago de impuestos ni se conocía, y cuando apareció también surgieron fórmulas para ir pagando porcentajes mínimos. Y eso no ha cambiado. Algo tiene ganado el emigrante para pasar desapercibido: no compra, no alardea, no destaca. Justo lo contrario a la cultura de la ostentación de otros países donde parece menos problemático exhibirse.

—Cuántas veces he visto yo a funcionarios que tienen un sueldo para comer y poco más, pero tienen una lancha amarrada en el puerto. La impunidad está en esos detalles que jamás un gallego dejaría a la vista.

Albertina y la máquina del tiempo

Cuando llevaba las ovejas al prado después de la escuela, en la posguerra de Salvaterra de Miño, Albertina Gómez Lage repasaba fechas para aprender y pasar el rato. «El 12 de octubre de 1492 Cristóbal Colón descubrió América. Fue un marino genovés al servicio de los Reyes Católicos», repite ahora

Albertina con setenta y seis años, en un español prestado, con acento muy gallego y brasileño a la vez.

El domingo de fiesta está terminando cuando empieza a oscurecer en el Centro União do Rio Tea, ubicado en la Estrada do Coco, paralela a las playas al norte, solo un reflejo de lo que algún día fue. Hoy ha habido *feijoada* y cocido. Quedan apenas veinte personas, casi todos jubilados; los hombres juegan al dominó, las mujeres a las cartas. Albertina —camisa estampada, pantalón largo y alpargatas, el pelo cobrizo y la tez pálida, la cara de una jubilada gallega vestida de verano— ha dejado la mesa y empieza a recitar fechas con su regla mnemotécnica de sus jornadas de pastoreo extraescolar, asociando hitos de su vida a eventos históricos: «mi primera vez en París fue cuando la torre Eiffel cumplía cien años; viajé a Galicia el año del atentado a las torres gemelas; cuando visité a mi hija en Tennessee sufrimos el huracán Katrina». El recital de datos, que ametralla con el reloj moviéndose en la mano al compás de la charla, sirve para conocerla en línea cronológica. Pero para el día en que llegó a Bahía a vivir, el 20 de febrero de 1969, no tiene preparada una efeméride de libro: para ella no hay nada más importante que su propia fecha de llegada tras una voltereta transoceánica.

Ya se le veía con catorce años que, además de necesidad, tenía espíritu. A esa edad dejó las ovejas y el colegio, se fue a Vigo y empezó a trabajar en un quiosco del barrio marinero de O Berbés, paso previo a emigrar a Argentina. Esa era su intención, pero en el camino se le cruzó una vecina que le dijo que en Bélgica había trabajo.

—No sabía ni dar el *bon jour*, pero me fui igual. 6 de junio de 1964. El 29 cumplía dieciocho años —insiste en la exactitud de las fechas— y empecé a trabajar en casa de un ingeniero civil en las minas de Charleroi. Luego estuve a punto de irme desde allí a Australia, y de hecho me anoté para ir.

Pero algo le ocurrió. Vuelta a retroceder las manecillas del reloj, vuelta a la aldea, cuando una Albertina de diez años recuerda la marcha de su vecino Pepe da Estrella, de veinte. Una década después, ambos coinciden en el pueblo, en sus primeras vacaciones, él de la vida agotadora en Salvador y ella tras su aventura belga. Pepe, que ya era conocido por el apodo de O Brasileiro, había visto una foto de la Albertina adulta en manos de una amiga común en la aldea. No la reconoció. «¿Quién es esa?». «Albertina». Y ya no se le fue del pensamiento. Al poco, llegó ella a veranear. Ahí vuelve el bombardeo de fechas para resumir en cuatro ráfagas su nueva vida:

—Llegué el 22 de julio. Ese mismo día Pepe y yo nos sentamos a hablar. Una semana después, el 29, día de Santa Marta, nos hicimos novios. El 13 de agosto volví a Bélgica a trabajar. El 4 de noviembre volví a Galicia para preparar mi boda. El 11 de enero nos casamos. El 20 de febrero llegamos aquí. Al año siguiente, el 11 de enero, día del aniversario de la boda, nació mi primera hija.

Vinieron después una segunda y una tercera. Para entonces ya se había aclimatado a un lugar en las antípodas de la aldea (y de Bélgica). Después de dar tumbos de casa en casa, habían conseguido comprar un bajo para abrir una ferretería en sociedad con un paisano y construir encima su vivienda, en el barrio popular de Lapinha. Era lo suficiente para ahorrar e ir a Galicia cada tanto, trabajar seis días y el domingo, a Tea de descanso; un avance respecto a la generación anterior.

—Mi padre era albañil, no tenía formación, construía casas de piedra. Pero el dinero no llegaba a nada. Gracias a irme pude pagar las deudas de mis padres, porque vivían fiado. Y les mandé mucho dinero, la verdad —le sale un acento más cantarín y alegre cuando habla de esto—. Siempre tuve *saudade*, pero está todo en la mente. Mira, aquí conseguimos tienda y casa propias, y un apartamento para las hijas. ¿Y allá en Galicia? ¿Todos tienen eso? ¿Y los jóvenes?

Pepe murió en noviembre de 2020 y a Albertina se le fue otro lazo de arraigo, el más importante. Ahora se afana en que sus descendientes tengan al menos los papeles en regla para seguir vinculados a Galicia.

—Hace unas semanas me dijeron en el consulado español que uno de mis nietos perdió la nacionalidad por no renovar el pasaporte a su debido tiempo. Cuando me llamaron fue como si me dijeran que estaba muerto. Él dice que no quiere saber nada de España. Pero ya me voy a encargar yo de arreglar eso.

Esclavos de la familia

De repente, en medio del paseo marítimo de Rio Vermelho, un barrio bohemio y playero, se yergue una catedral de Santiago, flanqueada por un *gaiteiro* y una bailadora idealizados en un paisaje de palmeras y sol. Son los muros pintados en la altísima medianera de un edificio de cuatro pisos con fachada semicircular de azulejo rojo, con grandes ventanales y un gran cartel que reza: «Caballeros de Santiago. Asociación cultural hispanogalega desde 1960».

Al subir a la planta noble de este centro cultural invade una cierta desorientación: se camina por un pasillo con fotos de la Galicia rural pero embebido en un olor a playa y fruta dulce, de una humedad que se mastica entre los libros antiguos y los pósters románticos de las aldeas. Completan la escena los emigrantes que por allí pasan para acudir a las actividades o a trámites de la Xunta, ejemplos de una colectividad avejentada, pero con relevo generacional como su presidente, Javier

Garrido. Hijo y nieto de panaderos y ferreteros, criado entre Bahía y Galicia, ha vivido, a través de sus parientes cercanos, la rudeza de la emigración en esta ciudad, atravesada por las relaciones familiares, casi siempre tan ásperas que rozaban la esclavitud laboral.

—La mayoría llegaba de Galicia y se ponía a trabajar en el negocio de un hermano, un tío, un suegro, o un vecino. Allí trabajaban el tiempo que hiciese falta sin llevarse un peso al bolsillo. A veces, durante años. Les pagaban el viaje, así que los tenían de su mano hasta que pagaran su deuda. Les daban dormida y comida y poco más. Se podría decir que los gallegos antiguos no dejaban que los más jóvenes crecieran. Hasta que se independizaban, muchas veces con rupturas y traumas.

El mejor retrato de la situación eran los almacenes. En aquellos lugares oscuros, los que iban llegando trabajaban sin descanso y dormían allí mismo. Muchas veces los sacos de harina o de grano servían de colchón. Y cuando se acababa el género, los usaban para hacerse pantalones, aprovechamiento máximo al mínimo coste.

—Mi abuelo vino emigrado en los años treinta para trabajar en el almacén de un tío, en condiciones durísimas, como todos. Después vino mi padre, Paco, y repitió la historia —relata Garrido—. Mi abuelo no aceptaba ningún dispendio, y a mi padre solo se le ocurrió comprar un coche cuando por fin cobró e hizo dinero. No solo eso: también construyó un tejadillo para darle cobijo al coche. El abuelo lo derribó y le dijo: «Antes de comprar un coche compra un terreno, haz el garaje y entonces ya podrás comprar el coche».

La diáspora bahiana tiene un origen focalizado en cuatro comarcas con unas férreas relaciones de dependencia. En el caso de los Garrido, la madre y padre de Javier eran de la misma aldea —As Estacas, en Fornelos— pero se conocieron en Salvador. La unión ayudó a prosperar a Paco, que pudo abandonar la panadería del padre y se hizo cargo de la ferretería de la familia de su esposa, hasta que pudo construir casas para alquilar, lejos de la tutela de los mayores.

En la colectividad se cuenta una historia de los años veinte, cuando un gallego joven, emigrante novato, espabilado y poco dado a someterse a la autoridad, se fue a una tienda del centro de Salvador en cuanto hizo algo de dinero y se compró un sombrero de paja y una camisa de lino. Orgulloso de su atuendo, se paseó por la elegante calle Chile, el lugar de encuentro social donde ver y ser visto, y donde había un edificio con el sobrenombre de Tira Chapéu (Quítate el sombrero). No sabía el joven incauto que lo estaban observando los gallegos que trabajaban en los establecimientos de esa calle. No tardaron en interceptarlo para quitarle la ropa a las bravas, pues esos hábitos vanidosos no se correspondían a un recién llegado. No era un buen ejemplo para la colonia y se lo hicieron saber a bofetadas.

El cuento de Lila y Rosa

A quien se acerque a Pazos, en Pazos de Borbén, Pontevedra, y pregunte por las gemelas, enseguida lo llevarán a la casa de Lila y Rosa. Bonitas, llamativas, idénticas, *festeiras*. Cantaban, tocaban la pandereta y bailaban en los *seráns*, y a los que se acercaban a ligar los despistaban jugando hasta que adivinaran quién era quién. Les pasó a Avelino y Manuel, de la vecina aldea de Amoedo, pero atinaron y se ennoviaron, el primero con Lila y el segundo con Rosa. El detalle estaba en que ellos también eran hermanos. Los hermanos Feijoo.

En la década de 1950 la comarca está volcada en la emigración a Bahía. Avelino, a punto de cumplir quince años, se marcha para allá. En la aldea se queda esperando Lila, que asiste a la boda de Rosa con Manuel. Hay idas y vueltas de unos y otros, un puente marítimo, hasta que deciden que ya es hora de reunir a la familia y vivir todos juntos en Brasil.

Saltamos medio siglo. Lila, ya abuela, enferma de gripe. Su hija mayor, Mercedes, la lleva al hospital en Salvador. Le hacen análisis mientras su madre, sin perder el humor, hace chistes y canta. Le dicen que tiene que ingresar porque le falta oxígeno. No lo parece: cuando entra en el ascensor del hospital se arranca con la copla «Campanera», de Joselito. «Ayy, campanera. Y aunque la gente no quiera tú eres la mejor de las mujeres porque te hizo Dios su pregonera». Llega tan alto el falsete al final del estribillo que el médico le pregunta si fue cantante profesional. Sube a planta y enseguida la pasan a la UCI, porque algo no va bien. Mercedes, preocupada, atiende el teléfono. Desde Pazos llama su prima —prima carnal por partida doble, de padre y madre—. Le dice que la tía Rosa se ha puesto mala de repente y está internada con una infección. Unas horas después, Lila muere. Cuando Mercedes avisa a su prima, esta le dice entre llantos que Rosa también acaba de fallecer. Sin mucha explicación médica, las gemelas se van de este mundo al mismo tiempo. Es 23 de junio de 2018.

Retrocedemos a 1978. En ese final de década, en el que la dictadura brasileña abre un poco la manga, Salvador ofrece para una adolescente todos los ingredientes de fiesta, playa y diversión. Todavía más para una chica de clase media y gallega, con la red recreativa de una colectividad floreciente a disposición. Pero Mercedes Feijoo, quince años, acaba de llegar a la ciudad desde una aldea del interior de Pontevedra y está sufriendo el clásico síndrome del primer año. No se acostumbra a su tierra de acogida y piensa para sí dónde estará aquel Brasil mágico que le habían contado. Pasa el tiempo, entra en la rueda de la colectividad y conoce al que será su marido. Además, vive con intensidad el negocio familiar: una funeraria. Está en la Baixa dos Sapateiros, donde los gallegos hacen vida (y también mueren). Cuando eso sucede, van a la empresa Santa Isabel, mucho mejor estar en manos de paisanos incluso para la despedida. Mercedes aprende muy rápido y a los veintitrés años se hace cargo del negocio. Es una rareza: mujer, joven, estudiada y ahora también, jefa. Le va tan bien que abre una segunda funeraria, Luz, cerca del cementerio, más grande y moderna.

En el pujante negocio funerario, Mercedes explora una nueva rama. El estado de Bahía, con la superficie de Francia y un catálogo inmenso de atractivos de mar y montaña, es uno de los más visitados de Brasil. Y de todos esos turistas, por estadística, algunos —por una caída en la Chapada Diamantina, ahogados en una playa de Trancoso, por accidente de tráfico en Porto Seguro o un asalto en Salvador— también fallecen. Entonces la policía llama al consulado de turno, que a su vez encarga a una empresa todos los trámites para la repatriación del cadáver al país correspondiente. Esa funeraria es la de Mercedes.

Con un aire mucho más joven que los sesenta años que ha cumplido, cabello largo rubio, camiseta floreada y grandes gafas, Mercedes habla con una motivación interminable por su trabajo. Y utiliza un gallego con toques de portugués bahiano de una sonoridad mágica.

—En uno de los primeros casos que tuve me pidieron que incinerara el cuerpo. Hubo que llevarlo a São Paulo, aquí no había. Todo funcionó perfecto y se convirtió en la puerta de entrada a un mundo desconocido. Desde entonces llevo el área internacional de todos los consulados que hay en Bahía, 35 en total.

Mercedes da charlas sobre repatriación de cuerpos en congresos, colecciona reconocimientos de España y Brasil y cuenta historias que llenarían libros de aventuras sobre turistas nocturnos, mochileros, militares, curas y marineros. Todos mueren y a todos hay que atenderlos: darle cobertura a la familia mediando con consulados y seguros, elegir el ataúd y las flores, cumplimentar toda la documentación y encargarse del traslado hasta la recepción en destino. Entre todas esas repatriaciones, hay una categoría extra: la de los emigrantes.

—La relación del gallego con la muerte es espectacular —dice, animada como si hablara de una tendencia social o un hobby.

—¿Espectacular?

—Sí, espectacular. Porque puede estar toda la vida fuera, o incluso haber nacido aquí, pero siempre va a querer volver. Para el gallego antiguo, de primera generación, volver a la tierra, aunque sea muerto, es fundamental. Van yéndose y yo los despido a todos, soy el último vínculo de ese sentimiento pesado que es la morriña, y que no se va con la muerte. Cuando sucede, yo me emociono, me pasa cada vez, cuando pienso: esta *personiña* ya vuelve a la tierra. A veces hay pedidos especiales, como mi tío, que dejó dicho que lo llevasen allí donde estuviera su hermano, mi padre. Ahora están los dos juntos en el cementerio de Amoedo.

Hay tres formas de tratar la muerte: entierro de cuerpo, entierro de huesos y cenizas. La tercera opción, que es la menos empleada por los emigrantes, es la que sin embargo utilizó Mercedes para llevar a su madre de vuelta junto a su gemela a Pazos. Más fácil y rápido. Porque el reto para Mercedes eran cumplir sus propias exigencias y las de su madre.

—Yo solo tenía una condición: que en la parroquia de Santa María de Pazos sonase «Un canto a Galicia», de Julio Iglesias.

Pero cuando se lo dije al cura, se cerró en banda. Y ya me ves a mí en Barajas con las cenizas de mi madre embarcando hacia Galicia, explicándole por teléfono lo que significaba para nosotras salir de la tierra y volver a ella. Fui tan pesada que al final lo convencí —y se ríe con la boca abierta—. Llamé entonces al chavalito que toca el órgano y le dije si la sabía, y que si no se la mandaba para que la preparase para cantarla todos en la iglesia. Y así fue, tal cual.

Lila y Rosa nacieron juntas, murieron juntas y ahora descansan juntas, igual que sus maridos-cuñados, pero no en el mismo cementerio que ellos, sino en el de su pueblo. Familia sí, pero la sangre es la sangre.

El «Canto a Galicia» se le metió en el cuerpo a Mercedes como el falsete de su madre. Desde entonces, ella integra los grupos de gaita de los centros gallegos, donde ensaya, baila y canta.

—Y tú, ¿vas a volver? —le pregunto.

—Vuelvo, sí, pero en vida. Mi final quiero pasarlo allá. Si no arreglo la casa de mi madre en la aldea es que no valieron de nada los cincuenta años en Brasil.

Del Modelo al Galícia

Aquella ciudad de los gallegos *armazeneiros* ya no existe. Dice un emigrante a punto de jubilarse: «En mi infancia Salvador tenía trescientas mil personas. Ahora somos tres millones y está totalmente desnaturalizada». Hoy es un monstruo de autopistas entrelazadas y un metro de superficie que atraviesa *morros*, colinas de vegetación salvaje y urbanización precaria, las favelas donde viven decenas de miles de personas. Hacia la línea de costa, una sucesión de playas donde se alternan los barrios altos de torres impersonales tras altas vallas de seguridad con otros humildes de sabor autóctono y colorido, hasta llegar al centro histórico, al puerto y su mercado, la génesis de todo.

Un edificio neoclásico con fachada y tejado a dos aguas era, en los años de la primera ola de gallegos, la aduana que regulaba el comercio de mercancías entre dos mundos. Desde el barco los emigrantes divisaban cientos de mozos acarreando género arriba y abajo en una rampa que caía al mar desde el primer edificio que se veía en tierra, empotrado entre el agua y el elevador Lacerda. Era el Mercado Modelo, la plaza de abastos de la ciudad, en funcionamiento desde 1912, adonde llegaba toda la abundante materia prima que desde allí se distribuía al resto del país y a Europa. Entre fruta, pescado, cereales, animales y *cachaças*, los aguardientes de caña para beber y para los ritos africanos, asomaban los emigrantes comprando al por mayor en la rampa del puerto y vendiendo luego en sus puestos del mercado.

Manolo Muíños fue uno de aquellos. Llegó de A Lama, Pontevedra, en 1950, reclamado por su tío, dueño de un bar en el mercado, una pequeña cantina donde preparaban el café en olla y lo colaban con una sábana, listo para servir a pescadores y trabajadores con un pan para el desayuno. El tío de Muíños se iba a casa, muy cercana, en la subida de la Cidade Baixa a la Alta, donde se disponía una hilera de casas que funcionaban como *repúblicas*, viviendas colectivas con literas y sistema de camas calientes, refugio de migrantes: los pisos patera de hoy. Como no tenían ducha, atravesaban la calle y se daban un baño de mar, siempre templado, y se aseaban con arena y jabón. Después volvían sobre sus pasos y se quitaban la sal como podían en la fuente del barrio.

El tío acabó vendiéndole a Manolo una parte de la cantina, justo cuando este se iba a casar por poderes con una novia de la aldea. Muíños evolucionó y compró un pequeño terreno en la avenida Sete de Setembro. Siguiendo el clásico, construyó un bajo para abrir una ferretería, y un piso encima para poder vivir con la familia. Allí nació otro Manolo, su hijo, y con él, otro cambio de rumbo: en los años ochenta montó un hotel por horas, el Santiago.

—Lo inauguramos cuando se estaba jugando el Mundial de España, en julio de 1982. Veintiuna habitaciones. Teníamos dos sótanos y allí también metimos algunas. No había ni ventanas, pero lo que quería la gente era *namorar* e irse —comenta Manuel Muiños hijo.

La ubicación del lugar es óptima, en un hervidero comercial junto a la avenida Sete de Setembro. Hoy el Santiago poco o nada tiene que ver con el original, salvo la implicación familiar. Mientras habla Manolo, en el despacho entra su hijo, poco más de veinte años, tercera generación de Muíños en el hotel.

Para la primera, el ahorro se destinaba en reinvertir en suelo y ladrillo. Así consiguieron comprar en los años noventa dos solares contiguos, para aumentar el hotel y cambiarle el perfil: más confort, más amplitud y de ambiente familiar.

—Mi padre era de viejos hábitos. Yo le decía, por ejemplo, que pusiera hilo musical en las habitaciones. «*Ti estás tolo*», me decía indignado. «¡Gastar dinero para poner música!». Quité los espejos y demás adornos y cambió todo. Ahora son habitaciones normales. Eso sí, que cada uno haga lo que quiera.

El negocio de los hoteles por horas sigue la misma lógica que en otros lugares de la diáspora: su gestión no necesita instrucción específica, tiene mantenimiento fácil y por tanto era una manivela de hacer dinero sin parar, sobre todo en los setenta y ochenta. Uno de los más famosos era de un gallego de Ponte Caldelas, Pontevedra, que tenía un hotel de 140 habitaciones.

—¡Y había cola! —exclama Muíños, mientras recuerda escenas tremendas también en su propio hotel—. Aquí había días que en la sala de abajo estaban esperando varias parejas a que salieran otras, allí sentados todos juntos, como estamos tú y yo ahora. Nosotros repartíamos tiques con el número de turno, como en una tienda.

En la crónica transversal de Manolo Muíños no falta el fútbol: desde 2017 es presidente del Galícia Esporte Clube —con tilde en la i, como corresponde en portugués de Brasil, que prefiere este vocablo a Galiza—, fundado en 1933 como símbolo de identidad y vía de integración.

En las fotos de esa década ya se aprecia que los deportistas son, en su mayoría, brasileños, embutidos sin embargo en una redundancia de símbolos familiares: la camiseta es la bandera gallega, franja azul celeste sobre blanco. El escudo parece una repetición, con la adición de una cruz de Santiago en el medio y las tres iniciales de la sociedad: GEC. No tardarían en añadirle un adorno de prestigio, tres estrellas: el primer tricampeón bahiano. En los años noventa empezó la cuesta abajo.

Relegado en la segunda división bahiana, ahora trata de salir adelante con un inversor privado, que apuesta por reformar el Parque Santiago, las instalaciones del club en el barrio de Brotas, para incentivar al socio a seguir apoyando el club. A la vez, la comunidad trata de mantener el vínculo y, también, busca apoyo en Galicia.

—Hemos hecho acuerdos con la Xunta. Y luchamos durante años por tener convenios con clubs gallegos. Pero es difícil. Nadie del otro lado va a invertir si no tiene retorno. Nos reunimos con Deportivo, Celta, Lugo. Pero el que más nos ayudó fue el Pontevedra.

Así se ve en la camiseta actual, donde aparece un escudo de ese club sobre las banderas de Bahía, Brasil, Galicia y España.

María del Carmen

Ella esperaba y esperaba. Sentada en una valla en la curva que daba acceso a la casa familiar, una niña deshojaba margaritas, cogía bichos y cantaba. Hacía tiempo para que pasaran las horas, por la mañana, después de comer y antes de acostarse, casi sin moverse de aquellas piedras, porque el momento más importante de su vida, apenas cuatro años, estaba a punto de llegar. Su padre emigrado volvía a casa.

Eran los inicios de los años cincuenta, cuando el tiempo se medía de otra manera. En una carta, el padre había escrito que tomaría un barco desde Salvador hasta Lisboa y que de allí llegaría en coche entre un lunes y un miércoles de tal semana. Aquel cálculo a ojo representaba, en la cabeza de la niña, una vida entera. Así que ocupó el lugar de vigía en su particular atalaya. Y al final llegó. Era un coche enorme, con maletas sobre el techo. Cuando pasó a su lado, el coche paró, salió su padre tras el volante y la cogió en brazos.

Setenta años después, se queda con la boca apretada al contar la historia. Está en un sillón de un despacho en la Asamblea Legislativa del Estado de Bahía, donde es diputada del Partido dos Trabalhadores. En este instante, incluso con el traje de chaqueta elegante, las gafas que le dan un toque aún más formal y el cabello arreglado como si fuera a dar un discurso, María del Carmen es una niña de cuatro años en una aldea de Pontevedra.

—Fue tan impactante para mí saludar a mi padre que parece que lo estoy viendo, la camisa blanca, la corbata medio dorada, el cuerpo fuerte, los ojos bien azules. Yo lo admiraba tanto. Cuando me cogió, lo abracé fuerte y no lo solté.

En la casa, en la parroquia de Petán, en A Cañiza, Pontevedra, esperaban la madre y la abuela, ambas viudas de vivos de la diáspora en Brasil. El abuelo pasó de cargar sacos a trabajar en una fábrica de jabones y velas, y fue uno de los que contribuyó con su dinero del más allá del mar para construir una escuela en la parroquia. Pero nunca volvió, mientras su abuela tenía a cargo a la familia entera en la aldea. Su madre siguió el mismo camino: se casó, el marido se fue a Bahía al poco de nacer la niña, a quien llamaban Mari Carmen, y solo regresó después de cuatro años.

Lo hizo a la americana, con el coche de un matrimonio amigo que había hecho fortuna con el cacao. Llegaron juntos a Lisboa y desde allí arrancaron directos hasta la curva donde la niña esperaba al padre desconocido.

—Yo dormía siempre con mi madre, pero cuando llegó mi padre me tuve que ir a dormir con mi abuela. «Yo quiero dormir con usted y él», le decía a mamá. No me hicieron caso.

Unas semanas después la madre anunció un nuevo embarazo y, tras el parto, se marcharon todos. Embarcaron en septiembre de 1954 en el Alcántara, el padre por un lado y la madre con las niñas en otro. Desde la partida se mareó sin poder levantarse, a la vez que tenía que alimentar a la mayor y al bebé. Trece días de penalidades después, llamaron a cubierta. Muy espabilada, allí subió Mari Carmen, a la que le dio de repente un aire templado y húmedo en la cara. Despuntaba el alba y allá al fondo, como una ensoñación, se veía una especie de belén gigante, una montaña de casas de colores, iglesias blancas y barcos amarrados al puerto como en una pintura. Era Salvador de Bahía.

En la política brasileña, como en el resto de la vida pública, no se acostumbra a usar los apellidos de los personajes más famosos, solo el nombre o apodo. Y por eso el cuadro que preside el despacho, una foto de una señora con tez *galega* pasada por décadas de sol, camisa roja y una estrella del mismo color reza, bien en grande, María del Carmen. Así, en español, ni el Carme gallego ni el Carmo portugués, ni siquiera el Mari Carmen familiar. Y al lado, un eslogan: «Allá donde existe Bahía llega el mandato de María», figura prominente de la Asamblea del Estado, equivalente a un parlamento autonómico de quince millones de habitantes.

La antesala de su despacho es un hervidero de gente en esta mañana de marzo. Ubicado en un ala del enorme edificio legislativo bahiano, un laberinto de pasillos y halls, en esa sala —filas de sillas estilo sala de espera, un vergel de plantas y demasiada luz blanca— recibe a vecinos de todo el estado, cada uno con su problema. Política latinoamericana pura y directa. Una nube de asesores se mueve de un lado a otro ofreciendo a los visitantes agua y café, la gentileza cotidiana de esta tierra. Cuando al fin consigue terminar la agenda de visitas, abre la puerta de su despacho, que ocupa un gran retrato de Lula da Silva, y dice «Buenos días» en castellano de cortesía. Y enseguida vuelve al portugués con trazas de gallego y la misma sonrisa del cartel.

Estamos en ese despacho para conversar sobre cómo una gallega hizo carrera política en Brasil, pero no hace falta ni media chispa para que hable de volver a la parroquia donde nació en 1948: no puede ser que se la lleven, como a su padre, directa al cementerio.

—Al llegar y empezar el colegio sentí cierta discriminación, pero no por gallega, o por hablar la lengua, sino por tener menor poder adquisitivo que mis compañeros. Creo que eso ya me encaminó hacia la política. Mi militancia tiene origen de clase y me remite a mi condición de migrante. Y el emigrante, si puede, vuelve.

Comenzó la militancia en la época más dura de la dictadura brasileña, en 1969, en la facultad de Ingeniería. Cursar esa carrera era ya de por sí un hecho revolucionario siendo mujer e hija de un obrero emigrante. Recuerda María del Carmen una pelea con un compañero hijo de gallegos que renegaba de la tierra familiar:

—Decía que no le gustaba, que allá estaba todo atrasado. Yo no tenía vergüenza en decir que mis padres eran campesinos y que no habían estudiado. ¿Pues sabes qué? Ese hombre acabó yendo a vivir a Galicia.

Unas semanas después, en el homenaje que le dieron en la Asamblea Legislativa por sus cincuenta años de ingeniera y las cinco legislaturas, su discurso se tiñó de emigración: «Cuando llegué me enamoré instantáneamente. ¡Quién le iba a decir a aquella niña que llegaría hasta aquí!».

Amalia, la madre de Mari Carmen, no se acostumbraba a Bahía. No había una razón evidente, ninguna cuestión física, en apariencia tampoco psicológica, hasta que llegaron a una conclusión por decantación: le faltaba el vino.

Ella había llegado con su marido y sus dos hijas: trópico en los vestidos, aroma penetrante en las calles, dulce de fruta en las cocinas. Nuevos olores, nuevos sabores. Y ella enfermaba no se sabía de qué. Pasaron los meses, no mejoraba. Tiempo después la ingresaron con apendicitis, y cuando ya no sabían dónde buscar más pistas de la misteriosa dolencia, el médico digestivo le preguntó:

—Pero dona Amalia, ¿usted qué comía en su tierra?

—Lo mismo que aquí. Claro, con otros ingredientes y especias, pero lo mismo.

—¿Y qué tomaba con la comida?

—Eso es lo único que cambia. Tomaba un vaso de vino todas las comidas.

—Entonces va a ser eso.

—Pero es que aquí no hay vino, y si alguna vez lo hay es muy malo.

—Es igual. Consiga el vino y beba como allá.

La receta del doctor surtió efecto: dona Amalia enfiló los cien años tomando dos remedios, el de la tensión y aquella otra *medicina* prescrita por el doctor de la apendicitis.

Clube Espanhol

Un *cruceiro* con cantería pontevedresa escolta un hórreo de cuatro pies construido con el mismo granito. La estampa no tiene nada de raro, salvo por el detalle de que pega un sol achicharrante y bajo la sombra del *canastro* hay un vigilante de seguridad uniformado. Las cruces de las dos construcciones despuntan hacia un cielo que parece de dibujos animados, con el fondo perfecto del mar y el horizonte enmarcado por palmeras.

En el Clube Espanhol de Salvador, centro por excelencia de la diáspora en Bahía, no podía faltar la imagen tópica —y extemporánea— a la que se suman las gaitas del cuerpo de baile «del Espanhol», que aquí quiere decir «gallego». El club significó un paso adelante en la colonia. De las *xuntanzas* de los domingos en el Farol da Barra, lugar icónico de la ciudad, se pasó a disfrutar de un primer centro en el barrio de Vitória y después a esta sede de Ondina, asomada sobre un acantilado suave y verde y una playa a sus pies.

El recinto, gigante y a cielo abierto, lo preside una enorme piscina de formas redondeadas, junto a varias canchas deportivas, un parque acuático infantil y el edificio principal, donde están los salones, las aulas de actividades y un gimnasio. En la planta baja, un gran restaurante con decenas de mesas mirando al mar. Desde allí se ve un gran edificio ondulado de apartamentos, de factura *made in Miami*.

—¿Y ese edificio?

—Ese edificio ocupa el terreno que vendimos a una constructora. No había cómo mantener el centro y tuvimos que desprendernos de una parte.

En el club llegaron a ser casi diez mil socios. Hoy son dos mil. Se ven niños, no muchos. Más viejos, más cartas y menos patinetes. En el salón grande ensayan varios *gaiteiros* en chanclas y pantalón corto. Sostienen, con solo eso, un fuego que para los más viejos está más cerca de apagarse. Así lo cree Manuel Míguez, Manoliño Grilo, director del grupo de gaitas.

—La esencia se pierde porque hay menos jóvenes y tienen menos sentimiento. Ahora ya están en otras atmósferas, no pasan la vida aquí. Y si no tienes el ADN para tocar la gaita o sentirte gallego, no lo puedes crear. Yo diría que no tienen *saudade*.

Lo contraintuitivo de la situación: sin morriña del pasado no hay futuro.

Liberdade

Para llegar a Liberdade hay que meterse en un tiovivo de curvas entre casas de ladrillo vista y dejar una estela de viviendas a medio construir, talleres, *mangueiras* cargadas de fruta, niños con sus cometas, marañas imposibles de cables, furgonetas de humo pestilente, motos y más motos. Liberdade es un barrio con una historia fecunda desde su propio nombre, pues apela a los quilombos, comunidades de personas esclavas emancipadas antes de la prohibición, lugares de resistencia que son símbolo de la cultura afrobrasileña. Después, con el crecimiento de la ciudad, recibió un avalancha de gente, que pasó a vivir en las laderas de las montañas, sin infraestructuras suficientes, sin saneamiento: el barrio más negro y carnavalero de una ciudad negra y carnavalera, urbanizado a duras penas y con muchas zonas favelizadas. Y en medio de todo eso llegaron los gallegos y vieron allí una oportunidad para hacer sus negocios. Solo había que mirar alrededor: si todo el mundo levantaba las casas con sus propias manos, entonces lo que hacía falta era material de construcción. Y empezaron a abrir tiendas.

Sobre una pared color crudo y desgastada por el tiempo hay un cartel que dice «Matel», y abajo, a modo de subtítulo explicativo, *Materiais elétricos e hidráulicos.* El local es el bajo de un edificio blanco de tres plantas comido por el tiempo, haciendo esquina en el Largo do Tanque, una inmensa rotonda, con una cancha de fútbol en el centro. La plaza sirve de nudo de transportes entre diferentes zonas de la ciudad y de base de los mototaxis que suben a las zonas altas del barrio. Es un buen resumen del Brasil urbano más popular: barullo por encima de lo saludable, una farmacia, un banco y un gran templo de la Iglesia Universal del Reino de Dios. Y a un lado, sin molestar, la tienda Matel, que regenta el hombre que espera en la puerta.

Supera los ochenta años y rebosa vitalidad en poco más de metro y medio de altura. Gasta una cabellera gris que le tapa la calva de lado a lado, los ojos grandes como focos azules, las gafas colgadas por un cordelito, la camiseta de la selección española, pantalón corto y tenis. Nació en 1941 en Pazos de Borbén, Pontevedra, en una casa sin padre. Con quince años le picó el bicho de las Américas alentado por un primo que le contaba historias de aventuras. En la casa de la aldea vivían sin hambre, pero con el agua del pozo, la luz del carburo y con el dinero de cuando se vendía algún cordero o algún becerro. Él, monaguillo, solo aportaba algo de dinero cuando había alguna boda o un funeral. Así que se embarcó en el Alcántara y al llegar lo acogieron su hermano mayor y su tío, dueño de dos establecimientos. Uno, un «bar de *raparigas*», en el Pelourinho. Otro, un bar de barrio en la esquina enfrentada a la misma en la que conversamos, pero cuando todo aquello era un solar.

—Solo me dejaron trabajar en este bar, no en el otro. Pero me incentivaron para estudiar e hice la primaria. Para mí era difícil. No sabía portugués, tampoco español, solo gallego y sin escribir. Pero seguí estudiando y llegué a la Universidad Católica, de la que me apartaron por subversivo, porque era miembro del movimiento estudiantil.

Habla portugués agallegado, usando la zeta y poco más. Interrumpe una señora que entra a comprar una bandeja para el microondas. Pepe atiende, sin cambiar su lengua particular, y continúa el relato.

—Resultado: —su muletilla preferida, y la de tantos bahianos, para recapitular y enunciar una conclusión— estuve dieciséis años en el bar y después monté otro con mi hermano. Pero siempre quise tener algo mío, así que compré, cimenté y levanté esta casa, con el negocio y la vivienda.

La tienda es un desparrame de cosas variadas. Un mostrador de formica con una balanza Hobart roja da la bienvenida a los clientes. En los estantes, sifones de grifo, tapas de inodoros, silicona en bote, alambre por metro, cola profesional, tuberías de todo tipo, mangueras, garrafas de plástico, palas y escobas, sacos de argamasa, grifos de ducha, rodillos y botes de pintura, todo bajo el ventilador perenne que refresca la estancia, a la que se accede por una persiana metálica, sin puertas ni concesiones.

Tampoco conviene alardear en un barrio que ha cambiado mucho en los últimos tiempos. Cuenta Pepe que décadas atrás el padre de Bebeto, el futbolista del Deportivo, tenía un supermercado casi enfrente, y que alguna vez él mismo le llevó paquetes a Riazor al hijo de su vecino en sus viajes a la aldea. Cerca del barrio, en el Largo da Galícia, se juega un conocido campeonato callejero de fútbol.

—Llevo casi setenta años aquí y nunca sufrí un asalto grave. Pero la tienda por la noche, sí. Lo que pasa es que ahora no tengo casi nada —dice mirando a la montaña desordenada de artículos, y al fondo la trastienda, con una escalera que lleva al primer piso: la vivienda que ya no usa—. Antes vendía ladrillos, ahora solo esta poca cosa. Pero es que cuando abrí aquí todo se construía y no había competencia. Ahora hay como treinta. Tómate una cervecita, hombre, y no vuelvas a decir que no quieres nada, porque nada no tengo —y vuelve a su discurso—. Yo ya tengo que ir cerrando para siempre esta tienda, si no, ¿de qué me va a servir cambiar seis por media docena?

Pepe Míguez es una muestra perfecta de la cartografía gallega en Bahía. Por una parte pasó la vida trabajando en esta zona popular, pero al mismo tiempo, al prosperar, hizo vida en el lado privilegiado de la ciudad: ahora vive en Itaigara, uno de los mejores barrios de Salvador, y además tiene una casa en la paradisíaca playa de Guarajuba, a menos de una hora de la capital. También fue dirigente del Clube Espanhol y del Hospital Espanhol, pero no puede negar la herencia de los antepasados: cuando compró la casa de la playa, aprovechó para abrir allí cerca otra tienda de construcción, que solo abre sábados y domingos, cuando cierra la de Liberdade.

—No es que necesite trabajar los siete días, pero allí tengo unos frutales y, ya que voy, así me entretengo en la tienda —se excusa.

Ese es, a sus ochenta años, su descanso.

La jugada maestra de Pepe da Perini

La vida de Pepe Faro se resume en tres contradicciones. La primera es que se crio en Aboal, una aldea a cinco kilómetros del balneario de Mondariz. Mientras un grupo de ricos disfrutaban de sus aguas medicinales, Pepe y su familia vivían sin luz y sin agua de la traída, con el único calor de la *lareira* eternamente encendida y la calefacción natural de los animales estabulados bajo las habitaciones. Aunque quisieran, no podían ni acercarse al balneario porque no tenían ropa adecuada: mundos vecinos en las antípodas.

La segunda es doble: emigró y desde el primer minuto trabajó de panadero sin haber aprendido el oficio, porque nunca había comido pan blanco. Tanto hizo que labró una de las mayores fortunas de la diáspora, justamente en uno de los lugares con menos consumo per cápita del mundo.

La tercera y definitiva es que su emporio, el mayor de la tierra más gallega del país, lleva nombre italiano: Perini. Con el tiempo lo vendió bien vendido y abrió otra cadena de panaderías de firma mucho más auténtica. La llamó Almacén Pepe, así, en gallego o castellano, no en portugués, porque todo el mundo sabe quién está detrás: Pepe da Perini.

En Brasil conviven al menos dos países en un mismo lugar. Uno conforma la base de la pirámide demográfica, que sobrevive contando los centavos para poder comer. Su renta se cuenta por salarios mínimos, que aquí se podrían llamar ínfimos, y vive en una rueda de hámster perversa: se levanta de madrugada en la favela para llegar al trabajo, se mete dos horas de transporte público (y otro tanto de vuelta) y exprime los domingos entre el churrasco, el fútbol y la telenovela, antes de empezar de nuevo el lunes.

El otro es la cumbre de la pirámide, un diez por ciento de la población, siendo generosos, que vive en lugares paradisíacos, pero encerrados por vallas eléctricas y porteros y alarmas y miedo multiplicado por su propio miedo. En ese líquido amniótico en el que flotan salen a la calle en cochazos a restaurantes o a lujosos centros comerciales donde no tienen ni que aparcar: siempre hay alguien que lo hace por ellos.

Son dos mundos concomitantes en la superficie: unos compran, piden, ordenan. Los otros obedecen, sirven, venden a sueldo de alguien del primer grupo. Es el capitalismo versión *hard*, donde se coló, dentro de las porciones medias altas, una clase emprendedora de raíz europea que, al revés de rentistas y herederos seculares, escaló socialmente desde abajo y viviendo intensamente los dos Brasiles.

El Horto Florestal está de moda. Encajado en las estribaciones de una montaña que lo separa del barrio popular de Brotas, se compone de estrechas torres de apartamentos, con coches mastodónticos subiendo entre las cuervas de grandes palmeras. En el centro del barrio se levanta una superficie comercial con un gran letrero rojo: Almacén Pepe, un supermercado de dos plantas solo con productos *premium plus*, solo para clientes distinguidos. En el primer piso, un universo de vinos caros dispuestos en anaqueles circulares y estanterías iluminadas. Junto a los ventanales se abre un salón de mesas y sillas acolchadas para el disfrute de la comida más suculenta del día en Bahía:

el *café da manhã*, un desayuno exuberante que hay que reservar con antelación los fines de semana, cuando los clientes de lujo dan libre al servicio doméstico y salen a darse el homenaje matinal antes de la playa.

Hoy es martes y está casi vacío. Solo un hombre espera sentado en la mesa con unos papeles y el teléfono echando humo. La mitad del cráneo despejado, camisa Lacoste con los dos primeros botones abiertos y unas gafas exageradamente grandes. Es el jefe de todo, Pepe Faro, siempre conocido como Pepe da Perini, un hombre de una retranca notoria. Dice que su historia no interesa a nadie, pero no parará de hablar durante las dos horas siguientes.

—Con quince años fui a Vigo por primera vez. Cuando vi el mar pensé que era un charco de agua, mira mi ignorancia. Y cuando volví a la aldea a trabajar en el campo, llevando unos bueyes, me decía: ¿cuál es mi futuro aquí? Estudiar, cero. A la escuela se iba a comer papas, nada más. ¿Qué futuro iba a tener? Yo veía que todo el mundo se iba a Brasil, porque así es la emigración, se va uno y luego van todos detrás. Así que yo también me marché.

Nació en 1942 con el nombre de José y con el apellido Faro en la aldea de Aboal, en Mondariz, zona *bahiana*. Atravesar el Atlántico era algo cotidiano, en un sentido o en otro. Porque cuando volvían los hombres se revolucionaban las aldeas.

—Parece que los niños nacían por carta. Un emigrante avisaba de que venía, llegaba y la mujer se quedaba embarazada.

Uno de los que aparecía en Aboal cuando Pepe era un niño, con estampa de rico, era su hermano Fernando, emigrado y acogido por su tío, Delmiro, hermano de su madre. A Pepe dos cosas le volaron la cabeza: los pantalones blancos y la calderilla sonando en el bolsillo. El efecto imitación hizo el resto:

se iría y volvería algún día con esa ropa nueva, oliendo a gloria. Vivía a tiro de piedra de los ricos de Mondariz-Balneario, pero el único ascensor social de los aldeanos era el barco que transportaba a otro continente. Las distancias emocionales y físicas son tan maleables que cinco kilómetros era mucha más distancia que los siete mil a Bahía.

Embarcó con catorce años, en septiembre de 1956, pensando que tanta agua daría para regar Mondariz entero. Si no sabía lo que era el mar, mucho menos sabía lo que era una piscina como la que tenía el Monte Umbe. La vio solo de reojo: los pasajeros de tercera, como él, no tenían derecho a tocarla. De su aldea viajaron seis solo en ese pasaje, boquiabiertos al atracar en Bahía, catorce días después de partir.

—Yo no había visto gente negra en mi vida. De repente, al acercarnos al puerto vi una nube de cabezas oscuras. Dije: ¿qué vine a hacer aquí? Y yo mismo me contesté: o vences o vences. Porque pronto me di cuenta de que el sol podía salir para todos, pero no todos pueden mirar el sol —y detiene el discurso motivacional para decirle algo a una empleada, en esa misma lengua mezclada que usa para hablar conmigo, con trazos de *gheada* de su comarca—. En esto tuvimos ventaja, en el gallego. En la aldea no hablábamos nada de español. Y ahora llevo casi setenta años aquí y sigo sin hablar portugués de verdad. Pero todos me entienden.

Suena Elis Regina mientras una camarera de uniforme lleva una olorosa bandeja de pan tostado con mantequilla fina. Esta escena sería imposible en la Bahía de inicios del siglo XX: aquí no se comía pan. Los gallegos, junto a portugueses e italianos, lo popularizaron después. Aunque nunca ha llegado a los niveles de consumo del sur del país —más europeo—, a causa de la influencia de harinas autóctonas como la tapioca, terminó introduciéndose a través de los almacenes, donde atendían las tribus de inmigrantes. Por ahí arrancó también Pepe.

—Llegué y me puse a trabajar con mi hermano Fernando, mi tío Delmiro y otros veinte paisanos en un almacén enorme en el Largo do Tororó. Ocho años estuve allí. No era esclavitud, pero éramos obligados a trabajar demasiadas horas al día, eran las normas no escritas por los propios gallegos, sin leyes laborales. Trabajar por comida y dormida. *Polo caldo*. Tampoco te daba tiempo a pensar mucho: tenías que pagar el viaje que te habían adelantado. Y Dios me libre de que salieses de la empresa para ir a trabajar con otros gallegos, porque entonces te hacían la guerra total. Pero un día mi hermano llegó y dijo: «Como empleados no vamos a ningún lado. Es trabajar y morirnos de hambre. Hay que montar un negocio». Si no tenemos un patacón, le decía yo. Pero mi hermano era un visionario y consiguió que otro paisano nos vendiese, pagando poco a poco, la panadería más cara de la ciudad, en la Barra. Trabajábamos todo el día, y yo dormía encima de los sacos de harina. Pero en tres años la panadería estaba pagada.

Era 1964 y empezaba el crecimiento de la Panificadora Elétrica da Barra. Abrieron una segunda, y otra, y otra, cada uno en su rol: Delmiro, el financiero. Fernando, el comercial. Pepe, el panadero. A finales de la década siguiente le cambiaron el nombre a Panificadora, Sorveteria e Doceria Perini y siguieron expandiéndose, en barrios altos, centros comerciales, hasta convertirse en un clásico. Finalmente levantaron un edificio de siete mil metros cuadrados, donde centralizaron la producción, la administración y el depósito de mercadería. El emporio había tomado la directa: llegaron a pagar 1280 nóminas. Pepe resume por aproximación:

—Teníamos un Corte Inglés de delicatessen.

Sobre el nombre hay quien dice que Pepe viajaba continuamente a São Paulo a ver nuevas tendencias y se quedó extasiado viendo el mercado enorme de panes y dulces de los italianos, y decidió que ese nombre daría más atractivo al negocio. Otra versión, más acorde a la tradición moderna gallega, es que responde al acrónimo del fundador y su mujer. Pepe y Almerinda, con un toque italiano final para ponerle el lacito comercial.

Tres eran los emigrantes que hicieron todo el viaje desde el barro de Aboal hasta el éxito de Perini; los hermanos Faro y su tío Delmiro Carballo. Este se convertiría también en suegro del más pequeño, Pepe. Su hija Almerinda, seis años menor que él, terminó casándose a distancia antes de juntarse en Salvador. Antes estuvieron juntos de espíritu.

La familia Carballo era devota de San Andrés de Teixido, en la otra punta de Galicia, Almerinda la que más. Hasta allí peregrinaba, porque «*a San Andrés de Teixido vai de morto quen non foi de vivo*». Lo hizo después de curarse de ataques epilépticos. Una vez casada con Pepe, le prometió al santo que volvería de rodillas si le iba bien al negocio familiar. Cuando pagaron la primera panadería, bajó arrodillada la ladera que va desde la carretera salvaje que une Cedeira con el pueblo mágico de San Andrés. Tan agradecida estaba que a su primer hijo le puso André. Hoy, ya abuela, cuida de la descendencia en el mismo edificio en el que viven todos, incluidas las familias de los hijos, todos juntos, como si nunca se hubieran ido de la aldea.

Los gallegos ampliaron la cultura del pan a la producción, al crear una cadena desde la compra del trigo hasta que el billete entraba en la caja. Algunos decían que tenían un cártel del pan. Para abaratar costes montaron un molino propio en plena ciudad, el Moinho da Bahia. Todos, cada uno en su medida, pasaron a tener la materia prima de su mano, y sobraba excedente para vender a otros. La mayor parte del trigo era importado de Argentina, Uruguay y hasta Birmania, así que abrían un mercado de importación que enseguida diversificaron para desarrollar una línea *gourmet*. Trajeron maestros panificadores de Galicia y también levadura de la aldea tratada con esmero.

—El pan no sabe igual y la corteza no es la misma, porque no es horno de leña, y tampoco es el mismo trigo que el de allá, pero tiene gran calidad. Creo que le enseñamos a comer pan al bahiano.

—¿Había un *lobby* gallego del pan?

—¿*Lobby*? *Non, ho*, de gallegos en todo caso habría en los buses, o en la construcción civil. ¿Nosotros para qué vamos a tener un *lobby*? ¿Para vender pan? —y se ríe una vez más, expandiendo la panza, quitándose importancia.

Pero el nombre de Perini sonaba en cada esquina de la ciudad. Iban famosos cada fin de semana, de cantantes a escritores como Jorge Amado, que tenía mesa propia para desayunar y tomar un vino al mediodía. Pepe estaba orgulloso de emprender un emporio desde el periférico nordeste, un poco a la gallega. Comenzado el siglo XXI, Perini llegó a la portada de la revista de actualidad más leída del país. En la *Veja* de abril de 2002 aparecía una foto de Pepe, junto a otras caras de empresarios, bajo el título «De cero al millón», con un subtítulo a punto de *coaching*: «Las lecciones de los brasileños que nada heredaron y construyeron fortunas».

En julio de 2010, tras medio siglo de crecimiento sostenido, Perini fue vendida a una multinacional chilena por veintisiete millones de dólares, y Pepe separó caminos con su hermano. Ambos habían firmado una cláusula de no competencia por cinco años con el grupo chileno, así que Pepe buscó una vía alternativa: abrió una distribuidora de importación cuyo mayor cliente fue, justamente, Perini. Astuto, pero insuficiente, porque él quería vender pan. Así que esperó la cuarentena de la cláusula y fundó, con su hijo André, una marca nueva, reconocible gracias a su propio nombre: Almacén Pepe. Abrió sedes en los mejores barrios, a la vez que le siguió vendiendo a su antigua empresa sus productos. No tardó en volver a las portadas de prensa: «Después de Perini, la reinvención de Pepe Faro en el mercado del lujo».

—El emigrante es muy apegado al dinero que gana, somos una raza diferente. Siempre estamos pensando en ganar. Pero yo ya estoy colgando las botas y creo que no nos expandiremos más. Estoy contento porque lo hicimos de nuevo.

—¿Entonces ha vencido, como decía al llegar en el barco? Las revistas decían que su fortuna superaba los cien millones.

—No, no llegué. Me faltó poquito. Y no, no conseguí mi sueño de vencer.

—¿Cuál era?

—Mal no me ha ido, pero mi sueño era más alto: quería tener una red de supermercados grande, como tienen en España. No lo conseguí por falta de profesionales.

—¿Cómo definiría Pepe da Perini la emigración?

—Es buena para quien venció, y mala para quien fue vencido. Pero en sí misma la emigración es un problema, eso lo tengo claro.

Benjamín y las Núñez de Portocamba

A los miedos, como a las piedras, los erosiona lentamente el tiempo: Benjamín necesitó veinticinco años de trabajo en

Brasil para comprender que ya no se moriría de hambre. Solo entonces cogió vacaciones. En los camiones que transportaban los escombros de la obra del ferrocarril, en Portocamba —la aldea de mi abuela— adivinó el niño Benjamín los resortes mecánicos que le darían la vida más adelante.

Su padre, Victorino, se casó dos veces y tuvo once hijos con dos mujeres. Benjamín tuvo la suerte de ser el penúltimo de toda la descendencia y pudo estudiar en la escuela. Nunca olvidó a la profesora, Sarita, otro de esos hilos perdidos de la emigración: nacida en Bahía, había vuelto a la tierra de sus padres emigrantes y allí enseñó a leer, escribir y hacer cuentas a niños como Benjamín, que luego emigraron. Él se reunió con sus hermanos mayores, que habían salido a Belém do Pará primero para acabar en una hacienda a las afueras de Salvador.

Cuando llegó, recibió un caballo para recorrer la finca, una mula para la carga, un cuaderno para las cuentas, una faca y un revólver, por lo que pudiera pasar. Pero en esos primeros meses también aprendió a conducir, y pronto lo mandaron con el camión de la hacienda a transportar carbón hasta Salvador. Tanto le gustó el encargo que con el ahorro de los primeros tiempos pensó en comprar un camión. Alguien le dijo que mejor era comprar un autobús para el emergente transporte urbano. Lo hizo y en 1957 consiguió licencia para operar una línea.

A diferencia de la cooperativa de ómnibus de Montevideo o de los vehículos compartidos de Buenos Aires, aquí la fórmula consistía en comprar el bus completo y, ahí sí, sumarle la inversión laboral del dueño. O sea, conducir sin descanso para amortizar la compra lo antes posible. Benjamín Núñez contrató un conductor al que le daba un quince por ciento de los ingresos por relevarle en los turnos, y le daba otro quince a un paisano por guardar el bus en las cocheras y —lo más importante— por engrasar los contactos con la secretaría de Tráfico. Todo se hacía entre gallegos, y confluían en la vida diaria con otros, los pasajeros que se movían entre sus trabajos y las repúblicas donde vivían. Un día los hermanos le preguntaron desde la hacienda por el trabajo en la ciudad. Benjamín respondió desdeñoso:

—Gané más en un año que en siete de la hacienda.

Así que los hermanos hicieron el camino inverso. Juntos compraron otro ómnibus y montaron su primera empresa conjunta, a la que le dieron el nombre de Jordão, el mismo de la hacienda donde se dejaron la piel. En los años sesenta crearon Vibemsa, la primera empresa privada de autobuses de la ciudad, una etapa triunfal de treinta años, hasta que las administraciones ordenaron la escisión de la compañía, repartida entre socios gallegos. El *boom* de infraestructuras del Mundial de 2014 cambió las reglas de nuevo. La construcción de un metro en la ciudad se superpuso a sus mismos trayectos y las compañías terminaron cerrando. La de Benjamín, en 2021, precisamente el año que falleció, con noventa y dos años.

La hija, la nieta y la bisnieta de Núñez me saludan al llegar a una hermosa casa en el barrio de Rio Vermelho. Pasamos a una terraza cubierta, una de esas estancias típicas en Brasil donde se cuela la brisa entre el humo del café recién filtrado. Son tres generaciones y las tres me resultan familiares, como parientes lejanas de Portocamba.

Erika, la hija mayor, recuerda el primer viaje a la aldea junto a su padre y su madre, bahiana alemana. Para ella era otro mundo. Había muerto Franco, cierto, y había televisión, aunque aún no en color, pero el pueblo seguía siendo un lugar humilde, formado por una doble hilera de casas con *solaina* en subida desde la vía al monte. Los jóvenes ya no emigraban a Brasil, sino a Cataluña y Andorra. Con el dinero que trajeron empezaron a levantar grandes casas en la parte alta del pueblo para pasar el verano, chalets que podrían estar en cualquier parte del mundo, mientras las construcciones tradicionales empezaban a caer sin remisión. Aún había taberna, con su teléfono de pasos, también funcionaba la escuela, pero no por mucho tiempo: no había niños. Los nombres importados que se oían en verano venían de la diáspora.

Los Núñez no faltaban ni un solo año a su cita para experimentar la vida opuesta a la de Salvador. Todas hablan de Portocamba como su paraíso perdido. Durante dos horas intercambiamos nombres y lugares conocidos; hablamos de los montes de O Invernadeiro, rapados por arriba, tupidos de castaños por abajo, con fauna salvaje para regalar. Truchas en los ríos. Ciervos, corzos, cabras montesas en tierra.

Cuando cae la tarde y los mosquitos masacran los tobillos a dentelladas, Érika y Mila, la nieta, llegan a otro tema recurrente, los lobos. Cuando se oye esa palabra, casi aullada, con la o bien cerrada del gallego y el portugués, sale el nombre de Gumersindo. Era un vecino muy famoso en Portocamba porque había emigrado a Estados Unidos, y regresó hablando inglés y contando que había trabajado con Thomas Edison, lo que sonaba a fábula imposible en un lugar adonde aún estaba llegando la luz eléctrica. Gumersindo representaba una referencia mítica, una promesa de futuro para los que cogían un barco, como mi tío Salvador a Cuba o Benjamín a Bahía.

Y entonces sucede algo sorprendente: ellas empiezan a narrar una historia que yo había escuchado mil veces en casa como si fuera un cuento de Ánxel Fole. De repente, las vidas de dos familias separadas por miles de kilómetros se unen en un mismo punto de la memoria oral, ubicado en algún lugar del Atlántico. Tanto que acabo completando las frases que ellas inician, con ligeras variaciones.

Según la versión de mi familia, Gumersindo iba por el monte cuando se le cruzó en el camino una loba con sus lobeznos. Asustado, el animal lo atacó, y él, con una fuerza prodigiosa, le desencajó la mandíbula de un puñetazo y la mató, mano a mano, como un reverso violento de la fábula de Androcles y el león. La versión de las Núñez da una vuelta más que incorpora a su familiar al relato: Benjamín siempre había contado que él acompañaba a Gumersindo, y que cuando vieron a la loba lo mandó a pedir ayuda a Portocamba, mientras él mantenía el animal a distancia. Cuando volvió, ya había matado a la loba con sus propias manos.

La memoria también se transmite por escrito en la familia: Emília o Mila, la nieta, ojos turquesa grandes tan habituales en nuestra aldea, autora de libro infantil y ganadora de importantes certámenes literarios, grabó largas conversaciones durante más de diez años con Benjamín, y verán la luz para cerrar el círculo de Portocamba, donde sus hijos aprendieron a andar de la mano de su bisabuelo. No parece que haya algo más simbólico que eso.

Fitzcarraldos gallegos

José Barcia, un resuelto emigrante de Padróns, en Ponteareas, se adentró en el río Tapiche, uno de los enrevesados afluentes del Amazonas peruano, y se hizo con unas tierras impenetrables colmadas de árboles del caucho. A la hacienda la llamó Galicia. Cuenta Gonzalo Allegue en su prolija obra *As mans de América* que partió el territorio en cuatro y a cada pedazo lo bautizó con los nombres de A Coruña, Lugo, Ourense y Pontevedra. Por si hubiera alguna duda, a las dos grandes barcazas con las que se movía les puso de nombre *Galicia* y *La Gallega*, un monotema. Secundado por sus hermanos Benito y Generoso, tenía a dos mil personas trabajando para ellos, la mayoría indígenas locales, e hizo una fortuna tan grande que fue conocido como el Rey del Caucho.

Los gallegos solían ser los primeros europeos en acudir a las fiebres extractivas americanas. No como millonarios inversores, sino como mano de obra. Aquellas modas, con fecha de caducidad, consistían en absorber toda la riqueza de un punto específico del mapa, arrasando con todo hasta que no quedara ni una gota, y en el camino se llevaban por delante las vidas de comunidades enteras: la historia de la colonización económica. Por eso desde 1880 las corrientes más fuertes —Argentina, Uruguay y Cuba aparte— se dirigieron a Brasil, que no solo alentó, sino que subvencionó la inmigración: prohibida la esclavitud, se requerían manos para levantar un país continental.

Importantísima, y pionera, fue la colonia de Santos, principal puerto de entrada al país, y la de São Paulo, el estado más rico del país. Allí llegó la mayoría de la primera oleada, hasta 1930, y allí abrieron los primeros centros gallegos. Muchos llegaron directos a la ciudad, pero la mayoría ofrecían sus brazos para las grandes obras de infraestructura de la época, como el *ferrocarril del diablo* Madeira-Mamoré, en Rondonia, donde murieron por cientos si no por miles, y también para las explotaciones agrícolas, como el café en el estado de São Paulo o la extracción de oro y diamantes en Minas Gerais.

Un tercer contingente sucumbió a la fiebre de la *borracha* o caucho, alentada por la nueva industria del automóvil, ávida de material para la fabricación de neumáticos. El destino era la Amazonia, un mundo diferente a todo, polarizado en dos puntos clave: Manaos, la París selvática, y Belém do Pará, en la desembocadura del río, por donde salía la mercancía al Atlántico. La goma, blanca y lechosa, se extraía de forma artesanal mediante una incisión lineal en el tronco del árbol de la *siringa* y se vendía a las factorías del norte del mundo. Pero los migrantes buscavidas no solo se quedaban en Brasil: también probaron suerte al oeste, en el Amazonas peruano.

El cometido no era apto para espíritus frágiles: había que enfrentarse a animales letales, fiebres, malaria. También había comunidades locales con los que negociar al entrar en sus tierras. Armas, alcohol o bisutería servían de moneda de cambio —o engañifa— para hacer las Américas en aquella región inaccesible. La oleada duró lo que el ciclo: hasta la Primera Guerra Mundial, cuando todo se desplomó por la popularización del caucho sintético. La mayoría, los invisibles, se ganaron la vida y cambiaron de rama, pero en aquellas tres décadas también hubo tiempo para historias protagonizadas por iluminados, parientes de Fitzcarraldo, personaje inmortalizado en la película de Werner Herzog, que sueña con hacerse millonario con el caucho y construir así una ópera en plena selva.

Por ejemplo, el robusto Barcia, que vivía con sus hermanos en Iquitos, después de una primera etapa río abajo, en Manaos. Allí conocieron, en 1895, al pontevedrés Wenceslao Barreiro, su mano derecha en todas sus aventuras: manejaba los campamentos, coordinaba el transporte en canoa de los grandes bolones de goma extraídos por los sangradores de los árboles, negociaba en los poblados indígenas de chozas de paja y vendía todo en Iquitos.

A Iquitos también había llegado desde Filipinas Cesáreo Mosquera, natural de Costeira, en Ribadavia, Ourense. Pero su ansia no era la *borracha*. De la guerra del extremo Pacífico llevó a la Amazonia unas tijeras y una navaja de afeitar. Trabajó en Pará y de ahí fue a Iquitos, donde abrió una barbería —dos sillones viejos y un espejo—. Luego le sumó algunas revistas, algún libro y después una máquina de escribir. Terminó bajando los espejos y cambió de ramo comercial sobre la marcha: había nacido la librería Amigos del País de Iquitos. Allí posaba, bajo la enredadera que cubría la fachada, Mosquera, corpulento y de cabello ensortijado, junto a su familia. Tenía estantes llenos de libros, artículos de papelería y máquinas dispuestas en mostradores para escribir. En aquellas mesas corridas narró, letra a letra, una documentación valiosa dictada por un paisano de su misma ladera de la montaña del río Avia. Se llamaba Alfonso Graña y pasó a la historia gracias a un título que nadie le dio en Perú, sino en un periódico madrileño en los años treinta: Alfonso I de la Amazonia, el rey de los jíbaros.

El *rey* de los jíbaros

El río Marañón discurre a lo largo de cincuenta kilómetros entre cañones profundos y angostos como gargantas de roca, bajo los que pasa un caudal turbulento, mezcla explosiva de torrentes, rápidos y remolinos. Circula entre la cordillera oriental de los Andes, de seis mil metros de altura, y la llanura amazónica, de poco más de cien. A esos cañones les llaman *pongos*: puertas en quechua. Y allí está el Pongo de Manseriche, legendario por su peligrosidad desde que hay registros, con los primeros expedicionarios españoles del siglo XVI que buscaban la ciudad mítica de El Dorado.

En 1922 Graña se adentró y salió airoso del embate contra la naturaleza y, también, del encuentro con los habitantes milenarios de esa región. Eran los indios jíbaros, como los españoles llamaron a los shuar. En la actualidad tienen gobiernos autónomos y son considerados naciones originarias; pero entonces todavía se sacudían la fama de salvajes por la tradición de reducir las cabezas cortadas de sus enemigos, una vez que los batían, para guardarlas como talismán. Según sus creencias, las cabezas reducidas o *tzantsas* les permitían adquirir la fuerza de sus rivales muertos. Hasta hoy el diccionario toma su nombre como sinónimo de reducir: jibarizar. Y cada vez que aparece esa palabra, en Galicia se alude a que tenían un rey nacido en Ourense.

La historia de Ildefonso Graña Cortizo comenzó en 1897, antes de cumplir veinte años. Hijo de sastre y campesina —conocidos como Os Chulos, de Barro, Amiudal, Avión, Ourense— emigró a Pará y de ahí a Manaos. En 1910 remontó el río hasta Iquitos. Con la crisis del caucho, Graña dejó la ciudad y la cambió por la selva. Según uno de los relatos conocidos, le acompañaba un paisano de Abelenda, al que los jíbaros mataron tras su encuentro en la selva. Sin razón aparente, a Graña le perdonaron la vida. Hay más versiones: que Graña tenía una tienda y comerciaba con los shuar y por eso entró en la selva. O, incluso, que se refugió con los indios tras matar a otro comerciante.

Lo increíble era que consiguiese vivir en comunidad con quienes siempre habían evitado el contacto con el blanco. No solo eso: según las hipótesis que sobrevuelan su historia, Graña se emparejó con la hija del líder de los jíbaros y, al morir su suegro, lo sucedió como persona de referencia —de ahí lo de «rey»— hasta su muerte, en 1934. El periodista Víctor de la Serna informaba esos años sobre él en el diario *Ya*, con la ayuda de Cesáreo Mosquera:

> Allá por la gigantesca grieta que el Amazonas abre en el Ande vivía, mandaba y reinaba un hombre blanco. Graña era el rey

> de la Amazonia. [...] Dominaba Graña una extensión como la de Andalucía, Extremadura y Castilla La Nueva juntas. La pueblan los indios más indómitos del continente, los temibles jíbaros, disecadores de cabezas, magos y gigantescos guerreros, inatacables a la civilización. [...] Un día, hacia Iquitos, avanzó por el río una jangada con indios, muchas mercancías y Graña. Le reconocieron sus amigos y, sobre todo, con doble alegría, Mosquera.

A partir de entonces, el librero Cesáreo construyó su historia a través de fotografías y relatos que Graña le contaba de viva voz, porque de Ourense había llegado analfabeto. Existen fotos de los dos, máquina por medio, uno dictando, el otro escribiendo, y junto a ellos dos indios en cueros con el pelo recién cortado por el propio Cesáreo. El destinatario de esas cartas y relatos compone un tercer vértice gallego: el capitán Francisco Iglesias Brage, de Ferrol, capitán de la aviación de la República, empeñado en poner en marcha una expedición científica al Amazonas que nunca se llegó a concretar. En la primera carta Cesáreo le decía a Iglesias que había gallegos «*a barullo dos catro contornos*». Y enumeraba: de Ribadavia, Verín, Carballiño, Viana do Bolo, Ponteareas. Y Avión, como Alfonso. En otra le contaba que cuando le planteó a Graña la posibilidad de hacer una película de la expedición, este le replicó con sencillez: «Yo pongo a disposición del capitán cinco mil indios».

Tenía presencia angelical de ojos claros, como el pelo, y un cuerpo flaquísimo. En Iquitos aparecía vestido de blanco, con ropa de cuello redondo ceñido, flequillo con raya al lado y anteojos acotándole un rostro alargado de nariz prominente. La elegancia infundía respeto a los shuar, pero lo que les había ganado era su poder para negociar. Gracias a él habían conseguido que les devolviesen a mujeres e hijos en un intercambio con otra comunidad. Un joven indio al que llamaba por su mismo nombre, Alfonso, y lo trataba como ahijado —¿o hijo?— hablaba castellano y gallego y hacía de traductor de sus compañeros cuando trataban de explicarle a Mosquera el proceso para las *tzantsas*. Este escribía, como si fuera una receta y todo seguido: «Se dejan los muertos bien picados, a algunos se corta cabeza, un día llegan casa se cocina la cabeza en olla hay que poner encima palo después de cocinado se pone encima palo que se seque de la olla, se saca picando con un palo (chuzo) cuando se seca hay que asar piedras así chiquitas y caliente se ponen dentro de la cabeza». Esas cabezas luego las vendían a turistas peruanos y aventureros anglosajones.

En las balsas, desde la selva, tras diez días de travesía, traían caucho, oro y todo tipo de animales salados o ahumados, de bueyes a tortugas, de venados a monos. La estampa era llamativa incluso para su amigo Cesáreo: «Acaba de llegar nuestro paisano Alfonso Graña de su tribu del río Santiago y Marañón con mucha metralla para vender aquí. Animales y aves curados, parece un *necroterio* con tantos *difuntiños*, que diría Darwin».

Las cartas son un banquete de datos antropológicos y muestras naturalistas de la vida en la selva. Vendía lo que traía, pero también paseaba con los indios y los sumergía en la civilización occidental: les quitaba el miedo a los coches subiéndolos al Ford 18 descapotable de Cesáreo, los llevaba al cine o a probar el hielo, que les fascinaba, e incluso los vestía con frac y chistera al estilo de los masones de Iquitos. Y así caracterizados se dejaban retratar junto a las hijas de Mosquera. En una carta fechada el 16 de agosto de 1932, Cesáreo relataba en castellano agallegado: «Ya nos retratamos y todo con ellos y hasta con la *cachola* de una *mociña* que han escamochado ellos sabrán por qué».

Tras la crisis del caucho, la Standard Oil, propiedad de Rockefeller, se propuso explorar el Alto Amazonas, donde salía petróleo —aceite le llamaban Graña y sus muchachos— con solo rascar la tierra. El gallego hizo de *fixer*, les dio cobertura y protección, y trabó amistad con los geólogos e ingenieros estadounidenses. En Perú también cobró notoriedad en 1933, un año antes de fallecer, al rescatar el cuerpo de un militar caído en combate contra la aviación colombiana en el Pongo de Manseriche. Cuando llegó a Iquitos, fue recompensado por la familia y el propio Ejército.

Cesáreo regresó a Galicia coincidiendo con la muerte de Graña, pero escapó con el golpe de 1936 por sus simpatías republicanas y regresó a Perú, según cuenta en su libro el investigador Maximino Fernández Sendín. Allí dejó escrito un texto durísimo:

> La pared al pie de las camas todo cuajado de esputos secos de los terribles que asusta el decirlo y en el suelo lo mismo, toda la casa sin baldear una vez en la vida, las gallinas tienen entrada franca y hasta ponen huevos en las camas de la gente [...] Pulgas en verano a montones y en invierno también, las personas andan siempre con el cuello lleno de picadas rojas. Nunca en la vida ha ido nadie al dentista. Nadie tiene un mísero cepillo de dientes. El sarro hediondo de los dientes y muelas está como una piedra, agarrado a la dentadura. La borona se queda putrefacta encima del sarro que ya tapa el intervalo de diente a diente.

Pero Mosquera no hablaba del Amazonas, sino de las aldeas de Ribadavia.

5
NUEVA YORK

Como si tuvieran una brújula inmobiliaria, zahoríes del ladrillo y el metro cuadrado, dieron con la veta buena en la calle 14

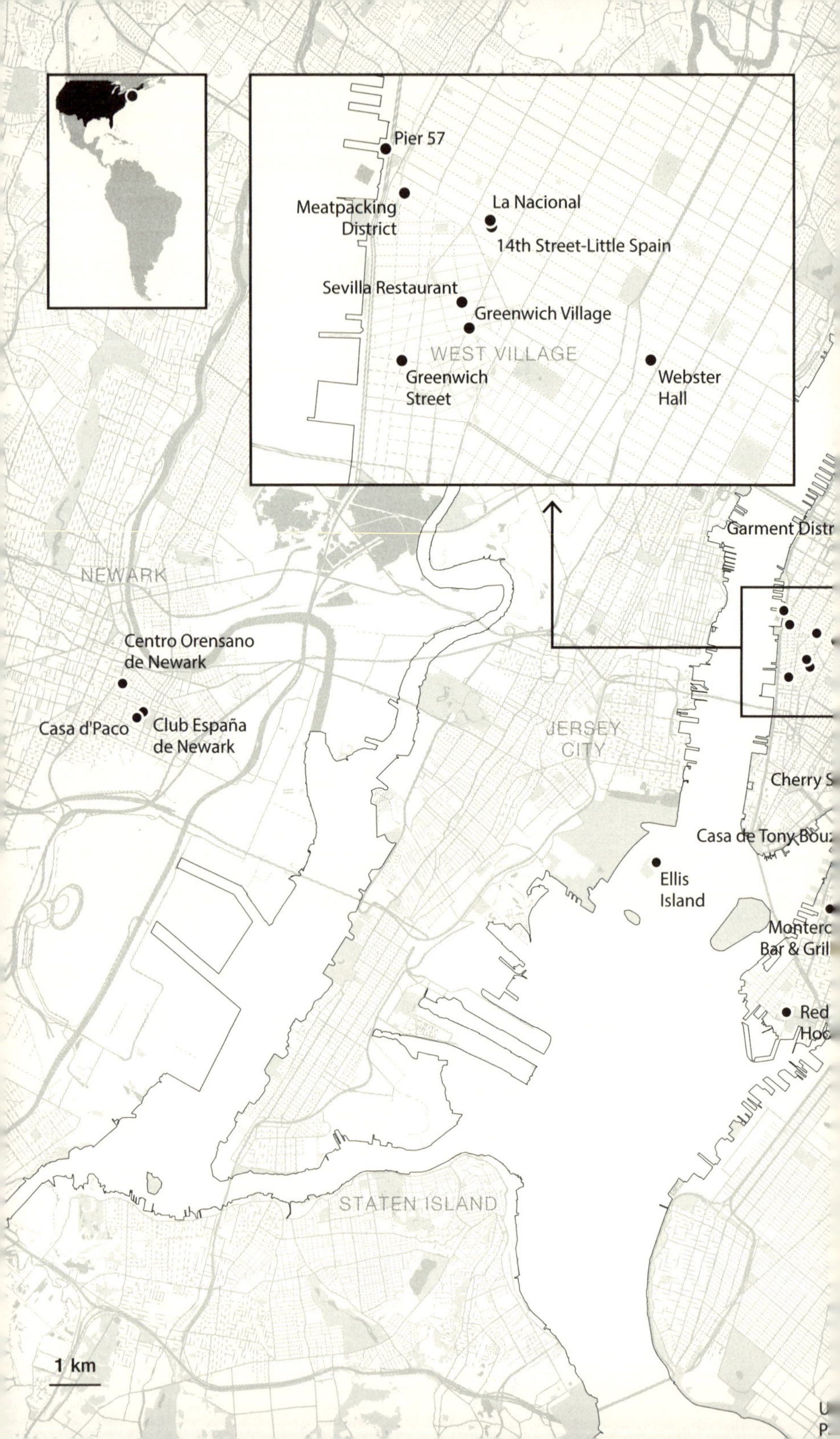

Pier 57
Meatpacking District
La Nacional
14th Street-Little Spain
Sevilla Restaurant
Greenwich Village
WEST VILLAGE
Greenwich Street
Webster Hall
NEWARK
Centro Orensano de Newark
Casa d'Paco
Club España de Newark
JERSEY CITY
Ellis Island
STATEN ISLAND
1 km

NYPD - 44th
Precinct Bronx
BRONX
South Bronx
Eliseo Torres Books
Casa Latina
Music
MANHATTAN
Casa de
los Romanov
rump Tower
Casa Galicia
mond District
Edificio
de Naciones
Unidas
QUEENS
Greenpoint
UEVA YORK
Richmond Hill
BROOKLYN

De Ellis Island a Cherry Street

«Las cubiertas del vaporcito habían estado atestadas de centenares de extranjeros, nacidos en casi todos los países del mundo: teutones de mandíbula potente y pelo corto, rusos de barba cerrada, judíos de ralas patillas y, entre ellos, campesinos eslovacos de rostro sumiso, armenios de mejillas lisas y atezadas, griegos granujientos y daneses de arrugados párpados». La postal que dibuja Henry Roth en la novela *Llámalo sueño*, el mejor retrato migratorio de aquel Nueva York desde la óptica de una familia judía de la Galicia del este, sirve también para los gallegos que llegaban desde los puertos de la península Ibérica o desde Cuba.

No fue un destino masivo, por razones obvias de lengua, cultura, política y religión, pero sí para varias comarcas volcadas al mar, por ejemplo As Mariñas Coruñesas: en 1930 ocho de cada diez emigrados desde Sada vivían en Nueva York. En esa década, de quince mil españoles en la Gran Manzana, el noventa por ciento eran gallegos que atracaban en los muelles del East River y del Hudson e iniciaban una historia que se cuenta a través del mapa de la ciudad.

Todo empezaba justo antes de desembarcar, en Ellis Island. El gigantesco edificio construido para recibir a los emigrantes es hoy un museo inabarcable y repleto de contenido, la memoria como herramienta didáctica. El visitante se sumerge en los padecimientos del recién llegado y aprende las pruebas a las que era sometido: la de los seis segundos, un examen físico fugaz, triaje extremo; la entrevista personal, con traductor si había suerte; el test psicológico. No era fácil el cambio de mundo, de la *palleira* o la chalana a los monstruos de cemento que arañaban el cielo, los humos de las chimeneas y el vapor de las alcantarillas, el ruido de los coches, los puentes gigantescos, el olor a modernidad marciana que los reclamaba. En las paredes de Ellis Island aún se puede leer la frase de un italiano descreído: «Vine a América porque escuché que las calles estaban asfaltadas de oro. Cuando llegué aquí, descubrí tres cosas: primero, que las calles no estaban asfaltadas de oro; segundo, que no estaban asfaltadas; tercero, era yo el que las iba a asfaltar».

Hasta el *crash* de 1929 la ciudad vivía como una desaforada olla a presión. Así lo comprobaban los inmigrantes al bajar al asfalto y al instalarse en barrios étnicos, luego mil veces recreados en el cine. Entre ellos había un pequeñísimo reducto en el Lower East Side, en el bajo Manhattan. Allí, al sur de Little Italy y Chinatown, pegada al agua, estaba Cherry Street, la primera Little Galicia de Nueva York.

La lógica indicaba que se establecían donde podían desarrollar su oficio. En el caso de los gallegos, en los muelles. Allí trabajaban de estibadores, marineros o fogoneros, paleando carbón en las calderas de los barcos de vapor. En torno al trabajo iban tejiendo una red social propia con los de su mismo origen. En Nueva York, como en La Habana, preponderaron las sociedades del mismo ayuntamiento o parroquia: Bergondo y sus contornos, Socorros Mutuos Muradanos, Sada y sus contornos, Unión Cultural Bueu y Beluso.

Cherry Street, hoy llamado Two Bridges —se ubica entre el puente de Brooklyn y el de Manhattan—, lo componía la calle homónima y varias adyacentes, como Water Street y James Street. Hoy se mantienen algunos nombres, pero el barrio fue derruido para construir viviendas de mayor calidad y sustituir a los *tenements*, las precarias casas colectivas donde vivían cientos de familias amontonadas junto a sus primeros negocios y los centros territoriales. Pronto se mudarían al otro lado de Manhattan.

La 14

La rúa Castelao de O Grove, en Pontevedra, ofrece el menú habitual de las calles principales de las localidades turísticas gallegas: tiendas y negocios de todos los colores, hoteles de temporada con sus cafeterías y un surtido de farmacias para los jubilados que pasean entre maceteros y bancos, de los de sentarse y de los otros. Nada fuera de lo normal. Excepto que salvo por el mapa y la placa nadie usa el nombre oficial de la vía, sino otro de raíz popular: la rúa Castelao es para todos *A Catorse* —léase con el seseo típico de las Rías Baixas—.

De O Grove salieron muchos trabajadores del mar salpicados hacia aguas de todo el globo. Algunos de ellos fueron a dar a los muelles del río Hudson, que baña el oeste de Manhattan. Aquella isla llena de rascacielos y migrantes de los cinco continentes tenía para los gallegos un punto neurálgico. Era la Fourteenth Street, la calle 14. Por analogía, cuando retornaban al pueblo y caían en la céntrica calle Castelao, el recuerdo se iba inmediatamente a su hábitat neoyorquino, por más que se pareciese como un huevo a una castaña. Y eso les hizo acuñar un nombre informal que enseguida arraigó. Desde entonces y para siempre sería *A Catorse*.

Al final de la calle 14, sector oeste de Manhattan, donde la ciudad abandona la trama cuadriculada y se toca ya con el

Hudson, varias filas paralelas de pilotes emergen del río. Desvencijados por el paso de tiempo, recuerdan que allí había un muelle, un *pier*. Manhattan tenía uno cada par de cuadras y formaba, visto desde el aire o en un mapa, un collar de púas marcando el litoral de la ciudad. Hoy los esqueletos de madera recuerdan —menos explícitos, más poéticos que Ellis Island— que por allí bajaron en tropel millones de personas.

Aquí no hay museo, pero sí un monolito con un gran Pier 57, junto a un parque flotante llamado Little Island, entre el videojuego y la recreación *solarpunk*, que ocupa los antiguos muelles en número decreciente hasta el 54. En ese tramo histórico desembarcaban los europeos, también los gallegos, que por cercanía ya se quedaban de ese lado de Manhattan. Sin cambiar de calle, caminaban por la 14 hasta posar la maleta en la manzana ubicada entre la Séptima y Octava Avenidas. Allí se habían agrupado tantos emigrantes de toda la península que le acabaron llamando Little Spain.

Negocios de comida, tiendas donde se podía encontrar desde una bota de vino a un par de alpargatas, una agencia de viajes. También la iglesia de Nuestra Señora de Guadalupe. E incluso funerarias. Todo estaba allí, y gravitaba alrededor de una misma ágora social: la Spanish Benevolent Society, también conocida como La Nacional, creada en 1868 del otro lado de Manhattan para ayudar con manutención, alojamiento y servicios médicos a la comunidad. En 1925 compraron el edificio que hoy es símbolo de la colectividad y aún saluda con su inconfundible puerta roja y el número 239. El centro ofrecía residencia temporal en apartamentos mínimos con baños compartidos.

En apenas doscientos metros de calle se escuchaba todo tipo de acentos españoles y, por supuesto, gallego. En un primer momento fue solo una colonia más, pero enseguida la documentaron en los libros de historia local de Nueva York como el grupo mayoritario: «Es un grupo homogéneo, en origen y en clase. Prácticamente todos sus miembros vienen de la provincia de Coruña. Como operarios del puerto, de fábricas o con trabajos manuales, tienen en común el tener un empleo de estatus y salario bajos».

Muchos de los llegados desde Galicia consiguieron salir de los oficios físicos del muelle y dieron al salto al sector servicios. Allí abrieron todo lo que necesitaba un desplazado: tiendas de comestibles, carnicerías y ultramarinos, casas de huéspedes, sastrerías, floristerías, agencias de viajes, joyerías, estudios de fotografía y funerarias. También, por supuesto, *bar and grill*. La guerra civil abrió heridas palpables a pie de calle: hubo piquetes de boicot a una de las tiendas más tradicionales, Casa Moneo, de origen vasco, por su apoyo a los sublevados. Al otro lado, Ramón Mosteiro y Xosé Castro, del Frente Popular Antifascista Gallego, abrieron una licorería de referencia para los republicanos en la avenida de las Américas. Tras la contienda, el goteo de gallegos fue copando Little Spain.

La 14 servía de frontera entre Chelsea y el Greenwich Village, pero por entonces el barrio no se parecía en nada al distrito gentrificado de hoy. Ni siquiera había aflorado el Village de Kerouac, Bob Dylan o la revolución gay. Antes de todo eso, había grupos de música y baile como Terra Nosa, que tenía su local en la muy gallega Greenwich Street. En la zona, todavía dominada por el ambiente portuario y del distrito cárnico, aún no proliferaban los clubs de jazz, sino restaurantes con nombres evocadores como el Coruña, el Port of Vigo, el Santa Tecla o el Chantada. El Faro nació de los restos de un *speakeasy* durante la ley seca y se convirtió en una de las tabernas portuarias por excelencia. Allí se fueron mezclando marineros gallegos e irlandeses con vecinos famosos o que lo serían, como un joven actor llamado Marlon Brando.

Lo ponía bien claro aquella revista americana con nombre difícil de pronunciar, *Reader's Digest:* si uno trabajaba unos años en Estados Unidos podía retirarse como un marqués. Y Rogelio Álvarez, apenas veinte años y un folio en blanco por toda experiencia, no se lo pensó. Pidió los papeles y se marchó a Nueva York. Le ayudaba el hecho de que su vida había sido hasta entonces un tránsito entre las dos orillas de la diáspora. Nacido en Buenos Aires en 1932, en una familia emigrante de Celanova, retornó a Galicia con veinte años y al poco tiempo leyó aquel reclamo americano. Embarcó en el Alcántara y dos semanas después llegó al muelle 57 del Hudson. Ese mismo día se hizo socio de La Nacional.

Por la puerta de la taberna del centro asoma la cabeza Rogelio, noventa años, cárdigan y camisa abrochada hasta el último botón, piel azulada de tan blanca y gafas de sol por una reciente operación de vista. Viene caminando de su casa, a dos calles, en el West Village. Sonríe y saluda a todos los camareros, hoy ya no paisanos, sino mexicanos, venezolanos, cubanos. Todos le contestan «cómo está don Rogelio». Él asiente, pide una ración de jamón serrano y queso y una Estrella Galicia, y se sienta en una mesa de la terraza en una animada noche de otoño en Nueva York, entre jóvenes ruidosos, todo tan diferente y tan igual que siempre, como si fuera una foto digital superpuesta a una en blanco y negro de su época.

—Esto está muy bien, pero comparado con lo que vivimos en aquella 14 de los gallegos no es nada —y eleva la voz al ahogarla el rugido del metro, que asciende por los respiraderos bajo nuestros pies—. Todo esto era nuestro. El día libre lo pasábamos saltando de un bar a otro. El día de Galicia cerrábamos la calle entre la Séptima y la Octava avenidas para sacar el santo en procesión. Allá atrás empezaban las carnicerías del distrito de Meatpacking. Colgaban las medias reses con piel, las despellejaban, las empaquetaban y las vendían. Ahora parece todo tranquilo, pero no era fácil aquel Manhattan. Yo vivía en la 11 con Washington Square —hoy un centro turístico y universitario—, y no parábamos de pelearnos con los irlandeses. Decían que veníamos a quitarles el trabajo. Y no era cierto, porque había para todos.

Rogelio empezó lavando platos y terminó trabajando en restaurantes de medio Manhattan, siempre de propietarios gallegos, hasta que abrió uno propio, el Mediterráneo. Muchos de estos establecimientos llevan nombres que evocan otras latitudes, como si el *naming* de la España del sol y el turismo que patrocinó el franquismo tuviera más tirón. También trabajó en hoteles, invirtió en edificios y negocios y hoy sigue paseando su memoria y sus gafas de sol por la zona oeste de Manhattan, impregnado de morriña por un lugar que apenas conoció.

Take a walk on the West Side

De una aldea llamada Malvas, en Tui, Pontevedra, salió Bernardo con once años hacia Nueva York, donde vivían sus abuelos. Era 1955. Hoy habla a susurros, con la voz fina, los carrillos hinchados y los ojos fijos en el plato de ensaladilla, la copa de ribeiro a un lado. De fondo, una pantalla con la Televisión de Galicia sintonizada. Estamos en el Centro Español de Queens, pero podría ser su casa. Su familia vivía en el West Side, oficialmente toda la franja occidental de Manhattan, pero que el propio Bernardo centraliza en un mordisco de veinte manzanas.

—¿Sabes la película de los portorriqueños, *West Side Story*? Pues ahí mismo. De hecho, todo está inspirado en nuestro barrio. Estaba entre las calles 50 y la 69, justo donde ahora está el Lincoln Center. Ya no hay nada en pie, pero aquellos años no dabas un paso sin ver gente de Tomiño, Taborda, Rebordáns, Tui, A Guarda.

Manhattan es un mundo geométrico de tamaño perfecto para convertirse en el centro mundial del sistema capitalista. Una isla más pequeña que el municipio de Ourense, pero con dos millones de habitantes, veinte kilómetros de cuadrícula de norte a sur, cuatro de este a oeste y una jungla de rascacielos en medio, donde se decide el destino de media humanidad. En el núcleo de esa rejilla se ubicaba el cuadrado de Bernardo, ejemplo del urbanismo centrífugo, en el que se fue expulsando a unos vecinos para sustituirlos por otros más ricos. Allí se ubicaba San Juan Hill, una comunidad de afroamericanos e irlandeses, considerado «el peor *slum* de Nueva York»: edificios abandonados, solares, pobreza. Con la posterior migración de estos al Bronx, fue ocupado por portorriqueños —llegaron a Nueva York más de un millón—, que transformaron el barrio. En su entorno se inspiró el musical que enfrentaba una banda de blancos de raíz europea, los Jets, y una boricua, los Sharks, y desarrollaba una historia de amor inspirada en Romeo y Julieta. En aquella realidad creció Bernardo.

—Mi infancia la recuerdo entre irlandeses e italianos, mucho más que latinoamericanos, que habían empezado con el tema de las pandillas. Luego los europeos también formaron las suyas y empezaron los problemas. Yo no estuve en ninguna, pero me peleaba, mucho. No me arrugaba nunca. Di mucho, me dieron mucho y hasta me partieron la nariz —dice palpándosela, tantos años después—. Nosotros vivíamos en la 52 entre la Octava y la Novena. Mi padre era cocinero y mi madre, costurera. Trabajaba en el Garment District, el sector textil del centro donde muchas gallegas trabajaban en las fábricas de los judíos. Mi padre me llevaba a ver a amigos que estaban liados con italianas e irlandesas, yo creo que porque éramos todos católicos y ciudadanos de segunda.

Cuando acabó la secundaria, uno de esos amigos le dijo que estaban buscando asistente para los servicios de la sección comercial de Naciones Unidas, en la célebre sede de la calle 42. Entre las cocinas y los comedores de la *caja de cerillas* de la ONU pasó varios años, sirviendo a presidentes («y a Fidel Castro», recalca él). Siguió viviendo en el West Side. Desde su casa cruzaba Manhattan caminando, de este a oeste, en poco más de media hora. Hasta que se cansaron de los cambios en el barrio, cada vez más degradado, y se mudaron a Queens.

—Un día encontramos a un dominicano muerto en el pasillo del edificio. Lo acuchilló un irlandés. Tres familias gallegas que allí vivían, de Goián y Tomiño, ya se habían ido, y cuando vimos aquel cuerpo allí tirado mi madre le dijo a mi padre: «Si quieres quédate tú. Yo me voy».

Los años setenta se recuerdan en Nueva York como una distopía de anteayer. Con las arcas municipales en bancarrota y el país sumergido en una crisis severa por el petróleo, sobrevivió como pudo a huelgas, disturbios raciales, violencia policial y mucha droga. Era la ciudad de *Taxi Driver*, *Serpico* o *Super Fly*, de barriles ardiendo en invierno, bocas de riego a chorro abierto en verano, el puerto pestilente, los teatros de Broadway con horario de tarde para evitar la inseguridad nocturna, Times Square convertido en un cine X a cielo abierto, atracos en cada esquina y en el metro, territorio comanche. El verano de 1977 es una tiniebla. Los tabloides, insaciables en propagar la violencia, publicitan el culebrón del Son of Sam, un asesino en serie que se dedicaba a matar parejas de amantes dentro de sus coches. Un apagón, el *blackout* que dejó a ciegas Nueva York durante varios días y lo llevó al caos, acapara los titulares. Casi dos mil tiendas fueron asaltadas, cinco mil personas detenidas, quinientos policías heridos. Pero a los gallegos no los pilló desprevenidos:

—En nuestro *block* no hubo disturbios ni saqueos. Cien gallegos se colocaron en las avenidas Séptima y Octava, cerrando la calle, armados con bates de béisbol y con un mensaje claro: aquí no entra nadie.

De la crisis de los setenta muchos salieron mal parados. Para muchos emigrantes, en cambio, fue una grieta de oportunidad. Aquellos que ya habían hecho pie con sus restaurantes en el Village y Chelsea, barrios bohemios con suelo barato, se felicitarían después por haber comprado locales y fincas en una zona que multiplicó exponencialmente su valor en las décadas siguientes. Algo así le ocurrió a José García, propietario de varios pisos en un edificio en la 14, a tres portales de la iglesia de Guadalupe. Durante años alquiló uno de sus apartamentos a una mujer divorciada con su hijo preadolescente, un chaval de padre italiano y madre irlandesa criado en plena zona gallega. Se llamaba Robert de Niro.

La Nacional

—La Zaragozana, la Bilbaína, la Casa Valencia, el Club Catalán, todos fueron cerrando. Los gallegos se mantuvieron. No importaba si era un barrio malo, si había crisis o cualquier otra circunstancia —explica Robert Sanfiz, director ejecutivo de La Nacional, en su mezcla de inglés con palabras españolas y acento gallego, sonrisa ancha, poco más de cincuenta—. Hoy no hay centros españoles y nosotros tenemos varios, con edificios en propiedad. Porque nuestra mentalidad siempre ha sido comprar, comprar, comprar. La comunidad española tenía una manzana entera en la calle 30 que hoy valdría muchísimos millones. Pero la vendieron en la peor época. Nosotros en vez de vender, invertimos. Esa es la gran diferencia.

Como si tuvieran una brújula inmobiliaria, zahoríes del ladrillo y el metro cuadrado, dieron con la veta buena en la calle 14. Medio siglo después, aquel barrio de aceras sucias y olor a matadero contiene hoy varias de las manzanas más deseadas de Manhattan: Chelsea es el paraíso de las galerías de arte y refugio de *hipsters* cercando la sede de Google; el Meatpacking District alterna parques retrofuturistas con zonas de aires *cool industrial* y museos de arte contemporáneo, y en el Village se acumulan los turistas para ver el barrio más pintoresco de Nueva York.

Pero nadie sabe que muchas de sus fincas pertenecen a señores bajitos invisibles de un lugar llamado Galicia, un perfil casi subterráneo que entra en colisión con la cultura de la exhibición norteamericana. Sanfiz es abogado de varios de esos millonarios anónimos.

—A los emigrantes europeos en América, con los que me crie, les encanta demostrar que son ricos. Los nuestros son más felices cuando piensan de ellos que son pobres y no lo contrario —y se pasa al inglés y el *spanglish*—. Tengo un cliente gallego súper rico que sigue peleándome cada factura. Cuando se la entrego pone el mismo gesto extraño de siempre y dice: «En la próxima vida quiero ser abogado». Y paga de mala gana. Él, que es un *real estate mogul*!

A esos magnates del sector inmobiliario, como dice Sanfiz en inglés, se les reconoce por el apellido y poco más. Su método es el de la hormiguita: comprar un apartamento pequeño en una zona barata, alquilarlo, ahorrar, reinvertir, comprar otro y así hasta edificios enteros. Y lo mismo hacían con los locales, restaurantes o negocios donde ellos mismos trabajaban.

Nueva York les dio la oportunidad de camuflarse en una Babel mutante. Hoy en la 14 hay tiendas de empeño, un pizza-chicken de esquina para llevar, el *diner* cubano de moda, un pub irlandés, un restaurante georgiano, varios negocios de tatuajes y salones de uñas y un par de sótanos con despachos de abogados latinoamericanos. Todo en la misma acera donde antes se multiplicaban los toldos de los negocios españoles. Y ahí en el medio, salpimentando el paisaje, una superviviente llamada La Nacional.

Robert Sanfiz nació en 1969 en el barrio de Flushing, distrito de Queens. Hijo de gallego y estadounidense, en casa solo hablaba inglés. A su padre le escuchaba su idioma cuando hablaba por teléfono con su familia o con su hermano cuando llegó desde Ourense pasando una mala racha. Aquel tío sobrevenido le cambió la vida a Robert. Al contrario que su padre, se sumergió en la colectividad: se integró en La Nacional y fue nombrado tesorero. Un día la familia Sanfiz recibió la noticia de su muerte repentina. Robert, adolescente, acudió al funeral y allí descubrió un mundo desconocido y apasionante. En la sala había mujeres en corro por un lado, hombres por otro, con *look* gris ellos y floreado ellas, pero todos con el mismo rictus indefinido y familiar.

—Nunca había conocido a gallegos fuera de mis parientes y aquel día me di cuenta del significado de comunidad —rememora en su mezcla de lenguas—. Aún guardo el libro de firmas de aquel día, y ahí hay nombres de personas que sigo viendo a diario.

A mediados de los noventa, propulsado por una fuerza interna, decidió irse a vivir al Village. El mismo fuego en el pecho llevó sus pies al sitio donde había pasado la vida su tío: el 239 de la West 14th St: La Nacional. Lo que se encontró fue una estampa tétrica: venta de drogas y prostitución a los pies de la escalera frente a la misma puerta roja que hoy da la bienvenida al visitante. El restaurante animado y luminoso que ocupa el sótano era entonces como un *saloon* del lejano Oeste. Como un forastero, entró y se presentó a los parroquianos. Lo miraron con desdén y se dieron la vuelta. Pero algo quedó; en 2005, Lolo, el concesionario del restaurante, llamó a la puerta de su pequeño despacho de abogados y le espetó en castellano con deje gallego: «Necesitamos tu ayuda. La Nacional va a cumplir 150 años y estamos a punto de quebrar».

—Yo pensé: no se puede cerrar. E iniciamos una transición rápida con gente joven y espíritu más de aquí. Eso les daba desconfianza a los gallegos veteranos. Recuerdo que en uno de los primeros eventos uno de los viejos líderes nos cortó la electricidad. Años después, ese señor sufrió un infarto cerebral y me llamó desde el hospital para decir que sentía mucho no haber confiado en mí, y que ahora todo quedaba en mis manos. Fue emocionante. Murió a los dos días.

La Nacional ha cambiado mucho. Ya no es una sociedad mutual —aunque los socios se entierran en los trescientos nichos que poseen en el cementerio de Queens—, pero es *benevolent*, a la manera actual: alquilan habitaciones para españoles expatriados con precios ventajosos y en los salones albergan eventos dinamizadores de la cultura gallega y española.

Esta jornada de octubre es bastante indicativa. En la oficina del primer piso de La Nacional se reúne el Comité de la Hispanidad con el resto de centros para preparar el desfile anual en la Quinta Avenida. Escaleras abajo se escucha la algarabía de la terraza del restaurante, una bodega clásica gallega, hoy modernizada, con olor a pulpo, croquetas y vino. No hay banderas ni escudos ni fotos de hórreos a la vista, pero en el acceso al lavabo se entra en una máquina del tiempo que eriza los pelos. Las paredes están empapeladas con reproducciones de las fichas y fotos de los socios históricos de la sociedad, formando un mosaico de caras, apellidos, fechas y procedencias gallegas. Es, en realidad, un pequeño museo de la emigración. Está a más de cinco mil kilómetros de donde debería estar, está en el pasillo de un sótano en el que uno solo se puede detener para hacer fila antes de entrar al baño, pero al menos está.

Las 250 toneladas de Eliseo Torres

Eliseo Torres tiene una vida de novela y no por ser librero. Nació en Samieira, Pontevedra, en 1921, hijo de un emigrado a Nueva York. Huyó de la guerra civil para reunirse con su padre en América. Empezó y abandonó los estudios de Literatura y montó una pequeña librería y una editorial. No se volvió loco bautizando el negocio: lo llamó Eliseo Torres. Su plan de negocio se basó en el radio corto: vendía a los coterráneos de la calle 14. Cuando Little Spain se le quedó pequeña, compró fondos y se mudó a la que sería su primera gran librería en el Bronx, un distrito inmenso al norte de Manhattan, mucho más diverso de lo que se cree, pero ya en los años sesenta con grandes problemas de violencia.

Con ojo clínico, trazó una regla de tres rápida: si Nueva York era el centro migratorio para el resto del continente, entonces tenía que hacerse con libros latinoamericanos, así que compró por miles. Pero además consiguió acuerdos con las instituciones educativas en español de todo el país para suministrarles fondos. Publicó estudios literarios y obras sobre cultura, con el consejo privilegiado del profesor exiliado Emilio González López. Llegó a tener un catálogo de cien títulos, y ni eso saciaba su hambre voraz de libros. Cambió varias veces de lugar, siempre en el Bronx, hasta que una compra mastodóntica le obligó a buscar algo parecido a un galpón.

Con ese tesoro acabó llenando una gran nave de tres plantas en Garrison Avenue, sin carteles ni puerta al público, convertida con los años en lugar de peregrinación para bibliófilos e investigadores: iban a ver, como una expedición secreta, el mayor fondo de literatura en español en Estados Unidos. Decían que era el hombre del millón de libros. Y le acompañaba el escenario, ahora sí, el lugar más duro de la ciudad en la época más difícil, entre coches quemados, casas a medio caer, basura por todos lados y un rumor de zombis de la droga al atardecer que solo invitaba a salir corriendo. Se rumoreaba que había llegado allí porque le habían vendido el edificio por un dólar. No le importaron los chismes.

De Eliseo destacaron siempre su carácter sobrio y ahorrador y el amor paternofilial por sus libros. Decían que los fines de semana, bien abrigado para no encender la calefacción, recorría las salas y los pisos contemplando embelesado su biblioteca. Parecía la imagen habitual del gallego emigrante, pero entre tinta y papel. «Supongo que lo mejor sería vender todo esto a quien lo quiera, pero va a ser difícil», dijo en 1993, cuando su figura menuda empezaba a marchitarse y su mito bibliófilo a agigantarse. «Tengo cuatro hijos y no les interesa. Y quien quisiese esto lo querría vacío. ¿Entonces qué hago yo con los libros? Nadie los quiere». En eso se equivocaba. Tras su muerte llegó al Bronx Abelardo Linares, coleccionista andaluz, y le compró el fondo a la viuda, no sin dificultad y mediante una operación logística compleja que se dilató durante más de un año. Cuando los trasladó a Sevilla se llevó con ellos la memoria de Eliseo Torres, un cachito más del país invisible. Un cachito de 250 toneladas.

Tony Bouza, el comandante del Bronx

Todo el mundo lo conocía por Tony Bouza, o simplemente Chief Bouza, un personaje poliédrico que citaba a Sócrates o Aristóteles y repudiaba la violencia policial, al tiempo que vestía un uniforme plagado de estrellas, porque era el comandante jefe del Bronx en el culmen de su locura violenta. En ese puesto protagonizó uno de los documentales más laureados de los setenta en Estados Unidos, *The Police tapes*, e inspiró el personaje del capitán Frank Furillo de la serie que cambió la ficción televisiva, *Hill Street Blues* [*Canción triste de Hill Street*, en España]. Cuando murió, en 2023, le dedicaron obituarios hasta en el *New York Times*. Como tantos policías de la ciudad, era inmigrante europeo. Pero no hijo de irlandeses, lo más tópico, ni, como el ficticio Furillo, de italianos. Ni siquiera integraba la segunda generación migratoria: él había nacido en una aldea gallega llamada O Seixo, en Mugardos, A Coruña, en 1928. Y allí el Chief era simplemente Tucho.

Su padre, José Antonio, había entrado en Estados Unidos de polizón en la primera década de siglo. Durante la guerra civil, cuando Tucho tenía nueve años, su madre y él se reunieron con el padre en Nueva York. Se instalaron en el número 2 de Willow Street, el puente de Brooklyn a sus pies. Su padre, fogonero, andaba embarcado todo el día y murió cuando él tenía quince años. Su madre, mientras, se ganaba la vida como costurera en casa. Tony empezó a trabajar, de repartidor y lavacoches al tiempo que estudiaba y leía filosofía. Intentó entrar en la administración pública de sanidad, pero por consejo de su madre, («una mujer inteligente con espíritu de acero»), optó por probar en la policía. Era 1953. En los sesenta entró en el servicio secreto del mítico New York Police Department. Bouza era ya a esas alturas un personaje contradictorio.

Por un lado se dedicaba a investigar organizaciones subversivas —«qué palabra arcaica», decía el propio Tony— y a controlar a activistas contra la guerra de Vietnam —incluso a la que sería su mujer, Erica— y luego repartía café y galletas en comisaría entre los detenidos.

Por otro lado, ejercía de escolta de dirigentes que acudían a la Asamblea de Naciones Unidas. Bouza era uno de esos hombres de seguridad de gabardina que parecen sacados de una película de Hitchcock. Existen fotos y testimonios de la cantidad de dignatarios que acompañó: John Fitzgerald Kennedy, Tito, De Gaulle, Sukarno, el Che, Fidel Castro. En uno de sus libros de memorias, en el que cita a Lenin varias veces, cuenta su relación con el cubano, inmortalizada en una foto de 1960 en la que el comandante saluda a la gente en Harlem poco antes de su famoso abrazo con Nikita Kruschev: «Nací en la misma región que el padre de Fidel. [...] Castro era irresistiblemente carismático. Debatía conmigo sin tener que ver rango o posición, totalmente igualitario [...] En muchas cosas estaba en lo cierto: alfabetizó Cuba, dio profesores y soldados y su Gobierno no pareció una de las cleptocracias que arrasó el continente».

Bouza también conoció a fondo a Malcolm X, a quien vigilaba más que escoltaba. De la noche en que lo despacharon a tiros en Harlem quedaron muchos cabos sueltos que Tony conocía. Un documental los destapó y provocó, gracias a su testimonio, la exoneración de dos condenados.

Escaló puestos en el cuerpo hasta que lo nombraron comandante del Bronx: tres mil agentes divididos en los once distritos más peligrosos de la ciudad. Ya se había ganado fama de disidente. Como dicen los americanos de campo, era un *maverick*, un espécimen suelto y sin marcar que se aleja del rebaño. Bouza se declaraba policía por encima de todo, pero censuraba la violencia contra las minorías. Por eso cuando los hermanos documentalistas Alan y Susan Raymond acudieron al Distrito 44 de South Bronx para solicitar permiso para grabar el trabajo policial, Bouza los recibió y les dijo lo que nunca hubieran pensado: bienvenidos al sitio donde pasa de todo y por el que nunca nadie se ha interesado.

Durante tres meses los Raymond se empotraron en las patrullas en la milla cuadrada con el índice de criminalidad más alto de Nueva York. Se incrustaron como moscas en la pared en un escenario de guerra no declarada y parieron el documental *The Police tapes*. Cámara al hombro, sonido directo con un colchón estridente de música de sintetizador, imágenes superpuestas en blanco y negro con descampados llenos de cascotes y gatos cebados a base de ratas pardas, entre gritos y sirenas, pantalones de campana, detectives duros y periodistas fumadores, escenas del crimen, calabozos y mostradores de madera maciza. Todo lo que la ficción policiaca estadounidense dio al mundo está antes en esta película. *The Police tapes* sirvió de inspiración para la película de Paul Newman *Fort Apache, The Bronx*, y sobre todo para *Hill Street Blues*.

El momento culminante del documental llega con la aparición de Bouza. Vestido de uniforme, con entradas que le hacen casi un tupé, cejas espesas y nariz recta, sentado en una mesa de despacho, el gallego tira de sagacidad y el carisma, también de idealismo en un mar de contradicciones, para analizar aquel Bronx como un bisturí cortando una herida supurante:

> El policía medio viene de la clase baja y quiere trabajar para ayudar a la gente. Hasta que de repente sale a la calle y recibe un shock de realidad. Él ve que el ciudadano se toma a mal su presencia y se convierte en cínico, se endurece y no se

permite que se le escapen emociones, y por tanto hace callo. Eso le permite sobrellevar todo lo que ve.

Aquí tenemos pobreza, falta de educación, alcoholismo, paro, vivienda deficiente y todas las condiciones que desembocan en un gueto donde todo se resuelve de forma violenta.

Aristóteles dijo hace 2200 años que la pobreza es el pariente de la revolución y el crimen, y eso aún sirve hoy. Hemos ignorado a los pobres. No ha habido una redistribución de la renta significativa en este país en los últimos treinta años. La burocracia y el Gobierno fracasaron, no vienen a ver lo que ocurre en los guetos. Nadie filma nada, nadie escribe nada, y así son invisibles.

Yo estoy bien pagado, casi como si fuera un comandante de un ejército de ocupación del gueto, y eso es una gran tragedia. De ahí es de donde viene mi sensación de derrota y frustración.

Cuando termina su catarata de frases, el documental viaja de nuevo a las imágenes de casas en llamas, un *travelling* de la ciudad devastada y los títulos de crédito con las sirenas desvaneciéndose. *The Police tapes* ganó varios Emmys. Y, sobre todo, desde su estreno el mundo conoció a Tony Bouza.

Después de aquello no hizo más carrera en Nueva York, pero sí en Mineápolis, adonde se mudó en 1980 como jefe de policía, un puesto político prominente. Y no se quedó ahí: en 1994 se presentó a gobernador de Minessota con un partido afiliado a los Demócratas. Perdió cuando prometió acabar con las armas. Ya retirado se convirtió en activista contra el abuso policial, a través de los medios y en los libros que publicó, más de diez. A su muerte, un obituario de prensa resumió su vida en un oxímoron: «Bouza ha sido el jefe de policía más liberal de la historia de Estados Unidos».

Brooklyn: los puertos siempre huelen igual

Ponga un puerto en un mapa y allí habrá un gallego. Por ejemplo, en el East River, en Brooklyn. Como los pioneros de Cherry Street, del otro lado del puente, en Manhattan, estos también acompañaron la brutal transformación del frente costero. Estaban los que llegaron y se instalaron en Greenpoint, donde se encontraban los astilleros que alimentaban la maquinaria de guerra estadounidense. Allí se acumulaba tanto petróleo y aceite sin quemar que se decía que si prendía, ardería todo el barrio. Otros se acomodaron en los puertos de Red Hook; hoy es un Ikea rodeado de cafés *hipster*.

Un buen ejemplo de cómo adaptarse a la nueva realidad de Brooklyn es Casa Montero. Abierto por oriundos de Sada en los años treinta, como otros bares de paisanos en esas calles, daba dormida a los gallegos que llegaban en los barcos a los *docks*. Aquel pasó de ser un paisaje industrial —donde también creció el coruñés Víctor Moscoso, artista de la psicodelia *hippie* sesentera— a convertirse en suelo cotizado en este siglo. Reformaron edificios, construyeron otros, pero Montero siguió sobreviviendo en la divisa entre dos barrios de moda: Cobble Hill y Brooklyn Heights. De no entrar los taxis a la zona a pagar diez dólares por un café. Y en el medio, Casa Montero, un *bar and grill* típico, con su aire a la taberna de la Isla del Tesoro, su rótulo luminoso, su decoración de motivos marineros y todo su sabor neoyorquino. En esa manzana de origen gallego también está Goose Barnacle (El percebe), una tienda-taberna con un cartel llamativo de la Torre de Hércules. Puede no ser Sada o A Coruña, pero el olor es el mismo.

«Nena, dille a teu pai»

Es una sola manzana de la calle 47, la que va de la Quinta a la Sexta avenida, a dos minutos caminando de Times Square. Allí, entre ejecutivos apresurados, turistas en masa, famosos y *homeless*, en el centro simbólico del capitalismo global, deslumbra un anacronismo que ve pasar la historia sin inmutarse. Se llama Diamond District y se reconoce por la cantidad de hombres vestidos de negro, sombrero, barba y gafas que se cuelan entre la gente y entran y salen de los rascacielos, como si los estuviera esperando el negocio de sus vidas. Y puede ser que así sea. Son judíos ultraortodoxos hasídicos provenientes de Amberes y Amsterdam negociando el mejor precio de compra-venta de diamantes. Nueve de cada diez piedras preciosas que entran en Estados Unidos pasan por aquí, un sector de la economía que se mueve solo en esa calle y específicamente en esos edificios de cristal donde se escucha yidis por encima de otros idiomas del mundo, y donde con un apretón de manos se cierran negocios millonarios cada minuto. Tienen su propia liturgia, sus códigos y su jerga, un mundo en apariencia cerrado en el que también, en tiempos no muy lejanos, cabían gallegos como Enrique Mirón.

Con seis meses de vida padeció meningitis y no pudo desarrollar el oído ni el habla. Nació en Lorbé, en el *concello* de Oleiros, hoy con la mayor renta per cápita de Galicia, pero que a mediados de siglo seguía escupiendo emigrantes, Enrique quería aprender todo cuanto antes, pese a su limitación, o precisamente por ello: se formó y estudió carpintería y luego, al morir su padre, su madre pidió ayuda a su cuñado para que lo reclamara a Nueva York. El hermano de su marido fue cortante de tan sincero.

—No puedo mantener a nadie.

—Pues entonces reclámame a mí.

En 1970 llegó a Manhattan ella sola y entró a trabajar en PanAm, la línea aérea, limpiando las oficinas en un rascacielos de sesenta pisos. En cuanto lo permitieron sus papeles, convocó a Enrique. Al llegar, encontró trabajo con un orfebre en la 47. En el frenesí de gente, gritos y dólares cantados trabajaba también una chica portorriqueña separando los diamantes por sus calidades. Ella tenía un rasgo que la distinguía del resto en ese mar de tirabuzones: también era sorda. Se casaron y tuvieron tres hijos. Ninguno tuvo problemas de oído porque la sordera de los progenitores no era genética. Entre ellos hablaban con lengua de signos y los hijos aprendían. Pero ¿qué variedad?

Existen trescientas lenguas de señas documentadas en el mundo, que adaptan los signos de la lengua oral. Enrique llegó con la española —con aportes gallegos— y aprendió la americana. Su mujer, en cambio, usaba la lengua de Puerto Rico, influenciada por la estadounidense, pero con léxico en castellano. Por eso a Michelle Mirón, hija de ambos, aún le dicen que cuando habla lengua de señas lo hace con acento español, diglosia extrema en la diáspora.

—Yo me obsesioné con el gallego y el español hablados porque vi la desesperación de mi padre por transmitirnos su cultura. Como no podía, le insistía a su hermano que nos hablara en sus idiomas. En su caso era fácil, porque ni siquiera dominaba el inglés. Así que entre él y sobre todo mi abuela aprendí naturalmente.

Michelle se convirtió en figura muy activa en la colonia gallega de Nueva York. Creció en los años ochenta en una zona de Brooklyn dominada por italianos de película, como la familia de Joe Gallo paseando su pelo engominado y sus trajes cruzados. En aquellas calles los Mirón hacían piña con algunas familias de Mera, el pueblo vecino a Lorbé.

—Cuando tenía ocho años mi abuela volvió a Galicia y perdí un poco el idioma. Me salvaba que los fines de semana, después de las clases en un curso de español para descendientes, me iba con mi padre a cenar al Círculo Español de Queens, y allí también me sumergía, pero de una manera curiosa: traducía a lengua de señas para él lo que decían sus amigos, que solo hablaban gallego. «*Nena, dille a teu pai…*». Y yo traducía a *sign language*.

El cuento acabó con Michelle cuatrilingüe (inglés, gallego, español y señas) y una profesión adecuada al esfuerzo de toda una vida por la transmisión oral de una cultura: es traductora intérprete.

La Casa Latina de Harlem

A East Harlem se le conoce desde hace un siglo como Spanish Harlem o El Barrio, porque es el kilómetro cero de la diáspora caribeña y de su música. En esas calles, repletas de portorriqueños, dominicanos y colombianos, cristalizó la amalgama de ritmos que dieron lugar a una etiqueta global: allí nació la salsa. Hasta que cerró en la pandemia de 2020, la tienda de música Casa Latina fue una referencia del género. Unos años antes me acerqué para comprar unos discos y una camiseta y enseguida me quedé prendado con el señor que atendía. No porque hablase un español diferente, sino por la comunicación no verbal, el rostro redondeado, el pelo blanco y las gafas y ese algo inconfundible: era un gallego típico de mediana edad. Se llamaba Vicente Barreiro y había emigrado en 1960.

Vicente era asiduo de Casa Galicia, donde además de *muiñeiras* se tocaban mambos, guarachas y merengues en los timbales del Rey de la Pachanga, Juanucho López, de Carnoedo, Sada, otro desconocido ilustre en su tierra natal. Allí Vicente encontró a Cristina, hija del dueño de Casa Latina. Se convirtieron en pareja y terminaron encargándose de aquel lugar que era mucho más que una tienda. Por allí han pasado grandes estrellas de la música tropical, y hasta su cierre pandémico Vicente no dejó de atender a los clientes con una sonrisa y una sapiencia torrencial, una máquina de recomendar discos, novedades y rarezas. Aquel día acabé llevándome una camiseta de la Fania que sigo vistiendo hasta hoy.

Casa Galicia: del Webster Hall a Queens

Se llama Broadway, como la de Manhattan, pero no se le parece en nada. Tampoco se parece a esta misma avenida de hace medio siglo, cuando ya era la vía principal de Astoria, en el distrito de Queens. En el milhojas migratorio de la ciudad, hoy el barrio es un universo latinoamericano de comercios coloridos y restaurantes ruidosos, con grupos de jóvenes que hablan español. Y entre ellos, algunos hombres y mujeres metidos en edad, transeúntes de rictus serio, rasgos de europeos viejos de piel arrugada, sin origen definido para los norteamericanos.

—Siempre nos confunden con italianos y griegos, y no vale la pena sacarlos del error —dice un gallego jubilado de Queens, el mayor *borough* de la ciudad (siete veces la superficie de A Coruña). En cuanto mejoraron sus condiciones de vida, muchos gallegos prefirieron salir de la locura de Manhattan para afincarse en los barrios tranquilos de Queens: Bayside, Sunnyside, Flushing, Whitestone, Richmond Hill. Y Astoria, donde plantaron la quinta sede en la historia de Casa Galicia.

Tiene pinta de banco de otro siglo, un edificio exento de piedra con sus ventanas y puertas arcadas, pero era una antigua iglesia en una esquina a unos *blocks* del *subway*. En el lateral, un gran cartel: Unity Gallega of the US. Casa Galicia. Y una cruz de Santiago. «Adiós ríos adiós fontes», reza un mural dedicado a Rosalía de Castro.

En la oficina principal, junto a la entrada, un tesoro de Castelao oculto en los recodos de la diáspora: una pintura de técnica mixta que muestra a una campesina con los símbolos del galleguismo, la hoz y la estrella blanca, sobre fondo azul cobalto, y una leyenda muy del autor: «*Galegos de América: compride a manda dos nosos mortos*». El cuadro, firmado y datado (New York, 1938), fue donado ese año por el propio Castelao a la Casa G, como la llaman en inglés. No está en lugar privilegiado; para quien no conozca, pasa desapercibido: descansa en una pared sobre un tablón de anuncios y un cartel con las leyes laborales estadounidenses, junto al retrato oficial del presidente de la Xunta. La obra está enmarcada «y empotrada a la pared», me detallan en el centro, «porque ya hemos tenido robos en el barrio, no se lo vayan a llevar». Acto seguido me pasan al bar.

Se escucha una voz familiar. Es Xosé Ramón Gayoso, presentador de *Luar*, en directo desde la televisión. Bajo el aparato, un grifo de cerveza diseñado por Sargadelos y un plato de pulpo. Nunca se logra salir lo suficiente de Galicia por más que uno quiera. Así lo acredita también Isidro Tajes, presidente número 29 de la Casa G, todos hombres salvo una mujer.

—El sábado hacemos ochenta y tres años y muchos más que nos quedan. Tenemos la suerte de que el futuro lo tenemos garantizado por nuestras propiedades —cuenta sin soberbia pero sí con orgullo.

El 14 de agosto de 1938 caían las chicharras del calor húmedo de Nueva York. La comunidad gallega estaba convocada para acudir a Ulmer Park, cerca de Coney Island, para una jornada de celebración y reivindicación, dos años después del golpe de Estado de Franco que dio inicio a la guerra civil española. «Sensacional pic-nic». «Antifascistas! ¡No faltéis!», rezaba el lema llamativo en grandes letras de caja alta. Lo firmaban las Sociedades Gallegas Unidas y el Frente Popular Antifascista Gallego, que organizaban un evento a favor de una tercera república federal con la intervención especial de Castelao, que acababa de viajar a Moscú.

El político firmó numerosas frases inmortales en sus estampas y álbumes: «En Galiza non se pide nada; emígrase» es una de las más repetidas, pero en Ulmer Park se unieron los dos verbos: allí había emigrantes y protestaban. El discurso de Castelao, «en lengua vernácula», según las crónicas, remató así: «Los fascistas no dominan Galicia: Galicia la tenéis con vosotros mismos».

Su presencia también sirvió para impulsar una nueva sociedad en Nueva York. Así nació la Unity Gallega o Casa Galicia, de la que Castelao fue nombrado primer socio de honor. Aun sin vinculación a una ideología concreta, el centro funcionó como antorcha republicana y galleguista. En 1940 inauguró sede propia en Columbus Circle, la primera de una peregrinación marcada por las mudanzas provechosas, marcadas por expropiaciones bien pagadas, hasta llegar a una dirección emblemática en el East Village, porque allí estaba el Webster Hall, el mejor escenario musical de Manhattan. Construido a finales del siglo anterior, era y es un edificio reconocible por la marquesina de la fachada. En su interior de amplios salones y escenarios, de madera noble y detalles *art déco*, se celebraron mítines en los años activos de la lucha obrera. Allí se celebró la mayor fiesta de conmemoración del final de la ley seca y también actuaron Louis Armstrong y Frank Sinatra.

A partir de 1969 también alojó a una comunidad de inmigrantes que acababa de comprar el lugar a tocateja. Lo que realmente estaban haciendo los gallegos era invertir en suelo, en un edificio en el que se reservaban un espacio para ellos. El resto lo alquilaban para grandes conciertos. Al llegar, pintaron el edificio en tonos blancos y azules, como la bandera, y también el toldo de la entrada, junto a un gran cartel: Casa Galicia. Mientras el grupo de baile afinaba las gaitas, al otro lado se agolpaban los jóvenes modernos para ver a Tina Turner, Sting, Prince o Kiss. Allí U2 dio su primer concierto en Estados Unidos y se rodaron películas como *Toro Salvaje*.

En los noventa Casa G mudó su sede a la actual de Astoria, pero nunca abandonó el negocio rentista. En 2017 una gran promotora firmó una concesión del Webster Hall por cuarenta años, a razón de dos millones de dólares anuales para los emigrantes, dueños a su vez de la sede de Queens, alejada de la presión urbanística y los ruidos de Manhattan.

—Nos ayuda tanto ese dinero que aquí la cuota anual del socio es de sesenta dólares. Y no se cobra nada extra salvo el restaurante, y es baratísimo —apunta con una media sonrisa el presidente, nacido en 1985 en Muros—.

Un plato de pulpo *á feira* humeante, con aceite de oliva y pimentón, pasa por delante dejando una estela inconfundible, y surge la pregunta de si cualquiera puede entrar y pedir con esos precios.

—Sí y no. Si vienes una vez, o eres turista, no hay problema. Pero habitualmente no. Porque si no, ¿qué beneficio tienen los socios?

Castelao cuenta en *Sempre en Galiza* la historia de Manuel Castro, el *tamborileiro* de Cerponzóns, un anciano que nunca había salido de Galicia y que un día va a Madrid y se siente como los emigrantes en América, «que no conocen de España más que su aldea y el puerto en el que embarcaron». Pasan las generaciones y sigue ocurriendo algo parecido. Isidro Tajes cuenta una anécdota que rompe esquemas:

—Yo volví a España con quince años, después de seis aquí. Fuimos a recoger la Green Card (el visado permanente de Estados Unidos) para volver con los papeles definitivos. Yo en esos años de adolescencia siempre decía: «Cuando lleguemos a España voy a besar el suelo». Así que aterrizamos en Madrid y mi padre me dice: «Venga, ahí lo tienes, ya puedes besarlo». Yo le respondí enseguida: «¡No! ¡Esto no es España!». Cuando llegamos al aeropuerto de Santiago ahí sí que me arrodillé y besé el suelo.

Exactamente igual que el *tamborileiro* de Cerponzóns, que después de quince días en Madrid, «inquieto por la morriña», dijo: «Yo quiero irme a España».

Saltar el barco en Nuarca

En la década de 1960, un emigrante de Sada llamado Aniceto Rodríguez, presidente de La Nacional, organizó una comisión para negociar el aumento de la cuota migratoria con la administración de Lyndon B. Johnson. El presidente firmó el acta y regaló el bolígrafo a Aniceto, un trofeo para la colonia. La medida era simbólica, porque las cuotas continuaban siendo mínimas, pero sin los filtros actuales entraban muchos más de manera ilegal y luego regularizaban su situación.

Una táctica llamativa la empleaban los trabajadores de la marina mercante que querían emigrar. Con paciencia, esperaban a que una de sus rutas pasara por Nueva York. Cuando llegaban allí, «saltaban el barco», como dicen ellos y sus descendientes, literalmente traducido del inglés: *to jump the ship*: en la escala bajaban a tierra con el pasaporte y ya no volvían. Se *caían* del barco, como le pasó al suegro de Isidro Tajes:

—Él venía de trabajar en el mar de Francia. Con otros tres de Palmeira encontraron un barco que venía a Nueva York y planearon todo para quedarse aquí. El barco llegó, él bajó, y el barco se marchó. *He jumped the ship.*

Entraban, además, con el pasaporte sellado. Luego prolongaban su estancia más allá del tránsito y se quedaban a vivir sin visado, pero al ser una entrada legal tenían más fácil conseguir la residencia.

En 1985, mientras Felipe González firmaba la adhesión de España a la Comunidad Económica Europea, un pelotón de jóvenes se agolpaba en los mostradores del aeropuerto de Lavacolla. Se había inaugurado una línea directa entre Santiago de Compostela y Nueva York, consecuencia de la salida masiva de chavales hacia Estados Unidos en busca del trabajo que no había en casa. Nueve de cada diez chicos provenían de la franja costera que va de Carnota, al sur de la Costa da Morte, hasta Aguiño, la última punta de la comarca de O Barbanza. Y nueve de cada diez recalaban en la ciudad de Newark, en Nueva Jersey, frente a Nueva York. Era una emigración extemporánea, cuando ya terminaba el ciclo de salidas hacia países europeos de los años sesenta y setenta.

Desde 1982, la crisis en la flota pesquera y la mercante dejó sin perspectivas de futuro a una generación de jóvenes del litoral y buscaron la puerta de salida. A estos jóvenes los llamaron *murielitos,* por ser la mayoría del *concello* de Muros, en un juego de palabras que los emparentaba con los *marielitos*, los cubanos que poco antes habían salido en masa hacia Florida por el puerto de Mariel. La comparación irónica tenía su miga: España entraba en Europa pero Galicia aún tenía que emigrar.

—Mi padre vino porque su barco paró la actividad en 1985 —recuerda Isidro—. Ganaba bien, estaba dos o tres meses en el mar y volvía. Daba para mucho, pero cerró el barco y empezó a oír una voz: América, América. Y tuvo el valor de venir aquí sin saber qué hacer y cómo quedarse.

Una agencia lo contrató por anticipado como temporero para recoger tomates en Florida, otra vía habitual para entrar con visado. Empezaban a trabajar y al poco tiempo viajaban a Nueva York hasta conseguir los papeles. En el caso del padre de Isidro, en una empresa donde pasó cuarenta años cambiando tapas de alcantarillas por todo el Estado.

—San Martiño, Carballosa, Xuño, Caamaño, Queiruga.

Se escucha a una chica recitar en el aire del Club España de Newark lugares y parroquias que atraviesan desde Boiro a Porto do Son. La voz vivaracha va acorde a la cara intensa de gafas grandes, hoyuelos marcados al sonreír, que es casi siempre, y una melena negra y cuidada: es peluquera. Si dice que llegó ayer de O Barbanza sería imposible contradecirla por la retranca, los gestos y la lengua, con la distintiva fonética del gallego de la zona. Y sin embargo ni siquiera nació en Galicia. Se llama Erisandra Santamaría, nació en 1990 en Nueva Jersey, nieta, hija y esposa de emigrantes.

—Pero soy gallega total, ¿eh? Mi ilusión era ir desde aquí a Santiago a estudiar, pero no me dejaron: soy hija única y hay que amarrar. Y también saben que soy *festeira*, *¡mimá!* —y entra en la carcajada.

Su caso tiene una vuelta de tuerca. El 8 de noviembre de 1986 sus padres se casaron en una iglesia de Xuño y al día siguiente se marcharon de luna de miel a Nueva York con un visado especial de quince días. Se fueron directos a la casa de una tía que vivía en Newark, y no salieron más. También llegó el abuelo, que tenía cuarenta años, *saltando el barco*, y se reunió con la familia.

Erisandra, aunque estadounidense de pasaporte, nunca dejó de tener un pie en Galicia. Allí, durante un verano, conoció a uno de Aguiño que llevaba un par de años en Nueva Jersey, y así cerró el círculo, casándose con él en la Galicia neoyorquina. Toni Palmeira, su marido, no lo pasó fácil al inicio de su experiencia migratoria.

—Tenía la maleta siempre abierta en la habitación, preparada para llenarla y marcharme. Trabajaba en la construcción, picando piedra, pero yo era pintor. El primer año es realmente jodido. Si aguantas ese tiempo, ya está —cuenta Toni, vestido a la americana, con gorra de visera doblada, pantalones rotos y una camiseta blanca con la leyenda «*Live like a king*»—. A mí me cambió tener papeles, porque no podía hablar el idioma, no sabía ni los colores, y en el trabajo era imposible, hasta mi jefe era de Aguiño. Pero entré en la Union, el sindicato, y ahora estoy todo el día con irlandeses y americanos. Y soy pintor, que es lo que me gusta.

Le ofrecen una cerveza. No la acepta y se abre un diálogo de bar de aldea.

—¿Dónde te toca?

—Hoy, toda la madrugada en la Trump Tower pintando el garaje.

—Pues mándale un saludo a Donald si lo ves, jaja.

—Yo no vine, a mí me trajeron. Y engañado. Me dijeron que veníamos a visitar a mi padre y volvíamos a Galicia. Pero cuando llegué y vi que me apuntaban en el colegio ya me di cuenta de todo. Tenía nueve años.

—Yo nací en Flushing, entre los chinos, pero ser… yo soy de Muros.

Los ejemplos de dos treintañeros ilustran la nueva realidad en los centros más activos de Nueva York, hoy en manos de descendientes de los emigrados, llegados muy niños o incluso nacidos allí. Ellos llevan las riendas y mantienen la galleguidad en una comunidad más encerrada en sí misma que en otros países. Entre ellos usan el inglés, pero en el ámbito familiar pasan al gallego —«sobre todo si hablamos de cosas serias», dice Isidro. Del español, solo ecos.

Técnicamente hay menos distancia en tiempo de tren desde Manhattan a Newark que a Astoria, en Queens, donde está Casa Galicia. Y sin embargo la distancia real es mucho mayor. Llegar a la mayor ciudad de Nueva Jersey es meterse en una película realista cruda americana: tras una sucesión de chimeneas industriales y grúas portuarias aparece Penn Station, con salida a una plaza que parece abandonada, y decenas de personas sin techo. Ese estado, que Lucy Sante definió como «la conjunción central entre Nueva York y Filadelfia», con ciudades «ahogadas, agraviadas y ruinosas» como Newark, no siempre fue así.

En el barrio de Ironbound, a unos minutos caminando, se adivina enseguida la ciudad suburbial, de poco edificio alto —el único en construcción es propiedad de un gallego— y mucho movimiento comercial, aunque de ritmo diferente al de Manhattan. Aquí habita una curiosa mezclada de lusofonía, galleguidad e Iberoamérica. En Newark, rebautizada *Nuarca* en el inglés agallegado propio de los emigrantes, continúa incandescente el núcleo de la diáspora, palpable de un vistazo a los carteles: Fornos, Casa d’Paco, Don Pepe (restaurantes),

Teixeira's Bakery (panadería), Cuntis Inc. (carpintería industrial), Meiga (boutique) o Galicia Contracting (construcción). Nueva Jersey, el estado de Sinatra, Springsteen y los Soprano, es también el de los gallegos.

El Club España de Newark (1964) es una casa de planta baja de ladrillo y entreplanta de tablones de madera, de bandera estadounidense en la fachada y la cruz de Santiago en el cartel de bienvenida. Al entrar, el *look* es de bar americano —barra amplia y cuadrada, varias pantallas arrojando fútbol a la cara de los que beben sentados en taburetes, con mesas altas y luminosos de cerveza— y, al contrario que otros centros de la emigración, la edad media no pasa de los cuarenta años.

La presidenta, Mónica García, recibe en mandil y con cara de agobio. Ella misma se explica con la puerta de la cocina entreabierta: la madre de la cocinera enfermó y está echando una mano. Se sienta a una mesa redonda y a la conversación se van sumando jóvenes. La tertulia se extiende por espacio de cuatro horas alrededor de bebidas gallegas y pulpo *á feira* con todo su kit.

—Aquí somos 120 familias, noventa por ciento gallegos, y dentro de los gallegos, noventa por ciento de O Barbanza —dice Mónica, nacida en Newark en 1990, con padres de Ribeira.

—¿De Ourense no hay?

—Hay, hay, pero están del otro lado del barrio —interviene Álex Álvarez, nacido en 1986—. Yo sí soy de Celanova, como casi todos los ourensanos, pero la mayoría prefirieron estar por libre. Por lo que cuentan, alguno no les quiso servir y montaron su propio club.

Tras caminar ocho calles desde el Club España, unos diez minutos a pie, atravesando cruces para todoterrenos tamaño tanque y buses escolares amarillos, se llega a la esquina de la calle Lafayette. Allí se alza el Centro Orensano Social Club (también 1964), un bloque con banderas. Al entrar vuelve la sensación clásica de la diáspora: un salón enorme con una docena de mesas, solo dos ocupadas por hombres de sesenta años que juegan la partida, fútbol televisado a la espalda. Bufandas de la selección española, bandera de Galicia y dos carteles deslumbrantes entre dos espejos. En uno, el escudo de Ourense con la silueta de un afilador. En el otro, una divisa colocada entre dos estrellas blancas: Benvidos ao Centro Orensao (sic). «Lo hizo un portugués», se escucha desde la barra.

Ahora habla Miguel González, presidente durante trece años del centro y aún persona para todo. Como Mónica, también está metido en la cocina.

—Los sábados ayudo en lo que se puede —y señala al vacío, taciturno, con el pelo blanco nuclear, las gafas un poco bajadas—. Porque yo voy dos o tres veces a España al año y no estoy siempre.

González emigró en 1969 desde Ourense después de un paso por Francia. Al llegar a Nueva York ayudó a construir las Torres Gemelas y treinta años después casi las ve caer de cerca. Lo salvó la hora.

—El 11 de septiembre tenía marcada una cita allí al lado, y el tren desde Newark tiene la parada en el propio World Trade Center. Si llego a ir antes ya me podía ir despidiendo.

Empieza a dar un *tour* por el club, que, reconoce, vivió épocas mucho mejores. Varios salones, ahora vacíos, dan muestra del poderío de la enorme colonia ourensana en los años setenta. Venían de Celanova, O Carballiño o Ramirás a la construcción, las fábricas y el puerto, muchos de rebote desde México o Venezuela.

La visita guiada pasa por la biblioteca, un lugar para instrumentos tradicionales y una oficina con demasiadas cosas sobre la mesa, facturas pegadas en la pared, un juego de queimada y un banderín del Deportivo.

De vuelta en el club España, poco ha cambiado en estas horas. El fútbol sigue en las pantallas; ahora entran y salen niños; hay clase de baile gallego y los padres, segunda generación de emigrantes en Newark, toman algo en la mesa de la tertulia. Hay historias para repartir. Álex Álvarez nació en 1986 en Nueva Jersey, cuatro años después de que sus padres reemigraran desde Venezuela —diáspora rebotada, nomadismo a la gallega— en busca de la prosperidad.

—Mi familia no hizo dinero en Venezuela, eso desde luego, aún estoy esperando a ver algo de eso (risas). Pero aquí había trabajo para todos y aquí seguimos sus descendientes.

Su mujer, también Álex, de apellido Brea, lleva el localismo gallego serigrafiado en la sudadera negra. Unas grandes letras celestes rezan «Palmeira capital», para contradecir a la oficialidad, que dice que ese pueblo es solo una parroquia de Ribeira, rivalidad desde la diáspora. Desde allí, desde Carnota, O Pindo o Ézaro, viajan familias enteras cada mes de noviembre a Newark para celebrar el Día de Acción de Gracias con su familia emigrada.

En Nueva York los hijos no suelen seguir los negocios de los padres, pero de vez en cuando sale alguien que renueva el oficio de los padres en una versión moderna, al salir de la universidad.

—Desde los catorce años iba a ayudar a limpiar platos al restaurante donde trabajaba mi padre para ganar veinte pesos (así llaman a los dólares). Y me gustó tanto que después de varias vueltas en la vida terminé comprando y abrí el mío.

Lo cuenta Ángel Lestón, nacido en *Nuarca* en 1987. Pasó sus primeros años entre las dos orillas. Cuando cumplió cinco tomó el vuelo definitivo. Se ajusta la gorra, calada como un dibujo animado, con la barba recortada y las mejillas coloradas, y compara su vida con la de su hijo de esa misma edad, cinco años, que apenas habla español y gallego.

—Tenemos que meterlo en clase, porque fuimos a España y casi no conseguía hablar. Mi abuela, pobre, no se puede comunicar con él porque no habla inglés. Pero tampoco lo habla mi padre, nunca le hizo falta. Yo pasé años con un buen trabajo en el aeropuerto, llegué a ser gerente de cinco tiendas, pero un día la empresa quebró, así que cogí todo lo que tenía ahorrado y monté Casa d'Paco, por mi padre. Él merece todo, es un fenómeno. Vive más en Muros que aquí, y cuando viene, nos gritamos y se marcha. No le pidas un plato refinado, pero cocido o pulpo, lo que quieras.

Su madre fue por otro camino. Llegó y se enroló como pastelera en Newark. Pero enseguida encontró una casa de ricos donde trabajó veinte años. A ella la contrató la mujer de la casa, porque su marido apenas pisaba para dormir. Se llamaba Jeffrey Picower y era el socio y amigo de Bernard Madoff, el inventor de una estafa piramidal que defraudó miles de millones de dólares. Lo encontraron muerto en la piscina de su casa.

Bajan más niños, hablan inglés con los padres. Al día siguiente toca clase de español y vermú, reglamentario como el resto de actividades. En la tele se escucha la retransmisión del fútbol. Llaman a otra chica, Lisette Álvarez, para que cuente su historia. En este caso, de tercera generación.

—Mis abuelos por las dos partes vinieron y montaron un restaurante. Por parte de padre, de Ourense, abrió el Sevilla, ahora el restaurante gallego más antiguo de Nueva York. Por parte de madre, de Pontevedra, abrió el Málaga. Y yo salí psicóloga —risas inesperadas en el auditorio. Ella mira a su alrededor y continúa—. Pues eso es la cultura machista, no podíamos estar trabajando en un restaurante, pero tampoco aprobaban que yo estudiase *«porque vas traballar cos tolos»* (vas a trabajar con los locos). Es nuestra cultura y tenemos que enfrentar estas cosas y superarlas.

Ahora se habla en la mesa del Consello da Galicia Exterior y de las reuniones de la diáspora. «Todo hombres viejos», resume alguien desde el fondo, enseguida ahogado por el grito de gol del partido de la tele.

—Nosotros y Casa Galicia somos los únicos que nos reconocen como garantía de futuro —toma la palabra Ángel Lestón—. Tenemos ochenta chavales dando vueltas por aquí. Y la cuota no es alta, 150 dólares al año. Claro, no tenemos la suerte de nuestros amigos de Casa Galicia con el Webster Hall. Nosotros tenemos el pulpo a veinticinco pesos, y ellos a doce. ¡Y su vino de la casa es del bueno!

Sale más comida de la cocina y un postre. De repente alguien grita:

—*Chups, chups, chups!* —y empieza un gañido tribal, al estilo de las películas americanas. Sacan de la barra chupitos para toda la mesa, de color vivo y textura densa. No es aguardiente de hierbas ni licor café: es Jagermeister con Red Bull.

María Bermúdez de Tajes y Romanov

María Bermúdez, veinte años recién cumplidos, avanza en la cola de Migraciones del aeropuerto JFK de Nueva York. Lleva a un niño de la mano y un bebé en brazos. Es otoño de 1985. Un par de personas más adelante está su marido, José Tajes, peón de la construcción, emigrado el año anterior, que regresa de sus vacaciones con una bolsa de gimnasia, un pantalón vaquero gastado y unos tenis.

—Yo me adelanto y así no nos relacionan —había planeado José antes de salir todos de su casa en Galicia—. Cuando te pregunten, dices que vienes a visitar a unos amigos.

El hombre pasa el filtro migratorio sin problemas. Pero cuando llegan María y los niños a la cabina, el policía les pregunta qué vienen a hacer.

—*Vacations* —contesta María, con la palabra mil veces ensayada, incorporando al bebé y los ojos fijos en el guardia.

De repente, el niño mayor ve al padre al otro lado y grita:

—¡Papá! ¡Papá!

Después de un interrogatorio en el temido cuartucho del aeropuerto y la amenaza de expulsión esa misma noche, les dan una solución «humanitaria».

—La policía me dijo que había infringido la ley. Yo reconocí que había mentido para entrar, pero que no tenía otro remedio —cuenta hoy María, cincuenta y tantos, en una comida en el Centro Español de Queens, que ella misma organiza con la laboriosidad que relata su vida en Nueva York—. Me dieron una semana para estar con José, pero a él le requisaron el visado y el carnet de conducir. Solo se lo devolvieron cuando acudió al juzgado con mi billete sellado, después de que nos fuésemos de vuelta a la aldea.

Un año después María repite imagen en el aeropuerto. Ahora ya van los dos niños de la mano y ella tiene los papeles en regla. Los primeros tiempos son duros: trabaja cuando vuelve su marido de la obra. Primero, como secretaria de un pediatra en Queens. Después, en una agencia de viajes, una inmobiliaria, un banco. Pero siempre a deshora.

—A mi marido no le gustaba que trabajase de tarde y noche, así que tuve que cambiar. El amor es muy puto. Pero los celos de él fueron lo mejor que me pudo pasar.

En esa época, una amiga peruana le pidió que la sustituyera en una de las casas en las que trabajaba de tiempo parcial.

Por la mañana, en casa de un escritor. Por la tarde en la casa de unos señores con mucho dinero y pompa. Ella, italiana, María Valguarnera di Niscemi. Él, ruso. Alexander Romanov.

—Romanov, ¿como los zares? —le pregunto mirándola a los ojos.

—Claro, claro. Sobrino nieto del último zar.

La historia de la pareja Romanov Valguarnera tiene el adobo folletinesco de las noblezas sin trono, convertidas en parias danzarinas por el mundo. En 1918, tras la llegada de los bolcheviques al poder, el último zar, Nicolás II, fue ejecutado junto a su esposa e hijos. El resto de la familia se escapó como pudo. Entre ellos una sobrina del zar, Nikita, que se instaló en París, donde nació su hijo Alexander. Ya adulto, se refugió en Estados Unidos, donde se casó con María, heredera del principado de Niscemi, en Sicilia. Dos dinastías sin corona se unían en Manhattan, con una fecunda historia de príncipes destronados y jerarcas embarrancados, partícipes de la *dolce vita* neoyorquina, acodados en las ventanas de sus pisos catedralicios mientras administran sus fortunas o hacen equilibrios para no pasarlas canutas.

La amiga peruana de María retornó a su país y ella se quedó limpiando de forma definitiva en la casa de los Romanov. En poco tiempo el rol de María fue mutando y alcanzó más poder en la casa, un *penthouse* enorme en la Quinta Avenida con la 96, frente a Central Park. Veintitrés millones de dólares costaba la casa de los Romanov, dice María. Por allí pasaban famosos de la televisión, jueces de la Corte Suprema y amigas como Carolina Herrera.

—Les encantaba mi comida. Y yo, siempre que podía, hacía comida gallega, con pescado y marisco, especialmente vieiras.

A estas alturas María era ya la mano derecha de la familia, especialmente de la otra María, como asistente personal en sus negocios de joyería e inmobiliarios. No sabe —no dice—

qué negocios tenía Alexander, pero sí que «el dinero lo tenía ella, él nada». Y si faltaba algo, subidos como estaban a un tren de vida supersónico, vendían joyas. Una llamada, una bolsa para meterlas y María de Tajes volaba a uno de esos sitios de Manhattan tan fértiles para la ficción audiovisual, un callejón oscuro, timbre y contraseña.

—Entrabas, te subían en un ascensor a una sala pequeña. Allí solo había una abertura, solo veías unos ojos. Te anunciabas dando la referencia, por un agujero metías la bolsa con las joyas y al cabo de unos minutos te daban el dinero correspondiente de vuelta. Si en algún momento querías recuperar las joyas hacías el proceso inverso, pero a otro precio, claro.

María trabajaba de nueve a cinco, pero cuando había cenas, y eran muchos de los días, se quedaba. José ya no protestaba.

—¡Como para quejarse! Me pagaban 1500 dólares semanales —comenta María, dejando ver los dientes de alegría.

En total trabajó allí treinta años, hasta que sufrió un ictus y paró. Pero María Valguarnera siguió llamándola para las cosas importantes que ella resolvía con discreción y eficacia. Mucho por decir, todo por callar.

—Tengo mucho secreto, sí —exclama para responder a una repregunta. Y se marcha con una risa abierta a probarse un traje de gallega para el desfile del 12 de octubre.

En Nueva York hay una tradición enorme de *paradas*, como las de los italianos, los irlandeses o los caribeños en sus días grandes. Siguiendo esa estela, en la década de 1960 la colectividad española formó un comité para celebrar un desfile por el entonces llamado Día de la Raza. Hoy ha cambiado la nomenclatura, e igualmente pervive el Día de la Hispanidad, dada la mayoría latinoamericana. Pero el protagonismo es gallego: el comité se reúne en La Nacional y sus centros abren la comitiva el día grande.

El 12 de octubre las carrozas de Casa Galicia y La Nacional engalanan la calle 44 con grandes espejos, carteles y terciopelos de colores llamativos. Es un domingo soleado y María se ajusta el traje tradicional y empieza a calentar la voz con los nervios de salir a la gran avenida. La Quinta espera vallada, con neoyorquinos y turistas atentos a una hilera de carrozas que debe despistarlos, pensando en qué hacen esas gaitas que parecen escocesas al lado de unas guitarras flamencas. También se ven farolillos de fiesta, uniformes de la policía, tricornios de la guardia civil y hasta *txapelas* de la Ertzaintza tras las carrozas que abren con panderetas, acordeones y una solitaria flauta travesera que planea sobre las *muiñeiras*.

Bajan los aplausos según avanza del desfile orgulloso por el Midtown. Los gallegos perfilan el Rockefeller Center y paran, por casualidad y durante unos minutos, a la altura de la Trump Tower, la misma donde a esa hora todavía estaría Tony Palmeira pintando el garaje. Siguen hacia el Upper East Side, la zona chic donde trabajó la madre de Ángel Lestón con la familia socia de Madoff y también María Bermúdez de Tajes con los Romanov.

Es un paseo por las nubes, una victoria efímera pero poética. La caravana, con María a la cabeza, atraviesa la Gran Manzana como un tajo de abajo arriba, cantando en gallego y tocando con toda la fuerza, para decirle a todos que al menos un día al año dejan de ser invisibles y se convierten en los dueños de Nueva York.

Pepe la Muerte

Cuando Pepe bajó del barco en A Coruña la realidad lo aplastó. Había dejado una vida en La Habana y otra en Nueva

York para volver a su aldea. Del Caribe y los rascacielos al arado y los *bois*. Así que se caló el sombrero, levantó la barbilla, oteó el horizonte marino por última vez y bajó al muelle con equipaje ligero. No traía ni maletas ni baúles: solo él frente a sí mismo. Mantenía el temple y sus andares pausados, pero traía un algo diferente, llamativo para los que le pasaban por un costado: una cicatriz le cruzaba la cara, de un lado al otro de la mejilla izquierda.

No se escondió —tampoco tenía cómo hacerlo— cuando llegó a su parroquia natal, Sillobre, Fene, en Ferrolterra. Cuando dio el grito en la puerta salieron a verlo. Extrañados, sus familiares lo abrazaron como quien agita un espantapájaros. Él se separó tímidamente. Dio algunas explicaciones, pocas, durante la cena. En un largo silencio, después de que lo llamaran varias veces por el nombre, apuntó con un susurro atronador:

—Ya no soy Pepe. Ahora me llaman Pepe la Muerte.

Por la noche volvió a la habitación donde se crio y, desde ese instante, emprendió una vida anónima, medrosa, silente. Una nueva migración interior, sin salir de la casa familiar, pensando que en cualquier momento aparecería alguien para meterle cuatro tiros y dejarlo tirado en la hierba. Al diccionario de Sillobre no había llegado la noción de la palabra mafia. Ni siquiera había llegado el cine de gánsteres. Pero todo el mundo entendió que si Pepe había vuelto de las Américas igual de pobre, con un mapa en la cara y un apodo que daba miedo, entonces era mejor no preguntar.

Habían pasado veinticinco años. La familia tenía la taberna de la aldea y algunas tierras en el monte, y aun así —gracias a eso, más bien—, emigró. Tiempo antes se había ido su tío a La Habana: nunca más se supo de él. Atrás fue Pepe, aún adolescente, a sumergirse en la noche de la Galicia tropical, ruleta, ron y burdel.

Tenía dos atributos: hacer cuentas y saber callar. Eso le ayudó a conseguir trabajo en la hostelería nocturna. De club en club, consiguió llamar la atención de los americanos por su habilidad con los números y su facilidad para negociar, siempre por lo bajo, sin un aspaviento. Conocía a los propietarios y los clientes de los locales más famosos, pero sobre todo sabía manejar abrelatas: policías bien conectados, empleados del puerto, funcionarios del Gobierno. No tardó uno de esos americanos —decían que eran italianos o judíos, pero a sus ojos eran eso, gringos— en hacerle una oferta imposible de rechazar.

Estados Unidos había aprobado en enero de 1920 la ley Volstead, que establecía la prohibición de producir, importar, transportar y vender bebidas alcohólicas: la célebre Ley Seca, que trajo consigo un mercado negro millonario en el contrabando desde Cuba, un grifo abierto de ron que inundaba el litoral de Florida. A aquel corredor etílico le llamaron *rum-running* y llenó de billetes al crimen organizado de la costa Este. La mafia siciliana de Nueva York tenía abierta una vía en los puertos cubanos. Mientras en La Habana atracaban veinte barcos de turistas por semana, en los puertos industriales del Mariel y Bahía Honda se movía un tráfico incesante de cajas de ron y otras mercancías ilegales. Las autoridades, bien untadas, miraban para otro lado. Y ahí mandaba Pepe.

Aquel que le acercó la propuesta le dijo que solamente tenía que hacer lo que sabía, que del resto ya se encargaban ellos. «¿Y quién manda en esa organización?», preguntó el gallego. Apenas le dieron un nombre, o eso pensó él, como si fuera un paisano de la aldea.

—Se llama Luciano.

La familia Lucania llegó desde Sicilia a Nueva York en 1907. Cinco hijos. El pequeño, Salvatore, se quedó en la cuarentena de Ellis Island al diagnosticársele viruela. La imagen del chaval de gorra y flequillo mirando la Estatua de la Libertad reflejada en el cristal de su celda se convirtió en fotograma inmortal de *El Padrino II*, con el menor de los Lucania transfigurado en Vito Andolini de Corleone. Aún niño, en el Lower East Side, el verdadero Salvatore aprendió a poner el pecho a las balas, y enrolado en la Five Points Gang, supo lo que quería en la vida. La juventud fue una escalada loca de robos y violencia, en la que tuvo que guardar el equilibrio entre la lealtad a los *bosses* de la época y a sus amistades de otros orígenes. Se cambió el nombre, de Salvatore a Charles, y el apellido, de Lucania a Luciano. Vivía en el alambre y eso solo podía acabar en la cuneta o en la cumbre. Ocurrió lo segundo.

Ya conocido como Lucky Luciano, tras esquivar la muerte y la cárcel de variopintas maneras, el siciliano —rostro inquietante, un ojo caído, la ceja arqueada y una media sonrisa tras el sombrero de gánster— sembró un camino sangriento hasta llegar a lo más alto de la Cosa Nostra. Quitó de en medio a sus enemigos y le preguntó a su mano derecha, Meyer Lansky, qué negocio daba más dinero. No era el juego ni la prostitución, sino el alcohol. La mafia ya era una gran corporación. «Somos más grandes que US Steel», dijo Lansky, el contable.

La carrera de Luciano pitaba en paralelo a la ley seca. Para cuando ya era capo de todo el negocio, la prohibición ya se acababa. Cuba era una mina de dinero y Pepe funcionaba como un reloj a la hora de rendir cuentas a los jefes italianos. Un día le preguntaron si dejaría La Habana por Nueva York: mismos jefes, diferente trabajo, más dinero. Asintió.

Hay un hilo invisible que une las vidas de Pepe y Lucky Luciano y el nudo está en Ellis Island. Cambian las nacionalidades y las circunstancias, pero allí queda registro de todos los que pasan. En los libros quedó escrito que Pepe llegó en el barco Havana desde esa misma ciudad la última semana de 1931. Tenía veintiséis años y llegaba para trabajar «al jornal». Lo que no decía era quién lo empleaba y para qué. Sin prohibición de alcohol, el negocio debía continuar por otras sendas y había dinero que organizar. Y por eso traían a Pepe, que ganaba confianza dentro de la estructura de Luciano.

El cometido no era fácil: querían que fuese recaudador de la zona oeste de Manhattan, donde se manejaba mucha mercancía y se cobraba al día en los clubes. El porfiado gallego recaudaba y anotaba. Pero en una de esas noches le tocó lidiar con algo más que un cuaderno: le cortaron el rostro. Podemos aventurar que fue una pelea laboral, o una mala copa, o algo más prosaico y casual. Pero Pepe nunca abrió la boca para contarlo. Fue dueño y señor de su propia *omertà*.

Las vidas también se entretejen con la historia. En la cumbre de su carrera Luciano fue detenido por proxenetismo. Fue el 18 de julio de 1936, el mismo día que se iniciaba la guerra civil. Lejos quedaba Europa para Pepe, no tanto para Lucky, que consiguió ser desterrado a Italia, pero manteniendo el poder en Nueva York.

La ciudad y el negocio cambiaban y Pepe La Muerte, descreído de su vida, hizo clic. Cuando le dieron el soplo de que la policía estaba tras él, tiró al Hudson las sacas con la recaudación de la semana, pero no evitó un arresto y un interrogatorio. Nunca se supo si contó algo comprometedor para Luciano o no; tampoco hizo falta. Sin avisar a nadie, sin demora, cogió un barco y no volvió a Nueva York. Su destino era su aldea y allí se mantendría escondido de por vida.

Hermético como siempre, vivió en duermevela pensando que lo acribillarían cualquier noche de luna llena. Pero eso no sucedió y se murió de viejo treinta años después. Hoy en el cementerio de Sillobre reposan sus restos con el nombre real en la lápida. Lo mantendremos en secreto por si acaso algún día viene alguien pidiendo cuentas.

6
RÍO DE JANEIRO

Sin business plans *ni otros anglicismos de parqué y corbata: era pura intuición aldeana*

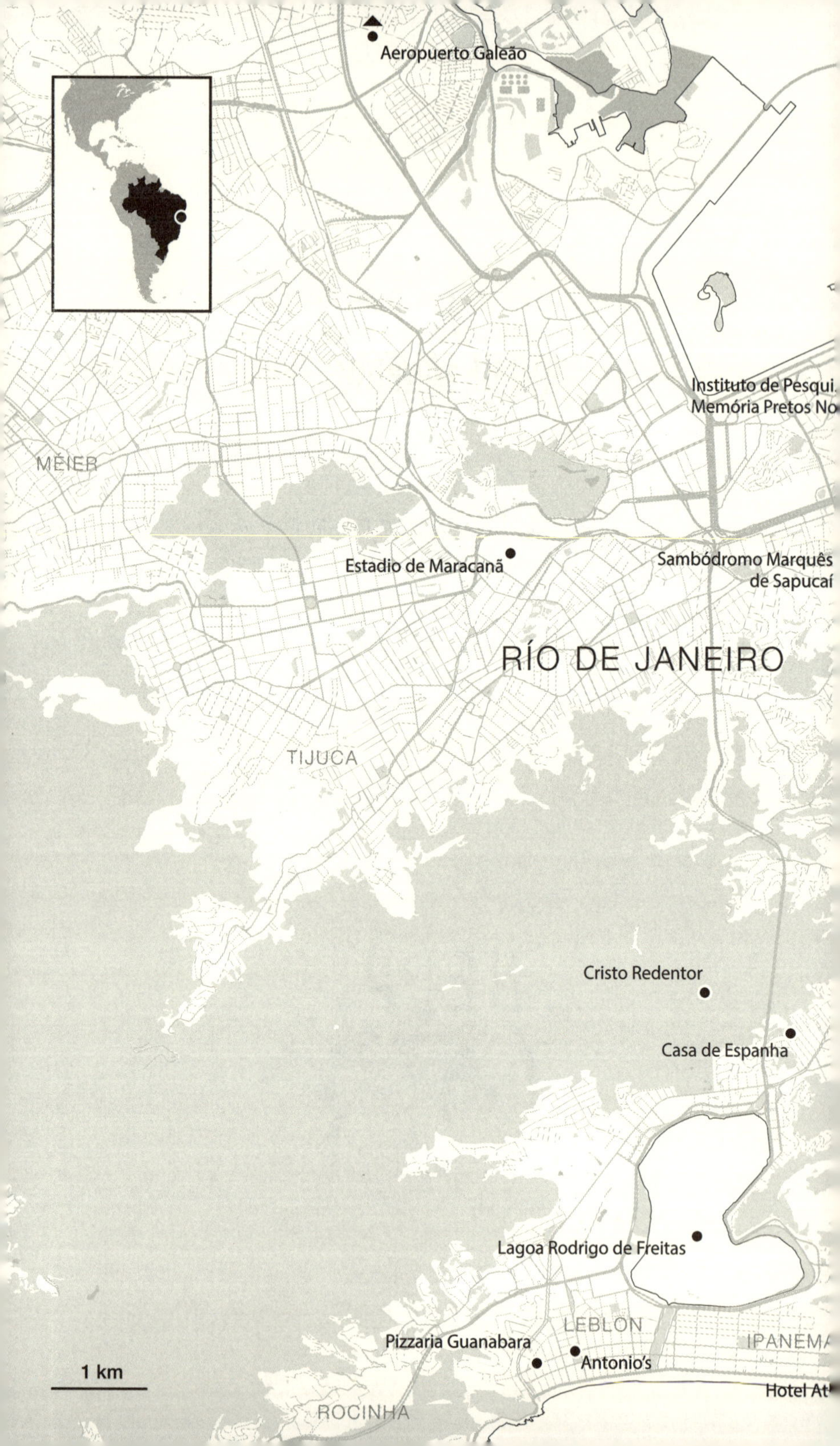
Aeropuerto Galeão
Instituto de Pesqui.
Memória Pretos No
MÉIER
Estadio de Maracanã
Sambódromo Marquês
de Sapucaí
RÍO DE JANEIRO
TIJUCA
Cristo Redentor
Casa de Espanha
Lagoa Rodrigo de Freitas
LEBLON
IPANEMA
Pizzaria Guanabara
Antonio's
Hotel At
1 km
ROCINHA

ía de
nabara
to do
de Janeiro
Praça Mauá
s do
ongo
Restaurante Albamar
Casa Urich
Casa Villarino
marelinho
Lapa
Museu de
Arte Moderna
Taberna da Glória
Hotel Vitória
NITERÓI
Pão de Açúcar
AFOGO
estaurante
Cervantes
Barbarela
Boite
staurante
a Zíngara
Meridien-Windsor-
Hilton Copacabana
Ilha
Cotunduba
Windsor
Excelsior
COPACABANA
fício Master
Pataca
eca Help
Océano
Atlántico
Arpoador

Meia Pataca

Era 1999 y el cuerpo ya me hervía por conocer Río de Janeiro. Compraba libros de Rubem Fonseca, subrayaba mapas de los libros de la bossa nova de Ruy Castro, enmarcaba fotos de National Geographic. Y le daba la lata al dueño del restaurante Meia Pataca, en la rúa Galeras de Santiago de Compostela, donde vivía, a caballo entre la universidad y los primeros trabajos. Don Julio tenía piel de rinoceronte, con los mofletes caídos como un perro tristón, que se tensaban cuando sonreía y dejaba ver unos enormes dientes con incrustaciones de oro. Vestía siempre camisas muy holgadas. Pesaba treinta kilos menos que antes, cuando, decía él, era uno de los reyes de Río. Yo lo miraba entre desconfiado y admirado.

A Julio le caía yo cada mediodía con la misma cantinela: como sabía que había sido emigrante, le pedía que me contase sus aventuras, y en cuanto empezaba a hablar se abría un libro repleto de historias imposibles, con una mezcla de idiomas y modismos que ponían la conversación en el límite de lo real y lo ficticio. Para apuntalar los relatos, sacaba de la barra un álbum de fotos y mostraba un paraíso despendolado. En las fotos aparecía un joven obeso, con guayabera y un gran medallón colgándole en el pecho, rodeado de amigos entre vasos y copas. No era ocio: eran sus bares con sus botellas de whisky y un desenfreno de novela. Aquel de las fotos no parecía el mismo señor adusto que cada poco miraba a la puerta a ver si se le llenaba el mesón.

—Don Julio, yo quiero ir a Río, dígame cómo hacer.

—Vas, subes al avión y al llegar te vas a Copacabana, avenida Atlántica. Caminas hasta el final de la playa y allí te encuentras, frente al mar, el Meia Pataca.

—¿Cómo que Meia Pataca? ¿Igual que este?

—Sí, claro. Aquel fue el primero, y a este le puse el mismo nombre cuando volvimos. Entonces te sientas en la terraza y le dices al *garçon*: «Sou amigo do Loureiro». Y enseguida te ponen una *caipirinha* gentileza de la casa.

Yo siempre pensé que a sus relatos les metía fantasía a puñados. Hasta que compré un billete, tomé el avión, fui directo a Copacabana, avenida Atlántica, caminé hasta el final de la playa y frente al mar me senté en la terraza del Meia Pataca y le dije al *garçon*: «Sou amigo do Loureiro», y enseguida me sirvieron una *caipirinha* gentileza de la casa.

Cuarenta años antes de nuestras tertulias, don Julio ayudaba a su padre en sus labores de capador en la aldea de Rial, en Val do Dubra, zona *brasileña* cercana a Santiago. Los relatos de los que iban y venían lo tenían loco. Así que con dieciséis años pidió ayuda a su tío, O Niteroi, apodado así en honor a la ciudad donde se había asentado, al otro lado de la bahía de Guanabara. Pasó de la aldea a los hornos de panadería y las cocinas de los bares. Dormía en un cuarto con otros siete emigrantes y solo cuatro camas, ocupadas en función de los turnos de trabajo de medio día. De las camas calientes entraban unos bostezando, salían otros gruñendo, postal migratoria universal. Pasó cuatro años duros, durísimos, tanto como para pensar en marcharse lo más lejos posible: a Australia.

No lo hizo y la vida mejoró. Un día vio la oportunidad de abrir un bar junto a otros paisanos, en Lapa, y luego fue tomando participaciones en lugares míticos —Taberna da Glória, Brazão, Porcão, Bozó, Lucas— hasta asentarse en Copacabana. Don Julio recorría la avenida Atlántica de punta a punta saludando a los gallegos apostados en las puertas de sus restaurantes con la economía de gestos cotidianos de la aldea. «*Loureiro, e ló que?*». Al fin, con familia numerosa, volvió a casa en los ochenta, de forma atípica: en la cumbre de sus negocios. Yo aún lo vi antes de que falleciera; ahora era yo el que vivía en Río. Con el churrasco en la bandeja y la *caipirinha* en el vaso, me miraba y sonreía de medio lado con aquella boca grande de marfil, como diciendo: «Ahora ya te crees mi vida, ¿no?».

Del puerto a la playa

Manuel Fernández Grille recuerda el día, el mes, el año y hasta la hora exacta de su llegada a Río de Janeiro desde A Coruña. Pero sobre todo recuerda el calor inexplicable y la imagen que le sorprendió al bajar del Juan de Garay a las cuatro de la tarde del 12 de enero de 1958. En la misma plaza Mauá, contigua al muelle, apareció, tras una muchedumbre local, extraña y colorida, un grupo nutrido de hombres y mujeres muy parecidos a él, aunque ya no vestidos como él, como una imagen distorsionada. No era un barco llegando a América: era la aldea la que venía a buscar el barco.

El puerto, núcleo de la ciudad antigua, hoy parece un pequeño apéndice metido en el mar dentro del gigantesco mapa de la ciudad. Convive a diario con la bahía de Guanabara, una garganta de agua rodeada de curvas verdes que engañó, un primero de enero de 1502, a Gaspar de Lemos —por cierto, de origen gallego—. Pensó que aquello no era el mar, sino un estuario como el del Tajo en Lisboa, por eso le llamó Río de Janeiro. Con los siglos, el puerto se convirtió en la fachada de una ciudad vibrante. Y alrededor de él pervivió una agitada zona comercial y nocturna, cercana al centro de la ciudad, donde encontraron acomodo los gallegos, en especial los que llegaron en la oleada de posguerra. Al trasladarse la capital a una nueva ciudad llamada Brasilia, en 1960, el puerto entró en decadencia, y aquel barrio efervescente se fue abandonando.

El meollo iba mutando hacia el sur, donde están las playas de Copacabana e Ipanema, y los gallegos, volcados en la hostelería, iniciaron una particular migración urbana. Siguiendo sus pasos en el mapa se entiende mejor la historia contemporánea de la ciudad.

Un día próximo al inicio del Mundial de fútbol 2014, celebrado en Brasil, fui a comer a un restaurante en el frontal marítimo entre el puerto y el centro. Era un vestigio de otra época que se salvó de la transformación urbanística, una torre octogonal con forma de palacete acristalado. Formaba parte del antiguo mercado municipal, del que solo se preservó este pabellón que alberga el Restaurante Albamar, propiedad de emigrantes durante décadas. Hay allí registros de banquetes por el *25 de xullo*, el día mayor de Galicia, en los años cincuenta. En 2010 lo vendieron, pero no se fueron del todo.

En la planta baja un pequeñísimo ascensor antiguo, de película de Wes Anderson, subía a la sala principal del restaurante. Se abrió de repente la puerta y vi un hombrecillo dentro. Era un señor menudo, callado, de pelo canoso y mirada melancólica.

—*Bem-vindo* —dijo casi con vergüenza y una fonética familiar. Juraría que había dicho «*benvidos*», y también me sonaba esa ropa y esos ojos de sesentón cansado de estar cansado. No me animé a preguntarle por si metía la pata, pero sí lo hice al camarero cuando me atendió en la mesa.

—¿Quién es ese señor?

—Es el antiguo dueño, uno de los socios. Eran todos gallegos. Cuando lo vendió prefirió seguir como ascensorista antes que irse para su casa. Y no porque le hiciera falta trabajar.

Cuando bajé ya fui decidido a por él.

—¿Y qué voy a hacer en casa? Aquí por lo menos veo cómo va la casa —dijo, sin distinguir su hogar doméstico del laboral. El ascensor se detuvo, él abrió la puerta y me fui sin mucha más despedida.

Desde la atalaya del restaurante se veía la bahía de Guanabara por un lado, con su cielo naranja, los barquitos en las aguas mansas y el larguísimo puente hacia Niteroi. Al otro se escuchaba el rumor del centro de la ciudad, tan diferente a como lo verían cuando abrieron el restaurante, en los años treinta. Esa década comenzó la edad de oro de Cinelândia, la plaza donde se concentró la vida cultural carioca, con sus correspondientes bares, sobre todo uno amarillo por completo, el más famoso de todos. El Amarelinho fue de gallegos hasta que una cadena hostelera tomó el control.

Un poco más allá se extiende Lapa, el distrito bohemio de la ciudad, que de tan auténtico se cae a pedazos, con su acueducto blanco primoroso sobre el que pasa un tranvía amarillo, sus *rodas* de samba improvisadas y sus barracas de bebida y comida: un resumen de Río en un solo lugar, del que también tienen una buena cuota los gallegos. Los emigrantes encajaron como anillo al dedo por el tenor de sus negocios: hospederías, bares, hoteles y moteles. Un empresario de Santa Comba —la capital de la Galicia brasileña y de la comarca de Xallas— conserva una manzana entera con sus edificios. Allí estaba el Hospital Espanhol, en la rua Riachuelo. Por esa calle se sube al barrio de Santa Teresa, un pequeño pueblo tropical en el centro de la ciudad, un lugar para quedarse a vivir. Allí, entre mansiones y favelas, está el Armazém São Thiago, conocido por todos como el Bar do Gómez. Quien abra la carta verá allí la historia de Jesús Pose, de Mazaricos, que fundó un almacén con el nombre del patrón de Galicia, y que su sobrino, José Gómez, transformó en el bar más famoso del barrio.

Bajando la montaña por el otro lado está el barrio de Glória y Catete, la siguiente zona intervenida por los gallegos en su camino hacia la zona sur, el itinerario de la prosperidad. Allí estuvo, hasta 1960, el centro político del país, difícil de creer hoy. En la rua do Catete se ubica el que fue palacio presidencial, donde Getúlio Vargas se quitó la vida de un tiro, y justo enfrente, como si les estuvieran pasando revista, una hilera de hoteles gallegos: el Hotel Riazor, el Imperial, también el Vitória.

Santa Cruz de la Sierra (Bolivia), primeros años 2000. Cabina de teléfonos, colección de monedas haciendo montoncito, auricular en la oreja y una guía Lonely Planet reventada con números de teléfono rodeados a lápiz, la forma de viajar de antes. En unas horas volaba a Río y marqué hoteles de mochilero para reservar. Con mi *portugalego* nativo, cogí la primera moneda y llamé.

—¿Hotel Vitória?

Al otro lado del teléfono contestó una voz firme, seca, con un toque familiar. Al dar los datos de la reserva, pregunté con nuestra imbatible fórmula de doble negación:

—Usted no será gallego, ¿no?

—Sí. De Mazaricos.

La voz mutó de repente a amable.

—Cuando llegues al aeropuerto avisa y si hace falta vamos a por ti. Me llamo Domingos Moreira —dijo, como si al llegar a la terminal y con solo gritar su nombre apareciera una comitiva con gaitas y empanadas.

El hotel era un caserón modesto y muy bien aprovechado, con decenas de habitaciones en las que se alojaban viajantes del interior de Brasil y algunos turistas europeos, con cama dura, desayuno abundante y buena ubicación. Y, aparte, la charla impagable de Domingos. Tal fue la conexión con él y su hotel que volví varias veces. Me valía más la tranquilidad y cercanía del coterráneo que cualquier promesa de vista al mar en los hoteles turísticos de Copacabana, hasta que supe que allí también mandaban ellos.

Un día en un bar frente a la playa una señora mayor, algo subida de *cachaça*, se acercó y me dijo:

—*Você é galego, galego mesmo!*

¿Cómo podía ser que lo supiera, si no había abierto la boca? Me acordé entonces de que en el nordeste de Brasil le llaman *galego* al pálido de ojos claros, pero en Río de Janeiro se multiplicaban las acepciones. ¡Hay hasta un tipo de limón *galego*! La más curiosa es la que funciona como sinónimo de portugués. Se le llama «*o boteco do galego*» al bar del inmigrante luso, casi siempre del norte. En el diccionario *Priberam* aparece, como novena acepción, «portugués de baja instrucción». Y también: la sexta («mozo de cuerda»), la séptima («individuo que hace el trabajo pesado e intenso») o la octava («grosero, malcriado o rudo»). Hay estudios migratorios sobre el uso de *galego* como el portugués que tiene «un afán insaciable de acumular ahorros a través del trabajo extenuante, con vistas a retornar a su tierra como un hombre enriquecido».

Los cariocas no hacen distinción entre el norte y el sur de la *raia*: sus dueños parecen iguales y hablan muy parecido y, además, hacían lo mismo, abrir bares. Así que los portugueses eran «*galegos*» y estos, a su vez, y por distinguirse de los otros, se hicieron llamar «*espanhois*», dando lugar a una metonimia contraria al del resto de Latinoamérica, pero igual de confusa.

Los dueños de Copacabana

Es la postal de Río de Janeiro: cuatro kilómetros de playa tendida, en perfecta armonía con una retahíla de montañas verdes. Ni a propósito se podría haber creado algo así. Con decir su nombre uno se ve inundado por el aroma almizclado del trópico, ventilado por la brisa que acaricia palmeras y mangos. Copacabana fue hecho a pincel. Luego pasaron la brocha.

Al despuntar el siglo XX la avenida Atlántica era un paseo afrancesado junto al mar. Se ensancharon las calzadas, se tiraron los caserones, se abrieron calles y avenidas y se construyeron edificios fríos y rectilíneos en el país de la curva, un ensanche desarrollista abigarrado, con su olor a combustible quemado y su ruido de sol a sol. Décadas más tarde empezó a llenarse de gente, muchísima gente, la población de una pequeña ciudad europea pero en un espacio mínimo, volcada hacia la playa y el turismo despreocupado de día, entre churrasco y *caipirinha*, y ávidos de fiesta por la noche.

Los responsables de la barra, la mesa, el mantel y la cama para todo el desparrame eran unos inmigrantes europeos callados, desconfiados y también parranderos, a su manera, que trabajaban de lunes a lunes. Desde los años sesenta los gallegos se convirtieron en los dueños del ocio diurno playero y de neón nocturno. Tanto abarcaron que en su mayor auge los bautizaron como *máfia espanhola*. En el momento de máximo esplendor, en los primeros años noventa, solo un par de locales de la larguísima avenida Atlántica no eran gallegos. De lado a lado, intervinieron el frente playero, y no solo allí, sino todo el barrio, hasta que no se pudiera entender Copacabana sin ellos.

Manuel Fernández Grille hizo la maleta literalmente: la construyó con sus propias manos, porque era carpintero. Llegó en 1957, y cuatro años después un incendio arrasó la hospedería donde vivía. El fuego consumió todo lo que tenía dentro de la maleta en un visto y no visto. No le quedó nada. A él, por suerte, el incendio lo pilló en mitad de la jornada. Lógico, pues trabajaba de madrugada a madrugada, con un corto espacio de tiempo a mediodía para echar la siesta.

—Yo no sabía nada de la vida —dice haciendo una vista panorámica de su bar—. Me acogieron amigos de mis padres y un par de primos segundos, que ya me tenían cama preparada. Tardé seis días en empezar a trabajar.

Fue el momento de explosión de un barrio al que hasta finales del siglo XIX se llegaba en burro o caballo. En los años veinte alguien percibió el potencial de una playa rodeada de selva y levantó el Copacabana Palace, un hotel de lujo. En los años cincuenta, con la construcción de un túnel nuevo que lo conectaba con el resto de la ciudad, se multiplicó la construcción y se desató la especulación. El barrio se transformó en un festival de ladrillo y alicatados infames, asfalto a tutiplén y coches pitando a ochenta por hora: un apetitoso barrio playero para la clase media aspiracional, mejor encajados en panales de hormigón a tres minutos del mar que alejados en un suburbio. Eso mismo pensaron los primeros apóstoles del turismo masivo, que alentaron la construcción desenfrenada de hoteles, y con ellos una oferta de ocio, comida, bebida y dispersión.

Y en eso llegaron los gallegos. Cortados por el mismo patrón, empezaron lavando platos y terminaron comprando, en sociedades numerosas, los mejores rincones de Copa.

—Yo solo tardé cuatro años en establecerme —dice en su mesa de bar Fernández Grille—. Compré el bar Pousada, en la Praça dos Paraíbas. Allí me quedé nueve años, y ya me compré este, Alla Zingara.

El entorno del local es un compendio de la Copacabana gallega. Está ubicado en la confluencia de las calles Belfort Roxo y Viveiros de Castro, a dos calles de la playa, entre las dos grandes avenidas que corren paralelas al mar: sinfonía de claxon, olor de gasóleo mezclado con el de la guayaba que venden ambulantes, el del mango de las casas de zumos y la fritanga de los bares. En la calle caminan jubilados y turistas en bermudas y chanclas. De las *amendoeiras*, almendros autóctonos, cuelgan orquídeas colocadas por los porteros de los edificios. Hay quioscos de prensa, vendedores de loterías informales, paradas de taxis con taxistas aburridos, alguna trabajadora sexual despistada en estas calles sombrías que tanto gustan a los cariocas empachados de sol. Todo a un paso del Copacabana Palace y del Beco das Garrafas, el legendario callejón de clubs musicales donde se destiló la bossa nova en la misma época en que aterrizaron los gallegos, ajenos a la efervescencia musical y política.

Ahora es 2016 y en Alla Zingara Manuel repasa la vida que comenzó en la aldea de Marcelle, en Negreira, A Coruña, y recuerda la compra del restaurante a un italiano. Contrató brasileños porque no necesitaba socios. Se tuvo que acostumbrar.

—Ellos tienen otra forma de ver la vida: trabajan por la mañana, gastan de noche. Viven al día. Nosotros, no.

Movido por un resorte, tal vez al hablar de todo eso, propone caminar hasta el Cervantes, un templo de la gastronomía carioca, en la cercana avenida Prado Junior. Allí está, sentado en una silla, su amigo Cándido Carballo, cortado por el mismo patrón, incluso en la vestimenta: uno con polo, el otro con camisa abierta, ambos pantalones de tela gris y zapatos de cordones. Mismo acento —Carballo es de Vimianzo, A Coruña— y el mismo *portugalego* mezclado.

—Éramos nueve hijos, seis hombres y tres mujeres. Solo emigré yo —dice Cándido.

—Yo igual, éramos cinco y solo vine yo aquí —responde Manuel.

—Más que emigrar, me fui por no ir al ejército.

—Y yo igual. Temía que me tocara ir a África, así que arranqué. España estaba muy mal. Nos daban tabaco y azúcar racionados. Nosotros teníamos tierra, y aun así solo comíamos pan de *broa*. Lo hacíamos en casa cociéndolo en el horno para diez días. Después matábamos un cerdo y tirábamos así meses. Una comida de mediodía y una *filloíña* de maíz de noche, como mucho. La emigración para mí era la única salida.

—Justo. Yo tenía las manos llenas de callos de sachar y cortar hierba —dice Cándido, y se mira los brazos—. Había que irse.

Aun sentado, sin poder andar, al dueño del Cervantes hasta la pandemia —luego cerró y lo reabrió una cadena— no se le escapan de la vista los camareros que entran y salen por un pasillo. Aquí entró a trabajar como uno de ellos cuando abrió, en 1955, con solo dieciocho años, y cuando lo compró lo convirtió en uno de los grandes lugares de la noche carioca. Ganó la fama por sus bocadillos desbordantes de jamón asado con queso y piña, sus cervezas *estupidamente geladas* y por estar abierto las veinticuatro horas del día.

—Aquí venían deportistas, actores, sambistas, políticos, músicos. Acababan cada uno su show y seguían hasta la madrugada —se ríe Cándido.

—¿Algún día de libranza?

—Nada. Trabajo siete días a la semana, como todos.

—¿Y cómo hacía con la familia? —intervengo.

—¿Yo? —sorprendido—. Ni sé, rapaz.

Amancio Ortega a la carioca

Durante años corrió por Río la siguiente leyenda: en la calle Francisco Otaviano, que une las playas de Copacabana e Ipanema, había una fachada cubierta con bolsas de basura negras. La construcción, ostentosa, con columnas y espejos, había albergado el Bingo Arpoador y, al ocultar el nombre, sorteaba una multa tras la prohibición del juego. Pero como en Brasil nunca se sabe qué va a pasar al día siguiente, el dueño ordenó mantener el recinto listo para abrir si cambiaba la ley del juego. Lo limpiaban con esmero, comprobaban luces y aire acondicionado, se abrillantaban los espejos. Se decía que tenía preparados empleados de otro negocio para sacar las bolsas de basura, encender las máquinas y abrir en menos de veinticuatro horas. El dueño del bingo (y de la idea) era José Oreiro Campos, propietario del imperio Windsor, una de las grandes cadenas de hoteles de Brasil, pero desconocido para casi todo el mundo.

A las cinco y media de la mañana la playa de Copacabana es una pintura naif. El sol emerge del centro mismo de la línea del horizonte atlántico y derrama una mancha escarlata en el cielo. A esa hora están cerrando los últimos clubs y se retiran los noctámbulos, prostitutas y zombis varios para dar paso a un batallón de deportistas *amateur*. Hay de todo: aspirantes a culturistas, cuarentones moldeados, jóvenes atletas de las favelas cercanas, ejecutivas apuradas. Entre ellos camina un señor de edad avanzada, pisando con fuerza el paseo de piedra portuguesa. Avanza solo, sin guardaespaldas ni acompañante de seguridad. No le hace falta porque es anónimo pese a amasar una gran fortuna. Nadie, excepto los gallegos de su generación, podría reconocerlo, y ninguno tiene esos hábitos. Para el resto, José Oreiro es un señor de clase media que vive en un edificio insípido frente a la playa, de donde sale cada día para su hora y media de ejercicio. A las siete vuelve a desayunar en el salón de su casa, se ducha y a las ocho sale del edificio, pegado a otro hotel gallego que es competencia de su cadena. Camina dos calles hasta su oficina, en el Windsor Excelsior, y trabaja hasta la noche.

Nacido en abril de 1940 en la aldea de A Pesadoira, parroquia de Alvite, *concello* de Negreira, A Coruña, emigró a Río de adolescente y siguió el mismo camino que todos: trabajar, comprar pequeñas partes de negocios y progresar en función de la ambición. Su caso tenía varias distinciones: se alió con un portugués y, cuando juntó capital, llevó al extremo el modelo de las sociedades numerosas de gallegos. Entraba en negocios e intentaba quedarse con la mayor participación de todas, para reservarse capacidad de maniobra.

La ingeniería financiera de la emigración —da igual el país y la década— contemplaba un sistema informal de préstamo solidario entre socios: quien más tenía, ofrecía participaciones prestando él mismo el dinero al comprador. ¿Y cómo recuperaba ese préstamo? Con aquel método Tortoni: trabajo sumado a capital. El nuevo socio cobraba una remuneración por su trabajo —el llamado *pro labore* en Brasil— pero sus salarios se destinaban a enjugar la deuda. Era un plan perfecto: atraer a un nuevo asociado y ser su propio banco, obligándole a ponerse la camiseta del propio negocio, que a su vez se beneficia porque ese socio estará siempre trabajando tras el mostrador: un paisano con deuda es la máxima expresión de la fidelidad. Dados los anchísimos márgenes de ganancia, en poco tiempo se saldaban cuentas y todos juntos reinvertían en nuevos emprendimientos.

Cuanto más prosperaba Oreiro, más compraba, gracias al olfato afilado para la inversión inmobiliaria. Localizaba las pocas fincas que quedaban en los barrios turísticos, las compraba y en ellas levantaba hoteles. No era el primer gallego que lo hacía, pero sí el más audaz. También rescataba negocios en aprietos para sumar activos a su cartera. Los primeros quince años de este siglo, de crecimiento desatado en el país, coincidió con la época más voraz de Oreiro. Su cadena hotelera, Windsor, se convirtió en la número uno del país. En 2009 se impuso a varios grupos internacionales en la subasta para hacerse con el Meridien, un rascacielos negro de cristal de cuarenta pisos en la cabecera de la playa, icono de Copacabana. Pagó unos sesenta millones de euros y lo reformó por veinte más. A cambio, se convirtió en el amo indiscutible del sector turístico, con más de 2500 habitaciones.

Pese a su bajísimo perfil, fue uno de los empresarios que viajó a Dinamarca junto a Lula da Silva para ver en persona la proclamación de Río como sede olímpica en 2016. El mundo le firmaba un cheque en blanco a Oreiro. Sus buenas relaciones con el Comité Olímpico y la Confederación Brasileña de Fútbol le dieron prioridad para albergar dirigentes y estrellas del Mundial de fútbol y los Juegos. Todas las conferencias de prensa y los actos protocolarios se celebraban también en los Windsor. Los corresponsales internacionales de aquella época pasamos horas y horas en sus hoteles haciendo coberturas. Oreiro estaba en su momento mágico, pero él no aparecía jamás; en todo caso, lo hacía su hija Mônica, directora financiera del imperio. Su caso despertaba curiosidad en el empresariado local y ganaba espacio en las revistas económicas.

En un perfil de *Folha de São Paulo* dos conocidos confrontaban visiones sobre Oreiro. Uno decía: «Sabe dónde está un palillo dentro del almacén». Otro, en cambio, aseguraba sin empacho: «Se enriqueció con la prostitución y los juegos de azar».

Apenas se conocen imágenes suyas. En Galicia, solo una, de una visita a Negreira cuando aún no peinaba canas. En Brasil, alguna más reciente, en un vídeo corporativo y al recibir una medalla en la Cámara Municipal de Río. Pasados los ochenta años, los ojos saltones asomaban como nueces en un rostro curtido. Allí habló no más de diez segundos: «Es un honor recibirla, nunca pensé que me darían algo así». Como dijo un miembro de la colectividad, es un Amancio Ortega de los hoteles y a la carioca.

Una vez pasó la fiebre olímpica, con la recesión galopando, crecieron las deudas, llegó la pandemia y machacó el sector, y Oreiro empezó a vender, incluido el Windsor Atlântica a la cadena Hilton. En aquella torre negra de cristal me hospedé durante una semana. Mi habitación, en el piso 16, dejaba a mis pies la curva perfecta de la playa de Copacabana y el revoltijo de cemento del barrio. Y pensaba que cada punto de luz, cada hotel y bar y club punteando esquinas de aquella miniciudad eran, en realidad, chinchetas sobre un mapa de la noche gallega de Río.

La Help

Cien mil personas miraban una pantalla gigante una mañana de jueves en la playa de Copacabana. Era 1 de octubre de 2009, un día que marcó la historia contemporánea de Brasil. Se decidía en Copenhague dónde se celebrarían los Juegos Olímpicos de 2016. En Dinamarca se secaban el sudor de la tensión minutos antes. En Copacabana también, incluido yo, que me preparaba en un palco para hacer una entradilla de televisión en cuanto se confirmase el resultado —otra de las candidatas era Madrid—. El presidente del Comité Olímpico Internacional pronunció entonces las palabras mágicas («Río de Janeiro») y se liberó una explosión de júbilo como un gol en Maracanã.

Y, sin embargo, a cien metros de allí, donde la arena da paso al asfalto, algunas caras desconfiadas denotaban preocupación. Eran los gallegos dueños de restaurantes, discotecas y hoteles, conscientes de que los Juegos iban a cambiar el ecosistema del ocio en la ciudad. Sabían que se modernizarían las infraestructuras, pero la transformación implicaría una limpieza en la fachada turística de un país de doscientos millones de personas. Si en Barcelona barrieron el barrio chino, por qué no iban a cerrar sus casas nocturnas. Tenían razón, y la primera muestra estaba al caer.

La noche parecía una más. El neón más famoso de la ciudad —ocho pares de piernas bailando a lo Elvis Presley en amarillo reluciente sobre fondo fucsia y unas grandes letras: Help— alumbraba una escena cotidiana frente al mar: grupos de chicas con poca ropa alternando con turistas extranjeros antes de entrar a la discoteca. Dentro esperaba un mundo de espejos, lentejuelas, moqueta y sofás, con el olor rancio de la decadencia. Abierta por un grupo de gallegos en 1984, nació como una discoteca orientada a un público de clase media alta, con matinés para jóvenes los domingos, pero en los noventa migró hacia una prostitución encubierta que ya no tendría cabida en el nuevo Río. Por eso cerraba.

De repente, a la medianoche, la voz que salía de la pantalla paralizó la sala. Era un informativo que hablaba sobre el cierre de la *boite*. Los turistas y las chicas pararon de hablar, los camareros de servir, y cuando terminó la noticia sobrevino un abucheo generalizado en la discoteca. «Leididiana, de veintiocho años, explicó que su reacción se debió a que Help ofrece "un ambiente ideal y seguro" para las prostitutas que allí trabajan, y que ahora tendrán que "salir a la calle para ganarse el pan"», reseñó en una crónica Manuel Pérez Bella para la agencia Efe.

Un mes después de la fiesta de Copenhague se terminaba una era, aunque se mantendría abierta hasta después de Navidad entre recursos cruzados en la justicia. En ese par de meses se redoblaron las protestas de clientes y trabajadores, mientras los dueños negociaban el precio de la expropiación del solar. Una pancarta lucía en la entrada esas semanas: «Señor Gobernador: rogamos que la Help funcione hasta el Carnaval y que no nos quedemos sin empleo. Firmado: los empleados (200)». En los periódicos, páginas enteras con el impacto del cierre: «Me parece muy ingenuo creer que la prostitución va a desaparecer por esto», decía un turista norteamericano en *O Globo*. Sueli, de cuarenta y cuatro años, agradecía al local su propia vida. «Aquí conocí a mi novio inglés. Me llevó a Londres y tuvo un hijo conmigo». Y otra mujer llamada Selma: «El turismo de Río se acabó».

El gobierno del Estado pactó una indemnización a los gallegos de unos siete millones de euros y cerró para siempre el 7 de enero de 2010.

Como tantos viernes, en el restaurante Urich, en el centro financiero de Río de Janeiro, hay cocido. Es marzo de 2022 y los camareros acercan bandejas humeantes a la mesa larga del final, donde se sientan veinte emigrantes —todos hombres, entre cincuenta y noventa años— con el cuchillo y el tenedor en ristre, la ropa informal y veraniega de siempre, el prototipo del gallego maduro asomando: caras bien afeitadas, cabelleras blancas, siluetas generosas. No perdonan la cita porque es marzo, temporada alta de cocido en Galicia, cuando aún arrecia el frío, al contrario que en Brasil. Pero la diáspora no entiende de estaciones. Hay *botelo*, *chourizo encebolado*, lacón. Uno de los que degusta la carne con más ganas es Avelino, socio fundador de la Help y gerente durante sus veinticinco años de historia. Él era el alma de la discoteca. Ahora la disecciona entre trozos de ternera, cachelos y botellas de Mencía y Rioja, todo traído de la *terra nai*.

—Es un poco difícil de explicar lo que era la Help. Lo que sí te puedo decir es que fue un gran negocio —dice, con la sinceridad de los casi noventa años, cara redonda y sonrosada, una mata de pelo blanco encrespado, polo color naranja, reloj de correa metálica—. La idea se me ocurrió a mí —ahora se anima y se incorpora en la silla, con una voz afónica que aumenta la sensación clandestina de la historia no contada de la Help—. Alquilamos la parcela a la viuda dueña del terreno. Y llamamos a unos arquitectos de Barcelona para que levantasen la casa. Hicieron un gran trabajo.

Era un edificio de dos pisos, amartillado como si fuera un colmillo a medio salir en la enorme dentadura de edificios de ensanche setentero que es Copacabana, una retahíla de moles de doce pisos sin ninguna gracia. Por eso la Help destacaba, y por el letrero luciendo día y noche frente a la playa. Al entrar, varias barras se disponían alrededor de la mayor pista de baile de la ciudad, con el suelo de dos colores en forma de rayos, como la bandera de combate de Japón. El piso superior remataba con una balaustrada desde donde se podía ver el escenario retro, con un suelo de luces a lo *Saturday Night Fever*. En los bafles, música internacional, brasileira y, en carnaval, samba a morir. Las luces estroboscópicas rebotaban en las bolas de espejo, creando efectos que eran el orgullo máximo de Avelino:

—*Botei unha porrada de diñeiro niso* (Invertí un montón de dinero) —brama en *portugalego* el empresario, con el rotacismo propio del gallego de Ourense, comiendo mientras habla.

—Si entraban los *mauricinhos e patricinhas* (como les llaman a los pijos de la zona Sur de Río) no podían entrar otros de menos categoría —tercia un compañero de mesa, socio en otros emprendimientos.

—Parecía que solo iban famosos de tantos que había —sonríe Avelino de nuevo, susurrando porque no le da más la voz—. Hacíamos fiestas privadas, eventos de televisión, todo lo que se podía imaginar, y sin peleas. Y eso que no entraba la policía, porque tenía un amigo comandante que me decía: «Tú tranquilo que aquí, pase lo que pase, no entra nadie de los míos». Claro, yo ya tenía mi propia policía, O Monstrinho (Monstruito), un exboxeador que mantenía todo en paz sin necesidad de uniformes.

En ese mundo paralelo con alcalde, sheriff y una clientela de jóvenes guapos ricos, da igual el orden, a la Help se sumaron, desde inicios de los noventa, turistas internacionales. Tras ellos, entre las luces láser y el humo, se acomodaban en la pista chicas bronceadas con vestidos mínimos que se acercaban al oído de extranjeros de mirada vidriosa y la mano larga de la impunidad. Según los dueños, fue un proceso sin preparaciones ni estrategias; una deriva inevitable, porque primero la entrada era gratis con derecho de admisión, y ahí filtraban, pero luego se empezó a cobrar y la solución fue el problema: si pasaban por caja, las chicas también, ¿quién lo iba a prohibir? Se enerva Avelino cuando se toca el tema recurrente, y trata de zanjarlo con sus argumentos.

—Mira, nosotros veíamos lo que había y les poníamos normas estrictas: tenían que dejar el bolso en el guardarropa, por ejemplo. Y si las cogíamos haciendo algo sexual, las echábamos y no entraban más. Ellas lo sabían. Además, los baños tenían puerta como las películas del Far West, para que se viera todo; no trabajaban allí. Cuando se marchaban, lo que hicieran después ya era cosa de ellos.

—Iban allí porque había gente, ni más ni menos. ¿Y adónde va la prostitución? Donde hay hombres. Aparte de eso, Copacabana era el barrio más turístico y no había ninguna discoteca frente a la playa, así que fueron acercándose hasta colonizarla —cuenta un empresario algo más joven frente a Avelino, que asiente con la cabeza y sentencia:

—Pasó poco a poco, pero no se podía evitar. Mira, *garotas de programa* (prostitutas) las había en todos lados, en todas las casas. Pero allí había tal cantidad de gente que era el sitio donde se ganaba más dinero y por eso iban. No tiene más explicación.

Y además era solo parte de un engranaje, se defienden. Y entonces se enumeran los hoteles, los taxis, los ambulantes y hasta los bares, también de gallegos, donde se hacía la previa: cerveza, *caipirinha* y carne de primera calidad, otro clásico gallego de churrasquería a un lado de la carretera y night club al otro, pero transportado a Copacabana. Tanto creció la Help que montó restaurantes adyacentes en el mismo edificio, comunicados entre sí. Hasta tres mil personas llenaban el complejo de ocio las grandes noches.

Alguien sentado a nuestra mesa, conocedor de las finanzas del grupo, lo resume fácil: «Aquello era una mina de oro». Sin que se escuche muy alto dice que después de pagar a los doscientos empleados, la luz, el agua, la mercadería y los impuestos, a los socios les podían quedar unos trescientos mil dólares al cambio para repartir por mes. Y así durante veinticinco años. Se decía que Oreiro llegó a tener el cuarenta por ciento de la sociedad, y el resto se lo repartían Avelino y otros nombres históricos, como Pepe Maluco, Chico Recarey, Pedro González y algunos más. Pero siempre se reservaba, como tantas veces entre los gallegos, un pequeño porcentaje para los empleados más longevos, también paisanos. No hay mayor lealtad que la de quien participa de la fiesta.

Avelino está lúcido y come con apetito y, cada tanto, brinda. Lo repite varias veces en las horas que dura la reunión gastronómica, con las palabras mágicas, como una letanía: «¡Salud, dinero y amor!». Los que nos acompañan alzan la copa y la chocan, hasta que una se rompe. «*Se non quebra copo non hai felicidade*», dice otro mezclando gallego y portugués.

Lo tuvo todo, pero dejando un trozo de vida en cada escala de su tránsito geográfico y laboral del emigrante, también con sus zonas de sombra. Nacido en Celanova, Ourense, villa migratoria multidestino, cogió el barco al alcanzar la mayoría de edad, en 1953. Al llegar a Río empezó su periplo de barrios, del más alejado y popular al más exclusivo.

—Es que nosotros ya veníamos con la maleta llena de España. Llena de esperanzas —dice con una risa de atragantarse.

Comenzó a trabajar en la venta de electrodomésticos y un negocio de importación antes de entregarse a la Help. Desde el principio la discoteca abría 364 días al año, de diez de la noche a las siete de la mañana. Solo cerraba el 25 de diciembre. Si aparecía una gotera no se clausuraba siquiera ese sector del club. Se ponía un cubo y vía.

Todos los días, salvo los domingos, Avelino cumplía su rol de gerente socio, fácil de reconocer en cualquier bar, restaurante, club u hotel de la América gallega porque todos se parecen entre sí. Son figuras reconocibles porque ni sirven ni cobran ni entran en cocina ni atienden. Pero hacen todo a la vez.

Y siempre están. Sobre todo siempre están. Aunque se les lleve la vida por delante.

—Ahora me arrepiento —baja la voz, arrastrándola como un carro de bueyes—. Se quedaban mi mujer y los niños en casa y cuando crecieron, perdí a uno de mis hijos en un accidente. Después mi esposa enfermó y murió.

Alguien del cocido pide que saquen las botellas de licor café gallego sin etiquetar, traído *ex profeso* desde Ourense. Vierten en vasos de chupito y juntos entonan el brindis. «Arriba, abajo, al centro, adentro. ¡Por la Help!».

Pioneros del Río sexual

En *Agosto*, novela fundamental de Rubem Fonseca, un policía idealista investiga las tramas oscuras de poder en un ambiente pesado en el que se mezclan atentados, contubernios golpistas y violencia en las calles de la entonces capital del país. Entre sus compañeros hay uno del que sospecha que es corrupto, que está a sueldo de las mafias del juego ilegal y, por el otro, «de los españoles que explotan el lenocinio». La novela transcurre en 1954 y en esa fecha los gallegos eran ya conocidos hasta en la ficción por ser dueños de la noche sexual en el centro mismo de la ciudad.

El puerto fue el origen de todo. Allí llegaban los gallegos en el barco y se instalaban en los alrededores. Abrieron hospederías, con habitaciones colectivas para los inmigrantes y algo más. En aquella época no estaban tolerados los cabarets ni los clubs, así que la prostitución vivía en los bares de los bajos y subía después a los cuartos a cambio de un precio por hora: el germen de los moteles, enseguida explotados también por los «*espanhois*». O sea, los gallegos. Y, después, bares, pensiones, *puteiros*.

Para engrasar los mecanismos que hacían funcionar la maquinaria existían en la colectividad ciertos operadores que alcanzaban con su mano invisible los resortes del poder, aquellos que regulaban las actividades ilegales bajo el mantel. Llevado a la prostitución no andaban con miramientos: o cobraban o cerraban los chiringuitos. Así, repartiendo dinero vivo en mano, ciertos empresarios iban sorteando los rigores de la ley sin que se resintiesen sus negocios. Cuentan que alguno de estos engrasadores se dejaba caer en los locales avisando de que la policía iba a hacer una redada y se ofrecía a sus coterráneos para interceder a cambio de una comisión. Recibía un sobre, le daba una parte del dinero al comisario de turno y el resto iba para su bolsillo.

Los años sesenta y setenta convirtieron Copacabana en un gran parque temático de la noche. Las primeras salas contaban a los gallegos entre sus socios: el Bolero o la Holiday. En medio de la dictadura (1964-1985), con sus altos y bajos, colaban números eróticos como podían. Era un modelo de noche particular: *boates* con mujeres bailando, shows y copas. Ellos ponían el local; el sexo pagado iba aparte y en otro lado, y no participaban, como la Help después.

Uno de los mayores empresarios fue el ourensano Camilo Cuquejo, que llegó a tener diez clubs nocturnos: el Baccara, el Bataclan, Elite Club, Erótica… A Cuquejo lo conocí en una churrasquería del barrio de Flamengo cuando estaba cerca de cumplir noventa años. Pelo abundante, nariz ancha y simpatía extrema, definía sus negocios como «emprendimientos osados».

—Las hijas e hijos de mis amigos iban muchas noches a mis locales —me dijo.

Cuquejo, que se codeó con famosos del mundo entero y era amigo de Julio Iglesias, tenía un método de inversión exponencial: pagaba traspasos por locales y luego iba entrando y saliendo de las sociedades, vértigo a medida de la noche carioca.

Fue pionero también en la apertura de locales gay, como el Sky Love o el Sótano —que era un primer piso—, y hasta le dio la alternativa a Rogéria, la gran transformista brasileña.

—Los gallegos hicimos fortuna por ignorancia, porque no nos cortábamos con nada, no nos moderábamos en nada, íbamos a por todas —sentenció.

Un buen ejemplo de esto último son los locales que el patriarca de la música brasileña, Tom Jobim, bautizó como *inferninhos*, *strip clubs* en el pequeño distrito rojo del barrio, un puñado de calles que servían de trastienda del lujoso Copacabana Palace y otros hoteles elegantes del frontal marítimo. El Cicciolina no tenía desperdicio desde el mismo cartel luminoso: la silueta de la actriz y política italiana, con su corona floreada en el pelo, las manos en jarras y las tetas al aire. Una barra con bailarinas y sofás con focos saludaba a los turistas y empresarios extranjeros. Cabían doscientas personas y se llenaba todos los fines de semana durante tres décadas.

Muy cerca estaba el Barbarela, de socios de Santa Comba y Pontevedra, en honor a la heroína erótica sideral encarnada por Jane Fonda en la película de Roger Vadim. Por casualidad o influencia lusogalaica, le bailaron una ele al nombre original, Barbarella. Cuando abrió no tenía neón, sino lámparas de colores. Entre espectáculos eróticos y go-gos fue ganando fama hasta convertirse en un clásico.

Aparecía en la canción «Só as mães são felizes», de Cazuza, famoso músico de los años ochenta, con una letra aplastante: «He ido a grandes fiestas en los domicilios más calientes / Tomé champán y cicuta y con comentarios inteligentes / y más tristes que los de una puta en el Barbarela a las siete menos cuarto». En los noventa lo visitó el grupo U2, no para hacer un concierto, claro. Lo supimos por la prensa de la época, que machacó a flashazos a los componentes de la banda irlandesa cuando entraban al local. Allí fueron agasajados con un show particular de cinco bailarinas. Hoy parece improbable algo así en aquellos lugares destinados a la extinción De hecho, estos dos cerraron tras los Juegos y la pandemia llevándose con ellos los efluvios de una era.

Juliño en la *maresia*

—Parecíamos Bebeto, Mauro Silva y Romário. Como éramos brasileños, en el colegio nos venían veinte con un balón a jugar contra nosotros, como si tuviésemos que ser *craques.* Como además jugábamos bien, después nos pedían que les firmáramos en la carpeta, como si fuéramos famosos. Muy raro todo.

Mundo al revés, Juliño Antelo, hijo de don Julio, el dueño del Meia Pataca, era, junto a sus hermanos, Carlos y Mauro, *o brasileiro* en Galicia. Nació en Río, se fue a Galicia con diez años (cuando se convirtió en Bebeto) y en este siglo regresó a su tierra natal sin perder la galleguidad. Y ahí está, reeditando la vida de sus mayores, sentado en la mesa de uno de sus bares cariocas diciéndome entre risas cuando traen un plato humeante:

—*Come, ho, as patacas sonche de Xinzo da Limia.*

El mundo de Julio contempla tres lenguas a la vez intercambiables en el día a día: en Brasil se crio en portugués (en la calle) y en gallego (en casa). En la diáspora de la América portuguesa, al contrario que en la española, el emigrante no escondía su lengua: se sentía más cercano y protegido sin el estigma social que tenía el gallego con el castellano. Juliño le sumó el español que aprendió en aquel colegio donde era idolatrado sin sentido.

—Yo flipaba mucho. Unas semanas después de llegar a la aldea, apareció mi tía, que daba clase en Santiago, y venía hablando castellano muy fina. Yo decía: ¿por qué *carallo* hablará así si aquí se habla gallego? Cuando pasamos de la aldea a Compostela entendí. Nos metieron en un colegio de gente con dinero y no hablaba nadie gallego. Solo los paletos de aldea, eso nos hacían ver. Hay veinticinco kilómetros de distancia entre Rial y Santiago. ¡Y qué diferencia, qué cambio brutal!

Pasó el tiempo y a Julio no se le fue el bicho carioca, así que con dieciocho años se plantó delante del padre.

—Quiero trabajar en un bar como tú y quiero hacerlo allí. Yo puedo llevar tus negocios.

—¿Quieres esa vida de verdad? Tú no sabes que esto se trata de restregar la barriga por dentro de la barra durante al menos doce horas al día. ¿Quieres eso?

Don Julio le tomó la palabra y en principio lo puso a trabajar en el Meia Pataca, el de Compostela, y luego a sus hermanos pequeños. A ellos no les hizo falta cruzar el Atlántico para quemar las mismas etapas de sus padres, porque en pocos años fueron construyendo un pequeño imperio en la hostelería nocturna compostelana, con nombres cariocas: el Meia, el Garoa, el Leblon, siempre Río en la cabeza. Allá se fue Julio.

—Estaba dentro de mí y lo hice. Llegué un miércoles de ceniza, el día más triste del año en la ciudad del Carnaval. Venía para trabajar en el Meia Pataca, que seguía siendo de mi padre y su socio, o más bien de sus hijos. No nos entendimos y me busqué la vida yo solo.

Estamos en uno de sus bares en Ipanema, impregnados de *maresia*, la palabra brasileña (y gallega) que compendia salitre y humedad, a cincuenta metros de la playa: «Garoa» se lee en el cartel de un bar atípico: es un caserón de tres pisos entero. Dice Julio que no fue nada fácil alquilarlo: el dueño no quería fiarse de un gallego como él, porque no olvidaba a un paisano suyo que le había dejado un pufo de un millón de reales.

Frente a nosotros pasa un coche de policía. Se detiene al pasar junto a nosotros, inquietante, un agente baja la ventanilla y dice: «*E aí, tudo bem?*». «*Tudo*», sonríe Julio, que saluda con la mano mientras lo ve marchar.

—¿Hay que pagar a la policía para que controle?

—Claro, sí, pero nada, cien *realiños* [unos quince euros] a cada patrulla los sábados, poco más —dice, con voz de normalidad.

Cuando nos despedimos, se marcha hacia un taxi que lo espera en la esquina. Es casi un coche privado que lo lleva durante la noche de un bar a otro, para no dejar de atender ninguno. «¡Sobre todo la caja!», subraya. Solo cuando cierra, a las cuatro de la mañana, descansa la cabeza del emigrante retornado dos veces que no hace otra cosa que lo que mamó desde la cuna: trabajar.

La maldición olímpica

Junio de 2013. Una gran habitación de un motel en Río de Janeiro. La cama gigante, un jacuzzi y un espejo en el techo, el Atlántico hermoso frente a nosotros, un reportero entrevistando a dos señores de camisa con manga corta y pantalón oscuro. Parecen clones. Uno, gallego. El otro, que habla casi el mismo idioma pero tiene otro pasaporte pese a haber nacido a unos kilómetros de distancia, pero con una *raia* por el medio, portugués. Ambos son directivos de la asociación de hoteles y me explican, como corresponsal, su plan maestro de cara al Mundial de fútbol. Como no había camas suficientes para la avalancha que se esperaba, el Gobierno firmó un convenio con los moteles de parejas para reacondicionarlos y convertirlos en alojamientos para turistas futboleros.

Según datos oficiales, en solo tres años aumentó el número de camas en un cincuenta por ciento. Sorprendida por la rapidez y las cifras mareantes, la prensa internacional se apresuró a invocar de nuevo el famoso «milagro brasileño», por la cintura de las autoridades y el carácter emprendedor de los empresarios. Lo que no sabían era que la mayoría de esos hoteles (y moteles) eran de gallegos. Tampoco sabían, unos ni otros, que aquella jugada de multiplicar camas como si fueran panes y peces acabaría saliéndoles por la culata.

—El Mundial y los Juegos Olímpicos casi acaban con nuestros negocios. Para mí hubiera sido mejor que no se hubiesen celebrado. También te lo digo pasado el tiempo, y después de una pandemia que casi nos remata. Pero casi, porque aquí seguimos.

Habla Claudia Landeira, socia propietaria del Hotel Atlantis, uno de los imprescindibles de Arpoador, la zona turística entre Copacabana e Ipanema. Algo delata enseguida a los hoteles de paisanos: en la fachada, donde todos ponen un ramillete de banderas, siempre aparece, junto a la de Brasil, una española y una de la Unión Europea. A veces, también, una gallega. Este lo levantaron ocho emigrantes. Tras una prospección profunda, encontraron una finca apetitosa en un rincón mágico de la *cidade maravilhosa*. De cabeza la compraron las osadas hormiguitas de la esquina europea que hablaban «aquel portugués *engraçado*», como le decían al padre de Claudia, de Rieiro, Santa Comba, uno de aquellos ocho. Abrieron en 1980, once plantas con 86 habitaciones. Nueve meses después ya habían recuperado hasta el último centavo de la inversión. Amortizada la compra, todo sería ganancia en esos márgenes estratosféricos.

—Yo empecé a trabajar con mi padre como recepcionista a los dieciséis años, hasta que falleció, y luego lo suplí hasta ahora como gerente. Me encanta el trabajo —cuenta en el comedor del hotel, en la hora en la que los turistas ya han terminado y se han ido a la playa, a tres minutos a pie—. Tiene que estar en la sangre.

En aquella época los hoteles aún no daban dinero, por eso proliferaban los moteles, rotatorios y fáciles de mantener. Junto a los portugueses del norte se repartían el nicho y ubicaban en el mapa sus puntos calientes, casi siempre nudos de comunicaciones o rincones populares cerca de zonas lujosas. Fueron máquinas de ganar dinero hasta que, a inicios de los noventa, el turismo masivo trajo consigo el cambio de modelo. Y entonces migraron hasta conquistar Copacabana. Según Claudia, de cada diez hoteles del barrio, ocho eran de emigrantes.

—Y aún hoy, quitando los de cadena, la mayoría siguen siendo gallegos.

Ganado el pan, las segundas generaciones prefirieron estudiar y dedicarse a otros negocios, en la promesa del enésimo Brasil del futuro. Pero cuando vinieron mal dadas, maldición olímpica mediante, muchos volvieron al emprendimiento familiar.

—Los que se hicieron ingenieros o arquitectos tuvieron que reintegrarse en el negocio de sus padres a partir de la crisis. Creo que yo era de las pocas que trabajaba de siempre, y desde luego fui la única mujer socia que además trabajaba. Ellos pensaron que el sector crecería sin límite con los eventos. Y fue al contrario, una ruina, demasiado hotel y tarifas fijas sin margen.

La maldición olímpica no se llevó por delante a los gallegos gracias a que habían repartido huevos en diferentes cestas. Con la diversificación de negocios, quien tenía parte en un hotel y le iba mal, recuperaba con moteles o con bares. Todo encajaba como si fuera un plan anticrisis pergeñado con anticipación, pero sin *business plans* ni otros anglicismos de parqué y corbata: era pura intuición aldeana.

El órdago de Landeira

Juan Landeira acomoda el pitillo de Winston en la boca y lo deja en la comisura de los labios medio aplastado. Aspira y espira humo y, sin quitarse el cigarro, cierra el abanico de cuatro cartas que maneja con presteza y dice con gravedad: «Mus».

Enfrente tiene a tres gallegos y un portugués atentos al juego, con baraja Heraclio Fournier por medio. La mesa cuadrada de bar, de madera oscura, con amarracos plateados, está al aire libre, en medio de una calle del centro financiero de Río de Janeiro, un submundo apasionante, sobre todo un viernes por la tarde como hoy. En el momento en que cierran las oficinas y empieza el largo fin de semana la calle empieza a brillar con las risas y los gritos del bullicio, como a la salida de un colegio, hasta llegar al límite del descontrol. Cientos de ejecutivos y ejecutivas, mezclados con obreros, buscavidas y malandros, empiezan a poblar ese tejido de calles que se vuelve peatonal por obligación. Río, como cualquier ciudad americana, tiene un *downtown*, ese lugar de edificios corporativos que de nueve a cinco se dedica a ganar dinero en una carrera sin fin. Cuando todo cierra, esa velocidad por llegar a ninguna parte se transporta del ordenador a la calle.

Los gallegos forman parte de ese frenesí, pero con destino fijo: *feijoada* seguida de café —es un decir: son cubatas de whisky, con botella personalizada— para jugar la partida. Como en la aldea, pero con jóvenes floridos en el tránsito entre el trabajo y la fiesta, camareros apresurados y vendedores ambulantes pasando a uno y otro lado de la escena. Juan Landeira parlotea sin parar —de comida, de famosos brasileños, de política gallega— pero calla cuando el naipe vuelve a la mesa. Entonces humea hacia un lado u otro, según dé el viento.

Landeira no es de los pioneros, ni mucho menos, pero se ha convertido en un clásico, y dice ser de una diáspora extraviada, rara en el tiempo, que llegó a Río en avión.

—¿Qué hiciste al llegar aquí?

—Ir a trabajar en un hotel.

—¿Y ahora qué haces?

—Trabajo en un motel.

Hotel, motel, hostal, pensión, hospedería, palabras que han llenado de sentido sus vidas en esta ciudad. No les hace falta hablar. Reparten cartas y llega más hielo. Clin, clin, glogló. El compañero de Landeira grita de repente: «Órdago, *mecaghoendios*», con *gheada* fuerte, y por un segundo el ruido sordo de la calle parece apagarse, el ambulante deja su *jingle* ganador, el bus apaga el chirrido de los frenos, el piropeador de la compañera gira la cabeza. Es un segundo congelado en el caos. Estamos en septiembre de 2016 y acaba de terminar los Juegos Olímpicos y, ellos no lo saben, dos años después llegará a la presidencia Jair Bolsonaro y también sobrevendrá una crisis resacosa de los eventos que arrastrará a muchos a volver a Galicia. Landeira no será uno de ellos.

La siguiente vez que sabré de él será en 2023. Su nombre llega por los enlaces que me envían de varios periódicos gallegos. «Herido un empresario de Santa Comba al ser tiroteado en su coche en Río de Janeiro». En páginas interiores: «El tiroteo se produjo cuando circulaba al volante de un turismo en la zona portuaria. Desde una moto que se acercó por la derecha, el coche de Juan Landeira, con negocios en el sector hostelero, fue baleado en numerosas ocasiones». Salvó la vida de milagro; se hirió en un hombro y eso le hizo perder el control del coche y lo llevó a empotrarse en la mediana de la autovía. Las causas del tiroteo —atraco o tentativa de homicidio, o ambas— no se llegaron a aclarar. Como dijo un conocido suyo: «No sabemos qué pasó, pero no importa».

Chico Recarey: auge y caída del rey de la noche

5 de febrero de 1989. La avenida Marques de Sapucaí, también conocida como el Sambódromo, explota en la primera jornada de desfiles del Carnaval. Con el día ya despuntando tras una madrugada frenética, sale a escena Mangueira, la *escola* más famosa de Río. Sus cinco mil componentes, caracterizados y organizados por alas evolucionan, según el lenguaje carnavalero, a lo largo de los setecientos metros, al ritmo de su legendaria batería. Cada año las *escolas* dedican el *enredo*, el tema del desfile, a un asunto de actualidad, y en esta ocasión Mangueira presentaba *Trinca de Reis,* o sea, trío de reyes, en alusión a los empresarios que dominaron la noche carioca a lo largo de todo el siglo: Walter Pinto, Carlos Machado y, de colofón, un gallego de Bergantiños que llegó a lo más alto de su carrera en ese preciso momento. Su pasaporte decía que se llamaba Francisco Recarey Vilar. Para los brasileños es Chico Recarey, *o rei da noite* carioca.

Allí aparece él, subido en su carroza, en sus cuarenta años largos, pura emoción, vestido de frac y zapato y chistera blancos, chaleco y camisa rosa, el color de Mangueira. Bajito, barrigudo, de cara brillante, cabello negro lamido al cráneo y la sonrisa indeleble del que se sabe en la cima del mundo, va sambando, tacatacatá, pie adelante pie atrás. La carroza avanza al ralentí, con un gran busto gigante de cartón piedra de Chico sentado en un trono, con el mismo pelo engominado y su esmoquin de pajarita, y el verdadero Recarey, escoltado por mujeres ataviadas con plumas y trajes que destellan bajo los focos del Sambódromo. *O rei* va saludando a los setenta mil locos que llenan las gradas, mientras atruena el estribillo del samba:

Mas hoje tem o Chico Recarey, Re-ca-Rey
E o Río apresenta na noite o máis novo Rei.

Nada se compara en Brasil a ser protagonista de un desfile de Carnaval, una ópera popular mucho más compleja que el cliché reduccionista asumido en Europa. Convertido en una industria que por aquellos años crecía a la máxima potencia, con el Sambódromo recién construido y millones de personas viéndolo en televisión, las *escolas* se esmeraban en renovar cada año el catálogo de temas para el desfile. Podían ser homenajes a países, regiones o personajes destacados. Por eso la aparición de Recarey llamó tanto la atención. Al ojo del espectador la idea funcionaba muy bien. No sucedía lo mismo con la crítica exigente del Carnaval, que estimó que era prematuro dedicarle un desfile, e incluso jugó con la idea de que había pagado por ello. Entretanto, el protagonista va en su carroza, con un río de gente siguiéndolo como un profeta, la mirada al frente con la vista ensimismada, pensando cómo habré llegado yo aquí.

Nació en 1943 en Agualada, Coristanco, A Coruña, y zarpó adolescente hambriento de ambición. En poco tiempo pasó de lavar vasos a comprar, en 1964, una esquina —siempre las esquinas— en Leblon. Nada hacía pensar que aquel rincón se convertiría en una referencia de la ciudad, porque allí solo funcionaba un negocio de venta de bebidas. Pero Recarey lo transformó en una pizzería. Le puso nombre local: Guanabara. Sin ninguna experiencia en el sector, tiró de *marketing* agresivo: «Aquí se venden las mejores pizzas de Brasil», plantó en un cartel en la calle. A los chavales que volvían de la playa camino de sus casas en el barrio más rico de la ciudad los invitaba a una porción. El boca-oído hizo el resto. El negocio, que abría veinticuatro horas, se empezó a llenar. La Pizzaria Guanabara aparecía en guiones de televisión y letras de canciones, y se convirtió en parte de la iconografía popular.

Artistas famosos pasaban a comer a pizza y tomar un *chope gelado*, una cerveza fría. Fuera, el cartelón gigante azul y rojo alumbraba la fila de gente y taxis que crecía sin fin. Y Chico sonreía deambulando entre las mesas, lleno de razón con su fórmula de riesgo y su cada vez más tupida red de contactos.

Así pasó a dominar la noche en la laguna de Freitas, la encantadora trasera natural de las playas, una postal que de tan perfecta parece mentira. A inicios de los años setenta abrió el Castelo da Lagoa, el primer piano bar de Río. En una revista, bajo su retrato de hombre de negocios repeinado a lo Gardel, soltó un titular definitorio: «Fue mi victoria más grande después de años luchando por una licencia. Y eso fue gracias al gobernador». El Castelo, templo de *scotch*, humo y musicón, fue transformándose en restaurante, pero a su lado abrió un nuevo bar de jazz y bossa nova al que se permitió llamar Chico's Bar. No solo sirvió de refugio de la bohemia musical, sino que fue referencia internacional de la música más sofisticada.

En los ochenta emprendió la aventura del Scala, del otro lado de la Lagoa, en Leblon. Se convirtió en la mejor sala de baile de la ciudad, gracias a iniciativas pioneras como sus noches para público gay. La vida sonreía a Francisco Recarey, que llamaba la atención incluso de la prensa española. En 1986 declaró a *El País*: «Cada tres meses intento abrir algo nuevo. Río se me está quedando pequeño». Y añadió, como la guinda de su emporio: «Acabo de abrir dos hoteles y una discoteca de lujo para tres mil personas». Se refería a la Help. En total llegó a tener once pizzerías, diez restaurantes, quince bares, varias discotecas y casas nocturnas y participación en un puñado de hoteles. «No lleva cetro, pero todos lo llaman el Rey», decía aquella última página, que hablaba de Recarey como «ese gallego pequeñito y tímido que si cerrara a la vez sus locales nocturnos de esta ciudad se convertiría en un bostezo insoportable» y empleaba frases imposibles hoy: «Se pasea en Rolls con un buen cargamento de mulatas que miden dos metros».

En esa década de neón e insomnio el gobernador de Río recibió a Juan Carlos I. En la recepción, Leonel Brizola le dijo al monarca que no podía darle la fiesta que merecía, dada la crisis que vivía el país en ese momento. Cuando llegó a oídos de Recarey, este le montó una fiesta privada en uno de sus establecimientos, el Asa Branca. Parece que el Borbón le hizo un chiste con su sobrenombre al empresario, y este le respondió entre reverencias grandilocuentes: «Su Majestad, el único rey aquí es usted. Yo soy solo un obrero que trabajó duro y está orgulloso de seguir siendo español». Entre tanto almíbar parece que aquella noche salió a bailar, incluso, la reina Sofía.

Cuatro años después, el príncipe Felipe de Borbón acudió al Scala como tripulante del Juan Sebastián Elcano a una cena show organizada por el viejo amigo de su padre. La mañana del evento, el comandante del barco y el embajador de España visitaron el local y no se fueron muy tranquilos, según se cuenta en el pódcast *XRey*, cuando vieron entrar un camión lleno de mujeres jóvenes. Recarey los tranquilizó: las «misses», así les dijo, eran solo acompañantes para hacer bulto. Un elemento decorativo. En la mesa del príncipe sentaron a una chica que llevaba una cinta en el pelo. Al final de la velada, un fotógrafo pidió al grupo que se apretaran para un retrato. Una semana después salía en la portada de *Interviú*, la joven, esta vez con una flor en el pelo y una hoja de palmera por vestido. Debajo, un gran titular: «La "novia" brasileña del Príncipe, desnuda». Y en páginas interiores, entre fotos color carne, el retrato grupal con la chica de la cinta, bien visible, junto a Felipe.

En los glamurosos locales de Chico no faltaba nadie. Eran los ochenta y la galería de personajes convertían la noche carioca en una alfombra roja. Donde aparecía un famoso, había una cámara y, detrás, aparecía siempre Chico, impecable con grandes camisas blancas o de colores vivos bien planchadas, pelo chupeteado hacia atrás, dando abrazos a discreción.

Cada logro le daba más alas para seguir emprendiendo al ritmo de la década más loca: apertura política, inflación disparada, el narcotráfico irrumpiendo, y con él la violencia en las favelas, pero también el turismo en boga y la noche en su clímax. «Creo que a mi manera soy un embajador de España en Brasil», dijo en una entrevista de aquellos años, en la que se quejaba de las restricciones con el juego, porque eso sería el definitivo triunfo: «El dinero se quedaría aquí en vez de salir».

La expansión desaforada de sus negocios le empezó a traer problemas en los juzgados, con decenas de investigaciones por supuestas irregularidades contables. En 1999 subastaron más de la mitad de sus famosos establecimientos por impago de alquileres durante años. El nombre del Rei da Noite empezaba a mancharse, pero no se rindió y contraatacó. Entre las novedades del nuevo siglo, remodeló el Castelo da Lagoa y lo rebautizó como Botín, en homenaje al tricentenario restaurante madrileño. Allí recibió a un programa de televisión con su habitual porte, pelo brillante, pantalón blanco de cuello alto y cinturón negro. Mirando a cámara, declaró su amor incondicional por Río de Janeiro —«una ciudad igualita a mi Coruña, tan verde y con su mar»— y al pueblo brasileño —«alegre, abierto y hospitalario como el gallego»—. Luego glosó las bellezas del nuevo Botín, que incluía reservados con un ordenador conectado a internet «para que los empresarios puedan tener sus reuniones con un *uisquezinho*». Chico, que dijo tener 1300 empleados, zanjó su situación económica sin que nadie le preguntara por ello: «Estamos vivos, no estamos muertos».

Pero no mejoraron las cosas; siguió enfrentando procesos laborales y fiscales, y su imagen se asociaba a lo que llaman «*ficha suja*», un historial con antecedentes que comprometían su reputación. Una teoría decía que Chico era solo el mascarón de proa de los gallegos que dominaba el ocio, la hostelería y el turismo carioca o incluso el testaferro de gente más poderosa. Ninguno de los emigrantes aún vivos que trabajaron con él lo aceptan.

—Chico tenía ideas únicas, era un adelantado en muchas cosas —dice un exsocio—. Emprendimiento que abría, emprendimiento que triunfaba. Era el rey de verdad.

Brotaron acusaciones (no condenas) de todo tipo, incluso contrabando de armas porque, según el *Jornal do Brasil*, se encontró una metralleta en su coche. Atendió denuncias de la Seguridad Social por irregularidades con los empleados del Asa Branca, el local de la fiesta del rey. Le investigaron sus bingos. Perdió la concesión de los palcos del Sambódromo, donde había reinado en el desfile. De adorado a apestado, tuvo diferencias hasta con un mito nacional, el maestro soberano de la música brasileña, António Carlos Jobim: «Tú compones, escribes los arreglos, tocas y cantas, pero cuando llegaba el show siempre lo veías anunciado como "una producción Chico Recarey"», dijo en una biografía.

En 2007 fue denunciado por corrupción y lavado de dinero en la operación Ouro de Tolo, que perseguía a una mafia que contrabandeaba máquinas tragaperras ilegales. Por entonces los vecinos de la Zona Sur de Río lo empezamos a ver con más frecuencia en la caja de la pizzería Guanabara, trabajando a pie de obra, pero sin el glamur de siempre. Era el último intento de mantenerse a flote mientras veía su lujoso piso subastado frente a la playa de Ipanema. Hasta que desistió y se mudó a Madrid. Pero él seguía volviendo, sobre todo en Carnaval.

—Estoy con una leyenda —dice el presentador en 2022—. Usted creó prácticamente el Sambódromo.

—Estoy desde que esto era de madera. Me gusta el Carnaval, el samba, la noche, la vida —responde, la misma cara expresiva, menos pelo pero negro tintado como nunca, y la misma expresión, y hablando en el *portugalego* que nunca se le fue.

—Yo fui a muchas de sus casas de shows.

—Tuve muchas, pero cuando lo dejé se acabó la noche de Río. Todos querían competir conmigo y ahora no se puede competir porque ya no hay nada.

Un año después volvió al Sambódromo, pero ya no hubo entrevistas. Mientras miles de personas gozaban otra noche más, un coche de policía se acercó a los palcos. De él salieron varios agentes para hablar con Chico. Desplegaron una orden judicial y le requisaron la cadena de oro que llevaba al cuello y el Rolex en la muñeca, con el propósito de descontar una deuda laboral de miles de euros. Luego, lo dejaron marchar. Recarey no podía estar ya ni en su propio reino. No quería ser invisible y al final se quedó sin trono.

La tragedia del Bateau Mouche

Dicen que el *reveillon* de Copacabana es la mayor fiesta de Nochevieja de todo el planeta. Reúne, cada 31 de diciembre, a cientos de miles de personas vestidas de blanco en homenaje a Iemanjá, la diosa del mar, a la que hacen ofrendas arrojando flores al Atlántico. Aunque su liturgia remite a una ceremonia espiritual afrobrasileira, el evento se popularizó en los años ochenta. Un grupo de gallegos, junto a otros empresarios, pensó que la playa sería el escenario perfecto no solo para el ritual del cambio de año, sino para montar una gran fiesta con shows de música y fuegos artificiales. Uno de sus inventores, o «patrocinadores», como prefiere decir él, era Avelino.

—Empezamos en el tramo de playa a la altura de la Help. Nos coordinamos con otros puntos icónicos de la playa y se sumaron. También entraron el Hotel Copacabana Palace y el Meridien, que tiró una cascada de fuegos desde lo alto de la torre, de cuarenta pisos. Parecía que el edificio ardía, un éxito nunca visto.

La TV Globo decidió retransmitirlo y lo convirtió en lo más visto del año en un país de doscientos millones de habitantes: una Puerta del Sol de arena, sin uvas pero con cuenta atrás, veinte minutos de fuegos y un concierto de grandes estrellas con una multitud en la arena y el agua hasta altas horas. Cosechó tal éxito este nuevo *reveillon* que se empezaron a alquilar barcos para celebrar cenas de Nochevieja privadas y ver los fuegos desde el mar. Amantes de la exclusividad y el mundo VIP, la novedad proporcionaba a las clases pudientes una distinción por unos cientos de dólares. En ese mercado entraron con fuerza los gallegos, que ofertaban paquetes de ensueño. Para muchos fue, sin embargo, una tragedia.

En 1988 una agencia lanzó una oferta apetitosa. Consistía en una cena show a bordo del barco Bateau Mouche IV. Por el equivalente de 150 euros podrían degustar un bufé de platos finos, barra libre incluida, y disfrutar de la actuación de un conjunto de sambistas, mientras surcaban las aguas de la bahía carioca desde Botafogo hasta Copacabana, media hora de travesía. Fondearían frente al arenal y tendrían una vista privilegiada de los fuegos de medianoche.

Como decía el folleto de la agencia: «Navegando y viendo el despuntar de un nuevo año en un ambiente de fiesta y confraternización».

A las nueve de la noche unas 150 personas suben al barco. Grupos de mediana edad, parejas jóvenes y familias de clase media-alta, todos vestidos de blanco. El barco está abarrotado. Zarpan y comienza la fiesta, con la cubierta decorada, los camareros vestidos de frac también blanco y abriendo botellas a pares. A pesar de las fechas —inicio del verano austral— el océano se percibe agitado en cuanto salen de la bocana de la bahía, bordeando el Pão de Açúcar. Es un lugar de corrientes y mar picado. Hoy, más. A su alrededor, algunos veleros tratan de volver, no sin problemas, al resguardo de la bahía. En el Bateau Mouche IV ya hay gente vomitando del mareo. Se agarran a las barras de cubierta entre los meneos de las olas, cada vez más altas. Pese a todo, porfía por llegar a la altura de Copacabana, ya cerca de la medianoche. Los pasajeros más despreocupados inclinan la embarcación a estribor al tomar posiciones para ver los fuegos. A las 23:50 una ola inesperada, sumada a la inestabilidad del barco, provoca que este vire y el pasaje caiga al agua, entre la isla de Cotunduba y la playa, donde cientos de miles de personas ya celebran el nuevo año. Ajenas a lo que se vive en el mar, el gentío contempla con ojos iluminados el espectáculo de pirotecnia en el cielo. Serán las últimas luces que muchos vean desde el barco naufragado.

En las horas siguientes van llegando los cuerpos de los ahogados al Yacht Club. Cincuenta y cinco cadáveres en total. Las familias de las víctimas se abrazan, lloran, gritan. Con la luz del día, las cámaras de televisión arrojan imágenes terribles en el lugar del naufragio: sillas y tablones de madera flotan sobre una mancha de aceite gigante. Veintisiete metros bajo el agua, en el lecho oceánico, está el navío. Acceden los bomberos, también una cámara submarina de TV Globo, que ofrece una película de misterio en el telediario: entre la neblina acuosa del fondo marino iluminado se ve la cubierta del barco con platos rotos, latas de cerveza y refrescos. La cámara avanza hasta el casco, donde se ve con claridad un nombre: Bateau Mouche IV.

Unos días después izan con una grúa el barco, un esqueleto blanco con la cubierta aún con restos de una fiesta fatal. A esas alturas la investigación sobre el accidente ya apunta a graves fallos de seguridad: exceso de pasaje, agujeros en el casco, escotillas por debajo del nivel máximo del agua, bomba de achique inoperante, chalecos salvavidas insuficientes. Y la certificación de que el navío no había sido construido para navegar en mar abierto. Los indicios de negligencia vuelven las miradas sobre los organizadores de la velada. Aquello no fue un accidente, sino una tragedia previsible.

La justicia comenzó a depurar responsabilidades entre los dueños del barco, del restaurante organizador y de la agencia de turismo. Fueron acusados nueve empresarios, casi todos ellos gallegos. Pero en el primer juicio, un año después de la tragedia, salieron absueltos. Las familias de las víctimas emprendieron una batalla judicial que terminó en 1993, con la condena de tres de los empresarios —un portugués y dos gallegos— a cuatro años de prisión semiabierta por homicidio culposo, evasión fiscal y formación de banda organizada. Los medios abrieron con grandes titulares y agitaron a la opinión pública contra la «*máfia espanhola*». Años más tarde, el periodista Ivan Sant'Anna publicó un libro en el que repartía la responsabilidad de los empresarios con la Marina y sumaba el accidente a las recurrentes tragedias por negligencia que se saldan con tibieza en la justicia: «Al año siguiente de la condena los tres reos, valiéndose del hecho de que solo dormían en prisión y pasaban el día en la calle, huyeron del país hacia Portugal y España, sin tratado de extradición, librándose así de las indemnizaciones a los parientes de las víctimas». La justicia brasileña aún espera por ellos.

Gallegos bossa nova

Un día de 1956 presentaron a Tom Jobim y Vinícius de Moraes para que compusieran la música de la obra teatral *Orfeu da Conceição*. El jovencísimo Jobim, que no tenía ni para el alquiler, preguntó: «*Vai haber um dinheirinho?*». Meses después, la obra se estrenó con un éxito sin precedentes, fue adaptada al cine y ganó el Oscar a la mejor película extranjera de 1960. Ese fue también el puntapié internacional a un nuevo género llamado bossa nova, y aquellos dos artistas se convirtieron en dioses paganos en Brasil. Todo este proceso que cambió la historia de la música se cocinó en un bar del centro de Río. Se llamaba Casa Villarino y, claro, era de gallegos.

Allí pasaban horas aquellos dos, pero también periodistas, escritores, diplomáticos, políticos, cineastas. En aquel punto de la bohemia carioca se crearon obras audiovisuales, se armaron tertulias encendidas de política internacional y, también, se creó ese estilo que no tenía nombre, y que encontró, parece que allí mismo, el término de la modernidad, bossa nova (o nueva ola).

Luis Villarino, de Xinzo de Limia, junto a otros tres socios también ourensanos, abrió el bar y le puso su apellido. «Si hay un sitio arqueológico de la bossa nova, ese es el Villarino», escribió Ruy Castro. En este siglo la noche carioca ya transitaba por otras músicas y otros barrios, pero el Villarino mantuvo su toque artístico e intelectual. No recibía turismo, pues quién sabía que aquel era un local histórico, salvo algunos fanáticos que jugábamos a sentarnos en las sillas de los artistas, impresionados al leer un cartel que ponía «Aquí Tom y Vinícius se conocieron, compartieron tragos y también ideas». Lo siguieron haciendo hasta la pandemia, que también lo cerró.

Al otro lado de la ciudad, en Leblon, un hombre de barba recortada, chaleco y corbata alterna con Chico Buarque y Vinícius de Moraes. Les sacan una foto y mientras los artistas siguen bebiendo, el hombre se va tras la barra, entre botellas de whisky. Detrás, un teléfono de disco y paredes forradas de fotos. El hombre se llama Manoel Rieiro Romar y todos lo conocen como Manolo de Buxán. En 1967 Manolo abrió junto a otros cuatro gallegos —Florentino, Álvaro y Antonio— un bar que miraba hacia la intelectualidad burguesa del barrio. Le pusieron el nombre de un éxito internacional: Strangers in the Night. Cuando lo vio uno de sus primeros clientes, el periodista Armando Nogueira, les sugirió cambiarlo por el nombre del cocinero, y quedó Antonio's. Jamás podrían adivinar aquellos emigrantes fans de Frank Sinatra que tiempo después pasaría por allí el mismísimo *crooner*, acompañado de Ava Gardner y Ursula Andress, y le tendrían que decir que no había mesa porque estaba todo lleno.

El tránsito explica muy bien el éxito del Antonio's y la vida vertiginosa de Manolo, nacido en Buxán, Santa Comba, sin luz ni agua, y emigrado en cuanto le dejaron. No había salido de la aldea, no sabía ni lo que era un teléfono, pero se reveló un talento natural de las relaciones públicas. Lo demostró al poco de llegar a Río, cuando vio una obra enorme a punto de rematarse en el Aterro de Flamengo y se plantó allí diciendo que le gustaría trabajar en lo que allí abrieran, que con quién tendría que hablar. Antes de que lo echaran a patadas una mujer lo escuchó. Se llamaba Niomar Moniz Bettancourt y sería la directora de lo que allí se terminaba, el Museo de Arte Moderno. Manolo no solo consiguió trabajar allí, sino que Niomar ejerció de madrina y lo introdujo en los círculos intelectuales de Río.

Cuando abrió el Antonio's aprovechó contactos y llenó el bar, pequeño pero muy apañado. Tenía una barra acolchada y cuatro taburetes con respaldo. Pegadas, varias mesas con mantel de olor a lavanda y platos relucientes. Siempre estaba lleno y solo cerraba cuando el último cliente se cansaba y se iba. También era, sin serlo, una continuación del Villarino. Además de músicos, acudían la tropa de bohemios habituales y otros internacionales. Pablo Neruda le escribió una dedicatoria en su *Oda al vino*, con dibujo de copa incluido, y cada estrella que pasaba por Río posaba junto a Manolo: Mick Jagger, Jorge Amado, Brigitte Bardot, Michael Caine. Manolo parecía Zelig, el personaje de Woody Allen que se mimetizaba con todos los personajes importantes de la historia, pero metido en el papel de tabernero.

Antonio's cerró en 1997 y Manolo regresó a su tierra. Corrió la leyenda urbana de que volvía para ingresar en un convento. No era cierto, pero sería un epílogo a la altura de su vida. Sus anécdotas las escuchó durante décadas en Galicia el periodista Miguel Boo, que en 2015 acabó publicando el libro *Cómo conquisté Brasil*. No fue muy exagerado en el término: el libro fue presentado en Santiago de Compostela por la escritora galaicobrasileira Nélida Piñón, presidenta de la Academia Brasileira das Letras y premio Príncipe de Asturias, que dijo: «En Manolo Rieiro había un personaje que se ha convertido en leyenda». Murió en A Coruña con ochenta y un años.

Maria Pia Beiro: anónima y famosa

En la Copacabana galaica hay también espacio para lo espiritual. María Dolores Beiro, Maria Pia para su gente, en portugués, bordea los cincuenta y cinco años, tiene el cabello rojizo en las puntas y desteñido al gris natural en las raíces. Lo lleva corto y peinado, a juego con unas cejas densas que sombrean unos ojos azul intenso. Una cara como tantas gallegas de su edad. Camisa ligera, de cuello amplio, color beis y botones dorados, como la discreta cadena que cae sobre el pecho. Su nieto, Felipe, de cinco años, moreno carioca, la mira con atención al tiempo que ella comienza a hablar a cámara. Le preguntan dónde nació. Ella arranca a hablar en portugués sin aparente acento foráneo, salvo una *gheada* bien al fondo, la voz muy aguda.

—El destino es lo que resuelve la situación de la vida de las personas. Yo nací en una aldea cerca de Santiago de Compostela —ahora abre más los ojos cuando el entrevistador le repregunta con quién emigró—. Vine sola. Estuve once días sin hacer nada. Y entonces entré en una casa de la avenida Atlántica para trabajar, y ahí sigo desde aquel día.

Su interlocutor es el director Eduardo Coutinho, que en 2002 filmó *Edifício Master*, una joya del documentalismo latinoamericano, que divulga y entretiene a quien, como era en mi caso cuando se estrenó, quiere entender Brasil, Río de Janeiro y ese barrio de locos llamado Copacabana. Allí se ubica el bloque de doce pisos y 275 apartamentos que llamó la atención de Coutinho, una colmena que alberga un enjambre variopinto de vecinos, retratados por el director puertas adentro de sus minúsculas casas, a pocos metros de la playa más famosa. Hay blancos de clase media, mestizos y nordestinos venidos del interior, familias *cariocas da gema*, de Río de toda la vida. Edificio Máster es un resumen perfecto del caleidoscopio social de Copacabana, y por tanto allí no podía faltar la emigración gallega. Tan anónima, tan invisible como Maria Pia, que le cuenta al director que volvió varias veces a Galicia y a pasear por Europa. Así que la pregunta cae por decantación en un país donde los sueldos de doméstica son bajísimos. ¿De dónde sacaba el dinero?

—Siempre guardé las vueltas, y nunca fui de gastar, por miedo a que luego me falte.

El sincretismo religioso, de enorme arraigo en Brasil, cruzó caminos con la cultura gallega, de singular relación con la muerte, a través de Maria Pia, la misma del edificio Master, capaz, decían, de comunicarse con los espíritus: era médium. Le llamaban la *benzedeira galega* de Copacabana, la que da la bendición, y así lo hizo durante cincuenta años. El 13 de mayo de 2021 sufrió un infarto en la calle y se murió. En la iglesia que acogió su funeral no cabía ni una persona más, pese a las fechas todavía pandémicas.

El servicio en portugués de Radio Nacional de España emitió un programa sobre esta mujer anónima y famosa al mismo tiempo, en el que contaban que recibía a cientos de personas en la minúscula sala de su casa cuando salía del trabajo. La cola llegaba hasta la puerta, pero no había salas de espera ni biombos: todos escuchaban todo. Cuentan que tenía el poder de aliviar enfermedades y depresiones, con una liturgia nada aparatosa: solo cerraba los ojos, rezaba y cantaba —en gallego—. Como mucho «hacía el pase», se agachaba hasta el suelo y se levantaba, mirando con sus ojos grandes al cliente, o mandándolo callar si no les gustaba a los espíritus que allí flotaban.

Maria Pia atendía del mendigo al empresario, de los niños a los perros. Y no pedía dinero, pero le pagaban con regalos y billetes: ahí estaba la calderilla que le permitía viajar a Europa. A veces, como hacía una residente de Nueva York, le llegaban transferencias generosas. Era «un ser de luz», en las palabras de clientes. Por eso cuando se murió, cuando «desencarnó», muchos no lo creyeron. Marcos Araújo, peluquero del barrio, recuerda el día:

—Me llamaron a las siete de la mañana y me dijeron: «Partió Maria Pia». Y yo pensé: ¿regresaría a su tierra? Cuando me dijeron que se había muerto no sentí tristeza, pero nos quedamos huérfanos. Gracias a Galicia por darnos ese regalo.

Lygia Castro, habitual del Edificio Master, amplió teorías sobre la pertenencia de la *benzedeira*.

—Maria Pia no era carioca ni gallega. Era universal, como Jesucristo. O, como mucho, diría que era de Copacabana. Eso seguro.

Esclavos en el sótano

Merced y Petrucio, una pareja de mediana edad, iniciaron una reforma en su casa, en la zona portuaria de Río de Janeiro. Al primer día de picar el suelo se encontraron con un rosario de pequeños huesos, que un albañil creyó de un perro. Enseguida aparecieron otros más grandes, más familiares, humanos. Cuando descubrieron mandíbulas infantiles —«a mí me pareció que sonreían», dijo ella después— llamaron a la policía. Pensaron que eran los restos de una matanza.

Un líder vecinal más enterado les contó que en aquella zona había mercados de esclavos. Aquello que descubrieron cavando en su sótano eran los restos de los africanos que llegaban muertos tras la travesía infernal a través del Atlántico, o que perecían al desembarcar, en cuarentena, justo en esa calle.

A aquella fosa común, adonde se les arrojaba sin contemplación, los libros de historia lo habían llamado Cemitério dos Pretos Novos, pero no había rastro de él. Estaba oculto y a nadie pareció importarle descubrir dónde podía estar. Además, se fue tapando, capa a capa, con las sucesivas urbanizaciones de la ciudad: «Fue horroroso para nosotros, porque no había interés en nada por parte de las autoridades», me dijo Merced cuando visité en 2010 su casa, reconvertida en sitio arqueológico.

El puerto de Río, punto clave del país durante el período colonial y hasta mitad del siglo XX, entró en decadencia cuando la capital migró a Brasilia. Solo empezó a levantar cabeza con la revolución olímpica, que contemplaba la recuperación del barrio: hoteles, torres de apartamentos y un centro vanguardista llamado el Museu do Amanhã (el Museo del Mañana). Miraban al futuro sin reparar en el archivo histórico que tenían bajo los pies. Y al arañar la tierra se encontraron con su memoria y la de toda la humanidad.

A un par de calles de la casa de Merced y Petrucio, en la llamada Pequena África, las obras dejaron al descubierto algo aún más impactante y macabro. Era la estructura de un muelle antiguo llamado Cais do Valongo, el puerto esclavista más grande del mundo, por el que desfilaron medio millón de personas negras y que fue tapado cuando se prohibió el comercio de seres humanos y —vergüenza multiplicada— reasfaltado a inicios de 1840 para la visita de la infanta Teresa Cristina de las dos Sicilias, la Borbón que se casó con el emperador Pedro II en Río de Janeiro. Hoy por fin es un monumento arqueológico de obligada visita en la ciudad. El doble nivel de desmemoria conversa con el descubrimiento de Merced y Petrucio. Allí se encontraron más de cinco mil fragmentos de esqueletos, casi siempre adolescentes e incluso infantiles.

Se calcula que fueron al menos treinta mil los cuerpos enterrados sin tumba.

Con ayuda de un colectivo de voluntarios, abrieron uno de los principales espacios de lucha y preservación de la cultura africana, pilar identitario brasileño, junto al europeo y el indígena. «Me preguntaron muchas veces qué interés podía tener yo. Es nuestro legado, muy pesado, como un holocausto, de una historia de la que solo conocemos una parte porque encima se construyeron casas», me dijo en su casa-instituto.

Cuando le pedí el nombre completo, Merced me lo recitó: María de la Merced González Graña Guimarães dos Anjos, marcando sus zetas y eñes. Levanté la cabeza de la libreta como si hubiera hecho mi propio hallazgo: su madre, originaria de Pontevedra, acabó viviendo en una casa cualquiera en el puerto principal del tráfico transatlántico de esclavos. Y ella la elevó a patrimonio en nombre de todo Brasil.

El nieto de Preciosa Matalobos

Los dedos retorcidos por la artritis se aprietan y marcan las arrugas. Como puede, ejecutando un movimiento extraño, la abuela carga la punta del lápiz sobre el papel, la cara reventando de tensión, y dibuja unos garabatos como si fueran filigranas. Al acabar retira el lápiz y dice:

—¿Ha quedado bien?

—Sí, abuela, muy bien —le contesta su nieto, a la luz del candil, junto a la *lareira*, en la casa de la aldea.

En el papel se ven solo dos palabras temblorosas, pero ese puñado de letras compendia sus obras completas. Es su nombre, rubricado por una rayita tímida por debajo que enaltece todavía más el escrito: Preciosa Matalobos.

—Tuve que enseñarle a firmar. ¡Cuántas habría como mi abuela por entonces!

Habla el nieto de Preciosa, Orlando Leis Matalobos, al recordar los días en que le llevaba el boletín de notas desde el seminario menor, donde estudiaba con nueve años. Sus padres vivían emigrados, como los vecinos de al lado, y los de la casa de abajo, y los de más allá; igual que media Galicia en la década de 1960. Y muchos de ellos dejaban a los hijos a cargo de las abuelas y abuelos. Ya no eran solo aquellas viudas de vivos, como llamó Rosalía de Castro a las mujeres que se quedaban esperando a sus maridos emigrados. Orlando y tantos otros eran huérfanos de la diáspora. En su caso, tras una voltereta que empieza en Brasil, con cierta distorsión de fechas.

—Nací en octubre de 1962, según dice mi partida de nacimiento brasileña, pero mi pasaporte español dice que lo hice en febrero de 1963. Al parecer fue una jugada de mi padre cuando volvimos a Galicia en 1966. Como no tenía dinero, modificó la fecha y se ahorró mi pasaje, de pago a partir de los tres años.

Con aspecto de profesional de día libre, camisa elegante y cabello entrecano, Orlando trae el móvil cargado de documentos y fotos para mostrarme en un bar de Chamberí, en Madrid. Su mujer, Elena, también gallega de familia emigrante, apunta detalles cuando falta alguno en una historia torrencial. Meses arriba o abajo, Orlando nació en el barrio de Estácio, la cuna del samba, en el centro de Río de Janeiro. A sus padres, oriundos de Negreira, A Coruña, los unió la emigración.

Ramón, emigrado en Maracaibo, había empezado una relación por carta desde Venezuela con una chica de su mismo ayuntamiento. Se llamaba Filomena Matalobos —llevaba el apellido de la madre porque Preciosa era madre soltera—

y aceptó casarse con él por poderes, que era lo más habitual: consistía en una ceremonia en la parroquia de la mujer. La novia vestía de negro, por la ausencia del ser querido, e iba acompañada de su padre o suegro, apoderado del contrayente. Con los papeles en orden, embarcaron, uno desde La Guaira, el puerto de Caracas, y la otra desde Vigo, con un destino común: Río de Janeiro, donde vivía el tío de Ramón, al que se agarraron como a una liana en un bosque desconocido.

Era 1960 y Ramón empezó a trabajar en una ferretería, mientras Filomena se dedicaba a coser. Tantos clientes cosechó que acabó reclamando a su madre para que la ayudase. Preciosa se sumó a la tarea de la costura y también cuidó del pequeño Orlando, recién nacido. Con una mano atendían al niño, con la otra le daban a la máquina. Extranjera y analfabeta, pasaba el día encerrada enhebrando la aguja con la cortina echada, en una casa que ardía durante el verano achicharrado de seis meses, sin saber bien ni dónde estaba.

Pese a trabajar como mulos, su hija y el marido no hacían dinero suficiente. Sus mejores amigos, los Lavandeira, cambiaron Río por Buenos Aires. Allí abrieron un bar, al que iba un tal Jorge Luis Borges a tomar un sambayón, un postre-cóctel de oporto y huevo. Atraídos por la modernidad que transmitían los Lavandeira, pensaron en emularlos. Pero al mismo tiempo recibían consejos desde Alemania, en las cartas de la hermana de Ramón —que para rematar se llamaba Argentina—: «Venid para aquí: se gana en marcos, que son muchas pesetas, y en las fábricas te pagan todo lo que haces y más». Así que, con contrato por delante, cambiaron el trópico por la cuenca del Ruhr.

Quedaba un pequeño detalle: el niño. En tanto ellos trataban de hacer pie en Alemania, decidieron mandarlo, junto a la abuela Preciosa, de vuelta a Galicia. Orlando, de dos o tres años, según qué documento enseñase, conocería Galicia tras doce días de barco. Al llegar los esperaban los abuelos paternos de Orlando, que se harían cargo de él. Desde entonces se convertirían en Papá Ramón y Mamá Manuela.

—Ellos eran pobres, pero tenían bastante más que la abuela Preciosa —recuerda pasando fotos en la pantalla del móvil—. En la casa de Ramón y Manuela, en la parroquia de Xallas, teníamos luz y agua corriente. En la de Preciosa, no. Me cuentan que lloré veinticuatro horas seguidas, pero yo solo me acuerdo de una niñez plena, pese a criarme sin padres.

Ramón y Filomena tardaron tres años en volver a Galicia por primera vez, pero Orlando ya tenía un camino trazado junto a los abuelos de un lado y de otro. Cuando cumplió nueve años, lo mandaron internado al seminario para formarse y volvió a vivir con la otra abuela, que recibió de su nieto un regalo único. Fue el niño Orlando quien le enseñó a escribir por primera vez su precioso nombre.

Transeúnte (II)

Si uno disparase desde aquí una cuerda hacia el cielo, unos cientos de metros en vertical, podría amarrarse del Cristo Redentor, en la cima del morro do Corcovado. Al símbolo de Río lo separa una pared verde selvática que comienza justo donde termina la ciudad. En esa frontera tropical se levanta un edificio de grandes dimensiones, con una gran piscina a cielo abierto, un pabellón deportivo, salones de actos y un restaurante donde se puede conversar con los pajaritos mientras grupos de jubilados juegan a las cartas. Es el centro gallego más grande de Río, pero aquí se llama Casa da Espanha. Y aquí tenía yo mi oficina.

El 13 de marzo de 2013 se escuchó un grito en la sala 9 y un insulto nada pío, justo el día que salió la *fumata bianca* del Vaticano y se eligió papa a Jorge Mario Bergoglio, arzobispo de Buenos Aires. Estábamos atentos a la televisión en la redacción de la productora Maresia, que abrí junto a mi hermano de aventuras Francho Barón para cubrir la actualidad latinoamericana, y cuando salió su nombre solo se me ocurrió maldecir todo lo posible, porque sabía que me iban a llamar para ir a Argentina y no podía. El limbo migratorio en el que estaba me lo impedía, igual que me retuvo, casi atado a la mesa de la rabia, ocho días antes, cuando murió Hugo Chávez. Había vivido su mandato con intensidad, no había faltado a ninguna de sus convocatorias electorales, lo había grabado con mi cámara de televisión en una reunión en la jaima de Gadafi durante una cumbre en Isla Margarita, pero ahora no podía ir a su funeral. Al nuevo papa lo había conocido cuando era obispo de Buenos Aires y tenía fuentes en la archidiócesis, pero tampoco podía tomarme un avión. Y todo por los papeles.

Cuando me fui a vivir a Brasil, dos años antes, me las prometía felices después del laberinto del papelerío argentino. Al formar parte de Mercosur, pensaba, con mi reluciente residencia del país vecino podría entrar y salir casi como se viaja por Europa. Error. Por razones de trabajo, volaba a Buenos Aires al menos una vez al mes, el puente aéreo soñado, y yo enseñaba despreocupado mi DNI de extranjero en Argentina, sin tocar mi pasaporte español. Hasta que en un vuelo de vuelta llegué a Galeão, el aeropuerto de Río, y dos fornidos señores me pasaron al cuarto de migraciones. Me preguntaron por qué volaba tanto entre las dos ciudades y me comunicaron que había pasado el límite de días permitido, por lo que me mandaban de vuelta deportado a Argentina en el mismo avión que me llevó. Entrar con dos policías aeronáuticos al avión lleno te hace sentir en una película, pero sin final feliz. Por suerte Buenos Aires era mi otra casa, más bien mi hogar, y en un par de días tracé un plan, después de hablar con un amigo de un amigo que me dio las debidas recomendaciones, dejémoslo ahí. Mi solución estaba en la Triple Frontera.

Diez años atrás, en un viaje exploratorio por el continente y sus fronteras, materia predilecta, me había dedicado a explorar la que unía y separaba a Argentina, Paraguay y Brasil, una joya de la naturaleza: las cataratas de Iguazú. Luego volví varias veces a trabajar y descubrí lo poroso de esa raya en el mapa, nudo de tráfico de armas, drogas y otras sustancias ilícitas. Ahora regresaba para salir de Argentina, por tierra, con mi DNI local. Al llegar a la garita brasileña entraría con mi pasaporte español y con ese documento tendría noventa días más para permanecer en el país, mientras buscaba soluciones y trataba de agilizar mi residencia. Como no la conseguí en ese tiempo, tuve que repetir la jugada, pero al revés: saliendo desde Foz do Iguaçu a Ciudad del Este, en Paraguay, alternando con el otro documento, hasta que al fin pude regularizar mi situación meses después. Pero en el camino pasaron cosas en el continente y mi trabajo, que era contarlo, se resintió. De ahí los gritos cuando hicieron papa a Bergoglio o los lamentos por mi ausencia en el funeral de Chávez.

Tras muchos altibajos burocráticos, visitas a Migraciones durante meses y trámites absurdos, conseguí la residencia permanente, sí, pero como progenitor de dos hijos nacidos en Brasil. Poco después me mudé a Madrid, con la sensación, otra vez, de transeúnte, de coleccionista de DNIs que no me valen más que para volver cada tanto y decir: hola, yo también soy un poco de aquí.

7
VENEZUELA

«Nos llamaban mosiús *a los extranjeros, por monsieurs, pero ahora parece que es al revés: vas a España y te miran raro»*

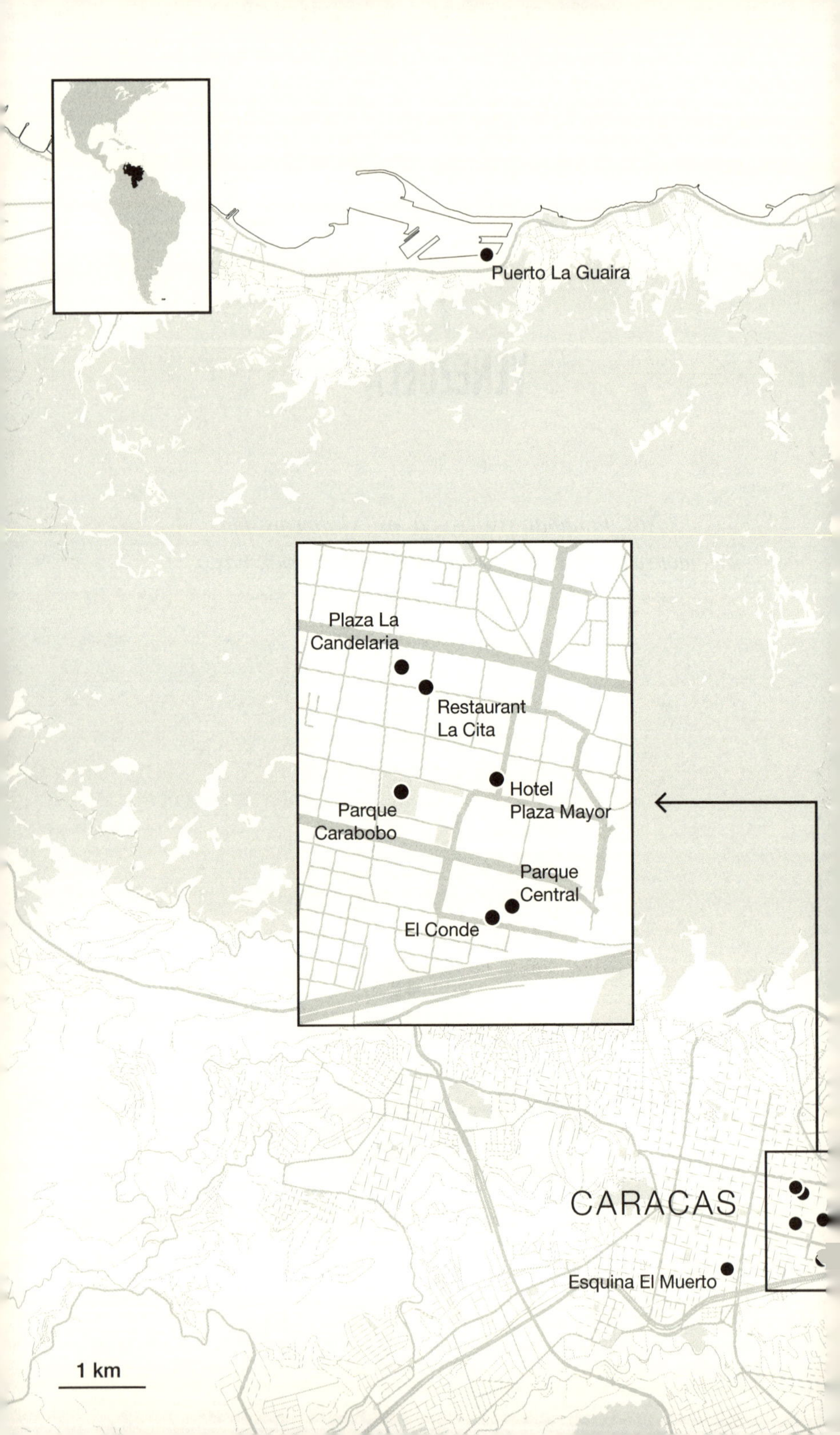
Puerto La Guaira
Plaza La Candelaria
Restaurant La Cita
Hotel Plaza Mayor
Parque Carabobo
Parque Central
El Conde
CARACAS
Esquina El Muerto
1 km

Hotel Humboldt

PARQUE NACIONAL
EL ÁVILA

Estación Teleférico Maripérez

Hermandad Gallega de Venezuela

Sabana Grande

El guardián del Humboldt

Una sombra encorvada trajina al contraluz de una gran vidriera. Es un hombre mayor que barre, pasa una fregona, más tarde una enceradora. A su alrededor, un escenario vacío dentro de un edificio inmenso, abovedado, entre futurista y decadente, una puesta en escena de cristal y aluminio que parece extraída de *Playtime* de Jacques Tati. La imagen corta a un primer plano del protagonista de pelo canoso, alborotado, y un bigote gris dibujando un acento circunflejo sobre la boca, borrada si no fuera por el cigarro pegado a los labios. Mira el reloj y dice: «Voy a prender las luces ahora». La voz es nasal y el acento, gallego con una pátina venezolana. La secuencia pertenece a un documental filmado en 1998 por el cineasta francés Thomas Sipp, a quien se le ocurrió registrar en Caracas la historia del Hotel Humboldt y terminó dedicando el metraje y la trama a su único habitante. Se llamaba Francisco López Fernández, pero todo el mundo lo conoció como Paco. Sipp condensó su vida en un título sintético: *El guardián del Humboldt.*

Antes de Dubai existió Caracas. La ciudad era, a mediados de los años cincuenta, la más promisoria del subcontinente. Aupado por las rentas petroleras, Venezuela vivía un frenesí desarrollista y de lujo, en gran parte pagado con dinero público, y su capital se convirtió en un laboratorio arquitectónico al servicio del Estado. La renta per cápita era elevada, de ahí que se convirtiera en destino de la emigración europea. Gallegos, canarios, italianos y portugueses acudieron a la llamada del trabajo y la modernidad. El llamado Nuevo Ideal Nacional del militar Pérez Jiménez contemplaba la construcción de autopistas, túneles, edificios administrativos, polígonos de viviendas o la universidad pública. Y también hoteles.

La historia de Caracas —como tantas otras capitales latinoamericanas— se cuenta desde la orografía y la altitud. Está a quince kilómetros del mar Caribe, pero para llegar a ella hay que atravesar la cordillera de la Costa. El Parque Nacional El Ávila, que ha recuperado su nombre originario, Waraira Repano (Sierra Grande), lo ocupa una montaña verde y abrupta, explorada en el siglo XIX por el geógrafo alemán Alexander Von Humboldt. Por sus descubrimientos cartográficos y naturales del continente en una larguísima expedición, que por cierto salió de A Coruña, es venerado en Sudamérica. Su nombre fue el elegido para bautizar la joya megalomaníaca de Marcos Pérez Jiménez: un hotel en la cima del Ávila.

Su sueño faraónico incluía un triángulo arquitectónico que conectaría la playa con la montaña y pondría a la urbe a la vanguardia de las capitales mundiales. Levantaría tres edificios que unirían el Caribe (a cero metros sobre el nivel del mar), la ciudad (a casi mil metros) y la cumbre del Ávila (a más de dos mil). En cada punto, un hotel que trazase una línea imaginaria para conversar con los otros dos, pues desde el último se podría ver el primero: el Macuto en el litoral, el Tamanaco en la capital y el Humboldt en la montaña, que solamente se comunicaría con el exterior por un teleférico. Eso le daba una distinción extra al proyecto —un hotel *aéreo*—, pero en origen respondía a una estrategia militar, que generaba una salida para la evacuación de militares en caso de emergencia. Para completar el desafío, la construcción debía hacerse en tiempo récord. Tenían el dinero del oro negro, el talento de los jóvenes arquitectos y la mano de obra local y de los europeos que llegaban por miles al puerto de La Guaira.

El 16 de mayo de 1956 se puso la primera piedra del proyecto liderado por el arquitecto Tomás José Sanabria, promotor de la arquitectura tropical, que integraba la luz y el paisaje con el interior de sus edificios. Seiscientos obreros trabajaron en dos turnos de doce horas, siete días a la semana, en una cumbre rodeada de nubes y vegetación, aislado del mundo. La mayoría eran europeos: los italianos trabajaban muy bien el hormigón; los portugueses, la madera; los gallegos, el hierro. A ellos se les sumaron los venezolanos, buenos operadores de maquinaria, para levantar en 199 días el hotel completo, una joya estructural y de diseño. Incluía una torre circular con setenta suites, acceso directo desde el teleférico hacia el lujoso vestíbulo, pasillos con suelo de jaspe y mármol, salones con chimeneas de campana, restaurantes y bares de película de época, una *boite* con pista giratoria y una piscina climatizada que miraba al mar Caribe desde la altura.

Afuera, las bóvedas achaparradas como iglús de una base antártica, y junto a ellos el cilindro orgulloso, mezcla de rascacielos, pagoda y faro, con una vista de 360 grados —cuando se despeja—. Las imágenes de su inauguración, en diciembre de ese año, remiten a una utopía hecha realidad: autoridades y periodistas a bordo de un teleférico circular salvando el desnivel desde Caracas en ocho minutos y llegando al nuevo icono con el cielo por único techo. Demasiado bonito, incluso para la Venezuela saudí.

El brillo cegador de las instalaciones se fue opacando por un cruce de factores, metáfora de la paradoja de la época, entre el talento y el dispendio. El hotel llevaba la firma de Pérez Jiménez y eso no le ayudó en la voluble política del país: año y poco después de cortar la cinta, el presidente fue derrocado y en 1961 el Humboldt cerró sus puertas por primera vez. Desde entonces, ha vivido una historia atribulada, llena de aperturas efímeras y sus consiguientes abandonos. Las crisis económicas, los vaivenes políticos y, también, el rigor de los elementos naturales, marcaron su sino: el hotel solo funcionó aquellos cuatro años de manera continuada, y en total solo nueve, entre cierres y remodelaciones. En todas esas décadas, incluso después de su muerte, un nombre ha atravesado la historia del hotel como un eje transversal inesperado al que hoy rinden tributo permanente. No es Von Humboldt, ni el arquitecto, ni mucho menos Pérez Jiménez, sino un gallego llamado Paco.

—De lo que van a ver hay pocas cosas originales del hotel: algunos objetos, los pisos y las tuberías, y eso existe gracias a Francisco López, un humilde inmigrante huido de la precariedad que protegió el hotel por encima de su vida. El señor Paco salió de Galicia en un barco como polizón. Lo descubrieron ya cruzando el Atlántico y le obligaron a lavar el barco todos los días de trayecto hasta el primer puerto. Ese fue La Guaira. Cuando llegaron le dijeron: aquí te quedas. Y aquí se quedó y no volvió más a su tierra. Tampoco tuvo familia. Dedicó su vida al hotel literalmente, pues en él se quedó incluso todos los años que estuvo cerrado hasta su muerte, en 2009.

Rebeca Bejarano, veintiún años, abrigada con un plumífero ligero, habla con el soniquete de los guías turísticos a un pequeño grupo de personas que se arracima para escuchar el relato. Es junio de 2022 y estamos en la entrada del Hotel Humboldt, recién restaurado y dolarizado. Igual que en la época de estallido capitalista, en la del chavismo post-Chávez la esencia es la misma: aquí se hospeda quien puede pagar 350 dólares por noche. O sea, la elite de un país que ha pasado por mil fases diferentes, y en casi todas ha pervivido la idea de hacer del hotel un patrimonio nacional, a la vez que una evidente incapacidad para mantenerlo.

Hace frío incluso dentro ya del majestuoso edificio, donde la guía continúa su discurso sobre el emigrante famoso y desconocido a la vez, cuya figura ha cobrado una dimensión mitológica. De su vida en Galicia nada se sabe de primera mano: jamás contó nada sustancial. Apenas los retazos que recita Rebeca o que aparecen en biografías que, salpicadas por el ciberespacio, aumentan su leyenda. Que nació en Ordes, A Coruña, en los años treinta. Que se coló en el mismo barco donde se transportaban las máquinas para construir el teleférico del Ávila y que por eso desembarcó ya enrolado para trabajar en la obra. Que una vez abierto el hotel, ejerció de fontanero, mecánico y electricista. Y que al cerrar se convirtió en su guardián.

—Cuando el hotel quedó abandonado, venía gente a saquear lo que había dentro. Para salvar el sistema de tuberías, que eran de cobre, un botín para los ladrones, las pintó todas de negro, para que pensaran que aquello no valía nada.

Paco no está ya, pero el documental de Thomas Sipp da la oportunidad de recrear su vida, recorriendo con su andar cansino las estancias del Humboldt. Cuando se hace de noche, Paco entra en su habitación de ermitaño: una cama, un armario barato en la esquina, del que cuelgan dos cuerdas con perchas y camisas, un sillón cubierto por una sábana y una televisión precaria con antena portátil. «Aquí estoy todas las noches viendo la novela hasta las doce». Tiene pocos enseres personales, pero en el armario guarda con celo una cajita. Dentro hay una bolsa y en ella hay una medalla («de puro oro»), además de un título por su vida entregada al hotel. «Cuarenta años de servicio entre el teleférico y el *Humbo*», dice.

Las polillas pasan por delante de la luz y de Paco, callado de nuevo. Su silueta resulta enigmática. A medianoche apaga la tele, se levanta y sale de la habitación, la cierra con candado y arranca la ronda por las tripas del hotel. Va vestido con un abrigo largo hasta la rodilla, con charreteras en los hombros y un sombrero de paja. Lleva tres perros de acompañantes —Laika, Negro, Pirulita—, una linterna en la mano izquierda y, en la derecha, un machete. La sombra andante da miedo si no hace gracia. «Todas las noches lo hago. ¿Asustado yo? No, no. ¡Mira!» dice señalando el machete. Se ve a un gato con un ratón en la boca, polillas, escarabajos, oscuridad. Viene a la cabeza el Jack Torrance de *El Resplandor* de Stephen King o su versión cinematográfica, con Jack Nicholson luchando contra sus demonios internos.

Como en la ficción, se trata de un hotel anclado en su única era dorada. Si se les diera movimiento a las fotos de la época y se le añadiera música, en un plano secuencia de presentación se escucharía un piano de notas precisas en la acústica abombada y una orquesta tocando mambo, bolero y chachachá. Las señoras atildadas llevarían los cuellos de piel de armiño que no podrían usar jamás en la templada Caracas, los señores de pelo engominado hablarían de dinero y petróleo. Se olería el humo entre los cócteles pasando en bandejas repletas bajo las lámparas de diseño. Al lado, en la *boite*, bailarían los jóvenes, mientras en el edificio contiguo unos niños se calzarían los botines para patinar sobre hielo, con el verde selvático y el Caribe de fondo. En la entrada del teleférico bajarían más ricachones a registrarse en el vestíbulo contiguo. Allí los recibiría un botones ataviado a la usanza de los grandes hoteles norteamericanos: abrigo de paño rojo, guantes y gorra de plato reluciente. Es Paco.

En el documental se intuye el mismo lugar, pero vacío y apagado. Solo se enciende en la ronda del guardián, cuando prende las luces en el cuadro o explora con la linterna: «Oí un vidrio quebrado y vine», dice blandiendo el arma. Hay algo de impostura o exageración en sus gestos. Paco entregó su vida al hotel y en el camino le metió unas gotitas de *meigallo:* inventó historias para no dormir y llegó a plantar calaveras alrededor del edificio y otras excentricidades con la noble razón de alimentar el misterio y ahuyentar a intrusos. Se rumoreaba que en las cumbres del Ávila habitaba un misterioso viejo que corría con su escopeta a todo el que se acercase al Humboldt, un lugar maldito donde decían que unos niños se ahogaron en la piscina y una mujer se cayó por el balcón de una de las habitaciones. Y en el medio, un gallego con un farol a pilas, con el andar cansino y la sonrisa a media asta. Con su imagen de Santa Compaña ahuyentaba ladrones del edificio mastodóntico y luego se refugiaba en su pequeña habitación de servicio del sótano, como un gusano en una manzana gigante.

El hotel se reinauguró una vez más en 1986, sin éxito, carcomido por la meteorología salvaje y la falta de mantenimiento, según cuenta Gladys Zukinn, directora de relaciones públicas.

—Cuando el teleférico vivía sus peores épocas, él intentaba arreglarlo, aunque fuera por las bravas. A él sus amigos que trabajaban en el teleférico le decían «manos de alicate», porque una vez consiguió enganchar un rodamiento del mecanismo del cable a pura fuerza. Poco tiempo después volvió a cerrar.

En 1998 se privatizó el complejo y se intentó un nuevo camino para reabrirlo, la época del documental. En él, un grupo de técnicos revisa la nueva concesión, entre curiosos y despistados. Visitan la torre de habitaciones, con las paredes descascaradas por la humedad que entra por las ventanas mal selladas. Luego van a la zona común, donde las tarimas de madera malviven al tiempo. Al final, la comitiva se encuentra con Paco. Alguien les advierte: «Oye muy poco». Le hacen unas preguntas:

—¿Usted sabe que están vendiendo el hotel?

—Según dicen, sí. No sé, como una privatización.

—¿Y qué hace usted aquí?

—De todo —y se ríe y enumera con acento gallego, tocándose las yemas de los dedos como piedras—: soy cocinero, barrendero, jardinero, electricista, calderista, todo.

—¿Usted piensa que está en el mejor sitio de Caracas?

—El *Humbo* es el mejor hotel de Venezuela.

—¿Usted se siente responsable del hotel?

—Sí. Claro (y mueve las pupilas hacia un lado como pidiendo aprobación).

También se ofrecen detalles cotidianos del personaje: comía legumbres («garbanzos, caraotas [habas]»), tomaba café todo el día («me gusta más que el agua»), deambulaba meditabundo por los pasillos. Osvaldo Vera, un trabajador del teleférico que pasaba temporadas en aquella isla de hormigón con cristales rotos, habla de la convivencia: «Es difícil vivir con este personaje. No me puedo bañar porque me corta el agua, me sabotea todo».

En cierto momento de la película estalla un tormentón tropical. Paco cierra las ventanas y se dedica a limpiar las goteras en una sala de suelo escaqueado y brillante. Cargado de trapos, empapa y escurre el agua, vacía y repite la operación mil veces, como un Sísifo achicando agua en alta mar. También escala hasta la cumbre de la antena que corona el edificio, entre el silbido del viento de la floresta, hasta que queda colgado con la niebla a los pies. Y todo para cambiar un foco.

La secuencia final es reveladora. El teleférico se acerca al vestíbulo del hotel y de él baja una comitiva de ministros, secretarios, subsecretarios y cepilladores de caspa perseguidos por periodistas, cámaras y sonidistas con pértiga correteando, raudos para contar el nuevo amanecer del Humboldt. Allí se escucha al ministro de Turismo hablar a doble carrillo sobre la «refacción integral». Pero en ese momento explota una lámpara. La marabunta sigue su paseo sin inmutarse, con los focos a otro lado a ritmo de mambo, pero Sipp se queda con Paco en primer plano. Con el mono azul barre los cristales con la escoba con cara de pocos amigos, sin que nadie repare, invisible al resto. Luego los periodistas se van y él se queda en su castillo de la cima de la montaña.

Aquel intento del cambio de siglo fue un desastre en el que no se respetó el proyecto original (el arquitecto Sanabria, indignado, denunció aquel emprendimiento). En 2007 Chávez revocó la concesión y nacionalizó el complejo con vistas a otra reinauguración, solo concretada en 2020. Ya era demasiado tarde para Paco, que se murió sin verlo abierto de nuevo. Pasó sus últimos años entre el hotel y la casa de su amigo Patiño, comiendo en la Hermandad Gallega, cercana a la estación de teleférico, y mirando hacia el Ávila. Sabemos la fecha de su muerte gracias a internet: 25 de septiembre de 2009. Sin lugar en los periódicos, en las redes (los blogs) le reservaron un pequeño obituario en el que se decía que falleció «a una edad tan indescifrable como su personalidad».

—Lamentablemente Paco murió solo y triste —cierra Rebeca, sin más detalle.

Meses después de su muerte, el hotel fue declarado Bien de Interés Cultural, como un último guiño al guardián. Ahora su nombre está serigrafiado en carteles de las tiendas, destacado en las cartas del restaurante, en platos y cócteles con su nombre. Y, por encima de todo, su espíritu vive suspendido en la atmósfera irreal del Humboldt.

Historia de una hermandad

En 1914 Venezuela descubrió el primer campo de petróleo y cambió su historia. Y, de paso y con efectos retardados, la de cientos de miles de europeos, con la llegada al poder —previo golpe militar— de Marcos Pérez Jiménez en la década de 1950. Su idea de país, basada en el desarrollo económico acelerado y el férreo control político, contemplaba una política de puertas abiertas al europeo. Buscaba mano de obra para modernizar el país a través de la obra pública, de infraestructura y servicios —como el Humboldt— con el dinero ilimitado del petróleo. En los años cincuenta, en los que el país apenas superaba los cinco millones de habitantes, entró un cuarto de millón de españoles. De ellos, casi la mitad gallegos, que acompañaron la tradicional emigración isleña y la colonia vasca exiliada. Caído Pérez Jiménez, el flujo dio un frenazo mientras giraba a Centroeuropa, pero se quedó un pequeño país que permanece vivo a través de oriundos y descendientes. Diez mil de ellos hacen vida cotidiana en una ciudadela moderna llamada Hermandad Gallega de Caracas, la asociación sin fines de lucro más grande del país.

Desde fuera se percibe solo una continuación de paredones entre dos ruidosas avenidas en la zona de Maripérez, una finca rectangular del tamaño de dos campos de fútbol y varios pisos de altura. El perímetro está fortificado con muros de tres metros, malla de alambre y valla electrificada. En el portalón lucen las banderas de Galicia, Venezuela y España —no es menor el detalle, como veremos—. En una urbe hostil, sometida a humos y decibelios y una desigualdad rampante, la Hermandad es una burbuja de paz, un mundo anclado en el tiempo y el espacio. Todo funciona como un reloj desde la entrada, donde se ve un mojón *xacobeo* con el punto kilométrico 6657 desde Compostela entre palmeras frondosas. En un cruce de caminos, un quiosco con un hórreo de tamaño natural encima. Por allí pasan corriendo pandillas de chicos como antes lo hicieron sus padres con sus abuelos.

A diferencia de otros países, los emigrantes se unificaron en una sola entidad, una pequeña ciudad dentro de otra ciudad, con colegio, teatro, centro de salud, gimnasio, piscina olímpica y cinco restaurantes. Lo que nació siendo una forma de ocio y cultura identitaria, hoy es un privilegio que los distingue, por tres dólares al mes, de la realidad que vive el país.

Con uno de los fundadores de la Hermandad me he citado una mañana de junio rebosante de luz. Lo veo a lo lejos, sentado en la terraza de la cantina, entre el olor a fruta y el chapoteo de la piscina. Él encarna el eslabón que une mil cadenas entrecruzadas. Se levanta a mi encuentro y saluda con una sonrisa. Tiene rostro antiguo, abundante cabellera blanca lisa, orejas que de tan lustrosas parecen esculpidas en cera, y lleva, a medio poner, una mascarilla oscura con el escudo de Galicia. Se llama Manuel Quiroga y su memoria transmite todo lo que cabría en cien libros sobre la diáspora. Dice que nació en Celanova, Ourense, «con la guerra», pero realmente una nueva vida comenzó para él con la emigración.

Levanta poco más de metro y medio y viste de invierno en la eterna primavera caraqueña: pantalón de pana por encima del ombligo, camisa de cuadros en colores fríos remangada hasta el codo, zapatillas deportivas y unas gafas colgadas. También gasta toques modernos: un reloj electrónico aparatoso y un móvil en el que no para de mirar un chat donde van actualizando, minuto a minuto, un partido del Deportivo. Vive como si nunca hubiera salido de Galicia aunque viva en Caracas desde 1956. A su llegada se hizo socio del antiguo Centro Gallego y desde entonces su vida trazaría un arco hasta fundar la Hermandad, donde recibe trato de autoridad atemporal. Quiroga pide para comer una sopa de pollo con maíz, y de beber, un whisky Buchanan's aguado, a la usanza local. Luego abre las manos, enseñando las palmas, y se prepara para impartir una lección magistral sobre la historia de la colectividad.

—Si quieres, te cuento. Yo no tengo ninguna prisa.

Rodolfo Prada, secretario del Centro Gallego de Buenos Aires, trabajaba como representante del laboratorio del doctor Andreu a mediados de los años cuarenta. Su cometido era vender el producto estrella de la marca, las milagrosas pastillas contra la tos, en viajes comerciales por toda Sudamérica. Lo que desconocían en la empresa es que aprovechaba aquellos periplos para regar la semilla del galleguismo fundando grupos afines en los países de la diáspora. En uno de esos viajes llegó a Venezuela. Por entonces, los exiliados eran mayoría entre los coterráneos. Prada les dio el primer empujón para crear una agrupación recreativa y social, y en 1945 se hizo realidad. Se abre la enciclopedia Quiroga por la página de ese año.

—El Gobierno venezolano no permitía centros de colectividades extranjeras, ninguna, porque pensaban que éramos todos extremistas. Pero al empezar la inmigración pensamos en crear una asociación. Llegó Prada, que era la persona de confianza de Castelao, y se reunió con dos o tres nombres, y de ahí salió la decisión de fundar el Lar Gallego. Lo abrieron en octubre con un baile y por allí aparecieron dos ilustres descendientes de gallegos: el presidente de la República, Rómulo Gallegos y el escritor y presidente del Congreso, Andrés Eloy Blanco Meaño.

Según Quiroga, se alistaron treinta socios fundadores. Entre ellos un capitán de la marina mercante, José María Mosqueira Manso, nacido en la Costa da Morte, investigador de las tortugas del Orinoco y las ostras del Caribe. Como en un cuento, Mosqueira se reunió con una docena de paisanos y les dijo: «Voy a coger un candil y a recorrer los barrios caraqueños. Buscando bien, *malo será* que no encontremos cien gallegos. Quien quiera que me siga», le contó su hijo a Lois Pérez Leira. No fueron cien, pero sí 49 los que lo siguieron en la fundación del Lar, en la plaza de la Candelaria. En él se izó la bandera gallega y la tricolor republicana. Prada se podía dar por satisfecho.

Dos años después, doce socios se separaron —más bien fueron expulsados— y crearon el Centro Gallego. Para no faltar al tópico minifundista, luego se produjo una escisión de la escisión. Silvio Santiago, galleguista vinculado a la CNT, fundó la Casa Galicia. Pero, contra todo pronóstico, de nuevo se unieron.

—El 12 de octubre de 1960 se aprobó la unión y se nombró una comisión para que buscáramos un terreno para la Hermandad. Un año después, se abrió esta sede —toca la mesa dos veces y empieza un recorrido visual—. Mira, allí en aquel edificio había un parque, y allí en el gimnasio un terreno baldío. Y esta cantina era un *barrancón*. Lo compramos en cinco millones de bolívares, un millón de dólares. Por fin la Hermandad ya era de todos, pero había que hacer convivir ideologías contrarias. Las asambleas eran puras tiranteces sobre si había que izar la bandera franquista o la republicana. Y entonces no se ponía ninguna; durante décadas aquí solo se pusieron la bandera venezolana y la gallega.

La Candelaria

Santiago de León de Caracas se empotra en un valle corrido paralelo al mar y separado por la imponente cordillera litoral, perforada en la década de las migraciones por los túneles de una autopista de los que cuelgan barrios de ranchitos en el camino a la capital. En la ciudad se instalaron siete de cada diez gallegos, entregados a las oportunidades de una urbe en obra permanente, pujante y caótica por los cambios veloces de la economía del petróleo.

Los portugueses tenían panaderías; los italianos, fábricas de ropa y zapatos; los gallegos, y españoles en general, restaurantes. Junto a la colonia canaria, que ya era vecina del barrio, se instalaron en la parroquia más representativa del centro, La Candelaria. Allí se creó un tejido vivo, alrededor de la plaza como punto de encuentro dominical. Con la avalancha de extranjeros entre 1955 y 1960 —llegaron a ser más del diez por ciento de la población— prosperaron los negocios que importaban vinos, embutidos o aceites españoles —como después hizo la colonia de Celanova en El Junquito, conocido por su comercio de productos derivados del cerdo—. El auge de la gastronomía europea también se tradujo en el éxito de los restaurantes para comer y socializar con nombres evidentes: Los Gallegos, Las Rías Gallegas, El Pulpo Gallego, La Tertulia o La Cita.

Setenta años después, La Candelaria ha perdido su huella colonial, y con ella gran parte de su esencia. Con el centro cada vez más deteriorado, los que prosperaron se desplazaron a sectores más opulentos como Chacao o Altamira, al este. Los que no, se quedaron en un barrio depauperado por las sucesivas crisis, con intensa vida comercial pero de aire decadente, en un entorno de edificios con rejas y poco recomendable de noche. Los únicos que permanecen inalterables son los restaurantes más tradicionales.

La Cita sigue a rebosar cualquier día de semana. Tiene una barra cuadrada de madera en la planta baja y un salón en el piso superior para degustar menús más clásicos, con el aire acondicionado a todo meter. Los camareros de chaleco y pajarita circulan con platos de pescado a la gallega, empanada y pulpo. Aunque lo fundaron unos vascos, al salir el cocinero, con cara de llevar entre fogones desde la mañana, se empieza a escuchar gallego de Ourense. Saluda a la persona que me ha llevado al restaurante y enseguida vuelve a la cocina.

Mi anfitrión es Roberto González, un hombre de cuerpo fino y mente rápida, expresidente de la Hermandad y miembro de una familia de Coles, Ourense, prototípica de la diáspora. Su tío abuelo, Antonio Araújo, emigrado en Cuba, salió de la isla al estallar la Revolución con destino Caracas, donde abrió una zapatería. En aquella época colgaban los zapatos con unos hilos a modo de escaparate y Araújo fue el primero que le puso cristales. Espíritu inquieto, cada semana se iba al puerto de La Guaira cuando llegaban los barcos. Allí dibujaba en una libreta los modelos de zapatos que calzaban los pasajeros de primera clase. Luego mostraba sus bocetos a los italianos dueños de fábricas y los replicaban. Le fue bien el negocio y montó una zapatería (con escaparate) en Sabana Grande, otra zona comercial de arraigo gallego. Araújo se trajo a su joven sobrino reclamado, acompañado de su mujer. El matrimonio se instaló en una pensión de gallegos, de las muchas instaladas en los edificios coloniales de El Conde, y encontró empleo en la Embajada inglesa. Ella ayudaba en cocina, él hacía limpieza y servicio. Repitieron experiencia en casa de una familia rica, hasta que ahorraron dinero para montar su negocio y tuvieron dos hijos en la década de los sesenta. Uno de ellos era Roberto.

El comercio era una especie de quiosco ubicado en la puerta de los bares, lo que en Venezuela conocen como vidriera. Vendía caramelos, helados y chucherías. Fue un primer paso para después montar un restaurante, el Alcabala, donde al entrar olía a caldo gallego y frituras de la casa, a una calle de la plaza de la Candelaria.

—Lo tuvieron quince años y no hicieron un bolívar —cuenta Roberto sentado en La Cita—. Comían y vivían al día, pero mi madre en la cocina, mi padre en la barra, trabajaban muchísimo y no ganaban. Y por lo tanto no volvían nunca a Galicia, imposible por vergüenza. Montaron entonces una ferretería a un par de calles, donde les fue algo mejor. Empezaron a ir y desde el 2000 empezaron a hacer lo que muchos: pasar el invierno aquí y el verano allá. Habían comprado un piso en Caracas y otro en Ourense. Cuando mi padre enfermó, se quedaron en Galicia. Yo me casé y ahora es nuestra hija la que estudia en Madrid.

Y así se cumple el eterno retorno de cuatro generaciones entre dos orillas. Durante una fracción de segundo, vestido con bermudas, Roberto deja ver en una pierna un tatuaje de la cruz de Santiago. Vuelve el cocinero de Ourense, poco hablador. Lo encaro.

—¿De qué zona eres de Ourense?

—De Entrimo.

—Ah, como la hermana de mi abuela. Se llamaba Fe, era profesora, como su marido, Manolo.

—No me digas, los dos me dieron clase hace sesenta años.

Vuelve a la cocina mientras afuera sigue la vida en La Candelaria.

¿Qué pasaría en Venezuela si no existiese Pepeganga?

Los emigrantes llegaban a una ciudad repleta de descampados en obra y hacia ellos se encaminaron a pedir trabajo. Al mismo tiempo que otros europeos, muchos gallegos se enrolaron como albañiles o carpinteros para levantar la nueva Caracas. Otros se inclinaron por oficios urbanos de servicios en una economía emergente. Y en cuanto ahorraron se hicieron propietarios de su propio negocio.

Dentro del ramo del comercio algunos destacaron, como los dueños de los almacenes El Fortín, Tambi o Cortés («donde un bolívar vale tres», según decía su popular *jingle*, y que luego fundarían las tiendas Pórtico en Galicia). Y, por encima del resto, Pepeganga, *alter ego* de José Iglesias Lorenzo, un arrojado emigrante de Boborás, de los de lápiz en la oreja, que empezó vendiendo telas en los años cincuenta y terminó abriendo un establecimiento tras otro hasta formar la cadena más famosa del país.

Como su propio nombre indica, explotaba a golpe de saldo el enorme nicho de gente que no podía pagar la ropa de las boutiques del este de Caracas. Ridiculizada por los *sifrinos* (pijos) capitalinos por su carácter popular, la cadena se hizo célebre por sus tiendas repletas de montañas de ropa a precios mínimos y descuentos imposibles impresos en grandes carteles o en sus bolsas de plástico: «Pepeganga viste al alcance de todos», «Pepeganga, las tiendas del pueblo». La clientela, mayoritariamente femenina, se lanzaba en avalancha a las ofertas. Su arrolladora política de *marketing* lo llevó incluso a crear incluso su propio club de fútbol. El eslogan de la marca, inventado por el propio Iglesias, se dirigía al cliente con una pregunta retórica que le tocaba la fibra nacionalista: «¿Qué pasaría en Venezuela si no existiera Pepeganga?».

Estaba en todos lados: en las vallas, en los periódicos y en las televisiones. Cuando la economía se torció, en los ochenta, se sacó de la chistera nuevas fórmulas para atraer clientela: a finales de la década lanzó una campaña televisiva presentando el Plan Social Pepeganga: si comprabas un mínimo de mil bolívares (unos treinta dólares de entonces), salías de la tienda con un seguro médico y de accidentes de obsequio. La póliza se firmaba sobre el mismo mostrador.

Los grañudos

La venta ambulante sirvió de primer paso para muchos recién llegados. Algunos vendían cuadros por la calle o casa por casa. Otros ofrecían fotografías. Y todos ofrecían el producto con un crédito rústico en un país laxo en la cultura del gasto: dinero que cobraba el trabajador, dinero que se iba de las manos. Los gallegos encontraron la fórmula de sacar dinero rápido; cobraban por adelantado la mitad y la otra mitad la recibían cuando entregaban la foto enmarcada.

Un caso poco estudiado de ambulantes eran los grañudos, especializados en la venta de telas y paños. Eran oriundos de A Graña, una parroquia del *concello* de Covelo, en la Serra do Suído, zona caliente de emigración donde Pontevedra va al encuentro de Ourense. Según los estudiosos de la zona, los habitantes de A Graña mantienen rasgos socioculturales homogéneos y distintivos respecto a pueblos vecinos. Hasta mediado el siglo XX no existían matrimonios nacidos fuera del pueblo. Las familias eran enormes, ellos mismos se negociaban sus contratos privados de compraventa de terrenos, sin escrituras, y si había algún problema —de lindes o cualquier otra diatriba habitual en el reparto de la propiedad rural— se arreglaba de forma comunitaria, sin interferencias foráneas.

Según los estudios locales, los grañudos descienden de judíos conversos, refugiados tras la persecución sufrida en la judería más importante de Galicia, en la cercana Ribadavia. Más allá de la religión, mantuvieron como cristianos nuevos las costumbres y ocupaciones de sus antepasados.

Su historia de *feirantes* ancla las raíces en los tiempos del monopolio del comercio de la sal, un bien preciado y sometido a impuestos altísimos por su escasez. Encerrados en las alturas poco productivas de la sierra —A Graña significa monte bajo sin cultivar—, buscaron su sostén en la frontera. La cercanía con Portugal les permitió contrabandear con sal y venderla en viajes por toda la geografía ibérica. Era una forma de migración golondrina: salían cargados de la aldea en septiembre y volvían en la primavera. Empezó a ser conocida como A Graña do Sal, pero una vez liberalizado su comercio, diversificaron su negocio, primero con el vino de O Ribeiro, después con sábanas, colchas y telas, lo que les valió un nuevo sobrenombre, A Graña dos Pañeiros. Aunque podría ser también de Pañeiras, porque al revés que en el resto del país, no solo se iban los varones a la venta ambulante, sino también las mujeres.

Llegado el siglo XX, el ajetreo migratorio de la comarca no los pilló desprevenidos. Muchos se establecieron en Vigo o Pontevedra, donde se hacía mejor negocio que en los caminos y aldeas, y cuando se empezó a mirar hacia América, también tomaron esa ruta. Todos a una y al mismo sitio, como corresponde a su tradición. Tampoco allí renunciaron a su seña de identidad comercial, y así fueron conocidos, como grupo diferenciado, en la propia ciudad. Ayudó que, aparte del gallego vehicular habitual, los de A Graña hablaban barallete, el dialecto gremial que usaban también los afiladores o los paragüeros, preñado de vocablos exclusivos de la parroquia.

En Venezuela los recuerdan por los *televisores*, unos fardos de tela llenos de cosas y tan abultados que se parecían al por entonces novedoso electrodoméstico. Subían con ellos los cerros que albergaban los barrios informales. Primero a pie y luego en camioneta, hasta que consiguieron abrir sus propios almacenes; La Oferta fue su establecimiento más conocido. Fue tal su influencia que casi monopolizaron la venta al por menor de telas, cuya fabricación estaba en manos de libaneses y judíos.

A Graña mantiene una población mínima en invierno (menos de cien habitantes según el último censo), y se llena en verano de grañudos del otro lado del mundo que vuelven un rato al año, con el bolso forrado de billetes, a disfrutarlo entre los suyos.

Pensión, estacionamiento, cabaña y hotel

La Caracas colonial conserva su historia a través de las esquinas. La tradición oral signó con nombres populares los rincones por donde pasaban mil cosas por minuto. Los sucesos, los cotilleos, los apodos y las leyendas se citan en las placas, como un libro abierto a la ciudadanía. Está la esquina de la Bolsa, del Hoyo, de la Pelota, de la Gorda, del Socorro o de Ánimas, por ejemplo, cada una con su historia. El Restaurante Gallegos está ubicado en la esquina El Muerto, así llamada por una disputa política que acabó con una supuesta víctima, que sin embargo salió corriendo cuando lo fueron a atender. Por esta ocurrencia se le homenajea con una placa de azulejos en la fachada al restaurante. Y aún hoy basta con decir El Muerto, sin más detalle, para dar la dirección del lugar.

En muchas de esas esquinas, en los sectores todavía coloniales de La Candelaria, Santa Rosalía y El Conde, se instalaban pensiones o viviendas colectivas ocupadas por vecinos de la misma aldea o colectivos agrupados por oficios, como los afiladores ourensanos de Nogueira de Ramuín. También abundaban los recién llegados que compartían cuarto, hospedados por matrimonios de paisanos. Muchos no pagaban hasta conseguir trabajo, daba igual que fuera un mes o hasta un año: solidaridad en las malas. Según se modernizó la ciudad, las pensiones fueron desapareciendo y El Conde fue pasto de la piqueta. Las casas antiguas dieron paso a edificios de pisos y oficinas y se abrieron avenidas y autopistas que atraviesan el mapa urbano.

Sobrevivió el parque Carabobo, otro centro de reunión de la colectividad, entre mamotretos de pared desconchada y aire acondicionado colgando. En la siguiente esquina, Bellas Artes, se alza un hotel galaico abierto este siglo. El Plaza Mayor lo abrieron Maricarmen Paz Miranda y su marido, José Antonio Vilachá, después de mucho desvelo. Durante años se acercaban a aquel edificio abandonado pensando cuándo podrían reunir el dinero para comprarlo, porque los bancos no estaban ni se les esperaba. Al final recibieron el apoyo que no habían pedido del padre de Maricamen, Gumersindo Paz.

Sindo, como lo conocen en la colectividad, había llegado en la gran oleada desde una aldea de A Bola, en Celanova, como albañil, mientras su esposa se ganaba la vida en una fábrica de camisas de «un gallego arrecho», aunque no había visto una máquina de coser en la vida. Tantos cuellos y puños cosía, tanto ganaba. Por parte de ella, su padre era *guachiman* (deformación del *watchman* anglosajón, vigilante), y su madre, empleada doméstica. Ellos cuidaban de la niña Maricarmen, en casa y en el primer emprendimiento de Sindo, otro clásico:

un estacionamiento. Lo había comprado a la caída, cuando supo que el propietario de una constructora donde él había trabajado tenía un parking en el centro comercial El Recreo: «Fui empleado suyo y quiero comprarle el estacionamiento», le dijo, directo.

—Me crie entre coches —cuenta Maricarmen, cincuenta años pasados, pelo corto claro y una voz que se eleva sobre el ruido del tráfico que sube hasta la terraza de su hotel—. Vivíamos todos allí, en una casita, y mis abuelos me mimaban todos los días.

Los parkings se revelaron como un gran negocio cuando Sindo tiró de creatividad. Para rentabilizar las noches ideó una tarifa única, y luego la pasó a horario laboral, de tal manera que en una ciudad que vive sobre ruedas la gente podía aparcar y tomar el metro para ir a trabajar. Al acumular capital, amplió negocio hacia el sector de los hoteles de parejas, aquí llamados cabañas. Junto a otros seis paisanos, compró un solar y construyó el Mediterráneo, todavía referencia. En ese entorno de varones gallegos hechos a sí mismos se crio la joven Maricarmen. Estudió derecho, se doctoró y ejerció. Pero recién casada, le dijo a su marido:

—Hay que invertir y montar un hotel. Es el gran negocio, eso le dije. Yo lo sentía así y no podía dejar de decirlo, porque aunque soy abogada y me encanta mi profesión, mamé lo que mamé en casa y me salió.

Así que abandonó su trabajo para enrolarse en los negocios. Ella lleva la parte administrativa del Plaza Mayor y José Antonio la operativa de un hotel de setenta habitaciones gigantes y una terraza con vistas al complejo urbanístico Parque Central, un sueño de espejos y palmeras de una Caracas que ya no existe.

La agencia

Al café colado en Venezuela lo llaman «guayoyo», hallazgo onomatopéyico que une las culturas originales del país con las sucesivas oleadas migratorias: lavado, aguado pero con el punto exacto de sabor para tomar tres tazas. Álvaro Gómez pide la primera en la cantina de la Hermandad Gallega, mientras mira un nombre en la agenda de su teléfono, anterior a la era de los *smartphones*. Está en pleno relato de su vida.

En los años cincuenta, un puñado de agencias repartidas por Galicia hacían negocio con el viaje de los miles de jóvenes que marchaban a América. Liberaban de burocracia a los que se iban, gente de poca instrucción a los que pedían una montaña de documentos, aunque algunas acarreaban fama de aprovecharse de los clientes o emitir papeles falsos. La gestoría de Gómez, muy bien posicionada en Ourense, hervía de clientes, a los que les daban pistas de lo que se iban a encontrar.

—A muchos emigrantes les enseñábamos a poner el nombre para que cuando el cónsul viera cómo firmaban, pensara que escribían bien. Si no, era un problema conseguir el visado.

En una voltereta vital, América también llamó a Álvaro. Se enamoró de Nora, que le anunció que también debía irse a Venezuela con su madre siguiendo a sus cuatro hermanas, las cuatro monjas. Como él tenía un hermano en Caracas, se fue a la aventura. Al llegar al puerto de La Guaira, se agarró una insolación que jamás olvidó.

—Estuve a punto de volverme, porque me caía muy mal el calor. A las 7:30 ya había más luz que a mediodía en el Ourense del seminario que viví.

No fue un emigrante al uso, urbanita y con estudios, pero le chocaban los contrastes, la riqueza y la pobreza a niveles que nunca había imaginado. Con veintiún años abrió su propia agencia para sacarle jugo al otro lado del péndulo migratorio. En vez de a la emigración, ahora los mandaría de vacaciones o a casa.

—Me ayudó mucho una de mis cuñadas. Tenía muchos contactos aquí y en quince días nos dieron los permisos para abrir. Ya había muchas agencias, aunque de gallegos solo la Casablanca, pero la vendieron y nosotros subimos en clientes una barbaridad. Para que te orientes, en el barco Santa María llegué a meter 240 pasajeros, entre gallegos y portugueses.

La suma de trabajo y ahorro franciscano empezaba a llenar los barcos de vuelta. Su agencia facilitaba la compra de billetes a plazos con las grandes compañías: la Trasatlántica Española, la portuguesa Colonial de Navegación, la Grimaldi italiana. El negocio funcionaba de maravilla, en la esquina del Miguelacho, en La Candelaria, todo a base del boca-oído. Apostaban por el *marketing* directo, a la fuente misma del negocio: visitaban las pensiones con una hoja de bacalao y una garrafa de vino. Con viandas el mensaje entra mejor. Y la conversación conmigo, también.

—¿Campeón, comemos? —me dice Álvaro, y se dirige a la camarera—. ¿Qué tienes hoy?

—Pollo a la canasta, pizza, empanada gallega. Y tequeños —le contesta la moza, mestiza ataviada con el polo de la Hermandad.

Como si yo fuera a competir en historias, se me ocurrió contarle que una de las alegrías de los niños coruñeses de los ochenta era ir a comer tequeños, unos cilindros de hojaldre fritos rellenos de una masa derretida de queso que se vendían en el bar La Viña. Todavía no se había dado la invasión de comida norteamericana, pero en las calles de vinos teníamos una oferta enorme de comida internacional gracias a la diáspora. En aquel bar se combinaba el Ribeiro en *cunca* con una exquisitez para la chavalería, reunida en torno a la freidora (otra novedad) de la barra, esperando que saliera, dorado y brillante, eso que llamaban tequeño. Los dueños del bar eran retornados de Venezuela y de allí se habían traído aquella especialidad. Por lo diminuto del cilindro y la velocidad con la que desaparecían de la bandeja, siempre pensamos que el nombre real de aquellas delicias era «pequeños», y que la señora del bar cambiaba la letra para hacer una broma. Pero tequeño viene de Los Teques, un apacible municipio de montaña en las afueras de Caracas donde recalaron muchos emigrantes.

Recuerdo hablar de todo esto en Venezuela con el músico Xoel López, amigo de aquella infancia. En 2010 viajamos durante muchas semanas desde Buenos Aires, donde vivíamos, a lomos de la Caravana Americana, un proyecto en el que él se hacía acompañar de artistas que nos encontrábamos por todo el continente —y yo documentaba en vídeo—. En Caracas se sumaron *gaiteiros* a un inolvidable concierto en el auditorio de la Universidad Central. Gaita, tequeños, amistad, infancia, todo de lo más natural en la Galicia americana. «No hay manera de separar una cosa de otra», decía Xoel. Vinculado por familia a Venezuela y República Dominicana, la Caravana reafirmó esa conexión y la amplificó en su carrera posterior, otro trocito más del país invisible.

No era poca cosa nuestra historia, pero la de Álvaro no había terminado. Cuando volví a la comida él seguía hablando de su agencia, un puente atlántico durante décadas. Cuando le tocaba jubilarse, él hizo lo contrario: montó una importadora de material de construcción. Su vida hiperactiva se fue como un soplo. Meses después de aquella comida, Álvaro se murió de repente. Nunca se me fue su imagen venerable, de pelo largo blanco nuclear y barba de tres días, las gafas oscuras y, aun siendo sábado, la ropa de trabajo puesta, hasta el final.

Operación Compostela

Un hombre flaco mira a un lado y a otro, nervioso, a la entrada del puerto de La Guaira. Camina más desgarbado que de costumbre, un esqueleto andante, con su cuello de jirafa, el pelo engominado con unas entradas que parecen pintadas sobre el cráneo alargado. El calor le hace sudar lo que no tiene dentro del cuerpo, con los pómulos hundidos, la nariz caricaturesca y el bigote afeitado para la ocasión, la mirada vivaz del que ha estado escapando media vida. Va acompañado de su hijo Lino, y con él se apresta a subir por la pasarela de un transatlántico llamado Santa María.

El caballero quijotesco tiene unos cuarenta y cinco años y responde al nombre de Xosé Velo Mosquera, según figura en el carnet que enseña para abordar. Es la identificación como profesor de la Escuela Naval de Maiquetía, y eso le franquea el acceso junto a un pase de visitante que muestra agarrando el brazo de Lino. Da a entender que sube a despedirlo y baja de nuevo. Pero ya no lo hará hasta doce días después y en otro país.

Al llegar a la cubierta busca un lugar retirado con su hijo y allí hacen un cambiazo con la documentación. Lino le da su pasaporte, al que le pega la foto del padre por si se lo piden de nuevo, y este le entrega el salvoconducto transitorio para bajar. Cuando lo hace y lo ve marchar entre la muchedumbre pasarela abajo, el hombre se sienta, aliviado. Es el último en subir a bordo de entre un grupo de idealistas que también integra otro de sus hijos, Víctor.

Es 20 de enero de 1961. El mismo día que John Fitzgerald Kennedy toma posesión como presidente de Estados Unidos, a tres mil kilómetros al sur de Washington se urde el primer gran secuestro de un medio de transporte de pasajeros por motivos políticos, lo que obligará a JFK a tomar una de sus primeras decisiones en relaciones exteriores. Nada de eso es importante en el momento en que jura su cargo en el Capitolio mientras Velo fuma nervioso. Sin que nadie lo vea, busca un lugar para extender los planos del barco, que robó de la agencia de su amigo y gestor de viajes Álvaro Gómez, donde compró el pasaje señuelo para su hijo. Ya levan anclas; ha empezado la batalla que inició hace trece años, cuando se exilió en Venezuela.

En 1948 había llegado huido desde Portugal, con un pasaporte de cortesía gracias al presidente Rómulo Gallegos, a quien había conocido en su exilio español. Velo, un personaje con aura de líder, orador y poeta, había fundado las Mocedades Galeguistas, pero en la guerra civil tuvo que combatir con el bando franquista. Cuando llegó a Caracas se encontró con amigos de su pueblo, Celanova, y se aprestó a comandar el Lar Gallego. En el Congreso de la Emigración en Buenos Aires pidió la proclamación de la Tercera República y abogó por la lucha unida en España y Portugal: sostenía que solo con acción directa se podrían tumbar a sus dictadores fascistas. Pero nadie sospechaba que lo llevara a la práctica, hasta que el 22 de enero de 1961 saltaron los teletipos: un grupo de activistas, reunidos bajo el nombre de Directorio Revolucionario Ibérico de Liberación (DRIL), dirigidos por un exmilitar portugués, Henrique Galvão, y el propio Pepe Velo, secuestró el Santa María al salir de Venezuela con destino a la península y lo rebautizó con el nombre de Santa Liberdade.

El buque ya enfila la salida desde Curação, escala caribeña antes de emprender rumbo a Canarias, Lisboa y Vigo, cuando se desata Operación Compostela, así bautizada por Velo, y luego conocida como Operación Dulcinea. En teoría, un comando compuesto por doce gallegos y doce portugueses se harían con los mandos del navío, lo dirigirían hacia África (posiblemente Guinea Ecuatorial y Angola, en puertas de su guerra de independencia) y allí agruparían a fuerzas anticolonialistas, insuflarían vientos insurreccionales y empezarían una resistencia activa que acabaría con el derrocamiento de Salazar y Franco. Nada de eso ocurrió.

Con Curaçāo a popa, asaltan los puntos claves del barco y someten a la tripulación. En la disputa muere el tercer piloto y resultan heridos otros dos oficiales. El capitán cede el mando a Galvão, Velo y otro gallego que mediaba entre ellos, un excomandante republicano conocido como Jorge de Soutomaior. Mil personas —en su mayoría emigrantes portugueses y gallegos, más unos cien pasajeros americanos y europeos en primera, además de los tripulantes—, quedan a merced del DRIL, que de inmediato pinta el nuevo nombre del navío, Santa Liberdade, en grandes letras sobre el puente de mando. Desde allí Velo pronuncia una arenga en gallego por megafonía que resume su motor de acción: «Aún los gallegos emigran, aún es oprimida nuestra lengua y cultura y nuestra capacidad de autodeterminación».

Aunque había estudiado en profundidad el derecho marítimo internacional para evitar ser apresados, Galvão carecía de la pericia necesaria para evitar ser detectados por los radares. Y además desvelaron su posición al evacuar a los heridos en la isla antillana de Santa Lucía. Los desembarcados dan el primer aviso al gobierno de la isla, bajo jurisdicción del Reino Unido, y un destructor sale tras ellos. Mientras el barco a la fuga bordea la costa de Sudamérica para tratar de enfilar rumbo a África, Portugal inicia maniobras diplomáticas con Estados Unidos para que detenga a los «piratas». Desde España, apenas el *NoDo* desinforma como si fuera un asunto interno de Portugal, liderado por «facinerosos a cargo del aventurero Galvão». Velo y los suyos, como si no existieran.

En cambio, los semanarios americanos y europeos se vuelcan con el suceso, animados por el carácter rebelde de sus protagonistas, en una retahíla de hechos que parecen una película de acción: *Paris Match* mete a un reportero a bordo tras tirarse en paracaídas y abre con sus fotos en portada; el *New York Times* llega a terciar para que el Gobierno interceda entre secuestradores y pasajeros. Ante el acoso, Galvão y Velo tratan de pactar una salida con Brasil. El 2 de febrero, once días después de iniciarse la aventura, el Santa Liberdade entra en el puerto de Recife. Se libera a los pasajeros mientras el DRIL pretende seguir solo hacia África, pero Brasil, que no quiere líos con Portugal, ofrece asilo a Galvão, Velo y sus muchachos. A regañadientes, aceptan al día siguiente.

El secuestro no triunfó, pero supuso un episodio inédito que colocó el exilio en el centro de la escena. Como resumen clarividente, el de Pepe Velo: «Fue una acción brillantemente concebida, medianamente desarrollada, mal acompañada y melancólicamente acabada». Él se quedó a vivir en Brasil, donde abrió la librería Nós y fundó la editorial Galicia Ceibe, y nunca dejó de defender su idea madre, crear una federación ibérica libre. Murió en São Paulo en 1972, tras una vida azarosa, con la bandera gallega cubriendo el cajón, pese a ser casi anónimo en su tierra, mientras Galvão se convertía en héroe a la muerte de Salazar. Como epílogo consciente de su vida, Velo dejó escrito en un texto inédito sobre su salida hacia el exilio a Venezuela: «Nada traigo conmigo. Una maleta vacía, cinco dólares, muchas esperanzas arruinadas; pero sobre todo, la vocación millonaria de paz y libertad que nos prohíbe hacernos viejos».

«O país dos ananos»

La Hermandad no frena el ritmo durante los días de semana. Sigue habiendo gente jugando al dominó, en la piscina y en las canchas deportivas. Pero también hay personas mayores en el centro de salud, una colección de consultorios ubicados a los lados de un largo pasillo, cada uno con su escudo de Galicia, con la especialidad reflejada en carteles dorados: traumatología, urología, medicina interna. Son de pago, pero subvencionados por la Hermandad. Hay también un revuelo de niños en un edificio más moderno, rematado por una cancha polideportiva cubierta: el patio de recreo del Colegio Castelao, donde cursan generaciones de descendientes desde preescolar hasta el último curso de secundaria. Su interior es una muestra permanente de fervor patriótico duplicado, con la imagen de Castelao junto al padre de Venezuela, Simón Bolívar.

El interés por desarrollar una educación propia nació antes que la propia Hermandad. Pepe Velo ya había fundado la Academia Castelao en el antiguo Lar Gallego. Por ello, es también homenajeado en las paredes del centro, de forma inesperada si se piensa en la historia del Santa Liberdade y la inclinación conservadora de la colectividad: «Xosé Velo Mosquera, pensador y activista en favor de Galicia», dice un gran póster con su figura y una firma curiosa: los *concellos* de Celanova y Ourense y Deputación de Ourense, ambos por entonces del PP, junto a la Confederación Intersindical Galega, la CIG, el sindicato nacionalista.

En 1966 nombraron director del colegio a Celso Emilio Ferreiro, otro celanovés universal de las letras gallegas. Mientras continuaba la sangría de la emigración, en Galicia tomaba cuerpo un caldo teórico de raíz nacionalista de izquierdas. Recogían tesis de los galeguistas previos a la guerra civil, pero también se alimentaban de las tesis emancipadoras anticolonialistas que afloraban en el sur del mundo: Argelia, Angola, Mozambique. Esta nueva corriente crecía en círculos estudiantiles clandestinos, pero tenía ideólogos de más edad y bagaje, como Celso Emilio, fundador de la Unión do Povo Galego, que propugnaba una Galicia independiente y socialista como solución revolucionaria a la dictadura de Franco.

Celso Emilio fue hostigado laboral y policialmente. Le invitaron a marcharse. Y en un movimiento natural se decantó por viajar a la pequeña Celanova de Venezuela. La Hermandad, dominada por galeguistas y antifranquistas, le ofreció trabajo «para el levantamiento de la cultura en este país». Y aceptó. Antes, recibió un homenaje en el Hotel Roma de Ourense, al que se adhirieron 250 personas y que significó algo así como el primer mitin político (encubierto) desde la guerra civil en Galicia. El acto forma parte de la mitología familiar, porque mi padre fue uno de los organizadores. Algunos de los asistentes también lo fueron a despedir al puerto de Vigo. Cuando desembarcó en La Guaira, fue recibido por otro grupo de amigos y seguidores, como si hubiera atravesado el Atlántico a hombros. Al subir a la capital caraqueña esperaban todavía otros jóvenes, como Manuel Quiroga, que toma aire antes de atornillar el relato:

—Celso Emilio era amigo de los Noya, una familia de exiliados muy fuerte en la Hermandad. Uno de ellos, Óscar, le ofreció ser director de Cultura, director del Colegio Castelao, el periódico *Irmandade* y el programa de radio *Sempre en Galiza*. Todo iba bien hasta que tomó el poder del centro una directiva franquista y empezó a mirarlo con malos ojos. Además, un grupo de jóvenes socios que se hacían llamar «Los eficientes» fueron a hacerle la guerra. Ellos querían que lo despidieran, y para conseguir pruebas le metieron panfletos políticos en su despacho. Yo sé que era mentira, que no eran de él. Sí que tenía cartas con otros exiliados o intelectuales, y revistas de la Embajada de Rusia en México. Pues bien, le quitaron todo, le acusaron de subversivo y lo expulsaron por seis meses. Como tenía contrato y no lo querían indemnizar, él denunció en el Ministerio de Trabajo y eso fue imperdonable para ellos —toma un respiro Quiroga, pero está buscando una fecha en su disco duro mental—. Así que lo echaron el 24 de junio de 1968.

Antes de irse, Celso Emilio dejó su venganza escrita en verso. Fue el resultado de un desengaño palmario: donde pensó que encontraría un tejido vivo de progresismo, encontró lo que él llamó «*tendeiros*», caciques como los que denunciaba en Galicia. La rabia la transformó en un libro publicado ese año paradigmático: *Viaxe ao país dos ananos*, que se estudia en los institutos aún hoy junto a *A longa noite de pedra*: «*Esqueceran o tempo da pobreza / i a fala dos abós; pro non sabían / a vileza sen fin en que vivían / agora que eran parias da riqueza*».

—Salió cuando ya se iba —dice Quiroga—. Y se formó la de San Quintín.

Aquí salta Álvaro Gómez, amigo pero antagonista político, y zanja a su manera sentado en la misma mesa, dando un buen retrato de la polarización de entonces.

—¿Celso Emilio? Ese solo era un tipo de izquierda que se peleaba feo y cayó mal.

—Nada de eso, nada de eso —retruca enfadado Quiroga—. Le buscaron las cosquillas y lo encontraron. Y oye, además te voy a decir algo que nadie sabe, lo puedes poner ahí: Celso Emilio dejó otro libro escrito que nunca quisieron publicar, está inédito. Lo sé porque se lo dejó para publicar a Pepe Sesto. A su hijo, Farruco, que estudió aquí en el Colegio Castelao y fue luego ministro de Cultura con Chávez, le dije: «¿Qué pasó con el libro de Celso Emilio?». «Ese libro no se va a publicar nunca», me dijo. Y yo sé por qué: porque cita a mucha gente con nombre y apellidos y, aunque están todos muertos, sería mucho peor que *O País dos ananos.*

El pensamiento de Celso Emilio se destila en su correspondencia. En 1969 le escribía a Pepe Velo, en São Paulo:

> Galicia no existe en la emigración y aunque existiera, sería en todo caso un estafermo pasivo, condenado irremisiblemente a ser absorvido (sic) por los países receptores. Yo cuestiono la emigración, incluso en sus orígenes. Creo que un pueblo que emigra en masa es un poco cobarde, que no quiere enfrentarse con los problemas que afectan a la comunidad. Cuando Castelao dijo que nuestros paisanos no protestaban sino emigrando dijo una gran y amarga verdad.

Con Camilo José Cela tenía una estrecha relación. El Nobel de Iria Flavia le contestaba así en una misiva con membrete de la RAE: «Has pagado muy dolorosamente tu aventura que, de otra parte, no pudo ser más noble ni gallarda. No caigas ahora, con la distancia, en la idealización del país y sus hombres; ni Galicia es el paraíso perdido ni sus estructuras mentales han sufrido cambio substancial alguno. Y esto entre nosotros dos, que somos dos gallegos emigrados y dolientes», dice en la carta, enviada desde Palma de Mallorca. «Mientras los gallegos no acertemos a resolver los problemas desde dentro, nuestra pobre Galicia será siempre la Cenicienta hispánica parasitada por los falsos valores que fingen servirla».

Tras varios años trabajando como periodista y corrector de pruebas de una editorial, Celso Emilio se trasladó a Madrid, antes de su vuelta definitiva a Galicia, donde murió en 1979. Más tarde se le homenajeó en 1989 con el Día das Letras

Galegas y con decenas de reconocimientos sin distinción política, y hoy sigue siendo venerado como uno de los grandes poetas gallegos de la historia. En la Hermandad de Caracas, entretanto, continúa y continuará en el centro de la polémica.

Comunistas *vs.* Franquistas

En la salida de A Coruña, junto a la Coca-Cola y un colegio del Opus Dei, se esconde un monolito que recuerda que allí se erigía el pazo de Penarredonda, donde nació la abuela de Simón Bolívar. La galleguidad del libertador, que visitó aquella casa durante su luna de miel, luce allí y también en el centro de la Hermandad. Su busto dorado se eleva sobre una palestra de piedra, enmarcado por un muro en pizarra con un escudo de Galicia y una «Irmandade Galega de Venezuela» en grandes letras y los cuatro escudos provinciales, con solemnidad de mausoleo. En el lateral, un verso de Rosalía de Castro que condensa en cuatro palabras la esencia de la diáspora: «*Miña casiña meu lar!*». Lo que no hay son banderas, justo en el lugar que se había construido para que lucieran.

El 25 de julio de 1973 se inauguraba la plaza Bolívar, y la directiva, de inclinación franquista, preparó una jugada inédita: invitaron por primera vez al embajador de España, hasta entonces vetado por el sector mayoritario republicano. Cientos de socios se agolpaban vestidos de domingo en la explanada central preparados para el acto. También fue invitado el ministro de Relaciones Interiores, de la Copei, el partido democristiano que se turnaba con Acción Democrática en el sistema bipartidista hasta la llegada de Chávez. El resto de autoridades, junto a varios sacerdotes con roquete de puntilla y estola sobre la sotana, atendían el acto con rostro circunspecto. Algo había ocurrido que no estaba previsto.

—La razón de tanta visita era porque por primera vez iban a izar la bandera rojigualda —recuerda Quiroga—. Había una orquesta de música preparada para tocar el himno de España, pero en ese momento se dieron cuenta de que la bandera no estaba. Y tampoco estaba la cuerda del mástil. Nadie abrió la boca, como si no hubiera pasado nada. Lo que ocurrió fue que algunos robaron la bandera de madrugada y de paso cortaron la cuerda en pedazos iguales para conservar de recuerdo para siempre —y con la sonrisa del que sabe más de lo que cuenta, remata—: muchos todavía la guardan.

El episodio era el punto de giro definitivo para el cambio político. Los republicanos, envejecidos, retirados o incluso fallecidos, iban dejando paso a nombres cada vez más cercanos a un régimen que agonizaba.

La embajada iba cercando a los más díscolos de la *república de la hermandad* e incluso en Galicia se hacía seguimiento a quien iba a visitar a sus familias. Le ocurrió a Álvaro Gómez, que nunca se inclinó al antifranquismo.

—Cuando fui a España me mandaron llamar de la Brigada Social porque había venido a Caracas el general Bayo, el republicano, exiliado y de gira por los países americanos, y dio un discurso en los primeros sesenta. Yo fui por curiosidad, y vi que sacaban fotos. Me debieron identificar y por eso me mandaron llamar.

Con la fusión de sociedades en 1960 parecía que se podía matizar la polarización, pero no fue así. Más bien al revés, según cuenta Quiroga de pie en la propia plaza Bolívar.

—Parecía que estábamos todos de acuerdo, pero no. De hecho, aquí mismo, en esta pista, se celebraban las asambleas y más de una vez acabaron en peleas y sillazos. Aunque se empezase discutiendo por cuentas u otras cosas de números todo era por política.

Para morigerar ánimos, se celebraron elecciones divididos por candidaturas agrupadas en dos listas o planchas. Visto el embudo ideológico de la diáspora en Venezuela, la decantación hacia los dos polos fue sencilla. Para resumir, decían que eran «comunistas y franquistas», pero con votaciones por medio: una rareza. La incógnita sería qué pasaría una vez muerto Franco. Lo que ocurrió no sorprendió en la Hermandad: la plancha uno se convirtió en el bastión del PSOE, y más tarde también del BNG, y la dos fue capitalizada desde el principio por Alianza/Partido Popular.

En la Transición y toda la década de los ochenta gobernaron los progresistas, coincidiendo con los gobiernos de Felipe González, exactamente hasta el año en que Manuel Fraga regresó a Galicia y ganó su primera mayoría absoluta.

—Desde ese momento no volvió a gobernar la izquierda salvo un mandato bianual a mediados de los noventa. Antes y después, siempre y solo la derecha —resume Quiroga, aséptico, sin enfangarse en números.

—¡Y no volverá! —remata casi gritando Álvaro Gómez asomando por encima de su colega, que lo mira de medio lado.

Como un espejo de su molde original, como si la hubieran metido en una cámara de vacío y la remedasen punto a punto, la Hermandad permanece como la representación a escala de Galicia; la diáspora como territorio fértil para sociólogos y politólogos. Académicos, acudan.

«Yo no vine, a mí me trajeron»

—Si me llegan a preguntar no vengo. Yo no vine, a mí me trajeron.

Los padres de Luciano Sánchez Guitián abandonaron la casa familiar en Betanzos, A Coruña, cuando él tenía un año de vida. Ocho después, lo llevaron, como él mismo dice, al otro lado. Viajó en el Montserrat un día de 1963 junto a dos hermanos, su abuela y su tía. Catorce días después llegaron a La Guaira («La Ghuaira», con *gheada*).

—Al llegar me dicen: «Este es tu papá y esta es tu mamá». ¿Qué podía decir yo? Para mí eran desconocidos completamente —dice, con un ligero temblor del labio inferior.

Lleva perilla blanca y gafas alargadas con montura de metal, y el uniforme *sport* venezolano: polo de rayas y pantalón corto. Si no se le pregunta, es otro emigrante más de sesenta años, pero al rascar aflora lo imposible de olvidar. Llegaron a la casa donde vivían, grande y con terreno, como nunca había visto el niño Luciano. El tamaño tenía un porqué: sus padres habían tenido, en ese tiempo, otros cuatro hijos, tan hermanos suyos como aquellos con los que se crio en Betanzos. Pero diferentes.

—En aquella época teníamos muchísimos problemas. Porque para mí la abuela era todo y para todo: dame esto, dame aquello. Mi mamá no contaba. Mi papá menos. Y los hermanos todo bien, pero ellos eran los ojitos de mis padres. Claro, cuando no se convive durante esos años tan importantes se nota. No es lo mismo. Y creo que por eso nunca fue buena la relación con mis padres.

—¿Y tus otros hermanos de Betanzos se llevaron mejor con ellos?

—No, peor que yo —se ríe triste—. A mi hermana le dije que convenciera a mi papá para que la mandara de vuelta a España. *E fixo caso* —dice en gallego—. Se fue y no volvió, y cuando le pidieron que lo hiciera dijo que se quedaba con mi abuela en Betanzos.

A Luciano lo mandaron a un colegio español, pero cerró la escuela y no estudió más.

—Mi hermano y yo nos fuimos de casa, él con quince años, yo con dieciséis.

—¿Y adónde fuisteis a vivir juntos?

—Sí, juntos [se ríe]. Juntos a vivir en la calle. Donde nos cogiera la noche, ahí nos quedábamos. Ocho meses estuvimos así.

Después Luciano volvió a casa, entró en una vida formal de trabajo y novia. Había perdido el contacto con su hermano y lo fue a buscar para que asistiese a su boda, pero estaba desaparecido.

—Quince días estuve buscándolo. Yo iba con una fotografía de él a bares, hospitales, funerarias. Hasta que me dijeron que había tenido un accidente y que lo estaba cuidando una señora en un cerro, un barrio. Cuando lo encontré, me vio y se subió al carro, todo en uno, no hubo que hacer más nada.

Le dio trabajo, porque de ninguna manera podía él ponerse a trabajar con su padre, por su relación, y rehízo un poco su vida. Lo que pudo, porque el drama continuó.

—En 2008 me lo mataron. —Piensa en silencio—. En Caracas me lo mataron —sorbe las lágrimas y no dice nada más.

Para Luciano la vida continuó en el lugar adonde lo habían llevado sin querer. Trabajó «de todo», no le sobró nada, y cuando cumplió una edad se le empezó a marchar familia del país.

—Mi emigración fue mala, malísima. Mi papá lo hizo para poder hacerse una vida mejor, no volvieron y al final está muerto aquí, como mi mamá. Está claro que no hicieron las Américas —hace una pausa y continúa el recuento—. De mis hermanos: uno está en Málaga, el otro en Alemania, y me queda uno en Higuerote. El otro también se murió aquí, de enfermedad, y mi hermana se murió en España. De mis sobrinos tampoco queda ninguno: retornaron todos allá, la emigración al revés. Solo me queda la hija y su marido.

—¿Y no te irías tú de vuelta?

—No puedo, no tengo recursos ni puedo vivir de rentas. Tendría la pensión mínima si vuelvo y con eso no se vive. Mira, mi señora y un hijo sí se fueron para allá. Y fíjate, mi mujer, que es venezolana italiana, encontró trabajo cuidando una señora cerca de Betanzos, en Coirós, y yo sigo aquí. Para mí no fue fácil la vida —y vuelve al sollozo—.

Para romper el silencio muestra en el móvil una foto de su pasaporte sellado en Caracas, 3 octubre de 1963. En la otra página, el visado de salida de A Coruña, el 21 de septiembre. En la foto, clavada y troquelada al águila franquista, un niño repeinado con jersey de cuello alto y media sonrisa. El desarraigo cruzado y una certeza que verbaliza mientras mira su propia foto:

—La mayor explotación de carne de la España de Franco fue la emigración.

Sigue sonando bachata de fondo.

Las *cotufas* son para los puercos

El padre de Mariví Bargiela se compró una chaqueta de traje y se la puso para subirse al Santa María en el puerto de Vigo. Tenía una razón poderosa para vestirse como nunca lo había hecho en su vida. No sabía adónde iba a llegar y por tanto tampoco sabía cómo tendría que ir ataviado. Le sirvió. Porque al desembarcar, directo desde la aldea de Areas, en Ponteareas, Pontevedra, entró en la obra del Hotel Humboldt, en las alturas frías del monte Ávila a trabajar como herrero —sin saber el oficio— y durante meses usó la americana por encima del mono de trabajo para combatir el frío. Al terminar la jornada, si iba a tomar algo con un amigo, también se ponía el *paetó*. Era la chaqueta multiusos.

Dejó a Elvira, su mujer, en la aldea, con un niño recién nacido. Un año después, ella también emigró y dejó a su hijo con los abuelos. Cuando llegó quiso dar la vuelta al ver los barrios de ranchos en el camino entre La Guaira y Caracas. Pensó que tenía que vivir ahí. Lo que le esperaba tampoco era gran cosa: una habitación de pensión separada del resto de familias por una pared de latón y un pestillo oxidado. Cuando le salió trabajo como portera, no lo pensó: tendría casa y trabajo a la vez. Su marido vendió productos médicos, trabajó en un supermercado de un portugués y montó un estanco (quiosco de prensa). En el medio nació Mariví, en 1964, y creció como una gallega venezolana más. Su cordón umbilical eran las cartas que ella misma escribía al dictado de su madre para su hermano Paco, el que se quedó sin familia en la aldea. Era la única relación que tenían con él, además de una llamada el día de Año Nuevo.

Cuando cumplió quince años a Mariví le regalaron un viaje a Galicia.

—Mi primera imagen es ver a mi abuela echándose en mis brazos con un pan en la mano. Así me recibió. Ese día también conocí a mi hermano. —Le asoma la lágrima, toma agua y continúa—. Un mes y medio estuve allí. Despiojé a niños de la aldea, pasé días enteros aprendiendo cosas de allá. Yo también les enseñaba: agarraba las mazorcas de maíz y hacía *cotufas*, que allí no existían. Luego supe que en las ciudades les llamaban palomitas. Pero mi abuela decía que es la comida de los puercos, ¿cómo vas a comer eso? Hice las palomitas en una olla y luego todos los niños querían comer. Vi también la *malla* del trigo, viví una vida nueva en menos de cien días.

Cuando le propuso viajar a su hermano, este fue tajante: «No puedo dejar a los abuelos. Ellos son mis papás». Y nunca se fue, ni cuando murieron. Mientras, Mariví se casó con otro emigrante y tuvieron dos hijos que viven en España, donde se reúnen una vez al año.

Vivir en crisis

Hasta los años ochenta Venezuela vivió un período económico estable, con una moneda fuerte que brotaba en paralelo a los chorros de petróleo. Fluía el dinero y los gallegos se asentaban, muchos como clase trabajadora, otros como pequeños propietarios, algunos pocos como hacendados. Pero el petróleo empezó a bajar y la moneda se derrumbó, aumentó la deuda externa y con ello la premisa del país estable se rompió en mil pedazos. En 1989 todo estalló con el Caracazo, una revuelta con disturbios y saqueos contra la política económica del Gobierno que se saldó con cientos de muertos. El país sentado en un trono sobre petróleo viraba hacia una crisis, palabra desconocida hasta la fecha.

Se ensanchó la grieta entre los que disfrutaban de una vida de lujo y dólares y los que vivían en el desabastecimiento y la infravivienda. Una mayoría de gallegos, como otros emigrantes europeos, encarnaban la clase media diluida con las crisis, que también se llevaron por delante el sueño capitalista, bien visible en las calles. Las autopistas, siempre atascadas por los miles de coches americanos de consumo disparado —la gasolina fue durante décadas casi gratis— eran una sucesión de anuncios de productos de lujo. Los carteles publicitarios de Chivas doce años se combinaban con los de Mercedes, mientras las torres más altas de la ciudad remataban en enormes logos tridimensionales de Pepsi o Nescafé.

Desde la llegada del chavismo (1999) y el cambio radical en la economía, con nacionalizaciones de empresas y control de precios, el paisaje fue mutando. En cada viaje a Caracas que hacía se veían cada vez menos carteles de *scotch* o de coches de lujo, sustituidos por los de proclamas gubernamentales. Hasta los rascacielos retiraron los reclamos que coronaban la silueta de la capital. Tras la muerte de Chávez en 2013, la crisis política y la económica se combinaron en un cóctel explosivo que dejó al país en la bancarrota y generó a su vez una diáspora propia esparcida por medio planeta.

A Europa llegaban, con el correspondiente sesgo político, mensajes de alarma sobre la crisis extrema que azotaba al país, incluidos también a los gallegos, de expresiva mayoría antichavista. Pero ellos mismos se hacen preguntas. ¿Cómo se protege el emigrante ante una crisis estructural? Al sacar el tema en una mesa de la Hermandad, salta la tertulia.

—Cada uno tiene su forma, pero lo primero es cubrirte lo suficiente para garantizar la salud —dice Fermín Ferreño, dueño de una pequeña empresa de eventos—. Y eso implica tener un seguro privado. Después intentar ahorrar en divisa, después de todas las devaluaciones e hiperinflaciones que hemos vivido.

—No se trata de vivir al día, como hacen muchos aquí, sino de tener para cuando dejes de ganar, vivir de lo que capitalizaste —tercia Roberto González—. Porque también te permite viajar a Galicia, que es lo que hacemos todos. Los que no llegan a eso, los que tienen que vivir al día, para mí son los que deberían volver a España, porque aquí van a pasarlo mal.

—Y el que sepa rezar que rece —cierra Fermín.

Para muchos es complicado hacer entender a los familiares gallegos la situación real de tantos que, sin ser ricos, llevan un tren de vida poco ajustado a lo que se proyecta del país.

Vuelve la tertulia entre Roberto, Álvaro y Fermín. No hace falta ni poner el nombre de quien interviene: funciona como un peloteo de reflexiones.

—Muchos piensan que nos morimos de hambre y hay que explicarles que no. Claro, a lo mejor somos el quince por ciento del país, eso también es verdad, pero aquí se vive muy bien también.

—Miras la televisión española y te dice que se pasa hambre. Pero abres el chat de la familia y ves a una prima en una lancha en Morrocoy, en el Caribe. ¿Cuál es la vaina? Es muy difícil de explicar.

—Cuando íbamos de pequeños a Galicia todo era una novedad, porque Venezuela era supermoderno y allá se vivía en el campo, con los animales y sin entretenimiento. No concebíamos cómo era posible que la tele empezara a las cuatro de la tarde, cuando aquí había mil canales. Eso se revirtió, España evolucionó rapidísimo y nosotros frenamos y fuimos para atrás.

—Mira, yo tengo mi negocio, con mis empleados, como podría ocurrir allá, pero aquí soy socio de un club de playa, tengo una lancha y un medio de vida muy bueno, y allá no podría. A mí me hablan siempre de la calidad de vida en España, pero ¿en qué consiste?

—Es otra filosofía. Allí tienes seguridad social, que funciona muy bien, cuando tienes edad de jubilación también tienes tu pensión perfecta, para cubrir tus gastos. Pero en América es al revés: dependes de lo que ganaste para vivir bien después. Si ganaste, y aquí se ha ganado muchísimo dinero, estás bien. Para hacer allá lo que hago aquí, tendría que ganar siete u ocho mil euros, imposible.

—Incluso fijate, con la seguridad. Me pueden robar, pero eso lo meto en mi coste de vida, y en la balanza me compensa, de verdad.

—Dímelo a mí, que tuve la desgracia de que me secuestraran a un hijo hace seis años. Era 8 de septiembre, eso lo sé bien, porque yo estaba en la Virgen de los Milagros, en Ourense, pero fue liberado. Seis años después, nos volvieron a llamar, creemos que desde la cárcel, para amenazarnos. Y aun así prefiero siempre seguir viviendo en Venezuela. Y mi hijo, igual. Le pregunté mil veces: ¿quieres que nos vayamos a Galicia? No, quiero quedarme aquí. Y aquí seguimos.

Las sacas electorales de 1989

El 17 de diciembre de 1989 amaneció como si nunca se hubiera ido la noche. En un tren de borrascas invernales, Galicia se desperezaba con la nube negra sobre las cabezas de aquellos que salían a votar. Eran las elecciones más importantes de la joven autonomía. Tras dos años de tripartito de izquierdas, Manuel Fraga Iribarne se retiraba de la carrera madrileña por el poder y regresaba a Galicia para reinstaurar la hegemonía de la derecha. «*O presidente para un gran pobo*» rezaba su cartel. Ganó y se instaló en San Caetano, a golpe de mayorías absolutas, hasta que lo tumbó el Prestige —y la edad— dieciséis años después. Pero en aquel 1989 se hizo con el poder por solo un puñado de votos. En la provincia de Ourense, el reino mayor de la emigración, PP, PSOE y BNG se disputaban dos escaños por un estrecho margen. Uno de ellos, decisivo, se lo llevaba el PP por menos de cien papeletas al cierre del escrutinio, con lo que alcanzaba la mayoría absoluta. Pero para cantar victoria en Galicia hay que esperar a que lleguen las sacas de correos con el voto exterior. El resultado definitivo se dio cinco días después tras un recuento polémico y con una insondable sombra de duda que nunca se ha disipado.

En la diáspora se daba un curioso denominador común: el voto emigrante, tradicionalmente conservador, giraba hacia la izquierda cuando esta gobernaba en Madrid. Así sucedió dos meses antes de las autonómicas, cuando se celebraron las generales y se impuso el PSOE. A continuación, en las gallegas, los socialistas ganaron en tres provincias, pero en Ourense saltó la sorpresa —y la sospecha— cuando se abrieron las sacas del censo de residentes ausentes. En octubre el PP había sacado el treinta por ciento de los votos por el cuarenta y nueve por ciento del PSOE, y de repente en diciembre los populares treparon al sesenta y tres por ciento, lo que rompía con cualquier gráfico de tendencia y la analogía con el resto de provincias. E, incluso, con la historia: nunca le sacó más de diez puntos en ese recuento la derecha a la izquierda y sin embargo de repente arrasaba (más de 33 puntos de diferencia) sin mayor explicación. Con esas cifras, el escaño en liza se lo llevó el PP y gracias a él Fraga alcanzó la presidencia de la Xunta por primera vez.

Los socialistas elevaron un poco la voz en Galicia y nada en Madrid, y la vida continuó. La prensa y la opinión pública le dedicó muy poco espacio a un tema tan llamativo. Solo lo trató a fondo años después Lito García Lago en el libro *Pasou o que pasou* y lo amplificó Óscar Iglesias en *El pucherazo de Don Manuel*: «En 1989 la adulteración en Ourense de 1452 votos de la emigración, una saca que apareció tarde, pasos cambiados en la junta electoral y el trágala del PSdeG, sometido por Ferraz, cambiaron el destino de la autonomía y encumbraron como presidente a Fraga Iribarne. ¿Sabían ustedes algo de esto? ¿Galicia Mágica o la Historia como misterio?».

Ambos reproducen las palabras reveladoras de un cargo socialista: «A la hora del recuento calculamos que faltaban unos cinco mil votos en Ourense, sabíamos que habían pasado por Barajas. ¿Dónde estaban? Dos meses después el gobernador civil descubrió las sacas en un despacho de correos de Ourense. Ya no se abrieron, no sabíamos lo que había en ellas, pero lo normal es que allí estuviesen los votos que nos faltaban».

Pero el gobierno de Felipe González, que tenía la potestad de impugnar, o al menos investigar la votación, no movió ficha, y Fraga inició su reinado. Nunca más se removerían esas sacas. Pero en la Caracas de hoy, como en el resto de centros de la diáspora, nadie oculta la facilidad para cometer irregularidades con el voto. En una misma mesa de restaurante, varios emigrantes, todos de la provincia de Ourense, hablan de la manipulación como algo cotidiano. Entre todos se disputan el titular más llamativo.

—En parte lo del voto rogado lo introdujeron porque aquí se hacía trampa con las papeletas. Aquello es verdad total. Yo mismo he ido a Correos aquí, he sobornado al empleado y me he llevado sacas a mi casa. Preparaba los votos y los mandaba a España de vuelta. Eso se ha llegado a hacer.

—También se hacía a menor escala. Ibas a una zona de gallegos, a un edificio que sabías que votaban diez o quince, hablabas con el cartero que entregaba y cambiabas el voto.

—Yo era el encargado que recaudaba los votos de mi partido para enviar allá. Un año recogí 37 de mi ayuntamiento, pero luego no llegaban allí, algo pasaba en el medio.

—Aquí se han hecho muchas trampas, y no solo los ourensanos. Y no solo un partido, los dos. No digo los nombres, pero los dos han hecho trampas.

Las cosedoras de botones juegan naipe

—Ellas dicen que yo soy su mamá y es al revés, ellas son las mamás de todos nosotros. Imagínate la dureza: trabajaron toda la vida para que sus hijos tuvieran un medio de vida mejor y ellos mismos se convirtieron en emigrantes de vuelta a España. Eran cocineras, conserjes o trabajaban en fábricas de camisas, con crédito consiguieron tener casa propia. Pero Venezuela empezó a caer y ellas también: tienen una pensión que no da ni para un cartón de huevos. Si no fuera por España no tendrían qué comer. Ni que hablar de medicamentos. Tenemos ayuda del Gobierno central y el aporte mayor, que es de la Xunta. Ellos reciben la no contributiva de 1200 euros cada tres meses, cuatrocientos al mes. Con eso pueden vivir. Y gracias a Galicia tenemos este sitio de encuentro.

Sara Rodríguez, responsable del Centro de Día de la Hermandad, vive conectada a un espacio que acoge a ancianos emigrantes, una burbuja especial. Es un espacio diáfano con grandes ventanales, piso de madera color caoba y sofás en el perímetro. A su alrededor caminan en círculo apresuradamente unas treinta personas mayores de setenta años. Siete de cada diez son mujeres. Casi todas de la misma estatura, corte de pelo corto funcional teñido, ropa estampada en colores vivos y calzado deportivo. Los lidera un monitor que tras el calentamiento les manda ejercicios de tren superior. Sara, cincuenta y tres años, rubia, uñas pintadas, gafas a modo de diadema, tiene cara de cansada pero la disposición intacta.

—Abrí el 15 de mayo de 2006 con doce personas. Venía aprendida desde pequeña. Mi madre tenía una pensión para emigrantes y yo ayudaba desde los nueve años. Se les da de comer, y además desde la pandemia se les ayuda con una bolsa de víveres: azúcar, arroz, caraotas [frijoles], harina para arepas, arvejas [guisantes], aceite. Y tienen medicinas y exámenes garantizados con la Fundación España Salud, no sabes lo que es eso para ellos. Ahora tengo 47 jovencitos. De ellos, treinta mujeres. Las más divertidas.

Sigue el deporte a tope, igual que otros días hay yoga y tai chi. Todo forma parte de una rutina diaria, que continúa en la estancia contigua, donde juegan a las cartas y charlan. La habitación, amplia y moderna, tiene mapas de Galicia y fotos de paisaje, ventiladores de techo y televisiones. En el centro, varias mesas redondas de madera. Allí se sientan las mujeres, y yo con ellas. Domina el olor de los perfumes, los tintes, las cremas. Y el inconfundible olor a naipe usado, cuando reparten para jugar a brisca y al tute con las manos artrósicas. Llega el profesor de tai chi y las saluda efusivamente. Le responden como un equipo, al unísono, porque comparten la jornada igual que compartieron vida sin saberlo, cada una en un rincón de Caracas, pero todas en una fábrica y a coser. Aquí van sus testimonios, memoria viva de la diáspora en seis fogonazos. El de María Dolores Nodar, ochenta y un años, que empieza preguntando si puede hablar gallego, la herencia maldita de otros tiempos:

—Yo nací en San Xurxo de Cereixo, A Estrada. Vine cuando tenía veintitrés. Ya vine crecida.

—¿Por qué vino?

—Porque me cansé de andar con las vacas, sembrar maíz y patata y de todo. Así que vine y trabajé muchos años en una fábrica de camisas.

María del Carmen Moa, setenta y siete años:

—Llegué con nueve años. Mi mamá vino para aquí cuando no había gallegos aún en Venezuela. Se perdió al llegar. Mi papá nos abandonó, pero ella me dejó con mi abuela hasta que a los nueve años pude viajar. Trabajé todo en fábrica. De vaina [de milagro] no parí allí a mi primer hijo, porque trabajaba muchas horas. Era de camisas de hombre, allá estábamos muchísimas gallegas para los Rosenthal, los dueños.

María Estrella de Salgado, de Monforte de Lemos:

—Trabajé en una fábrica de ropa de niños hasta que me casé. Fueron unos años inolvidables, inmejorables. Y eso que nos miraban de reojo a las gallegas. Nos llamaban *mosiús* a los extranjeros, por *monsieurs*, pero ahora parece que es al revés: vas a España y te miran raro.

Dorita Rodríguez, noventa años, Amear, Lalín, Pontevedra:

—Tenía veintitrés cuando vine y tengo noventa. Tenía un hermano y cuñada aquí y tenían casa, viví muy bien. Empecé a trabajar en casa de familia, de los nietos del ministro de Hacienda. Luego entré a planchar durante ocho años en una fábrica de gallegos. Nos levantábamos a las seis de la mañana para trabajar de ocho a seis de la tarde. Y luego vuelta a casa tan contenta.

Julia Marina, de Pastoriza, Lugo:

—Me casé un 19 de agosto y llegamos aquí el 19 de octubre. Él estaba aquí y quería casarse por poderes, pero yo no quise, así que fue a buscarme. A los ocho días ya estaba trabajando como costurera en Ángelo, una casa de modas de italianos en Sabana Grande. Me dieron trabajo sin papeles. Allí cosí cinco años y luego me puse por mi cuenta, una tiendita que yo misma abrí.

Y María González, diferente al resto:

—No puedo hablar porque lloro. Pero te lo escribí en el móvil —dice, y me lo enseña, una vida entera estrujada en un párrafo—. «Tengo ochenta años y soy de Rodeiro, en Lalín. Vine en 1961. Trabajé en la Marrón por varios años y también en la Goldi. Cuando nacieron mis hijos puse taller de costura en mi casa. Se llamaba creaciones Gonbar. Luego pusimos un restaurante en Chacao. Se llama Testa Unión, hoy está cerrado. Mi esposo murió y ahora vivo sola, porque perdí también a mi hijo en el plazo de seis meses, hace tres años. Me quedé sin ellos» —y asiente cuando se asegura que lo leí.

Se podría seguir con cientos de testimonios parecidos. Casi todas pasaron a trabajar en casa cuando se casaron, casi todas tuvieron hijos, y casi todas se fueron de vuelta por la situación del país, como se quejaba Sara al principio.

—La emigración es diferente porque ahora van estudiados, y nosotros no, y eso lo cambia todo —dice Dorita, la de noventa, con una hija en Barcelona—. De aquí solo salí para ir a una vez a Canarias. Pero adonde no volví nunca más es a Galicia— y lo dice con *gheada*, eso no se va ni en setenta años.

Galicia campeón

Un objeto volante no identificado traza una parábola de veinte metros en el cielo de Caracas. Un segundo después se escucha un *clang* metálico y seco, seguido de un tintineo de sonajero, cuando el ovni —un disco de hierro plano y redondo llamado *pello*— impacta con violencia en la *chave*, una pieza metálica con forma de cruz de Caravaca, pero con tres aspas que giran sobre un eje como un molinillo cuando las golpean. Todo depende de la pericia del tirador, que ahora está, del otro lado de un pasillo de hierba artificial, con el brazo derecho extendido y la muñeca muerta, y una mueca de satisfacción mientras sus compañeros de equipo festejan el tanto. Este es el *xogo da chave*, deporte autóctono por excelencia, con variantes locales, pero todas, incluida la de la Galicia exterior, con la misma liturgia: grupos de amigos en confraternización, con bebida y comida por medio. La pandilla, ubicada en el lateral de la cancha, compone una escena galaicotropical: comen empanada y beben whisky, mientras sus parejas bailan la salsa ensordecedora que sale por los bafles. En las paredes, el escudo del club de la Hermandad, que aquí está hasta en los servilleteros, siempre con el pergamino que los define: Chaveiros.

En la tele, deportes: béisbol, deporte nacional, o fútbol, que le va comiendo terreno en el país, aunque aquí ya estaba ganado, porque hubo una época en que en el país reinó el equipo de la Hermandad, el Deportivo Galicia.

El fútbol es la mochila sentimental del emigrante. Aquí, los primeros emigrados y exiliados crearon en el Lar Gallego un club de nombre salomónico: Deportivo Celta. Jugó en Primera División cuando todavía el fútbol era *amateur* en el país. El Centro Gallego, por su parte, tenía otro club llamado Deportivo. Cuando los dos centros se fundieron en uno y nació la Hermandad, surgió la necesidad de crear un nuevo club y bautizarlo sin cabrear a nadie. No fue fácil navegar en la ensalada onomástica, como recuerda Manuel Quiroga, que también estuvo en la génesis del club.

—Después de mucho hablar, lo sometimos a votación en una de esas fiestas con gaitas y baile de los domingos: Atlético Galicia, Sporting Galicia, Club Galaico, Unión Galleguita, Deportivo Galicia. En una reunión la comisión decidimos directamente pensando en el más apropiado: Deportivo Galicia. Nadie protestó.

El aluvión de europeos trajo consigo, dentro de la veloz transformación demográfica y social que provocó, un nuevo fenómeno, el fútbol de colonias. Así llamaron a la nómina de clubs fundados por las diferentes colectividades y que se transformaron en acérrimos rivales en los campos de fútbol. El Galicia fue campeón al año siguiente de llegar al fútbol profesional. Ganó varias ligas más y fue el único equipo venezolano en ganar un título internacional. Pero más importante era que el club funcionaba como herramienta de política interna.

—El club era la bandera más importante de cara a las elecciones de la Hermandad —dice Quiroga, que fue delegado y secretario general—. Si le iba bien, el gobierno de turno ganaba en las elecciones.

En los noventa desapareció tal y como se conocía: trasladó su marca a la ciudad de Maracay y cambió su nombre por el de Aragua Fútbol Club.

¡Qué hiciste, papaíto!

Venezuela siempre ha tenido pasión por los mundiales. Durante un mes el país se transforma y se convierte en un mar de coches embanderados con la preferencia de cada conductor. Hay chanzas, porras y mucho bar con la televisión vestida de verde. Al no jugar su selección, en los años setenta y ochenta una gran mayoría animaba al vecino favorito, Brasil, y tomaba el resto como un entretenimiento lúdico. En esa forma de ver el fútbol tuvo mucho que ver Lázaro Candal, nacido en A Coruña en 1931. Sus narraciones jocosas y alejadas de la flema televisiva de la época sellaron un estilo inconfundible, con fonética gallega mezclada con caribeñismo.

Su momento más sonado nació de un error del jugador brasileño Leandro, durante un partido del Mundial 1982 que narraba él. «¡Qué hiciste, papaíto!», le reprochó gritando desde la cabina al futbolista, y la frase quedó grabada en el imaginario del país, en la era preinternet en que las modas y los latiguillos pasaban de boca en boca con la misma rapidez que habían nacido. Candal acuñó esa frase, y en cada mundial —narró diez— incorporó otras, pionero en las modas de las frases gancho de los relatores latinoamericanos.

Hijo de un conductor de tranvía en A Coruña, jugador de calle en la plaza de María Pita, regateaba a genios como Luis Suárez en el fecundo fútbol modesto coruñés, y después lo hizo como profesional en Costa Rica y Venezuela. En Caracas trabajó en una tienda de deportes y como periodista a la vez, y su vida personal confluyó con la profesional: cubriendo el secuestro de Di Stéfano conoció a la que sería su mujer. Quince años después narró el Mundial de Argentina '78 acompañado en el palco de prensa por don Alfredo.

—Se fue metiendo en el tema sin querer. Llegó un momento en que sin ser nadie aparentemente terminó narrando el mundial por su naturalidad y su talento —dice Roberto González, que lo conoció en su infancia—. Su tienda estaba a la vuelta de la ferretería de mis padres. Una vez me regalaron un balón. Recuerdo salir de la tienda y escapárseme el balón a la calle, pasó un coche y bum, me lo explotó. Me quedé llorando por mi pelota. Y fui donde Candal y él reaccionó regalándome otra. Toma. Eso me quedó grabado para siempre.

Candal vivió su retiro en A Coruña, tras sesenta años fuera. En Riazor lo veíamos en la tribuna de prensa, pero pasaba desapercibido, mientras en América siguió siendo el inconfundible Lázaro *Papaíto* Candal hasta el final. Falleció en 2023.

La voz justiciera de Finita Gay

—Me acuerdo de aquel día como si fuera hoy. Estábamos en casa, en Caracas. Era 16 de febrero de 1989 y nos avisaron de que mi abuela Fina se había muerto en A Coruña. Ese mismo día se iba mi padre a verla desde Venezuela, porque estaba malita, y cuando se iba al aeropuerto llegó la noticia. Mi hermano pequeño había nacido hacía unas semanas. Mi padre sacó de la maleta unas fotos del bebé que le iba a mostrar y en su lugar metió una corbata negra.

Habla Carol Martínez, gallega venezolana de 1977, última generación en la emigración de una familia con una mujer diferente en el centro de la historia. Fina Martínez Gay nació en Castelo de Abaixo, Culleredo, a quince minutos de A Coruña. Como nació en la casa de O Martelo, fue conocida siempre como A Martela. Era, cuenta Xurxo Souto, multidifusor de todas las culturas gallegas, una de esas costureras de las que iban puerta a puerta con la máquina en la cabeza. Pero también fue la primera mujer que se atrevió a subir a un escenario en la comarca.

—Con catorce años ya iba a las orquestas y no se cortaba un pelo. Subía y cantaba. Tenía una voz muy bonita y la gente alucinaba. Pero a mi bisabuelo parece que no le gustaba —dice Carol.

Ella ya iba por otro lado. Tuvo un hijo de soltera en 1947 y a inicios de los cincuenta emigró sola, y allí confrontó las desgracias con su trabajo como patronista en una fábrica y, mientras pudo, con su voz en la efervescente Caracas. Poco se sabe de su carrera venezolana, más allá de la memoria familiar. Con seguridad vio en directo a la orquesta Los Satélites en una histórica gira. Debió de estar presente en un carnaval tumultuoso en la Hermandad Gallega, en el que tocó la Sonora Matancera, con Celia Cruz al frente. Se llenó tanto que se reprodujeron las peleas y, cuentan los más viejos, los tiros al aire.

Aquella época Finita no solo cantaba, sino que con su don de gentes hacía de contacto de las orquestas que llegaban desde Galicia. Pero llegó un día en que lo dejó todo, condenada a la sumisión común a tantas mujeres de la emigración, las que tanto soportaron. Se emparejó con un italiano que le prohibió cantar fuera de casa. Tuvieron un hijo y desde entonces se limitó a vivir bajo la bota masculina hasta que falleció su pareja, y entonces decidió darle la vuelta al calcetín.

En 1980 volvió a Galicia. Tenía ahorros, pero no invirtió en pisos o garajes, sino que abrió un *café-concert* en Tabeaio, a unos kilómetros de Castelo, y lo bautizó con su nombre: A Martela. Allí tocaba el acordeón y cantaba, pero también ganaba dinero. «Como persona soy buena; como artista, maravillosa, y como empresaria, durísima», decía. Se vestía con trajes elegantes que ella misma confeccionaba, ensalzaba su rostro con collares de perlas, grandes pendientes y el pelo corto. Componía y tenía retranca. Al ver que se reían de ella por su edad, le faltó tiempo para escribir un corrido llamado «Vieja».

A estas alturas las orquestas con herencia latinoamericana por la emigración ya eran un fenómeno en Galicia. Y estos conjuntos bebían de artistas como Finita, talentos que se curtieron en la diáspora y trajeron desde allí repertorio y ritmos que hoy se pueden decir que pertenecen a la cultura autóctona. Queda como ejemplo la versión, auténtica y bilingüe, que Finita hizo de «Me voy pa La Habana» de la Sonora.

As mulleres en Galicia sonche as mais traballadoras
van a misa, fan o caldo e máis fan de labradoras

Esta versión ya forma parte del repertorio de artistas actuales y se pudo oír varias veces en las fiestas del pueblo de A Martela, donde se celebra un admirable festival llamado Castelo Conta. Allí también se descubrió un mural de la artista que ocupa una pared en el centro de la localidad.

—Mis recuerdos de la abuela Fina son de una persona muy echada para adelante, muy cariñosa y también con algo de mala leche —se ríe—. Cuando veníamos a Galicia quería que subiéramos al escenario con ella, pero no me atrevía a subir. Y ahora veo a mi hija y ella sí sacó la vena.

A Valentina, la bisnieta de A Martela, se le ha visto ya cantando la copla que repite los versos como un mantra donde se condensa a la mujer gallega de la época. Las más trabajadoras, las que van a misa, hacen el caldo y son labradoras. Y, en el caso de su abuela, bastantes cosas más.

A terra onde nin o demo chegou

A Venezuela me desplazó por primera vez el secuestro de un gallego. Durante las cíclicas oleadas de raptos a empresarios, los emigrantes enriquecidos eran carne de cañón, justo en la época en la que los medios apostaban por la información sobre la Galicia exterior y me desplazaban desde Buenos Aires o Río de Janeiro. Aquella primera aventura me llevó a Valencia, una de las grandes urbes del país. La siguiente, al estado de Cojedes. La tercera, a una ciudad llamada Puerto Ordaz. A esas alturas me preguntaba: ¿Qué *carallo* hago yo aquí? El trabajo de reportero de entonces —buscar testimonios, acceder a fuentes, conocer centros gallegos en lugares ignotos— me dio respuestas de una certeza acorazada: la diáspora es un conjunto de puntos muy parecidos pero aislados que hay que unir para descifrarlos.

Una noche de 2007 conocí a Emilio Vázquez, un hombre sabio y generoso que presidió durante muchos años la Hermandad Gallega de Puerto Ordaz. Acostumbrado a la de Caracas, aquel espacio mínimo no permitía comparaciones de poderío, pero se repetían símbolos y parafernalia, también la hospitalidad de los que jugaban a las cartas esperando noticias de su amigo secuestrado. Apareció días después, cuando yo ya no me quería ir de allí después de las historias que me contó Emilio. Prometí que regresaría pronto. Lo hice cuando conseguí financiación para elaborar un reportaje documental para televisión sobre la Guayana venezolana, el lugar en medio de la nada que él me definió con una frase enrevesada y sonora: «*A terra onde nin o demo chegou*», la tierra adonde ni el diablo llegó. Excepto los gallegos.

El estado de Bolívar es el más extenso del país y de los más despoblados: cuando llegaron los emigrantes, apenas 150 000 personas en un área que ocuparía media península Ibérica. Hoy la población se ha multiplicado por doce, una explosión perceptible en el barullo de Puerto Ordaz, planificada en los años cincuenta por empresas mineras en la confluencia del río Orinoco con el Caroní. En ese mundo de promesas se instaló Emilio Vázquez, de Lalín. Desde allí, un día de 2009, entre centros comerciales, autopistas a escape libre, salsa y calor pegajoso, iniciamos un *road trip* de un par de semanas, con nosotros el fotoperiodista Delmi Álvarez, maestro de diásporas. Por carretera y pistas en *pickup*, también por río en canoa y por aire en avioneta, entramos adonde ni el diablo llegó, seguramente porque no había por dónde hacerlo.

El parque nacional de Canaíma tiene el tamaño de Galicia y está cubierto por dos tercios de selva y uno de la Gran Sabana, un paisaje único de formaciones geológicas de miles de millones de años llamados tepuyes, fortalezas de piedra rematadas en anchas y áridas mesetas. Parecen las montañas de *El mundo perdido* de Conan Doyle, monstruos prehistóricos en un escenario inaccesible al que llegaron aventureros para poblarlo desde otro finisterre europeo.

Una camisa de manga corta, con el bolsillo del pecho a reventar de papeles y bolígrafos. Un botón desabrochado, un sombrero de paja para frenar el taladro del sol y, de repente, un insecto en la cara que se lo sacude como si fuera aire, con las manos arcillosas. Pablo Vázquez llegó desde Lalín en 1956, «cuando no había ni caminos abiertos», y en cuatro años consiguió una pequeña fortuna explotando la madera en un lugar selvático cerca de El Callao, a tres horas al sur de Puerto Ordaz. Con los dedos tajados agarra un pañuelo y se limpia el sudor de la frente.

—La selva da mucho trabajo y mucho placer. A mí ver caer un árbol de los de aquí, que son cinco metros cúbicos de madera, me da alegría, qué quieres que le haga —cuenta, metido en la espesura achicharrada por zumbidos de insectos—. Abrí un aserradero, pero solo había una plantación de plátano alrededor, el resto era todo virgen. La primera Navidad la pasé refugiado en la selva rodeado de jaguares y para conseguir la madera tenía que entrar a machetazos. Otra vida.

Volvemos al coche para trasladarnos a El Dorado. Como en la leyenda, el lugar también vive del oro y los diamantes, pero por la cercanía de minas, porque su aspecto es solo un gran zoco de tierra enrojecida, «compro oro» por todos lados, toldos de lona para cubrirse del sol y el río Cuyuní como vía de transporte.

Del otro lado, una cárcel de alta seguridad, conocida por alojar a Papillon, el personaje creado por Henri Charrière en la novela que relataba sus fugas de las cárceles de las Guayanas y Venezuela, en el Esequibo, territorio en disputa. En el puerto —una rampa de tierra desde la precaria calle adyacente a la plaza— subimos a la curiara, una canoa ligera, estrecha y larguísima, que navega el río desde hace milenios y donde antes portaban los troncos enormes desde el bosque impenetrable. Hoy el patrón maneja el timón en el agua mansa de la tarde. El cielo se enciende cuando el vapor de las nubes deja pasar el sol y el bochorno es una quemazón de lupa. Bajo el casco hierve el río marrón.

—Esto está lejos de todo. Cuando en Caracas preguntaba si había carro para llegar a El Dorado la gente miraba para otro lado. Tenían miedo, era como hablar de otro mundo. Mira, allí se ve un poquito de la cárcel. En la época de Pérez Jiménez había mucho preso político. Mira, en esos barracones no se ve la luz del día, justo donde estuvo Papillon —y señala el muro gigante de la prisión, los mosquitos molestando—. Yo me llevaba muy bien con los presos cuando salían de la cárcel a trabajar en la villa minera y alternaban con nosotros. Para mí eran buenas personas. Y en cambio hablabas en la capital de los presos de El Dorado y parecía que eran el diablo.

Regresamos al *carro*. Antes no había casi acceso para llevarse la madera a vender y ahora gasta una enorme camioneta Chevrolet con ruedas de camión para vencer los socavones. Quiere enseñar el lugar al que llegó con veinticinco años. Se llama El Callao, otro centro aurífero. Aquí todo es oro, joyas, relojes. Entramos en la casa de empeños Stalin, un señor de bigote que funde oro a golpe de pedal, desafiando la historia. Pablo sigue con la suya.

—Cuando llegué aquí habría cinco o seis joyerías, pero llegó a a haber trescientas. Ahora hay unas cincuenta. Pero a mí no me gustaba el oro. Decían que el que se metía en el oro no prosperaba, que estaba maldito.

El Callao que conoció él tenía un hospital donde su mujer, Isabel, dio a luz a sus dos hijos, Karina y Pablo, en los años setenta. Hoy está en ruinas. Lo visitamos y parece una zona de guerra, con las paredes de azulejo a la vista y olor a rancio. Cuando la madera iba bien, diversificó con un taller de repuestos y una bomba (estación de servicio) y la llamó Lalín. Está en Guasipati, en una carretera ancha y transitada.

Da la bienvenida un cartel con el nombre y unos mástiles con la bandera local y la gallega. Los autóctonos no entendían qué era Lalín ni por qué esa enseña blanca y azul; la respuesta de Pablo es sencilla:

—Vivo en Venezuela hace ya una vida, pero yo soy gallego.

Un par de horas al sur se llega a una población minera que no tiene plaza ni edificios ni siquiera un centro. Por la carretera llena de camiones levantando nubes de polvo se accede a una calle de tierra con casas de chapa y trasiego de motos entre tenderetes de comercio informal y buscavidas que ganan todo en un día y lo pierden en una noche. El lugar nació sin bautizar, pero como había que marcarlo en el mapa, lo llamaron por su ubicación según abrían la ruta al sur: Kilómetro 88, una fronda salvaje del tamaño de seis mil campos de fútbol horadada para sacarle oro a sus tripas. Hoy de tan esquilmada ya es más roja que verde.

Su municipio tiene la superficie de toda Galicia y solo cincuenta mil habitantes. La tierra original era de los indios pemones. Después aparecieron los españoles y sus misiones capuchinas, desalojadas a su vez por los criollos que luchaban por la independencia. Mediado el siglo XX, llegaron los mineros enfebrecidos por la llamada del oro y, tras ellos, un puñado de gallegos que olían el negocio. Las caravanas se detenían, montaban un campamento y a su alrededor crecía un tejido económico informal en el que se movía mucho dinero: destino sellado para los emigrantes extremos.

Por ejemplo, Enrique Cid, el hombre que llega cruzando desde su casa, al otro lado de la carretera —sencilla, con tejado a dos aguas y rejas en las ventanas— a su negocio, una estación de servicio que funciona como referencia de Kilómetro 88. Enrique, cincuentón de pelo color ceniza, anda enderezado, con gafas de sol ahumadas y una camisa celeste con el logo de la petrolera estatal. Nacido en Xinzo da Limia, Ourense, navegó en los mares de Nigeria, el Caribe, el Gran Sol. Luego se instaló aquí junto a su padre, uno de los pioneros.

—Llegó a este pueblo vendiendo refrescos Dumbo, que llevaban el dibujo de un elefante. Yo ya vine por primera vez cuando tenía doce años y luego a los diecinueve. Aquí no había nada de nada, solo selva, carretera, aventura. Había una película sobre la fiebre del oro que representaba este pueblo perfectamente: *La leyenda de la ciudad sin nombre*. Era tal cual eso. Cuando me cansé del mar, vine y me quedé —dice Enrique, y saca una foto antigua de la gasolinera. Donde hoy hay un caos de camiones y busetas y *pickups*, antes había un lejano oeste—. Aquí vivía mi padre. Eran solo ranchos, pero él consiguió ir construyendo hasta montar la gasolinera, importante porque no había dónde repostar en doscientos kilómetros, y además había que abastecer a las minas.

Una camioneta de caja descubierta y doble banco de madera se prepara para arrancar. «¡Saliendo para la mina, saliendo, saliendo! Los boletos, vea los boletos, para embarque», grita la vendedora. Enrique invita a subir a uno de sus camiones cisterna, con un escape de rugido de tigre y banderas rojas de mercancía peligrosa. Vamos a una mina unos kilómetros tierra adentro. «Epa, artista», dice al llegar a la entrada. El encargado saluda, mientras su mujer y un niño descansan en su casucha: un tejadillo, una hamaca, una sombra y un póster de Chávez. Al encargado le entrega la cisterna para vaciarla, cuatro mil litros de gasóleo para las bombas que permiten a las mangueras batir la tierra con agua y extraer, ojalá, alguna pepita de oro.

—Aquí trabajan la minería artesanal. Ahora también tienen estas pistolas a presión que pican el material, lo desmenuzan y va cayendo a esta lagunita donde hay chupadoras que lo llevan todo a un plano inclinado de tablillas donde van tropezando los sólidos pesados. Ahí pones el bolsillo y algo de oro te queda —explica Enrique riéndose.

La mina a cielo abierto es un paisaje marciano: charcas enormes en una tierra roja intensa bajo un cielo pesado como plomo gaseoso. Hombres salpicados, algunos con la manguera, otros con la chupadora, varios mirando a los ojos metidos en el barro rojo hasta el pecho, imagen rediviva de Omayra, la niña sepultada por la erupción del Nevado del Ruiz. Otros, mineros ilegales, cada vez más y más, acuden solo con un tamiz, una pala y mucha fe. Parecen uniformados: gorra de visera, pantalón gastado, camiseta de sisas y chanclas. «Conseguí algo mejor que el oro: Jesucristo», dice uno. Y acto seguido se mete a tamizar. Un compañero saca del bolsillo un botecito que abre con cuidado. Dentro tiene mercurio o azogue, muy contaminante pero necesario, porque amalgama el oro que va saliendo y lo separa de la tierra dentro del filtro. Lo que queda es una pequeña pepita, casi escurrida entre los dedos, que guardan en la talega. Después se quema para eliminar el mercurio y ya está listo para vender el neto.

—Si consiguen una pepita, la venden y gastan el dinero. Pero si tienen medio kilo de oro hacen lo mismo. Como los marineros que gastan todo después de una marea —compara Enrique—. Pero aquí peor, lo hacen todo en un día, aunque sea casarse en una camioneta, luego se van por la noche y se divorcian.

Suena la salsa una vez más en Kilómetro 88. Una mujer que lleva una piña recién comprada en la calle se protege del sol con una sombrilla. Una hilera larga de coches aguarda para repostar, muchos de ellos contrabandistas de combustible que luego revenden en Brasil. A diez minutos está también Las Claritas, el pueblo formal de este campamento de locos.

—Esto es un pueblo de todos y de nadie —resume Enrique entre un ruido ensordecedor entre las radiales, la máquina que hace caldo de caña y los coches—. Cada uno vive a su manera. Aquí estás y no estás, no hay calles ni aceras. La gente llega, gana su dinero y se marcha. Colombianos, peruanos, americanos, canadienses. Y gallegos.

Ahora invita a caminar un par de minutos por las callejuelas mal hechas de Km. 88. En un espacio en medio de esa jungla de aventura y perdición aparece un establecimiento iluminado por fuera, oscuro por dentro: Licorería Don Pepe. Al fondo de la tienda, está José Viéitez, un personaje de dibujos animados, con la cabellera plateada repeinada, bigote blanco cuidado a tijera, gafas de sol de piloto espejadas pese a la luz oscura de la tienda, esclava en la muñeca, polo de rayas de manual y retranca de origen cierto.

—Aquí no busques fábricas ni ministerios, que no vas a encontrar nada. Solo mineros. Porque aquí se vive de puro oro.

Don Pepe arranca hablando en gallego con acento venezolano casi sin mover los labios. Atiende un hombre que entra y pide un aguardiente. Son las nueve de la mañana.

La licorería se cae de abigarrada: botellas en estantes hasta el techo, neveras con puertas de cristal a lo largo de todo el lateral y un monitor que vigila el negocio. En Kilómetro la vida es *arrecha*, ríspida, de arma en el cinturón o a mano para mantener a los borrachos a raya.

—Aquí desayunan con cerveza y ron. Caña blanca y *padelante*, aquí es lo que hay. Si abro a las cinco de la mañana ya están buscando la botella para beber. Es como su café.

Acto seguido, Pepe le ofrece a Enrique una lata de cerveza y se abre otra para él, brindan y meten el primer trago fresco del día doblando el cuello hacia el cielorraso ennegrecido. Después se relaja posando para una foto de Delmi como un campeón, barriga prominente, impertérrito, con una cotorra verde posada en el hombro, a media luz delante de una nevera con una foto de anuncio de cerveza, una mujer bronceada en bikini y un eslogan: «¿Te provoca?».

Ladra un perro sin raza remolineando la cola delante de la licorería, con el suelo a duras penas asfaltado y el olor acre de los sitios sin ventilar, donde a esta hora de la mañana no pasa nada porque todo pasó anoche: el trago, el juego, la prostitución, las drogas, o todo junto. Y a quien no cumple, *fierro*. Un wéstern del siglo XXI.

Kilómetro 88 marca una frontera natural entre las selvas y la Gran Sabana, que después del verdor exuberante se abre ante los ojos con la sobriedad de sus tepuyes y cascadas. Aquí se abre un paisaje que alucinaría a John Ford. Al final de aquella región se llega a un último punto en el mapa llamado Santa Elena de Uairén y que hace frontera con Brasil. Allí está Juan Otero.

A él la vida lo llevó allí por un azar, él cree que por una equivocación, pero hizo negocio hasta que la actividad fue declinando por la minería ilegal y la intervención del Estado, cada vez más aplastante en el sector. Cuando lo conocí, se dividía entre su casa de Santa Elena, grande y espaciosa, y el campamento en la mina, una construcción de tablones entre palmeras, un catre y un gallinero en el patio. Allí vivía como un franciscano, leyendo y escribiendo en verso las mil peripecias de la emigración, que cuenta con giros de Ferrol, donde nació. En la casa de la ciudad, Otero habla sentado en su mesa de despacho, que parece un camarote, con un cuadro de barcos veleros en medio de una tormenta y un hórreo.

—Yo vine de Ferrol porque navegaba con la compañía Elcano de petroleros. En Caracas me acusaron de contrabando de armas y no tuve nada que ver, pero como era primer oficial de guardia me arrestaron. Estuve preso y salí en la primera página de los periódicos. Me llamaban contrabandista y no lo era, y además lo que movieron eran quince revólveres nada más. Después tuve que trabajar de mesonero y muchas cosas más, hasta que vi la puerta abierta en los setenta, con el fondo de desarrollo diamantífero. Conseguí una concesión de una mina por cuarenta años. Al principio un gramo de oro eran tres bolívares, luego subió a cinco, a diez, y nunca paró de subir. Tuve trabajando a treinta hombres, pero ahora está todo bajo mínimos.

Se levanta y pone música de los Billo's Boys, la orquesta más famosa del país, y salimos a pasear en coche por Santa Elena. Aquí se siente, como el resto de los gallegos encontrados en el camino, pionero —«cuando llegué había quince casas, y ahora es una ciudad de frontera»—, y termina arrancando hacia la carretera para llevarme a la curva que le salvó la vida.

—Aquí choqué mi camioneta contra otra. El otro conductor echó un coñazo de sangre, pero no le pasó nada. Y yo empecé a tener un dolor enorme en el costado. Pensé que eran las costillas, pero me terminaron abriendo y estuvieron nueve horas y media de operación, porque tenía un cáncer. Gracias a escoñarme, me salvé.

Sigue conduciendo, con su gorrito minero de ala corta, que le tapa el cráneo salpicado con manchitas del sol, las gafas escurriéndosele en la nariz, la sonrisa de abuelete. Ya pasaba de los ochenta. Nunca más supe de él y sus recuerdos.

8
MÉXICO

En Avión es más exagerado el asunto: hay más personas de más de cien años que bebés

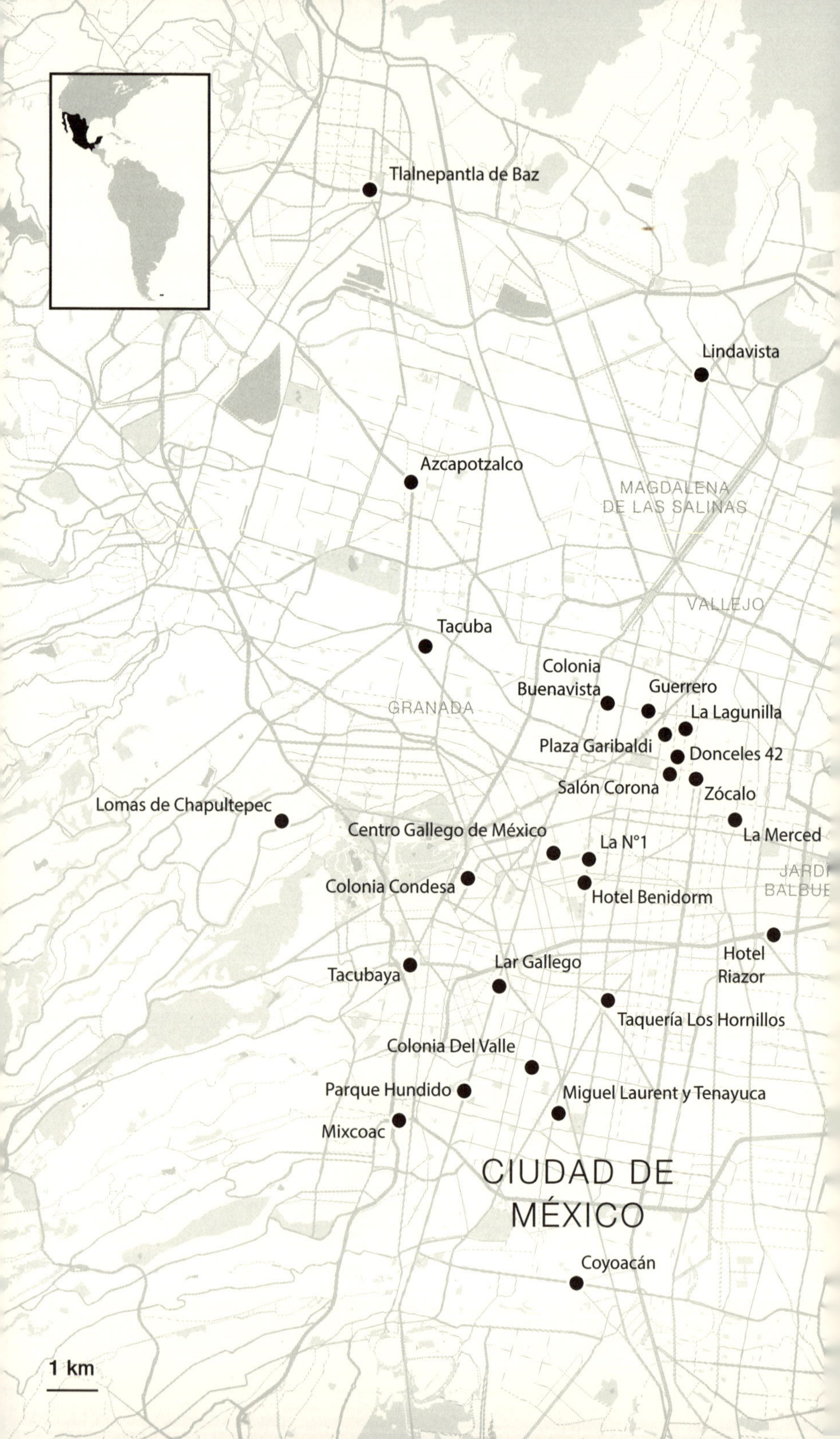

Tlalnepantla de Baz
Lindavista
Azcapotzalco
MAGDALENA
DE LAS SALINAS
VALLEJO
Tacuba
Colonia
Buenavista
Guerrero
GRANADA
La Lagunilla
Plaza Garibaldi
Donceles 42
Salón Corona
Zócalo
Lomas de Chapultepec
La Merced
Centro Gallego de México
La N°1
Colonia Condesa
Hotel Benidorm
Hotel
Riazor
Tacubaya
Lar Gallego
Taquería Los Hornillos
Colonia Del Valle
Parque Hundido
Miguel Laurent y Tenayuca
Mixcoac
CIUDAD DE
MÉXICO
Coyoacán
1 km

CIÉNEGA DE
SAN JUAN
LAGO DE
TEXCOCO
BOSQUES
DE ARAGÓN
CHIMALHUACÁN
BENITO JUÁREZ
Nezahualcóyotl

El cuadrilátero

En Boborás van cerrando los bares pero se mantiene a pleno rendimiento una oficina bancaria. En Beariz hay dos. En San Xusto, Avión, otras tres sucursales, con más movimiento que en los mejores barrios de cualquier ciudad española. Y sin embargo, todos estos lugares de la provincia de Ourense, oficialmente, están entre los más pobres de España. Avión, el culmen de la emigración más exitosa de toda Galicia, formaba parte de los territorios con menos renta media por habitante en 2023, unos diez mil euros, casi la mitad que la media general, apenas por encima de Ceuta, La Línea de la Concepción y varias localidades de Extremadura.

El Instituto Nacional de Estadística publica mapas interactivos que permiten diseccionar todos los parámetros socioeconómicos de un territorio. De un vistazo se ven unas manchas rojas que corresponden a las zonas pobres. Con la lupa interactiva se abre una imagen llamativa: en una Galicia apenas por debajo de la media española, destaca una comarca en rojo furioso, en teoría dedicada a la actividad agraria de subsistencia. Esa zona compone el llamado cuadrilátero migratorio ourensano, y es famosa, sin embargo, por acoger cada verano a un buen número de millonarios con Ferraris y Lamborghinis en el garaje y el dinero por castigo. ¿Dónde está el misterio?

El agua hierve, el pulpo se trocea, gotea el aceite de oliva junto al pimentón en los platos de madera, el pan de harina inmaculada se corta sobre la tabla, el vino se vierte en *cuncas*, la mecha corre que se las pela varilla arriba hasta que prende la bomba de palenque y explota en el cielo despejado. El festival de aromas es la mejor presentación del evento del verano en O Carballiño, en Ourense. Es segundo domingo de agosto y se celebra la Festa do Pulpo, un banquete popular que atrae a decenas de miles de personas cada año para festejar la abundancia a la gallega —el plato fuerte es la preparación de una *tapa* de quinientos kilos de pulpo— en un lugar llamado con modestia Parque Municipal, un enorme recinto arbolado junto al río. La Festa es, también, la encrucijada de migraciones única que se da aquí: gallegos de Cataluña, Euskadi, Suiza, Alemania, y Panamá, Venezuela y, sobre todo, México.

Anteayer se celebró la fiesta mexicana de Avión, un *concello* cercano, zona cero de la diáspora en ese país, con mariachis, música en directo, tacos y antojitos en las mesas y tequila y mezcal en las barras, pero esta vez con más sabor a verbena gallega que nunca, porque cayó en día de *feira* y, con ella, la comida, bebida y música local. Es un ida y vuelta completo al planeta pangalaico. En el Paseo, la calle peatonal, un neón de una botella de Coronita señala la ubicación del Belmont, local de una familia de retornados en los años ochenta y referencia en comida mexicana sin pretensiones, tacos, chilaquiles, y enchiladas. No es el único: por los pueblos de la zona se suceden los locales de emigrantes, que no se detienen mucho en el *naming*: el Mexicano de Beariz, el Mesón Mexicano en Tourón, del lado pontevedrés de la montaña, el Mexicano en Brasas en As Airas, cerca de la capital, o simplemente El Mexicano, en Abelenda. Nombres simples para recetas sencillas, materia prima de aquí y elaboración de allá, fusión que ya llaman *gal-mex*.

Los gallegos mexicanos son la exageración de la diáspora: los más exitosos —en porcentaje y en ceros— y también los más discretos. Por razones obvias —la violencia— en su país de destino no enseñan ni el tobillo. Aquí sí, pero, como si fuera una táctica de guerrilla de millonarios, lo hacen en su reserva veraniega: sus propias aldeas, donde meten coches deportivos al monte durante dos meses antes de volver al tajo, luciendo orgullosos sus dos identidades, con elementos transversales como la música. Atrona un estribillo conocido: «Tanto tiempo sin verte es como una condena» y la gente baila entre carteles que anuncian las verbenas de las fiestas, una bomba de rivalidad.

—Tocó la Orquesta Panorama en una parroquia aquí al lado la semana pasada. Y caerá antes de septiembre en otra, eso está garantizado. Aquí cada uno quiere lo mejor para lo suyo —dice Santiago Pérez, un ejemplo típico de la destilación migratoria de la región: una vida entre este lugar, México y Panamá—. La competencia de toda la vida se transportó a la emigración. Allá si tienes un negocio que trabaja bien, viene un paisano y te planta otro al lado para intentar ganarte. Y luego eso vuelve otra vez para aquí: si te haces una casa en la aldea de un millón me hago yo otra al lado de dos. La nuestra es más modesta —y sonríe de medio lado—. Vamos.

Entramos en su coche, una berlina Jaguar blanca de los años noventa, en el centro de O Carballiño. Capital de la *bisbarra* homónima, en ella se ubican los *concellos* limítrofes de Boborás y Beariz. Al suroeste, en la de O Ribeiro, está Avión. Y entre todos forman un territorio conocido por sus mansiones y sus coches fuera de escala, patrimonio de los mexicanos retornados, para siempre o un ratito al año. Entre esos cuatro municipios se concentra casi la mitad de los residentes gallegos en México. Podría aumentar a heptágono si añadimos otros tres ayuntamientos limítrofes pero en la provincia de Pontevedra: Forcarei, A Lama y Fornelos, lo que confirma lo elástico de las dinámicas sociodemográficas gallegas, palpables en la emigración y ocultas en las dobleces de los mapas.

De hecho, más que dibujar un plano comarcal podría hacerse uno de relieve que muestre la importancia del sistema montañoso que parte esta zona, agreste, llena de rapaces y parques eólicos y una vista que recuerda a la de la pintura del caminante sobre el mar de nubes de Friedrich. Al norte, la Serra do Testeiro y la de O Cando. Al sur, la Serra do Faro de Avión; en el centro, la Serra do Suído.

En este otro cuadrilátero opera una lotería orográfica: cien metros hacia arriba o hacia abajo marcan vidas en una tierra hipermontañosa, de pliegues continuos, donde no se puede andar cinco minutos sin dar una curva o subir una cuesta: Leiro o Ribadavia, a la orilla del río, con vides y frutales, no son *concellos* tan migrantes como Boborás, Avión o Beariz, más altos y menos fértiles. A más metros, menos cultivo y menos vida, solo *penechairas* y *ladeiras* con poco que ofrecer.

Y entonces solo queda, como única salida, el barco.

Cementerio de hórreos, pesebre de emigrantes

Si ampliáramos el mapa para buscar el punto más simbólico del cuadrilátero llegaríamos a una aldea llamada Barroso, en el *concello* de Avión. De allí salieron sus vecinos hacia todos los puntos cardinales. Llegar, en cambio, se hace más complicado después de trescientas curvas y un respiro en cada reducción del motor.

En lo alto del pueblo, donde el viento manda día y noche, se descubre un campo con treinta hórreos medievales tendidos en simetría hacia la sierra en una *eira*, una explanada empedrada donde se trillaba el trigo y el centeno para hacer el pan y dar de comer a los animales. Nada de eso se hace ya. Ahora solo queda una fuente de Dios bendiga este pueblo y un banco de piedra rompiendo el vacío. Todo lo domina la formación de hórreos. Parece un triste cementerio de dinosaurios, vestigios de una civilización perdida, tótems con pinta de habitáculo de seres fantásticos o túmulos monumentales. Son, en realidad, la constatación de una Galicia que ya no existe. Emigró y no volvió.

También llamado aquí *canastro* o *espigueiro,* el hórreo es el mejor ejemplo de la arquitectura popular gallega, de varias formas, tamaños y nombres pero tan transversal como la lengua, el clima o, también, la emigración. Son estrechos y largos, aquí construidos con granito y madera, con tejado de pizarra o granito. Sirven —servían— para secar, almacenar y mantener fresco el cereal de las cosechas: esta era la acumulación a la que se aspiraba. De repente una niña de seis o siete años sale de entre los canastros, como si fuera una película de terror, y dice, en castellano de ciudad: «Estos hórreos son míos, pero os dejo pasar un ratito».

Julio Durán, natural de Barroso, ochenta y un años, emigrante retornado de Brasil, Uruguay y México, nos espera junto a uno de los hórreos, que nada tiene de especial, y anuncia:

—Este era de los Vázquez Raña.

Se refiere a la familia de empresarios más rica y conocida de la diáspora mexicana, pero de la que apenas se conoce su origen. En la red no hay referencias sobre la aldea y ni se puede visitar, en modo calle, en Google Maps. El pueblo antiguo —«trescientos vecinos y doscientas vacas» dice Julio— es un conjunto apretujado de casas deshabitadas. Tiene una calle central, el Camiño da Carreira, flanqueado por hortensias y alguna vid rala entre las casas. Piedra y más piedra. Silencio. Sin esfuerzo se puede imaginar ese mismo lugar con la vida de cien años atrás: familias numerosas, ganado, trabajo comunal y jolgorio en la fiesta. Julio también toma aire al llegar a una casa de muro de sillería en ruinas, en realidad dos habitaciones con escalones, separadas por un tabique ancho de granito: su casa y la de los Vázquez Raña, contiguas.

—Aquí dormían Mario, Olegario y los demás hermanos cuando venían de México. Había un horno y hacían vida aquí, con la *lareira* para hacer el caldo. Y separadas, como se hacía antes, las casas donde dormían los padres, don Venancio y doña María, y la hermana.

La familia de Julio tenía doce vacas a medias, inversión en aparcería que se practicaba incluso desde la emigración, cuando los potentados querían darle salida al excedente que hacían en América. Los Vázquez, en cambio, solo tenían dos vacas y dos bueyes. Cuando damos la vuelta a la casa de los padres, Julio descubre un tesoro arrumbado en la antigua corte, ahora un garaje con telarañas.

—Eso que ves ahí era el carro de los bueyes de los Vázquez. Con eso llevaban, en la época de mi padre, traviesas para el ferrocarril, hechas de madera de roble. Después Venancio se fue a México y volvió varias veces, y María llegó a dar a luz al pequeño de los hermanos, Abel, muy metida en edad, y no tenía leche. Mi madre, que acababa de parir también, fue quien lo amamantó.

Julio muestra su orgullo por la amistad de cuna, o más bien pesebre, con los Vázquez Raña. Del bolsillo saca una foto del mismo lugar en el que estamos, pero décadas atrás. Es un día de fiesta y están comiendo en su casa. Allí se le ve, con un puro en la boca y encorbatado, junto a Olegario, en mangas de camisa, con su madre de luto y mandil de cuadros. En otra solo ellos, abrazados, delante de un hórreo y de su casa. Sonrisas veraniegas en un día especial. El resto era mucho más penoso para el que se quedaba.

—La luz eléctrica llegó cuando yo tenía diez años, en los cincuenta. Nevera no había, ni baños en las casas. Calzábamos *zocas de madeira* y les poníamos *chatolas* para no desgastarlas. Había un camino para vacas, pero a Ribadavia, que era el sitio de referencia, íbamos andando por el monte. Cerdos todos teníamos para comer. Gallinas para huevos, tomates, leche y poco más. Los becerros los vendíamos para comprar azúcar y aceite. Y claro, veías llegar a los de allá y querías irte. Para comprar el pasaje siempre había quien prestaba. Luego había que pagarlo, eh, o se quedaba con las fincas.

La vida hoy se da cien metros más arriba, en un pueblo nuevo, lleno de casas y mansiones, impersonales y sin referencias autóctonas, que se llenan solo durante los meses de calor. La riqueza vuelve a casa un rato y se va, a la inversa de la emigración golondrina, dejando huellas estrafalarias: un edificio de tres alturas, unos remaches de ladrillo, del tipo «*ti vai facendo*» sobre una base de piedra, una piscina infinita delante de un chalé en una calle a medio asfaltar, empinada como un puerto del Tour y, junto al cementerio y la iglesia de Santa Baia, una explanada con una gran H pintada en amarillo: un helipuerto en medio del monte.

—¿Pero los Vázquez Raña no hicieron ninguna casa aquí?

—No, ellos se fueron y construyeron en San Xusto, la capital —dice, como si fuera un lugar lejano y más lujoso en su mapa mental—. Está a una hora andando, cinco minutos en coche.

Los Vázquez Raña

Dicen en México que a los que llegaban de Avión se les distinguía, porque ya venían con algo (algo) de dinero, al haber vendido ganado y haber incluso alquilado alguna finca. Tenían, también, un agudo sentido del negocio. Cuando se les pregunta a ellos si hay método en su vida, la respuesta siempre es la misma: «Solo trabajo».

Venancio Vázquez y María Raña, los de la casa de Barroso, el carro de bueyes y las dos vacas a medias, fueron de los primeros en irse. Primero él, en 1920, a Estados Unidos a trabajar a las minas. Volvió y se casó con María, y ambos pusieron rumbo a México en 1925. En la década siguiente tuvieron seis hijos. Cuatro de ellos trabajaron desde niños con el padre; dos destacaron de entre el resto: Mario y Olegario. Al crecer, se hicieron cargo de la mueblería y arrasaron. Hermanos Vázquez se transformó en una cadena famosa en todo el país. Y desde ahí se dispararon como nadie: el padre empezó vendiendo cuadros por las calles y sus hijos amasaron la fortuna (conocida) más grande de la diáspora, repartida en grupos empresariales conformados por hospitales, hoteles, medios de comunicación o aeronáutica, que agrupan a más de cien mil empleados, tantos como tiene la capital de su provincia, Ourense.

A principios de los años setenta, Julio Durán, el vecino de pesebre de los Vázquez, cumplía una década en América: dos años en Bahía, dos en São Paulo y otros seis en Montevideo. Allí tuvo familia, pero no era suficiente el dinero que ganaba y decidió volver a la aldea para luego tomar impulso y saltar a Francia. Pero en los tres meses de relax se le cruzó Olegario en uno de esos veranos en los que ya se llenaba Barroso de emigrantes, y le dijo:

—¿Adónde vas?

—A Francia.

—No, te vienes con nosotros a México. Yo me voy pasado mañana y te prometo que en ocho días tienes el permiso de trabajo aquí.

Julio entró en la compañía de muebles, en el barrio de Buenavista, y se quedó veintidós años con ellos. Primero en la bodega (almacén), luego en una tienda hasta llegar a gerente general de una empresa. Despachaban miles de colchones y muebles por día y veían correr el dinero frente a sus ojos como agua en una catarata.

—Lo que se recaudaba en la caja cada día se ponía en sacos de arpillera, y Venancio y sus hijos se ponían a contar. Y a veces yo también, y algunos pocos más. Los colocábamos en montones y a veces nos quedábamos hasta la madrugada contando. Luego pasaba el furgón blindado y se lo llevaba.

Los Vázquez Raña, criados en la Colonia Guerrero, en el centro de la ciudad, trazaron buenas relaciones desde jóvenes. Se hicieron grandes amigos de Luis Echeverría, controvertido secretario de gobernación, y más tarde presidente del país en la década de los setenta. Era el líder máximo de la contradictoria «revolución institucional» del PRI, y al llegar al poder navegó entre políticas progresistas reactivas a Estados Unidos y la mano dura contra movimientos estudiantiles. A final de su mandato Echeverría intervino una cadena importante de periódicos cuya compra disputaban varios grupos. Mario se hizo con ella, en teoría aupado por el propio presidente.

Su relación no pasaba inadvertida para Estados Unidos, como mostraron cables secretos divulgados por Wikileaks en los que se destacaba la cercanía del empresario con Echeverría, que lo designó como mediador con la Cuba de Fidel Castro, y recordaba que seis policías que trabajaban de guardaespaldas suyos fueron asesinados ese mismo año.

Mario sabía cómo demostrar su poder sin tener que ejercerlo. Parecía que jugueteaba con él como si fuera una pelota, impasible tras el bigote en forma de bumerán y las gafas ahumadas.

Alto dirigente deportivo desde joven, llegó a ser vicepresidente del COI con Juan Antonio Samaranch. A él le dejaba uno de sus aviones, igual que hizo con Manuel Fraga en un viaje institucional a México en 1998. Vázquez Raña fue testigo del primer encuentro del presidente gallego con su viejo amigo Fidel en Cuba. Por su casa de Avión también pasaron al menos tres expresidentes mexicanos para ver a Mario. En 2015, el entonces presidente Peña Nieto veló el cuerpo de su amigo en la capilla ardiente instalada en el Congreso mexicano.

Su hermano pequeño, Olegario, se destacó todavía más en los negocios. Aunque se distanciaron en sus últimos años, no fue por las empresas —«con el dinero nos entendíamos de maravilla, nos prestábamos veinte millones de dólares solo con la palabra», dijo Mario— sino por su visión sobre gestión deportiva. «Podíamos hablar de todo menos de deporte», confesó en una entrevista. Además de las empresas familiares, a Olegario lo definían como un inversor de ojo clínico y don de la oportunidad para revivir empresas en quiebra. Le llamaba el Tirador, y no solo porque practicara el tiro olímpico: «Me planteaban un negocio y sabía si iba a tener éxito o no en veinticuatro horas», dijo en cierta ocasión.

Compró un hospital famoso y lo renombró con el nombre de su mujer: Ángeles. También se hizo con el *Excelsior*, segundo periódico del país, ahogado en deudas, por una regla de tres simple: calculó que los millones que costaba era menor al valor de sus inmuebles, y dijo: «Esto es un negocio que no va a tener pérdida». Después adquirió una cadena de televisión en abierto. Según sus críticos, gracias a una concesión a dedo de su amigo Peña Nieto. Según él, por «subasta pública». «Soy amigo de mucha gente y lo he sido de muchos presidentes, pero jamás de los jamases hemos utilizado el poder ni he recibido ni una milésima de ayuda».

Olegario también adquirió una de las grandes cadenas hoteleras del país, llevó la gestión de decenas de aeropuertos del país, una constructora y un grupo financiero, y llegó a comprar incluso el club Querétaro de fútbol. Y todo esto sin salir a bolsa. Cuando delegó el mando a su hijo, empezó a viajar con más asiduidad a Avión. En 2013 dio un festejo por todo lo alto en su mansión por el cumpleaños de Ángeles e invitó a sus amigos: el arzobispo de México para dar la misa el día santo, y de ahí para abajo, una colección de millonarios, de allá y de acá, muchos con historias de las que gustan al relato oficial, el triunfo de los de una mano delante y otra atrás.

Hubo cálculos de que aquel día se habían reunido en Avión más de 120 000 millones de euros, el doble del PIB de Galicia. Estaban Amancio Ortega y Carlos Slim. El primero, invisible; el segundo, Carlos Slim —también migrante, pero de familia siriolibanesa—, cómodo bajo los focos. Se le fotografió jugando al dominó en el Bar O Luar, de los de barra de metal y servilletas que empapan más que secan, cartel de helados y cafetera de molido ruidoso, un mundo de hombres metidos en edad, en el que Slim destacaba por sus camisas negras y tez oscura comparado con los autóctonos de pelo blanco y rostro pálido encabezados por el propio Raña.

Durante varios veranos se repitió la secuencia: *jets* privados en el aeropuerto de Vigo, coches de máximo lujo subiendo pistas. No se veían guardaespaldas, pero sí *paparazzi* encaramados a vallas y árboles a ver si sacaban algo en limpio de aquellas fiestas en las mansiones de Avión. Un día Olegario estalló y prometió no volver más: corrió el rumor de que había desperdiciado comida en su cumpleaños y él se lo tomó a mal. Despechado, cambió Avión por Montecarlo un año, Marbella otro, Mallorca otro más. Se reconcilió cuando le dieron, en 2024, al compás de «Unha noite na eira do trigo» y del himno gallego, el Premio Ourensanía, que otorga la todopoderosa Diputación, un gobierno nacional para la Provincia. Durante el discurso, al eslabón más exitoso y longevo de la familia Vázquez se le quebró la voz, y en una entrevista posterior sentenció, a modo de frase lapidaria: «Lo único de lo que me arrepiento es de no haber pasado más tiempo con mi familia». Falleció en marzo de 2025.

San Xusto, kilómetro cero

Se derrumba la tarde sobre nuestras sombras y el sol estalla en los cristales de las casas de los retornados. Julio Durán señala las de los famosos hermanos Vázquez Raña.

—Esta de aquí es la de Mario, la más grande, dieciocho habitaciones. A esa, la de Polo, le quedó la palmera marchita. Aquella es la de Aurelio, el mayor. Y esa de ahí la de Olegario.

De esa cuentan las leyendas urbanas que los grifos eran de oro.

San Xusto, capital de Avión y kilómetro cero de la Galicia mexicana, se eleva en la subida a uno de los innumerables montes del *concello* y tiene todo lo que necesita la población: el ayuntamiento, el tanatorio, la iglesia, cuatro bares y tres bancos. Hay mansiones de granito, con cierres de mármol y porches tamaño pabellón. Hay casas extrañísimas, de piedra pulida y tejado de pizarra rematado en pico, otras con *solaina*, o balcón corrido, columnata y portalón de palacio, pero la mayoría se esconden aprovechando la pendiente. Otras se ubican en los márgenes de las estrechas carreteras que se cruzan en la parroquia. La bajada por la principal es un corredor de asfalto entre dos muros verdes, un cierre de setos que parece podado a peine y cuchilla. Solo en jardinería hay hoy más gasto en un mes que lo que se hacía en la comida de todo el año en el Avión de hace medio siglo. Algunas casas dejan entrever la flota de coches. En la primera al alcance de la vista, tras la curva, se cuenta un BMW, un Porsche, un Range Rover y un McLaren.

Los hábitos de los potentados de la aldea, anónimos o famosos, son comunes cuando comen fuera: mesas separadas para hombres y mujeres, derroche a espuertas y cuentas abultadas, latas de caviar tamaño familiar y jamón Joselito, y Petrus, Dom Perignon o Cristal Rosé. Al irse, propinas de hasta quinientos euros, acostumbrados al diez por ciento de América, incluso cuando encargan *catering* para las mansiones. En esas fiestas, de cientos de comensales, es habitual que se incluya el concierto privado de algún músico famoso. Testigos han visto sobres de cincuenta mil euros para arriba a célebres cantantes como pago a un repertorio de media hora.

Hay retornados más discretos que otros. Un invitado al cumpleaños de un emigrante se topó con la prohibición de entrar con el móvil a la casa y el control de todos sus documentos; el dueño, con negocios dudosos, requería seguridad como si estuviera en México. De Slim cuentan que llegó a un restaurante de Carballiño, vio una radio antigua expuesta y la compró para su casa de Acapulco. A los dos años, cuando regresó, le dijo al dueño del restaurante que la radio seguía funcionando. Era la época en que Vázquez Raña decía que Slim quería comprar una casa en Avión, como un millonario estacional más.

Y ahí se desvela el misterio, en la temporalidad: el dinero fluye, de manera legal, desde las cuentas de no residentes, con las que se pueden construir la mansión de sus sueños, comprar coches inimaginables y pasar un verano mágico. Pero eso no crea riqueza y por eso el mapa de la renta continúa rojo. No hay cálculos de los millones aportados por las remesas en divisas, pero un paseo por aquí evidencia un desnivel entre la renta declarada y la real. Y cuando pasa agosto y las nubes tapan el sol y entra el frío, los emigrantes y sus millones salen de nuevo hacia México hasta el año que viene.

Cadenas migratorias

Se dieron en toda América, pero a México las cadenas migratorias llegaron de manera mayoritaria de rebote desde Cuba. Empezó mediado el siglo XIX, aumentó con la guerra de 1898 y se disparó con la crisis del azúcar. Los caudales migratorios son como globos pinchados: se tapa un agujero por un lado pero el aire sale por otro, sin que nadie pueda frenar lo inevitable. En aquella primera oleada entraban por Veracruz, el gran puerto atlántico, y se instalaron por medio país: en el norte, en Puebla, con amplia colonia española, en Guadalajara, capital de la Nueva Galicia del virreinato, y, por encima de todo, en Ciudad de México o CDMX.

Dos hermanos adolescentes salieron desde O Chamoselo, una aldea en As Pontes, A Coruña, hacia Cuba. Se llamaban Gaspar y José María Rivera Corral. Este último reemigró en 1870 a Veracruz y abrió un negocio de ultramarinos con cantina, La Estrella de Oro, según recoge en sus estudios Elixio Villaverde. Allí se le sumó Gaspar años más tarde. Cuando reunió capital, José María retornó y abrió una fábrica de hielo en A Coruña, en la que también empezó a elaborar cerveza. En 1906 patentó una marca y construyó una fábrica en la zona de Cuatro Caminos. A la cerveza la llamó La Estrella de Galicia, que ya va por la quinta generación familiar.

Gaspar siguió su aventura mexicana, fiel al espíritu le hizo colarse en el puerto coruñés vestido con una bata blanca de enfermero cuando emigró a Cuba. Pasó de Veracruz a la capital y, como su hermano, diversificó el capital: por un lado abrió una tienda de abarrotes, por otro compró terrenos baldíos, apoyado por el poder económico de su esposa, nieta de un militar mexicano hacendado. A Gaspar, grandes ojos y bigotón a la moda, le apodaron El Poblador por su empeño de urbanizar. Sobre una de sus haciendas se fundó la Colonia del Valle, hoy una de las zonas más conocidas de la ciudad. Sus descendientes también han mantenido el apellido Rivera en el mundo de la construcción.

Otro objeto de las tesis de Villaverde fue Domingo Montes, conocido como O Brasileiro porque su intención era ir a ese país aunque terminó en Veracruz. De ahí saltó a Ciudad de México en 1880, comenzó como vendedor ambulante y prosperó al abrir un cajón de ropa, una tienda de telas al metro. El gran negocio era fiar género a los recién llegados para que a su vez vendieran en la calle. O sea, les daba el crédito en especie para echar a andar, y así los tenía fidelizados, con deuda contraída, hasta que ellos mismos conseguían crear su propio comercio y cadena migratoria.

En cuanto acumuló capital, construyó vecindades —viviendas colectivas con decenas de apartamentos— que se multiplicaron cuando la demanda empezó a crecer. Convertido en indiano, Domingo retornó a la aldea, todavía en el siglo XIX, donde proyectó su imagen de pionero y alimentó el apetito migratorio de jóvenes sin futuro. En su segundo viaje se llevó a varios paisanos, no solo de Avión sino de otros municipios al otro lado de la Serra do Suído. También se llevó a su primo Eliseo, que abrió una mueblería, La Unión, en la calle Donceles 42, dirección utilizada como referencia de entrada al país por más de cincuenta familias. Aparte de tienda, también era la vivienda de Montes, en otra vecindad de gallegos. Todo concentrado, tutelado y con red.

Domingo, el pionero, volvía a Galicia de tanto en tanto. En uno de sus viajes mandó construir una casa enorme en la parte alta de Amiudal, Avión. En el lugar llamado Barro se alza la Casa do Brasileiro, una vivienda solariega de dos plantas con balcón de fundición y una entrada de forja con el año de construcción, 1905. Dos casas más adelante, a un minuto a pie, al pasar una bifurcación con una fuente donde una señora acalorada vierte agua y saluda a la vez, se descubre otro patrimonio perdido: las ruinas de la casa natal de Alfonso Graña, el *rey* de los jíbaros. Ahora hay un monolito de medio metro de altura —cuatro bloques de granito pegados con cemento— y una placa encima. El memorial está junto a un nopal o chumbera y varias plantas de maguey, con la que se elaboran el tequila y el mezcal. Más que una aldea, Barro es un museo de la emigración a cielo abierto.

Abono, muebles y baños: la tríada

Era uno de esos viajes de búsqueda intuitiva, en el que no sabes si vas a conocer la casa museo de Frida y Rivera o si te va a cambiar la vida a la vuelta de la esquina. Algo de eso hubo, porque por un amigo de un amigo ourensano me levanté un sábado a las seis de la mañana y atravesé la ciudad, de Coyoacán a una barriada del norte, fronteriza con el Estado de México, para acompañar a un mueblero gallego llamado Juan a cobrar casa por casa letras a crédito. Era todavía un oficio en boga, con una base que él explicaba como una regla de tres básica: cuanta más gente por kilómetro cuadrado más negocio, y por eso los gallegos pusieron su mueblería en esquinas de la populosa zona metropolitana, en municipios de nombres impronunciables como Tlalnepantla o Nezahualcóyotl, barrios exageradamente grandes con asentamientos informales y toldos de mercado y puestos de comida y *peseros* (buses urbanos) y *vochitos* (Volkswagen escarabajo) para llevar y traer a tanta gente a diario.

A Juan lo había conocido en Galicia porque allí pasaba un año de cada tres, sin trabajar, de vacaciones, de una manera tan natural que a ver quién le preguntaba nada. Decía que allí los gallegos vivían en una rotación constante porque montaban sociedades que les permitía alternar dos vidas contrapuestas: la aldea y el descanso contra la megalópolis y el trabajar de sol a sol. Ahora lo podía comprobar junto a él, en el negocio que tenía la casa encima. Subía y bajaba, alternaba comida, trabajo, dormida. Decía en sus estancias en Galicia que no se podía dar ningún lujo para no dar el cante, y también lo entendí sobre el terreno: ningún lujo a la vista, un coche bonito pero modesto para sacar el domingo, único día libre, y una *pickup* para la mueblería. A ella nos subimos aquella mañana.

En la caja llevaba algunos muebles pequeños, pero lo que importaba era el talonario de recibos que llevaba sujeto en una carpeta de pinza. Empezamos a subir cerros, cuanto más alto más precario. Tocábamos timbre y cobrábamos el abono, una letra, un plazo por el que compraba un mueble. Era algo casi funcionarial, pero en cada parada se impartía un manual de sociología y comercio. Juan me explicaba que había que ir a primera hora, porque después salían de casa y ya no estaban. Y que su trabajo era la continuación lógica de lo que había hecho la anterior generación.

Jóvenes, solteros con poca instrucción y mucho pecho para meterle horas al reloj y kilos a la espalda. Así era la tarjeta del abonero en México, una versión del autoempleo como vendedor ambulante en la que ofrecía artículos, por la calle o puerta a puerta, en barrios populares o a medio hacer, cuesta arriba y sin asfalto, bajo el sol inmisericorde de abril, la helada de enero o la lluvia de junio. El catálogo era infinito: mantas, colchas, sábanas, trapos, gabardinas, paraguas, relojes, cuadros de santos. Y el gancho, he aquí lo distintivo, es que vendían a plazos, por abonos que se cortaban y entregaban como un recibí: un sistema de crédito básico, con una entrada y un plazo semanal. El oficio determinó una genuina estrategia de partida y de rápido ascenso sociolaboral.

La idea del abono la habían pergeñado los judíos llegados con el nuevo siglo (los llamados *cuéntenik* en Argentina), y luego la expandieron y perfeccionaron los gallegos. Estos vieron, con criterio, que en los nuevos barrios de aluvión la gente no tenía cómo comprar en los grandes almacenes del centro, así que se los llevaron a casa.

El oficio precisaba de poca cualificación y mucha mano izquierda para el cobro. Llevaban su abono de cartón con el número de cuota y hacían la ronda. Había margen suficiente para soportar la morosidad, menor de la que se podría esperar, con ese *soft power* del gallego para recibir lo que debía. Al ahorrar, los aboneros dejaban el nomadismo urbano y se plantaban en la siguiente etapa: abrir una mueblería.

La cantina Los Hornillos, en la Colonia Narvarte, está de duelo. Acaban de avisar de que ha muerto, en circunstancias sin aclarar, un empresario gallego, así que el saludo inicial con mi cita, un abrazo a la mexicana (hombro derecho contra hombro izquierdo, dos palmadas recíprocas en la espalda) se enfría al recibir la noticia. José Antonio Gulías, o Choche, así lo llaman en casa, viste con elegancia al estilo local, melena peinada hacia atrás, barba, camisa mitad rayas y mitad blanca, collares, pulseras, anillos y unos tenis blancos. Podría ser del norte mexicano, o tal vez cantaor andaluz, pero lo cierto es que es gallego-mexicano de tercera generación. Salen cervezas y tacos pastor.

—Mi padre vino con once años al encuentro de sus hermanos mayores y mi abuelo, que tenía una mueblería. En principio venía a estudiar, pero en cuanto vio el dinero que ganaban, empezó de abonero ya con esa edad. Iba en bicicleta a cobrar. Lo importante era el enganche como una entrada. Eso ya cubría casi todo lo que había costado el mueble al gallego. Le llamaban la tercera potencia, tres picos o tercera zona. Si al vendedor le valió treinta, se vende a noventa, y con lo que te pagaban de enganche ya te asegurabas la ganancia. Cuando se pagaban todas las cuotas el margen era muy elevado. Había impago, claro, porque no había nada firmado. Pero eran tantos los clientes y el margen que no había pérdida, todo era ganancia.

Al emigrante no le parecía leonino. Al revés, siempre defendieron que era casi una forma de dar acceso a los más humildes a los bienes que jamás podrían haber conseguido vía banco, entre otras cosas porque no tenían cuenta. El abonero operaba en la ancha zona de sombra de la desigualdad y así continuó quien pudo abrir un comercio: si la ropa y los objetos de consumo funcionaban en la venta ambulante, mucho más lo harían productos aspiracionales: muebles y electrodomésticos. Primero trabajaban las colonias céntricas donde ellos mismos vivían en vecindades: Lagunilla, Buenavista, Guerrero. Luego, en otras más retiradas: Tacuba, Tacubaya, Coyoacán. Y, con ese instinto, miraron hacia la conurbación que se iba formando entre el entonces llamado Distrito Federal (o DF) con el Estado de México.

—Cuando las mueblerías llegaron a su edad dorada, en los años sesenta y setenta, montaron lo que llamaban una surtidora: se unían varias mueblerías y llenaban un almacén de productos. Entre todos pagaban, por ejemplo, doscientos televisores. He ahí el negocio. Se asociaban entre diez, quince, veinte paisanos y conquistaban el mercado. Luego, por desencuentros, se separaban.

Dicen que Moctezuma se aseaba cada día con dedicación, mientras los españoles tapaban con lociones el olor bravío de semanas sin tocar agua. No es que fuera una excentricidad del último emperador azteca; simplemente era la costumbre indígena de la higiene personal. En la época prehispánica también practicaban un rito colectivo de limpieza en los temazcales, unas construcciones en forma de iglú en las que se calentaban piedras volcánicas sobre las que se echaban infusiones aromáticas, como una sauna de vapor.

La colonización no cambió la costumbre. De hecho, a partir del siglo XVIII se empezaron a construir baños públicos, para el aseo y también para el ocio, con sauna incluida. A finales del siglo XIX había cincuenta en la capital, divididos entre los de los patricios y los de los pobres, sin término medio. Se hizo drenaje en la ciudad, mejoraron las construcciones y los baños se quedaron solo para el populacho. Y aún así, llegó a haber hasta mil quinientos abiertos.

Una excavación se topó con un temazcal en el centro de la ciudad, en la misma zona donde los gallegos vivían en vecindades con sanitarios colectivos y un pilón central para lavar ropa en el patio. Ataron cabos y olisquearon negocio alrededor del agua. Si todos aquellos que veían en las vecindades pagaban una moneda por ducharse o, los más refinados, hacer una sauna o darse un baño turco, se harían de oro.

México creció a un ritmo poco visto en el mundo: pasó de un millón y medio de habitantes en 1940 a casi siete millones en 1970. La explosión demográfica convirtió a la ciudad en la más poblada del mundo, pero a cambio dejó un panorama desolador en la distribución de la vivienda y los servicios. Los gallegos empezaron a abrir baños en las zonas populares más alejadas, cerca del transporte público para que, al salir de trabajar y bajar del bus, muchos se diesen una ducha antes de llegar a casa.

—Yo me crie en los baños de mi padre. Los tuvo durante treinta años. De hecho, él fue de los primeros, porque antes había más asturianos. Y se convirtió en uno de los negocios más importantes de la colonia gallega —relata Adolfo Vázquez, cuarenta y seis años, en gallego de Ourense, pese a haber nacido en México, cerca de la cantina donde hablamos—. Los nuestros abrían a las seis de la mañana y cerraban a las ocho de la noche. Venía un fogonero que prendía la caldera de petróleo. Él era el único mexicano, junto a algún limpiador. El resto éramos familia, entregada al trabajo todos los días del año. Más que el baño, lo que daba más dinero era lo que vendíamos en el mostrador: jabón, champú y zacate, una fibra natural para rascar el cuerpo, parecido al esparto. Te enjabonabas y te restregabas. Algunos pensaban que si uno se daba mucho se clareaba la piel. Los gastos eran básicamente el agua, así que la mayoría de baños trataban de trucar el suministro, porque había gente que se quedaba media hora debajo de la regadera [ducha] o traían la ropa para lavarla. Estaba el vapor general y estaba el baño individual, más caro, un cuartito en el que pagabas y hacías lo que quisieras. Podías ir solo o podías ir con tu mujer o con tu novia o con quien fuera, no se preguntaba. Duró así mucho tiempo. Mis padres murieron en 1986, después del terremoto que acabó con todo. Mucha construcción cayó y muchos baños cerraron, coincidiendo con la mejora de las casas y la obra pública.

A mesa y cama puesta

Tlac, tlac, tlac, tlac. Repiquetea el asfalto caliente cuando la gente se despereza tras la siesta de una tarde de verano. Son los tacones de dos señoras elegantes que bajan emperifolladas la cuesta empinada. Llevan vestidos entallados y estampados y gafas de sol de marca gigantes, vestidas de cena elegante. Una de ellas lleva un caniche en brazos, la correa colgando, desprendiendo dinero según camina. Las dos entran en el café, terraza fuera al fresco, amplio espacio adentro. La vista ahora se va al coche que pasa al lado y aparca subido a la acera de enfrente. Es un Porsche Cayenne de cien mil euros. Se detiene, apaga el motor y de él bajan cuatro chicos en bermudas. Ninguno pasa de veinte años. Entre ellos hablan español con acento mexicano. Uno hace un chiste y dice «*que carallo!*», se ríen y entran al bar, que se llama O Barqueiro. Porque no estamos en un barrio de clase alta de Ciudad de México, sino en San Xusto, capital de Avión.

A ocho mil kilómetros, un brazo fornido saca el pulpo del agua hirviendo en la olla de cobre una vez, dos veces, tres. Sobre la meseta, una aceitera de acero inoxidable y un dosificador de pimentón. Al lado, unas tijeras enormes y una torre de platos de madera. Frente a la cocina, las vitrinas cubiertas de botellas nobles de mezcal y el suelo lleno de mesas entre las que circulan, a velocidad de marchistas olímpicos y sobre música de rancheras, un buen número de camareros con chaleco y pajarita negra. Es una cantina mexicana en la avenida Cuauhtémoc, Colonia Doctores, en el centro sur del DF. Pero *de puro gallego*.

Se llama La Número 1 y no tiene nada que ver con las cantinas de mala muerte que había hasta los años ochenta. Es, más bien, un restaurante cantina, según dice su propietario,

José Antonio Alonso: restaurante porque da de comer platos elaborados y cantina porque las mesas no tienen mantel y además hay mariachis los fines de semana y se puede jugar al dominó. En la cocina reina el *pulpeiro* golondrina, un carballiñés embutido en un delantal azul. Trabaja aquí durante cinco meses al año, y hace pulpo todos los días: una tonelada al mes. Los domingos elabora también *carne ao caldeiro* a la vista de las mesas, repletas de mexicanos y paisanos. Nada que ver, dice el propio Alonso, con las casas de comida de antes, donde las mujeres emigrantes cocinaban sobre la base que sustenta todas las salsas mexicanas: tomate, cebolla y chile. Alonso agita la cabeza recordando cómo empezó todo.

—Mi tío Pancho era el dueño de la cantina Los Portales y allí fue mi padre en los años cincuenta, con quince años, a trabajar de mesero. Era una de esas cantinas de dominó y botana, donde daba mojarra en papel de estraza. Luego compró el Lar Gallego, que todavía existe, uno de los pocos restaurantes con comida gallega por entero. En 1992 compró este terreno y construyó, se instaló su casa encima y aquí seguimos.

Alonso habla bajito mientras toma un café en una de las mesas de la cantina, conocida en la ciudad, siempre con el rabillo del ojo a otras mesas. Es muy moreno, con rasgos marcados y mirada fija. Nació en México junto a sus hermanos, pero sigue siendo de Feás, en Boborás. Habla en gallego y con la zeta, pero con entonación mexicana.

—Soy de los dos lados, porque también viví en Galicia, pero voy menos ahora. Noto a veces que cuando llegamos todos en verano dicen: ya vienen los mexicanos, como si fuera malo que fuéramos a gastar allí lo que no hacemos aquí. ¡Si la economía se mantuvo mucho tiempo por lo que llevábamos de América! Y se gasta mucho más aquí. Mira, nosotros damos caldo gallego los miércoles y se nos llena, pero eso no pasaba antes.

Cuando era la época de las mueblerías nadie iba a comer fuera: trabajabas todo el día, vivías arriba y como mucho ibas el jueves al centro gallego en la *estaquita*, la camioneta con caja de madera del negocio. Todo por ahorrar. Mira cómo sería, que ni siquiera iban a un bar a comer: ellos ponían una botella de litro de brandy Presidente y se la tomaban con cocacola en la propia mueblería. Decían que no tenían un peso, y luego iban a Galicia y se hacían una casa tremenda y compraban dos Mercedes. —Y de repente grita—: *Oes, Manuel!*

—*E ló!*

—Este es Manuel Otero, te dejo con él —dice José Antonio. Se va corriendo a trabajar como si hubiera perdido una hora preciosa hablando y deja a Manuel, que parece haber salido ayer de la aldea, pero lleva toda la vida aquí. Es el responsable del comedor de La Número 1. Y se nota.

—*Tráelle unha tapa de polbo, que é mellor que no Carballiño.*

Santi Pérez —nariz afilada y cara de luna llena, cejas en caída pronunciada, la camisa abierta de rayas y una cadena de oro— aún conserva la batuta con punta de plata con la que su bisabuelo dirigía la banda de un regimiento militar en Buffalo (Nueva York). Esa batuta es la guía de una línea migratoria de cuatro generaciones.

Sentado en Carballiño, a sus cincuenta y cinco años, Santi Pérez recuerda el ambiente de la cantina regentada por su padre en Tacubaya, a donde solo entraban hombres de pocos recursos que bebían hasta caerse y comían botana, una especie de tapas que daban por cada tres tragos o cervezas que pedías

—Mi padre trabajaba todo el día, pero mamá no podía ni entrar. Ponían en la puerta un cartel: «Prohibida la entrada a mujeres, menores y uniformados». Yo, de tapadillo, trabajaba.

Volví a estudiar al instituto a Coruña, pero otra vez más me regresé a México —y hace el símbolo del dinero con los dedos—. Veía a mis amigos que venían de vacaciones y traían cochazos, y pensé que estaba perdiendo el tiempo. Me puse a trabajar en una cantina de gallegos muy famosa. Luego yo mismo tuve una. Aquello era salvaje. Una vez hubo una de esas peleas típicas de borrachos. Yo tenía un empleado, indio de la sierra de Oaxaca, y cuando vio que yo saltaba la barra para separar, me cogió por la camisa. Yo no me di cuenta de que era él y pensé —abandona el gallego para pasar al español totalmente mexicano—: «Bueno, la madre, me van a dar un cascarazo antes de empezar». Y no, era el empleado con un machete en la mano: «Tranquilo, patrón, que me lo van a lastimar». Y con el machete en plano empezó a repartir y acabó con la pelea en dos minutos. Ese era un día cualquiera.

Hoy, sin prohibiciones discriminatorias de género ni disparates de machos, perviven algunas cantinas muy renombradas. En la calle Bolívar, entre el palacio de Bellas Artes y el Zócalo, un vecino de Abelenda, Boborás, llamado José Iglesias abrió el Salón Corona en 1928, y con el tiempo se expandió en varias sucursales. Su nombre no adivina ningún origen hasta que se repara en los vasos, los polos de los camareros o el cartelón con el logo: una jarra espumosa rebosando cerveza con una franja azul celeste en diagonal. Pocos sabrán qué significa esa misteriosa seña gráfica y seguirán comiendo sus famosas tortas —bocadillos— sin adivinarlo.

Los baños y las cantinas daban dinero, pero había que meterle mucho volumen —horas— para ganar a lo grande. Era, además, un modelo de negocio caduco. Las mueblerías también iban perdiendo fuerza frente a los grandes almacenes. Los gallegos buscaron entonces nuevos nichos que pudieran desarrollarse sin romper el concepto de sociedades familiares o vecinales: querían sacar dinero sin tener que hacerse enormes. La fórmula la encontraron en los hoteles, y sobre todo los moteles u hoteles de paso, que manejan hasta hoy.

Solamente sobre el Viaducto, en el camino del aeropuerto al centro de la ciudad, ya se encuentra la pista gallega a primera vista, por los carteles que dicen Portonovo o Riazor (con su cafetería Bicos). Otros disimulan su origen como el V Motel Boutique, un llamativo edificio con iluminación multicolor. Los hoteles de paso abundan también tras los límites del DF y, al sur, en la carretera de Cuernavaca, en el formato quintas, así llamadas porque parecen casas residenciales con cochera adosada y la discreción por bandera. Lejos de la capital, se repite el esquema en las grandes ciudades del centro y norte del país.

Los moteles tienen menos gastos, menos papeles y menos fiscalización de los ingresos: «Aunque es más barato que un hotel, lo normal es que si meto cuatro rotaciones en una habitación diga que cobré una. No es lo ideal, pero aquí se hace todo un poco así», confiesa el dueño de uno en el sur de la ciudad.

Por más competencia que exista, siguen el principio de solidaridad que opera en otros países: a la hora de capitalizarse, se prestan entre socios a cambio de salario más trabajo. Y también tienen una asociación de hoteles y moteles que agrupa a más de doscientos establecimientos solo de gallegos. Nació para protegerse a nivel legal y también para hacerse valer, lo que en México significa hacer frente a las diferentes violencias: la de la corrupción policial, que se traduce en mordidas, y la del otro lado, patente en la amenaza de secuestros y atracos o en las escenas del crimen en que se convierten, con frecuencia relativa, sus habitaciones. A eso le suman una doble arma:

perfil bajo y buena letra con las autoridades. El arte de ser invisibles.

La vida circular de las Alonso

Laura Alonso —cuarenta y tres años, pelirroja de melena lacia, alta, delgada y vestido floreado— habla mientras atiende a su hija de tres años, que corretea alrededor de una mesa de restaurante. El escenario es un hotel de grandes vidrieras en una esquina privilegiada en el extremo de la Colonia Roma: el Benidorm. Ella es la hija pequeña de cinco hermanos que heredaron los bienes de sus padres y, también, la vida portátil de los gallegos en México. Su hermana Adela —también pelirroja y delgada, una versión veinte años mayor que Laura—, nació aquí y la mudaron a Galicia con diez años. El shock lo resume en un recuerdo: cada día al amanecer iba a *muxir a vaca* para luego repartir la leche junto a su abuelo, y al terminar acudía a una escuela rural unitaria.

—Me miraban como una marciana. «*A mexicana*» me llamaban. No me hablaba con nadie. Luego me mandaron a Vigo y cambió la cosa. Pero cuando estaba acostumbrada dijeron: a México. ¡No! —grita, alargando la o—. A partir de ahí se turnaron mi padre y mi tío, dos años cada uno, así que volvimos a Galicia, pero esta vez a Santiago. ¡Otro pinche mundo más!

—Lo mío creo que fue igual o peor, en los ochenta —tercia Laura—. Yo nací aquí también, pero porque mi madre vino embarazada de ocho meses para que naciera aquí, porque hacerme el pasaporte español era muy fácil, pero el mexicano muy difícil. Estuvimos quince días y volvimos a Galicia. Hice *kinder*, colegio en Santiago y universidad, Farmacia. Fui empleada incluso en un laboratorio y una farmacia. Eso mi padre no lo aguantaba, me decía (y se pasa al gallego materno): «*A ti gústache traballar para outros*». Quería que viniera a trabajar en los hoteles. Y lo consiguió, porque me casé con un gallego mexicano de Avión y aquí estoy.

Aquí está. En la vida circular.

«Si llego a tener un padre como ustedes tienen, con dinero, no me caso ni de coña», les dijo su madre, el centro oculto de esta historia. Se refería a que no tendrían que haber seguido esas reglas tácitas repetidas generación tras generación, autoimpuestas por la falta de medios y el patriarcado: si te casas, adiós vida propia. Pero lo hicieron, la tradición torciendo el brazo a la voluntad. Esa madre, Adelaida Domínguez, recibió en su casa, en Cameixa, Boborás, la propuesta de matrimonio de un *americano* de Vilachá, Gumersindo Alonso, que llegó de México tras diez años emigrado.

A su familia le extrañó que aceptase la propuesta, porque ella era una *rara avis*: había estudiado e incluso había hecho el examen de ingreso a la universidad. Hablaba latín, inglés y tenía la meta de ir a estudiar a Estados Unidos, porque había nacido en la zona del Canal en Panamá de padres emigrados. Pero aceptó, con diecisiete años, y se embarcó con otro de veintisiete. Gumersindo había seguido al pie de la letra el camino de la prosperidad americana: empezó como abonero comprando género fiado a un tío, y ya con Adelaida en su casita en La Merced, el barrio del mercado de abastos del centro, empezó a comprar pequeños moteles para luego reformarlos, trabajarlos un tiempo y venderlos por mucho más dinero. Luego se mudó a la Colonia Condesa y construyó un edificio con varios dúplex para la familia. Allí creció Adela.

—Si por mi padre fuera hubiera negociado de todo en la Condesa, pero se fijó en esta esquina y construyó el Benidorm en 1981. Después lo fue ampliando hasta que en 1994 hizo la otra torre hasta tener casi doscientas habitaciones. De tener un restaurante a dos. De un salón a diez. Y todo lo llevamos nosotras junto a otro hermano.

—¿Sabes por qué hizo el Benidorm? Por mi madre. Le dijo: «Deja los moteles, haz uno turístico, por favor». Y lo hizo y le encantó, porque aquí venían los equipos de fútbol y muchos famosos —replica Laura.

—Había un secretario de Turismo de la nación, Miguel Torruco, que nos decía: «Vuestro padre fue el primer gallego en dar el salto de los moteles a los hoteles».

Al mismo tiempo que se hacía con el Benidorm, construyó en Tlalpan, en la carretera a Cuernavaca, al sur de la ciudad, un motel de *quintas* con suites, jacuzzi y sauna.

—El Costa del Sol es como un conjunto de villas en Mallorca. Ni te bajas del coche, pagas, entras en tu garaje y se cierra, y una escalera sube al cuarto.

Gumersindo, según sus hijas, era un hombre arrojado. Construyó en medio de las dos devaluaciones que dejaron tiritando al país, pero él no se frenaba. Eso llamó la atención de las cadenas internacionales. Varias le ofrecieron comprarlo.

—La respuesta fue la misma siempre: «Aunque me regalen la cadena no firmo».

Y todo eso a pesar de estar en una de las zonas más castigadas de la capital por los terremotos. El de 1985 provocó la migración de muchos vecinos a otras zonas. Él se mantuvo. Y desde entonces es el edificio más alto de la Roma, con sus catorce pisos, porque desde aquel año se prohibieron las construcciones de más de siete. «Este hotel tiene más dinero abajo que arriba», solía decir en referencia a sus sólidos cimientos. En 2017 tampoco sufrió el temblor, otra vez mortífero en el barrio. El hotel no hay quien lo mueva, como nadie movió la voluntad de Gumersindo ni cuando murió, con ochenta y dos años. Había pedido que lo llevasen a su finca en la aldea y allí está, en una capilla del siglo XVI, mientras la vida de las Alonso sigue girando.

Con ge de gachupín

—A mí me daban la carta en un restaurante y no sabía qué pedir.

—¿Por indecisión?

—No, porque no sabía. Pensé que había tenido una infancia normal. Iba al cole con gallegos, luego al club los viernes, los domingos a bailar con gallegos. En casa vivía solo con las tradiciones y la comida y el idioma de mis padres. Cuando crecí me di cuenta de que había vivido en un gueto y que no sabía hacer nada fuera de él. Hasta adulta nunca había ido a comer fuera a un restaurante. Cuando lo hice, porque me invitó un chico, me dieron la carta y no supe qué pedir. Yo comía siempre en casa y comida gallega. Así que le dije: no sé lo que quiero, pide tú.

Lo que dice esta mujer ya en sus cincuenta, sin nombre porque le da vergüenza que se sepa —todo un síntoma—, resume los comportamientos sociales de la Galicia mexicana, especialmente para la mujer, al menos hasta hace un par de décadas: una comunidad cerrada y endogámica por motivación propia. Siguiendo el símil con los judíos, un joven criado entre Galicia y México lo dice a su manera:

—Somos los ultraortodoxos de la emigración.

En 1911 se creó la primera sociedad de la diáspora mexicana, el Orfeón Gallego, luego convertido en Centro Gallego. No fue el primero entre las colectividades españolas, pero sí se convirtió con el tiempo en el más particular. Cuentan que cuando el Gobierno mexicano promulgó un decreto según el cual los centros étnicos tenían que aceptar mexicanos, todos, los vascos, los leoneses, los asturianos, los montañeses, aceptaron. Los gallegos eligieron un atajo: demostraron que sus hijos ya eran mexicanos, pues habían nacido en el país, y resolvieron el tema sin despeinarse.

En el mismo país donde tras la Revolución se establecieron normas *antigachupín* —así llamaban a los españoles que vivían en México— los gallegos se encerraron en sí mismos. El ejemplo más palpable es la distinción en el habla: el ceceo, como no ocurre en ningún otro lugar de Latinoamérica. Por ejemplo, el de Choche Gulías:

—Yo siempre lo tuve, porque también viví en Galicia de pequeño, y me quedó. En la escuela eras el *gachupín*. Éramos dos y se metían con el otro, que era más discreto, jeje. El estereotipo aquí no es tanto el bruto, sino que vinimos a conquistarlos. Da igual que seas gallego o de Canarias: eres *gachupín*. Y no se olvidan de eso, le quemasteis los pies a Cuauhtémoc. Lo llevan adentro —y cuando traen una orden de tacos al pastor a Choche le sale el «gracias» con ceceo. La otra diferencia es vital: la endogamia, que dura hasta hoy, según cuenta Choche—. Nunca me obligaron a casarme con una paisana, pero se te hacía ver que si no lo era, mejor que no viniera a casa. También pasaba con los amigos. Te decían: «O sales a fiestas de gallegos o no vas».

Suenan las trompetas y los violines del mariachi en plaza Garibaldi. En este lugar, hace un siglo, se concentraba el mayor número de emigrantes, en la venta ambulante, las tiendas, las mueblerías y las vecindades o casas colectivas, en calles como Pedro Moreno, Perú, Allende, Honduras o Incas. Las vecindades fueron un símbolo popular del país, reflejado en todo tipo de películas y series televisivas. En la época de oro del cine mexicano se hizo hueco la diáspora. Niní Marshall, la actriz que había hecho fortuna en el papel de Cándida en Argentina, trasladaba su personaje a una vecindad en *Una gallega en México.* En tono de comedia recreaba la vida de la vendedora de pan en el mercado de La Lagunilla y sus problemas de convivencia con los vecinos, que la hacían rabiar llamándola «refugiada». Ella pelea con su acento y sus modismos y se santigua pensando en su natal «Pedrafita do Ferreiro (sic)» pero también mezcla tópicos inexactos, como la corrida de toros en la secuencia inicial. Tal fue el éxito que en los dos años siguientes se rodaron *Una gallega baila mambo* y *Los enredos de una gallega*. El cine hacía caja, una vez más, con el tópico galaico, por más que allí eran simplemente los *gachupines.*

—A mi abuela le empezó a fallar la memoria y le pidió a mi madre volver a Galicia.

Lo cuenta, con todas las zetas marcadas, Fátima Boo, sentada en una mesa gigante en el patio del caserón en el que vive junto a su marido Juan Carlos, en una callejuela retirada de la Colonia Condesa. Tiene poco más de cuarenta años, cara de niña con nariz redonda, pecas y una melena pelirroja resaltada por un chándal rosa chicle. La abuela de la que Fátima habla con admiración se casó con quince años y emigró con su abuelo, que vino expresamente de México para buscarla y al volver se instalaron en Tacubaya. Si bien nunca hubo barrios étnicos, allí había gente no solo del cuadrilátero, pero también de A Terra Cha o de la comarca ourensana de los afiladores. Y allí se construyeron edificios donde se instalaron exclusivamente familias gallegas, de sótano a ático. La de Fátima fue una de ellas.

—Era un sitio cerrado en donde no se veía ni la calle, solo la ventana con rejas. A veces jugábamos juntos treinta niños, todos paisanos. Me acuerdo de las navidades cuando hacíamos historias en la escalera todos los hijos de las familias que se juntaban a comer en el edificio. Mis padres siguen viviendo allí como en Galicia.

El Restaurante O'Xacobeo ocupa el sótano del Centro Gallego de Ciudad de México, un caserón señorial en la calle Colima de la Colonia Roma, cuya elegancia se hace añicos con el cartelón metálico y a todo color del local: cruz de Santiago, vieira y una leyenda explícita bajo el nombre: «Abierto a todo público». Dentro, un restaurante con aspecto de tasca, a la usanza de los centros de la emigración. Vanessa Hermida —cuarenta años, pelirroja, otra más, explícita herencia de generaciones sin mezclar— llega con una niña de un año dormida en el carrito. En vez de entrar al restaurante, cambiamos al portalón principal del Gallego de Colima. En cuanto franqueamos la puerta se empiezan a escuchar gaitas y *pandeiretas*, como si estuviera preparado. En un salón enorme en la primera planta, a la que se accede por una escalera de la que parece que va a bajar Clark Gable en cualquier momento, bailan diez parejas adolescentes.

Retumba la *muiñeira*, repican las *ferreñas* y silban los *punteiros* de la gaita con el *fol* hinchado. Vanessa fue una de esas niñas: recuerda la amenaza de no venir si no se portaba bien. Por la planta baja accedemos a la sala de juegos de mesa, dominó para los hombres, cartas para las mujeres, todo separado. Y en una especie de biblioteca mezclada con sala de reuniones vemos en las paredes los retratos de no menos de treinta chicas, todas bien peinadas, vestidas de gala y con una banda cruzándoles el pecho: las madrinas de las festividades del centro.

—La mayoría de esas madrinas seguramente no hayan trabajado nunca. De hecho, las primas de mi misma edad tampoco trabajaban. Así que yo me siento un parteaguas, porque pude hacerlo, y eso me enorgullece —dice riéndose, ahora sentados en una mesa de O'Xacobeo, la niña ya despierta—. Yo me crié en Ciudad Nezahualcóyotl o Neza, un suburbio. Yo sabía que era diferente, que éramos de un lugar al que no íbamos, pero era como si fuéramos, porque vivíamos en la Galicia de aquí, porque solo te veías con paisanos. De pequeña mi mamá se lamentaba: «¡Esta niña no habla gallego, esta niña no habla gallego!». Y un día me escuchó y dijo: «Ah, pues sí habla». Claro, todo el día convivía con la lengua y las discusiones en casa, todo, era en gallego. Pero aprendí a leer aquí y tengo acento de aquí, aunque los de aquí me dicen lo contrario, un lío. A mi madre le era muy difícil entender que la tortilla en México era otra cosa. Hacía cocido y caldo con berza, y mi padre cultivaba su huertita, y también teníamos conejos, gallinas, perro. Yo era feliz allí.

La vida de los adultos era la de los muebleros de barrio y les daba cierta holgura, tanto como para irse de vacaciones a la playa en Veracruz.

—Íbamos todos los paisanos al mismo hotel. Todo era Galicia, y además no podíamos salir con gente mexicana. Así fue hasta llegar a la universidad. Cuando me licencié en Actuaría (Ciencias Exactas), le dije a mi padre que iba a trabajar. «¿Cómo trabajar?», porque no estaba bien visto que las mujeres lo hicieran. Lo conseguí y trabajé nueve años en una empresa gringa a la vez que daba clase en una universidad. Pero tuve la niña durante la pandemia ¿y qué crees que pasó? Pues que tuve que dejar todo y me puse a trabajar en un hotel de mi padre, otra vez.

A Merelles le robaron el alma

En junio de 2022 la pesadumbre toma por sorpresa a la comunidad gallega en México. Ha muerto, a los cincuenta y nueve años, Delmiro Pérez Merelles. En los corrillos de la colectividad en los que participo como oyente esos días hablan de un infarto por secuelas. Otros dicen que se ha quitado la vida. «Cuatro pastillas se tomó». Otros se indignan cuando alguien lo insinúa. Otros solo sentencian: «El dinero a él no le dio la felicidad». En cualquier caso, Delmiro ha muerto de forma prematura y eso todo el mundo está de acuerdo en achacarlo a la experiencia que cruzó su vida, una brecha que nunca cerró del todo pese a compartirla en un libro con título definitorio, *Ladrones de almas*. A Merelles le robaron la suya para siempre cuando sufrió uno de los secuestros más sonados de la diáspora, y no la llegó a recuperar. Su reacción fue escribir un libro para contarlo y denunciar una realidad acallada por el miedo. En el libro se disculpaba diciendo que no había pretensión de notoriedad, sino de «deber cumplido» para poder mirarse al espejo y saber que se rebeló para que el suceso no se quedara en la montaña de expedientes policiales.

Para armar el relato, Merelles se trasladó a su propio nacimiento, a la aldea, a los gritos de satisfacción por el nacimiento de «*o fillo da Teresa*», dando pistas al lector mexicano sobre su origen: una aldea, Rubillón, a quince kilómetros de Avión, en un hogar sin padre, porque ya estaba emigrado en Brasil. No falta nada: la separación familiar, las cartas cruzadas y, finalmente, la reemigración. Su padre cambió Río de Janeiro por Ciudad de México, en concreto Azcapotzalco, barrio popular lleno de mueblerías. Durante su crianza pasó años alternos en Galicia, al ritmo de los asuetos pactados de su padre con los socios. Pero cuando cumplió dieciocho años fue reclamado por su padre para hacerse cargo de los negocios.

Desde el principio tuvieron avisos, atracos cíclicos de los que se protegían con machetes disuasorios, hasta que los asaltantes empezaron a sacar armas de fuego. Pese a todo, la vida prosperaba, y a finales de los ochenta le compró una gasolinera de veintisiete surtidores a otro paisano. Estaba en Ciudad Nezahualcóyotl, el monstruo adosado al Distrito Federal donde recalaron miles de gallegos. A continuación, construyó un hotel, Las Fuentes, el primero de muchos, además de nuevas gasolineras. Los domingos, al Gallego, y en verano, a Rubillón, el manual del emigrante exitoso.

Desde los años noventa, la violencia fue ganando terreno. Más allá de los asaltos, los secuestros se convirtieron en una dolorosa moda, más de mil al año. Para un empresario con negocios a decenas, que se empeñaba en visitarlos cada día haciendo la misma ronda, de este a norte de la ciudad, sin cambiar nunca el recorrido, el resultado estaba cantado. Por más que se moviera en un BMW blindado y con chófer armado, Luis.

El 21 de octubre de 2007, tras una primera parada en Neza, sobre la avenida Pantitlán, una de sus grandes arterias, un Ford Explorer con cinco ocupantes vestidos de policías le hicieron una seña a Luis para que parase. Con la excusa de que el chófer portaba un arma —«tiene permiso», dijo Merelles cuando le preguntaron— los hombres esposaron al empresario. No eran buenos los secuestradores en su trabajo; lo comprobó el gallego al inicio de su suplicio, cuando logró pulsar el botón del localizador del coche, que lo conectaba a una empresa de seguridad y que en teoría grababa lo que sucedía. De nada le sirvió. Metieron a Luis en el maletero, a él lo cambiaron de coche, y más adelante a un tercer coche, y ya en marcha le habló el jefe de la banda con la ceremonia de un juez:

—¿Sabe usted en calidad de qué se encuentra?

—Por supuesto, en calidad de secuestrado.

—Efectivamente. Haga el favor de quitarse toda la ropa excepto los calzoncillos.

Y se le vino el mundo encima.

Durante los siguientes días vivió todas las etapas de un secuestro en México: primero, un interrogatorio violento para recabar datos de su familia y así pedir un rescate. Merelles le facilitó el teléfono de su hermano. Ya estaba, para entonces, encerrado en una habitación de tres metros por dos. Empezó entonces la negociación eterna. Le pidieron al hermano un millón de pesos, unos cincuenta mil dólares. Mientras, en una esquina cualquiera de la ciudad, encontraron el coche de Delmiro. Cuando la policía llegó dijo: «Abran la cajuela, que seguro que está el chófer muerto». Correcto.

Las divisiones societarias típicas de la diáspora le jugaron en contra a Merelles: los secuestradores pensaron que todos los hoteles y gasolineras eran solo suyos.

—Mire que no solo es el dueño él, que son muchos socios —suplicaba sin éxito su hermano en las llamadas continuadas de negociación para el rescate.

—A mí no me andes con pendejadas —le contestaba el jefe de la cuadrilla, incrédulo.

Los nervios se iban apoderando de la banda, a la vez que Delmiro se iba relajando y le daba espacio incluso a la retranca.

—Le dije a tu hermano lo que quiero y no se aviene a razones, así que si no se acerca a la cantidad que quiero, sabes que te liquido.

—Bueno. Si no me quieren en mi casa, para qué quiero seguir viviendo —contestó, para pasmo del secuestrador.

—Ja, no seas pendejo. ¡Ándale! Vamos a seguir, a ver qué podemos sacar de ti.

El día 25 Merelles escuchó el canto de un grillo. Lo interpretó, según una creencia de la aldea, como un presagio de mala suerte. Se abrió la puerta de la habitación y entró el jefe, indignado con su hermano.

—No logro nada hablando con él, así que le he dicho que me tome en serio, y por eso voy a enviarle un regalito —le dijo.

Le sujetaron la muñeca derecha con una cadena atada a la cintura, le vendaron los ojos, le pidieron que estirara el brazo izquierdo y le pincharon anestesia en el dedo meñique. Acto seguido, zas, le amputaron las dos primeras falanges. Le dejaron un frasco de agua oxigenada y le retiraron el vendaje. El horror cayó sobre él, mientras en la habitación contigua metían su dedo en una bolsa junto a un trozo de limón para mandarlo como recado.

Cuatro días y varias llamadas después, a Delmiro le dieron cierta esperanza porque se iban acercando posiciones, pero sin embargo volvió a escuchar el grillo. Y, de nuevo, el jefe lo ató, lo vendó, lo pinchó y le cortó otro dedo. Otro grito sordo, otro latigazo de dolor inenarrable, otra bolsa, otro limón, la muerte en vida. Era el apretón final. El hermano accedió a pagar, pero para confirmar que el secuestrado seguía vivo preparó una batería de preguntas que solo él podría responder: cuál fue el primer coche que tuvo de casado, dónde se hizo novio de su esposa y cuál es su lugar favorito en el mundo.

—El coche fue un Dodge Blanco, dice que se hizo novio en Rubillón, en Galicia, y que el lugar más bello es el paisaje sentado en el balcón mirando hacia la casa del tío Sabino.

—De acuerdo.

Con el sello de origen llegó el desenlace, entregaron el dinero el 5 de noviembre y soltaron al secuestrado en una carretera. Quince días después del rapto, Merelles fue liberado. En las semanas que siguieron, la familia se quejó del doble rasero policial entre secuestrados anónimos y mediáticos. Él tenía dinero, pero no fama. Lamentaron, también, la inoperancia de los políticos gallegos y españoles. Y Delmiro terminó volcando la rabia en contar su propia historia.

Quince años después, con su muerte, aparecieron esquelas y una noticia breve en la prensa gallega recordando su secuestro. Murió un lunes en México y el sábado fue enterrado en Galicia. A Delmiro Merelles lo despidieron cientos de personas cerca de su sitio predilecto en el mundo.

Gallegos en nota roja

El tipo malencarado, con el pelo canoso engominado, infundía pavor desde su uniforme gris azulado. Se llamaba Arturo Durazo, le apodaban el Negro y era el poderoso jefe de policía de Ciudad de México en los años setenta. Su vida ofreció material para películas y libros: corrupción exagerada —se hizo construir dos mansiones, una de ellas apodada El Partenón—, lazos con el narcotráfico y violencia contra la violencia.

De aquella policía del Negro Durazo dan fe los gallegos. Las hermanas Alonso recuerdan lo que contaba su padre y otros paisanos: que la policía detenía a criminales, los llevaba al lago de Texcoco de noche y los tiraban al agua, a todos menos uno, al que soltaban para que contara a sus compinches lo que pasaba si seguían secuestrando. Durante una oleada delictiva les tocó vivir una desgracia. Lo cuenta Adela, la mayor:

—Una vez llegaron unos tipos a nuestro hotel Costa del Sol con un niño de cinco años secuestrado en la cajuela de un coche. Los dejaron pasar, porque no sabían lo que había, claro, pero poco después apareció la policía. Uno de ellos dijo: deme un uniforme de camarista. Cuando pidieron algo, el policía entró de camarista y recuperaron al niño. Pero a los delincuentes los mataron allí mismo, en los baños para manchar menos. Luego en el periódico salió que había habido resistencia a la autoridad y por eso les dispararon.

El Negro Durazo cayó en desgracia: pasó ocho años en la cárcel y se murió en libertad en el 2000. Cambiaba el siglo, la violencia continuaba como una guerra sorda y cada vez menos muda.

—¿Hoy aún hay que tener policía de mano si se tiene un negocio? —le pregunto a Choche Gulías en la cantina Los Hornillos.

—Claro. En mi estacionamiento del centro tengo policía, porque, si no, nos dejarían sin camiseta ni tenis, a nosotros y a los clientes, con tanto asalto. A la policía se le paga y listo. Es totalmente legal: se contrata el servicio de la Policía Bancaria e Industrial. Ahora también tengo seguridad. En realidad lo que pago es un uniforme, porque si empiezan los tiros no van a salir corriendo detrás de ellos —y deja el dedo índice señalando al frente como una pistola.

En enero de 2006, la prensa gallega abrió con uno de esos titulares repetidos: «Aparece muerto un empresario gallego secuestrado en México». Avelino Vázquez Ruiz, de Avión, emigrado a Culiacán, había sido raptado nueve meses antes en Tijuana. Propietario de moteles y restaurantes en el noroeste del país, Avelino había vuelto de una boda en Ourense y fue secuestrado. La familia pagó rescate, pero nunca fue liberado.

La detención de un grupo de delincuentes, Los Pozoleros, en esa ciudad fronteriza, dio las pistas para encontrar el cuerpo de Vázquez, que tenía cuarenta y dos años. El cadáver fue localizado dentro de un bidón con sosa cáustica para tratar de disolver el cuerpo. No extrañó el *modus operandi* cuando se supo que los delincuentes pertenecían al cartel de Tijuana. Tenían cuatro armas cortas, dos kaláshnikov y dos AR-15. Según la policía, los tres detenidos dijeron que pertenecían al cartel dirigido por los hermanos Arellano Félix, dedicados, más allá del narcotráfico, al secuestro y los ajustes de cuentas. Cuentan que los tres sujetos, después de liberados años más tarde, fueron también asesinados.

Me llamaron a mi casa de Buenos Aires a última hora de la noche, madrugada en Galicia. Era 4 de noviembre de 2008. A esas horas saltaban los urgentes en las agencias de las redacciones en las dos orillas: se había estrellado un *jet* con el secretario de Gobernación de México y número dos del Gobierno, Juan Camilo Mouriño, hijo del emigrante gallego y propietario del Celta, Carlos Mouriño. Me preparé para salir al aeropuerto, pero finalmente se abortó la cobertura. Desde Buenos Aires pasé horas conociendo los detalles, a cada cual más inverosímil, del accidente. El avión cayó sobre las Lomas de Chapultepec, en pleno centro financiero, como si hubiera caído sobre la Castellana. Viajaba con él un alto cargo en seguridad que había sido fiscal antidrogas, amenazado por distintos carteles. Poco después se supo que habían fallecido los seis pasajeros y tres tripulantes y se desataron todo tipo de hipótesis y *conspiranoias*. Las causas oficiales aludieron a una cadena de errores técnicos y humanos.

Juan Camilo, treinta y siete años, llevaba casi dos en la elite de la política mexicana. Economista licenciado en Estados Unidos y número dos del Gobierno, era el hombre con más influencia sobre el presidente, Felipe Calderón. Cuando accedió al cargo de secretario de Gobernación y director del Gabinete de Seguridad surgieron suspicacias sobre su nacionalidad. Las quinielas le daban opciones a ser candidato presidencial más adelante, pero solo si era mexicano. Y sí, lo era, al haber elegido esa nacionalidad a los dieciocho años, dado que su madre era mexicana. Eso en los papeles, claro, porque él nació en Madrid y Ángeles era hija de emigrantes de Amiudal, Avión.

Durante los once meses de mandato de Mouriño fue objeto de las críticas del que después fue presidente del país, Andrés Manuel López Obrador. Aducía que durante su época de asesor del ministro de Energía —justamente Felipe Calderón—, se le habían otorgado contratos de la petrolífera pública a la empresa de su padre. La historia de Carlos es la de una migración tardía y consorte, por los negocios hoteleros de su suegro, el padre de Ángeles: en 1978 partieron al DF con sus hijos, el propio Juan Camilo —Iván para la familia—, Carlos y Marián. Mouriño creó un grupo con más de cincuenta estaciones de servicio en cuatro estados del sudeste mexicano y amplió el negocio al transporte de petróleo por barco, de ahí los recelos por los contratos.

Calderón era amigo de Camilo desde muy joven, cuando este vivió otro episodio tenebroso. En 1996, con veinticinco años, sufrió un secuestro y fue liberado por una suma elevada de dinero, nunca divulgada. La vida de Mouriño hijo continuó, y junto a Calderón inició una carrera política fulgurante que solo frustró la desgracia.

Debanhi Escobar, de dieciocho años, desapareció en una noche de fiesta en abril de 2022 y fue encontrada muerta trece días después dentro un depósito de agua de un motel a las afueras de Monterrey, al norte de México. Su caso se convirtió en icono de la violencia contra las mujeres en un país desquiciado por la tragedia cotidiana: diez mujeres son asesinadas cada día en el país.

Los medios reconstruyeron el minuto a minuto de la noche que desapareció y se mostraron imágenes de Debanhi junto al motel, se multiplicaron las manifestaciones y marchas de solidaridad durante los días que tardó en aparecer el cuerpo, su cara llenó pancartas y murales, mientras la investigación daba tumbos entre testimonios cruzados. Cuando apareció su cuerpo, sin embargo, las miradas se centraron en el motel. Se hizo un análisis pormenorizado de las cámaras del establecimiento. Permanecieron las dudas. Varias ONG acusaron a los dueños de ocultar registros de entrada y de encubrimiento, ya que les parecía imposible que no se percataran de lo sucedido. Sin embargo, nada nuevo apareció.

El motel, llamado Nueva Castilla, también fue denunciado por el padre de la víctima, por haber manipulado, según él, muebles, televisores y otros objetos en los días siguientes al suceso. La fiscalía investigó a dos trabajadoras por obstrucción a la investigación. Al cabo de unas semanas la prensa dio el nombre del dueño del hotel, José Fernández. Era de San Xusto de Avión. No le sacaron ni media palabra ni media foto, tampoco lo acusaron de nada en la fiscalía. Se practicaron dos autopsias; en la segunda se demostró que había sido agredida sexualmente y que murió por asfixia. Hasta la escritura de estas líneas, su familia sigue demandando justicia y los gallegos del hotel continúan lidiando con el juicio público.

En 2020 se anunció la construcción de un cementerio en Beariz y no fue por la pandemia, sino por la saturación de los camposantos en un *concello* que tiene mil habitantes en casa y muchos más en la diáspora. Como en una promoción de adosados frente al mar, se vendieron todos los nichos antes de que se terminase la obra. La mayor demanda llegó de México.

Todos quieren volver, los que mueren naturalmente y las familias de los que lo hacen de forma prematura por la violencia.

Cuenta Choche Gulías en la cantina:

—A los gallegos les van porque manejan siempre *cash*, igual que los judíos. Se maneja todo en efectivo y saben que les pueden hacer daño. Y eso provocó que muchos se fueran de aquí. Ya te digo yo que si no hubiera inseguridad, el noventa por ciento nos quedaríamos, no volveríamos a Galicia hasta morirnos.

Algunos, como Santi Pérez, se escaparon de la amenaza en cuanto tuvo hijas, pero siguieron en la región.

—Era mediados de los noventa. Vivíamos en Colonia Los Álamos, luego en la calzada Tlalpan: y no había forma, todo estaba muy mal, así que nos fuimos a empezar una nueva vida en Panamá. En México ya no se podía vivir.

Era tiempo de crisis y los que se quedaron tuvieron que aprender a hacerlo de otra manera. Aquellos que habían encontrado su sitio en un barrio popular intentaron mudarse a colonias mejores, aunque siguieran yendo a trabajar al extrarradio. Y los que no, aguantaron como pudieron. Como decía el dueño de una mueblería en uno de los barrios más gallegos: «Yo me quedo en Tacubaya, por mal que me vaya». El último balance lo hacen Manuel Otero y Adolfo Vázquez, segunda generación:

—El narco acabó con todo. Tienes el negocio y te dicen: tienes que pagar el derecho de piso. O se lo das o estás jodido. Te dicen: sé dónde vives, cuál es el colegio de tus hijos, ya te tienen ubicado, te marcan. Dicen: tienes que traerme tanto al mes… o cuello. Y si no, secuestran, matan o te queman el negocio. México está pulverizado.

Sociología de Avión

Cuando retornan, hacen lo que no pueden allá: ostentar. Compran vehículos de lujo que aseguran solo dos meses al año, el tiempo que pasan ellos en sus aldeas. El resto del año están parados dentro de un garaje, y un cuidador los saca por los alrededores para no dañar el motor. Los emigrantes proyectan su riqueza en deportivos de colores llamativos, berlinas señoriales o incluso, como en el caso de Vázquez Raña, un Rolls-Royce —en realidad dos— que apenas entran por los caminos intricados de la zona. En uno de ellos se vio al volante en varias ocasiones a Carlos Slim, una extravagancia para un hombre obsesionado con la seguridad. Por eso Avión es Avión: aquí opera la sensación de seguridad que da el poder mostrar lujo, marcas, dinero.

Cada verano se celebra un evento de automóviles de alta gama en Carballiño. Se exponen coches de concesionarios de Madrid y Barcelona y los mexicanos reservan una mesa y hacen su comida con los coches de fondo. De esas comilonas salen siempre algunas ventas, pero lo importante es el lucimiento de los propios: reservo mesa para comer y quizás para comprar un coche, pero yo voy en un Ferrari, que todo el mundo lo vea.

La ostentosidad tiene sus razones sociológicas, también psicológicas. De siempre ha existido el que fardaba de bólido por las fincas de los vecinos: era la certificación de que había hecho las Américas. Se les empezó a llamar Haiga para burlarse de los nuevos ricos iletrados que supuestamente llegaban al concesionario pidiendo el coche más grande «que haiga».

Avión tiene 36 aldeas repartidas en nueve parroquias. Pero en realidad hay una más: la décima parroquia es la más numerosa, poblada y rica. Y está en la emigración.

Son, según el censo de 2024, 1727 personas las que viven en el Avión interior —el de Galicia— y 3342 las del Avión exterior, la mayoría en México, pero también en Venezuela, Panamá o Suiza. Las pirámides demográficas en Ourense son invertidas: anchas en la cúspide de más de sesenta y cinco años y un pico pronunciado en el nacimiento de bebés, casi inexistente. El crecimiento vegetativo es negativo desde hace décadas y solo ahora, con la inmigración, se mitiga mínimamente la caída. Pero el envejecimiento de la provincia es tan evidente que dispara las tasas de longevidad. En Ourense hay cien personas centenarias por cada cien mil habitantes. En el caso de las mujeres, se eleva a 150. En Avión es más exagerado el asunto: hay más personas de más de cien años que bebés.

En este siglo ha habido un promedio de cuatro nacimientos por año y han muerto una media de 32 personas. El resto lo contempla la población flotante o circular, vasos comunicantes entre dos mundos, con patrones semejantes allí y también aquí, autóctonos del otro lado del mundo, emigrantes pero no inmigrantes. La mixtura es perceptible en el intercambio de acentos foráneos, da igual en castellano o gallego, especialmente de mexicanos. También en la mezcla de devociones, patente en casas con azulejos de la Virgen de Guadalupe, y por supuesto en el festival de banderas que dan la bienvenida al visitante durante el verano: muchas mexicanas, algunas panameñas, muchas gallegas y, también, muchas españolas, más de lo habitual en Galicia: otra distinción.

Si Avión fue conocido durante mucho tiempo por los porcentajes más elevados de voto del PP, desde las municipales de 2023 el *concello* ostenta un hito hasta ahora inédito en Galicia: Vox sacó aquí su primera —y de momento única— concejala entre 3705 concejalías gallegas. Se llama Lilian Cerdeira y es hija de emigrantes en Venezuela. Ella misma regresó poco antes de la pandemia y se enroló en el partido en el primer invierno que pasó en el pueblo. Cuando ganó, los focos y los micrófonos volvieron a Avión. Todo el mundo quería entrevistar a Cerdeira y hacerle la pregunta clave en el lugar clave a la persona clave: ¿cuál es su postura respecto a la inmigración?

«Mi respuesta sobre si debemos regular la inmigración es sí».

En 2025, Cerdeira abandonó Vox y dejó al partido de ultraderecha sin representación en Galicia.

El exilio

En verano de 1939 llegaron a Veracruz procedentes de Burdeos los tres primeros barcos de exiliados españoles tras el fin de la guerra civil. En México, el presidente Lázaro Cárdenas, que nunca reconoció a la España de Franco, había abierto las puertas sin restricciones a los refugiados. Fueron más de veinte mil.

El Ipanema, con mil personas a bordo, se convirtió en símbolo de la evacuación por la cantidad de intelectuales y políticos que transportaba. Al doblar las costas de Galicia, alguien acertó a ver el cabo Fisterra, y allí los gallegos leyeron unas palabras de adiós a la tierra, aunque fuera a la distancia, y cantaron su himno. En una foto en cubierta, se ve, recostados, a Elixio Rodríguez, Ramón Cabanillas hijo, Roxelio Rodríguez de Bretaña y Florencio Delgado Gurriarán, poeta y fundador de la revista *Vieiros* junto a Luis Soto y Carlos Velo, cineasta de prestigio. En el Sinaia llegó el poeta Lorenzo Varela, que pronto se fue a Argentina, tras dos años, una revista y un amor perdido, o los hermanos Souza, también conocidos como Hermanos Mayo, firma colectiva de fotógrafos.

En el exilio mexicano abundaban las vidas de cine, como la de Bibiano Fernández Ossorio-Tafall, con un currículum más largo que su nombre: biólogo de formación, fue alcalde de Pontevedra en la República con veintiocho años, redactor del Estatuto de Autonomía, secretario nacional de Izquierda Republicana, comisario general del Ejército republicano. En México fue profesor, integró los círculos republicanos y luego se trasladó a Estados Unidos, donde trabajó en Naciones Unidas. En el ocaso de su vida, Adolfo Suárez le ofreció ser presidente de la Xunta preautonómica —declinó— y recuperó su cátedra en Pontevedra, de la que había sido desposeído con el golpe del 18 de julio.

Su vida trazó un arco impresionante, pero en los últimos años se ha puesto en valor el otro lado del exilio de Tafall: las penurias de la familia que dejó en Pontevedra. Josefina Arruti, su esposa, sufrió la represión franquista al quedarse en Galicia con sus tres hijos pequeños. Pasó dieciocho meses en prisión y dos años de arresto domiciliario con los niños enclaustrados. Liberada, abrió una pensión en su casa para poder salir adelante. Pero Finita, así la llamaban, también abrió el panteón familiar en el cementerio de Pontevedra para albergar los restos de represaliados de los que nadie quería saber nada.

Bibiano retornó a España cuarenta años después, ya en democracia, con la pareja que formó en México. No se supo si Bibiano y Finita se reencontraron esos años antes de morir. Después fueron enterrados en el panteón familiar, el mismo de los represaliados. Hoy en Pontevedra se reivindica a Finita Arruti con publicaciones y exposiciones y su nombre forma parte del callejero.

Alexandre de Fisterra

Cuando murió, en 2007, le cumplieron el deseo de viajar por última vez entre sus dos tierras. Sus cenizas se arrojaron al río

Duero en Zamora para así ser arrastradas hasta el Atlántico, y de ahí, corriente arriba, hasta Fisterra. Nació con el nombre de Alejandro Campos Ramírez y fue conocido como Alejandro Finisterre o Alexandre de Fisterra. Fue, por este orden, o así lo decía él, bailarín, inventor, escritor y editor. Atildado, seductor de ojos saltones, ingenioso y escurridizo, a él se le atribuye la invención del futbolín. Pero fue mucho más que eso: quizá el mejor ejemplo del exiliado buscavidas y pícaro, con tantos giros de guion como detalles por desvelar. Se murió con una autobiografía escrita que apenas leyeron en diagonal un par de personas y de las que nunca más hubo noticia. Ese último detalle brilla en un relato vital vertiginoso, colmado de peripecias, aventuras incomprobables, relatos llenos de sombras y muchos secretos. Mejor que sea así, dicen quienes se acercaron a su figura, o se removerían los cimientos familiares y políticos de medio planeta.

Un día soleado de invierno quedo a charlar en un café céntrico en A Coruña con Xurxo Souto, una de las personas que más lo conoció en sus últimos años. Músico, escritor, profesor y apasionado dinamizador cultural, señala con el brazo hacia fuera, hacia la calle o hacia el mar, que allí viene siendo más o menos lo mismo, y lo va moviendo según da coordenadas.

—Nació allá en Fisterra, pero su familia tuvo muchos años Casa Campos, la tienda de calzados al final de esta misma calle: «Si quieres mucho relajo y gran conforto para tus pies compra en Calzados Campos que está en la estrecha de San Andrés», decían unos versos de Antroido. El padre no tardó en mandarlo a estudiar artes gráficas a Madrid, quince años tenía. Vivía a toda velocidad, era tremendo.

Que su adolescencia fue agitada se comprueba en dos recortes de prensa de la misma época: uno es un poema publicado; otro, un breve titulado «Un hijo modelo», en el que se cuenta que fue denunciado por su propio padre por haber hurtado una pulsera de oro con diamantes que guardaba en su domicilio. Sus hermanos y él eran de la CNT y pensaban que harían la revolución anarcosindicalista. Se quedaron en shock en la guerra; aún más cuando Alexandre quedó bajo los escombros de una casa durante un bombardeo en Madrid. Con graves problemas respiratorios, lo llevaron herido a las faldas de Montserrat, a Colonia Puig, un antiguo hotel habilitado como hospital de menores heridos y desplazados por la guerra. Tenía dieciocho años.

Su genio hiperactivo lo llevó a maquinar una ocurrencia durante las horas muertas en el sanatorio. A él le gustaba el ping-pong, y con tantos niños mutilados alrededor jugando al fútbol a duras penas en una explanada, pensó: ¿por qué no inventar un fútbol de mesa? Habló con un carpintero vasco, también refugiado, compró mesas de madera y bolas de corcho y le pidió moldear con un torno unos trozos de boj hasta darles aspecto de jugadores. Ya había antecedentes de futbolín, pero él quería que tuvieran las piernas separadas para darle realismo, cinco delanteros atravesados por barras de acero bien engrasadas, que permitieran ser movidas hasta por un niño amputado. Animado por un militante de la CNT en Cataluña, patentó el invento. Hizo lo mismo con un pasapáginas a pedales, para que una enfermera que le gustaba pudiese pasar la partitura sin parar de tocar el piano. Todo eso contó él en entrevistas. También dijo que una vez terminada la guerra, al cruzar la frontera en su huida hacia Francia —la primera de muchas—, una lluvia torrencial le mojó las patentes hasta malograrlas.

Volvió a España cuatro años después y lo mandaron al servicio militar en África, pero desertó y escapó de nuevo hacia la península.

—Y ahí él me dijo que se cambió la identidad y pasó a ser Alejandro Finisterre, y se ganó la vida dando charlas, de ciudad en ciudad, sobre baile tradicional y folclore —cuenta Souto en el Café de Macondo, nombre como guante a la mano para el relato.

Puede sonar a fantasía, pero hay hemeroteca de sobra para respaldar los brincos vitales de Finisterre. Volvió a Francia y allí se reencontró con una vieja amiga de la infancia coruñesa, la actriz María Casares, hija del expresidente Santiago Casares Quiroga. En París, Alexandre publicó varios poemarios, pero volvió una vez más a España en otra encarnación: como componente de la compañía del Marqués de Cuevas, con quien se le atribuye un *affaire*. Su nombre aparece en el programa del Liceu de Barcelona como autor del libreto que adapta el ballet.

—Era un dandy, una mezcla entre el Corto Maltés y Valle Inclán, y tenía el don de la picardía y la rapidez. Porque de repente se marchó a Ecuador —prosigue Xurxo, tan enardecido que la narración resalta aún más—. Me dijo: «Yo tenía grandes amigos poetas en Ecuador y pensé: hay que hacer algo. Y fundé la revista de poesía *Ecuador Latitud 0° 0' 0"*». Y claro, el nombre era muy bonito, pero no le daba para comer.

A inicios de los años cincuenta recaló en Guatemala. Allí montó una fábrica de juguetes y futbolines junto a varios de sus hermanos: Campos Ramírez y Compañía. Patentó un *basketball* de mesa y siguió ligado al futbolín, allí llamado futillo, facturado con madera de caoba. Siempre dijo que el Che Guevara jugó con él. La República había abierto una oficina diplomática en el país centroamericano, justo cuando Estados Unidos patrocinó un golpe de Estado con el pretexto de una expropiación a la United Fruit, y a Finisterre lo detuvieron. Según sus palabras, lo secuestraron y lo metieron en un avión con destino a Madrid. En un movimiento insólito, pidió permiso para ir al baño, envolvió una pastilla de jabón en papel de aluminio y salió amenazando con explotar la bomba que llevaba entre manos a menos que desviaran el vuelo a México o Panamá.

Tras otra elipsis, Campos ya ha hecho pie en México y ha conseguido fundar su propia editorial, de nombre inequívoco: Finisterre Editor. Publicó unos doscientos títulos de poesía y varios autores destacados, entre otros, el primer libro de Ernesto Cardenal o León Felipe, de quien era amigo desde la guerra civil y terminó siendo su albacea. Él mismo firmaba su propia poesía con el seudónimo de Simplicio Revulgo. Pese al prestigio del catálogo, la viabilidad económica llegó con la publicación de una novela de Mario Moreno, Cantinflas, que vendió decenas de miles de ejemplares.

En 2020 la web Adiante Galicia publicó que había recibido una documentación remitida por un donante anónimo. En ella se demostraba una relación amorosa desconocida entre Frida Kahlo y Alexandre. Varios expertos en Frida expresaron serias dudas sobre la autenticidad de los documentos. Eran, según el autor, Rafael Lema, diarios, dibujos, fotos y cartas de amor de puño y letra de Frida, en el final de su vida, confinada en un hospital, haciendo balance de su vida y del amor que supuestamente se extendió desde 1948 hasta 1954, cuando falleció.

Un ejemplo del hallazgo: «Alejandro "Fin de tierra"; mi niño amado me preguntas si te quiero y yo te digo que eres de mis amores uno de los que más he querido, claro es que mi gran amor es mi niño sapo, mi niño gordo mi Diego, pero tú Álex eres uno de mis grandes amores». En esos papeles la artista le decía a Finisterre que le mandaría por su chófer un ajuar de cosas personales, en las que había, además de cartas, dibujos, notas, dos poemarios y un libro de recetas en el que aparecen fotos de los dos. «Si algún día piensas que estorban, quémalos, al fin y al cabo las cenizas son resultado del fuego de la vida que se apaga. Sé que muy pronto el Señor Mictlantecuhtli (dios azteca de la muerte y el inframundo) vendrá por mí, ojalá sea pronto».

Se apagó Frida, también León Felipe, en los sesenta —Max Aub le dio la noticia por teléfono—, pero Alexandre continuó una vida de viajes en los que no faltaron regresos a Galicia reseñados en la prensa: un año es una estancia en el Hostal dos Reis Católicos, otro una visita con intelectuales al faro del cabo Fisterra, otro unas charlas. No siempre eran recortes de loas al gran intelectual: en 1975 se publicó que había sido detenido y condenado por el Tribunal de Orden Público en Ourense, después de haber editado en México la Colección León Felipe con insultos a Franco: «Sapo iscariote y ladrón». Por ello pasó cinco días en la cárcel de Ourense. Tenía ya sesenta y seis años y ponía proa hacia España. Traía la obra de León Felipe con él y poco más.

En 1994 Xurxo Souto y sus compañeros de Os Diplomáticos de Monte Alto compusieron una canción titulada «Oda ao futbolín», en la que se repasaba la historia de Fisterra, en un videoclip en el que aparecía también Manu Chao, descendiente de la diáspora europea, hijo del intelectual Ramón Chao. Todos juntos mantuvieron la idea de hacer algo más. Y Xurxo se propuso conocer a Alexandre.

—Me citó en Madrid, en el edificio Capitol, el de la Schweppes. ¿Cómo nos vamos a reconocer?, le pregunté. «Yo siempre reconozco un gallego cuando lo veo», me dijo. Y así fue. No tenía un peso, pero era todo ideas. Yo le llevaba otra: queríamos hacer un evento circense y musical en el que se celebrara un Mundial de Futbolín. Dijo que sí encantado.

Así fue cómo, en 1998, también yo tuve la oportunidad de ver de cerca a Alexandre, con la admiración de quien ve al inventor de la pólvora, en un evento delirante que se llamó A Feira das Mentiras, celebrado en el antiguo mercado de ganado de Santiago de Compostela. Allí Alexandre dio el premio a los ganadores del Mundial celebrado en esos artilugios de hierro con muñecos de piernas separadas que había creado seis décadas antes.

La vida le tenía reservada una vuelta de tuerca más. Por una vez, feliz para su bolsillo. A finales de 2002, el Ayuntamiento de Zamora aprobó la compra de la obra de Lcón Felipe. 2500 manuscritos, cinco libros terminados pero inéditos, fotografías y correspondencia. Por todo ello desembolsó al albacea 920 000 euros, además de un sueldo vitalicio de tres mil euros al mes.

—Y fue entonces cuando me llamó —rememora Souto— en una visita a A Coruña en la que se alojó en uno de los mejores hoteles de la ciudad. Venía con su novia, una soprano mucho más joven que él, y me entregó, sin dejármelos llevar, dos tochos de fotocopias: sus memorias. Leí allí el primero como pude, toda la parte de Europa. Era un relato ingenioso, como él, *retranqueiro*, emocional, y la última frase de cada capítulo se enhebraba con la primera del siguiente. Me dijo que quería conocer a Manolo Rivas. Nos citamos en el Bar La Barra y también le dejó ver los folios. Alexandre se llevó los manuscritos y yo me quedé tranquilo, pensando que se publicarían pronto. Al cabo de un tiempo se murió y nunca se supo más. Siempre me quedó esa espina. Pero ese manuscrito tiene que aparecer.

9
PANAMÁ

No eran gold *ni* silver. *Eran «no negros», como fueron bautizados por los jerarcas del Canal*

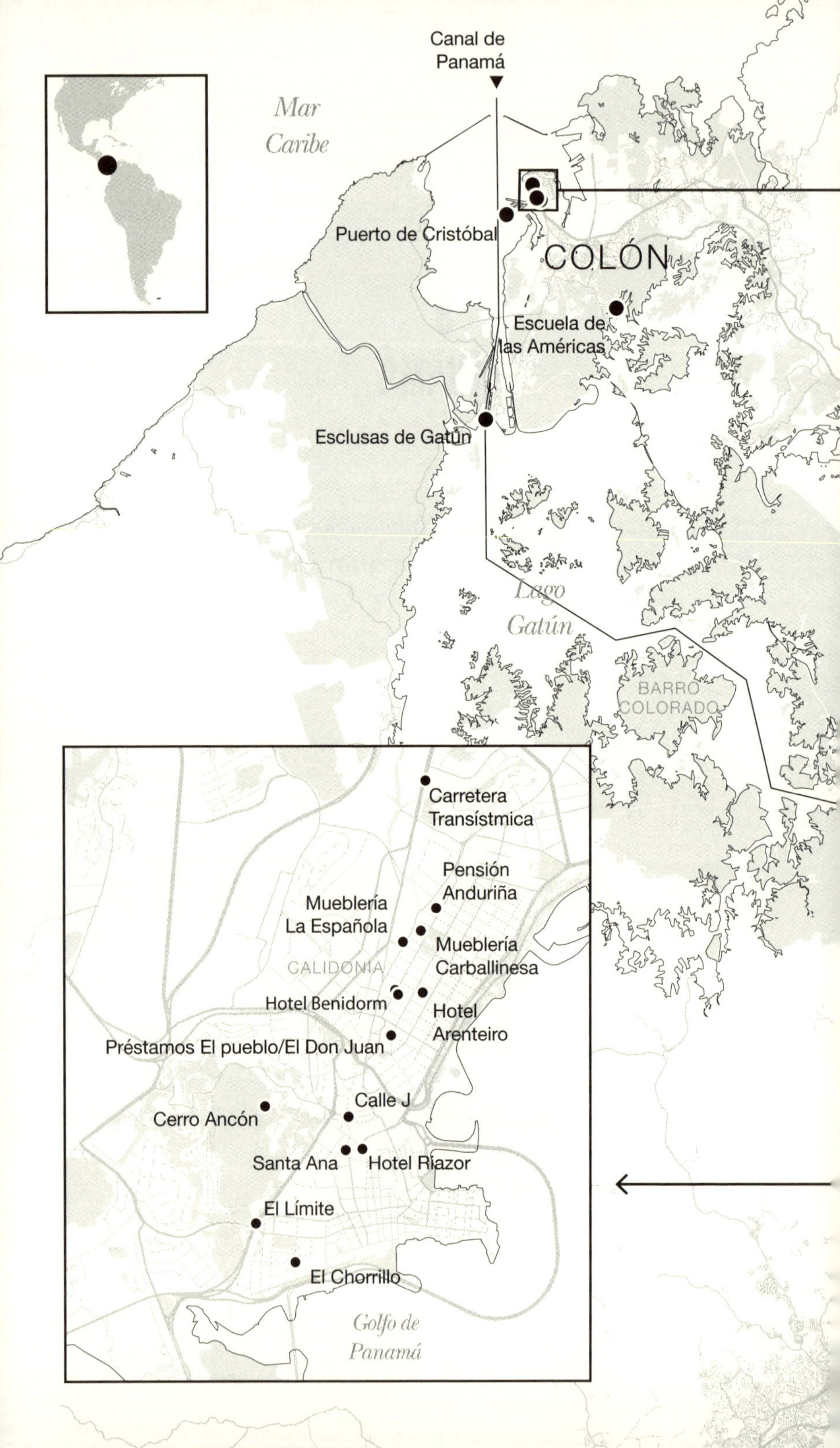
Canal de
Panamá
Mar
Caribe
Puerto de Cristóbal
COLÓN
Escuela de
las Américas
Esclusas de Gatún
Lago
Gatún
BARRO
COLORADO
Carretera
Transístmica
Pensión
Anduriña
Mueblería
La Española
Mueblería
Carballinesa
CALIDONIA
Hotel Benidorm
Hotel
Arenteiro
Préstamos El pueblo/El Don Juan
Calle J
Cerro Ancón
Santa Ana
Hotel Riazor
El Límite
El Chorrillo
Golfo de
Panamá

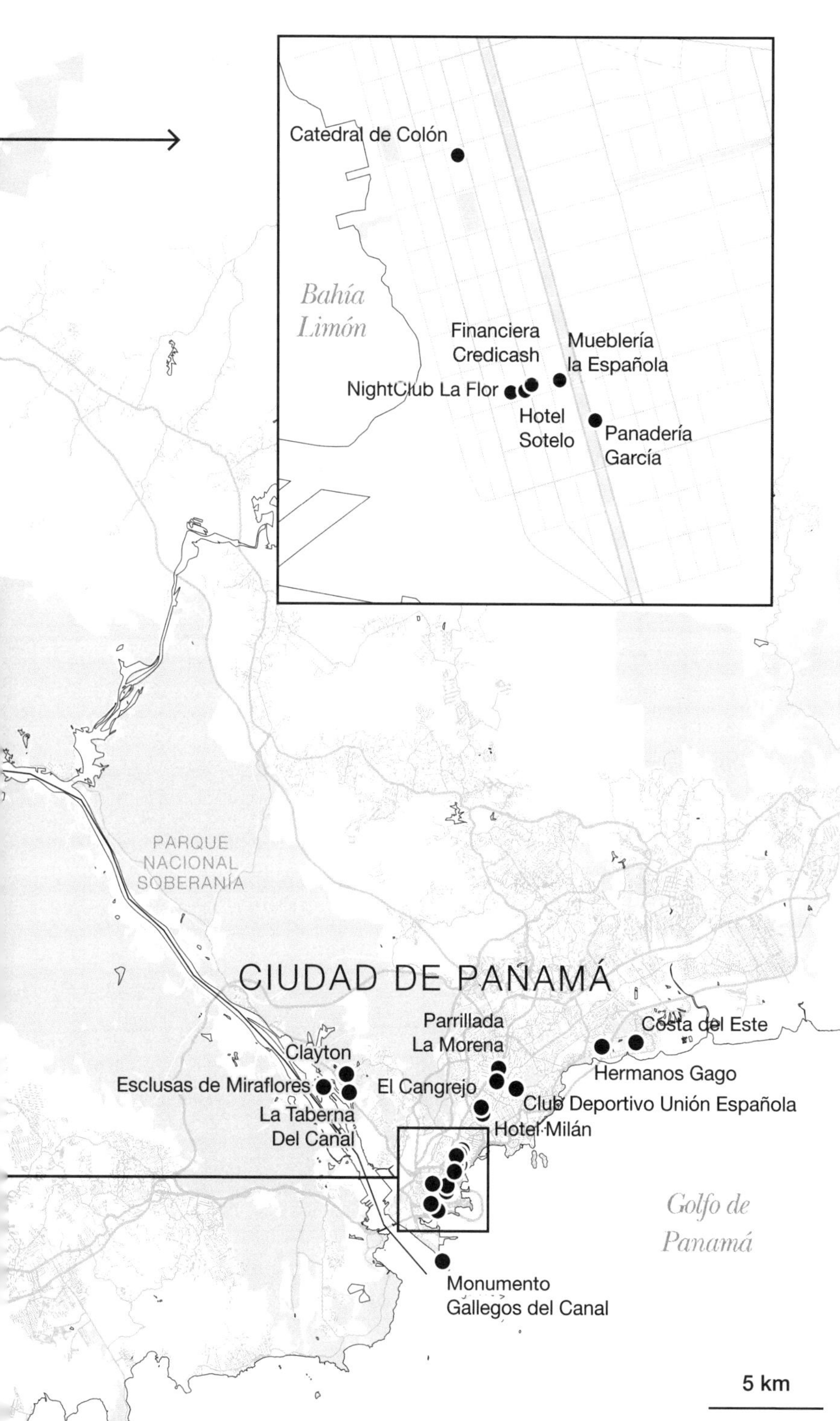

Catedral de Colón
Bahía Limón
Financiera Credicash
Mueblería la Española
NightClub La Flor
Hotel Sotelo
Panadería García
PARQUE NACIONAL SOBERANÍA
CIUDAD DE PANAMÁ
Parrillada La Morena
Costa del Este
Clayton
Hermanos Gago
Esclusas de Miraflores
El Cangrejo
Club Deportivo Unión Española
La Taberna Del Canal
Hotel Milán
Golfo de Panamá
Monumento Gallegos del Canal
5 km

Las charreteras de Noriega

A veces el éxito es contraproducente.

A Higinio y María el nuevo emprendimiento en el centro de Panamá les iba de maravilla. Era una cantina, que en este país significa bar de mala muerte abierto veinticuatro horas, puertas abatibles de *saloon* y puro hombre a puro trago dentro, con alterne femenino —«pero no prostitución», decían—. En los años ochenta, la vida pública la dominaba Manuel Antonio Noriega, militar caricaturesco, de traje verde oliva y rostro picado por la viruela, envuelto en el narcotráfico con los cárteles colombianos. Y casado con una gallega. En realidad, hija de un emigrante de Vilariño, Soutelo de Montes, llamada Felicidad Sieiro. El *hombre fuerte* de Panamá tenía una fuerza de choque llamada Los Doberman, que amedrentaban manifestantes y contrarios al régimen, pero que también se lucraban, algunos de ellos, con negocios en la sombra.

Uno de sus altos mandos se fijó en la cantina de los gallegos, ubicada a cinco minutos del cuartel central de las fuerzas de defensa, en el popular barrio de El Chorrillo, y le pareció un lugar ideal para vender droga, así que fue, ojos de trapo, a por Higinio. Primero se lo sugirió de palabra. Después empezaron las amenazas y las extorsiones directas. O nos dejáis vender o despídete. Plata o plomo. Higinio, sacrificado emigrante de O Carballiño, callaba. Y María, que pasaba las horas tejiendo en la trastienda, tomó la directa. Dejó la sobrecama que estaba calcetando, se hizo con un ovillo de hilo de oro y comenzó a bordar cuatro estrellas doradas sobre una charretera, el distintivo militar que se coloca sobre el hombro. Le quedó divina, así que hizo otra igual y siguió con su plan. Con la mediación de la red de paisanos consiguió una reunión con Sieiro, la mujer de Noriega, a solas:

—Felicidad, como paisanas que somos te voy a pedir un favor que vas a entender. Nosotros vinimos a ganarnos la vida y lo único que queremos es que nos dejen trabajar. Por favor, haz que se cumpla y nos dejen en paz.

Y sin mucha ceremonia le entregó, como si fuera un plato de filloas, el presente que traía recién hecho para su marido: las charreteras con las estrellas doradas que después Noriega lució durante años en eventos y ceremonias. Los Doberman no volvieron a pasar por la cantina.

Los gallegos llegaron desde las montañas que dividen Ourense y Pontevedra a un país pequeño y despoblado a su llegada, alrededor de 1960. El hábitat generó una cercanía doble: si el primo de mi vecino tiene un problema, lo ayudo. Y nutrió de nombres gallegos, más que en ningún otro lugar, las más altas esferas de poder.

Solo hay que echar un ojo a la nómina de los últimos presidentes del país. Entre 2019 y 2024 gobernó Laurentino Cortizo —conocido por el diminutivo familiar, Nito—, cuyo padre emigró desde la aldea de Ricovanca, parroquia de Xirazga, en Beariz. Entre 2014 y 2019 lo hizo Juan Carlos Varela, cuya abuelo salió de Montecelo, Bergondo, para convertirse en una celebridad en Panamá, puesto que dio nombre a la destilería más famosa del país, Ron Abuelo. Y entre 2009 y 2014 gobernó Ricardo Martinelli, cuya «amante oficial», así la denominó la prensa, Aurora Muradás, nombre influyente y controvertido, es de Soutelo de Montes, como Felicidad, la mujer de Noriega.

Dicen los propios gallegos que la diáspora de aquí es una economía de escala, saca recursos y nombres por encima de lo habitual. «Aquí hay más negocios que gente», aseguran. Y a diferencia de otras latitudes, los descendientes, perfectamente integrados, sacan pecho de su origen. Si el dios de la salsa, Rubén Blades, siempre ensalzó a su abuela gallega nacida en Cuba (la ourensana Carmen Caramés, con quien su abuelo tuvo veintidós hijos), Los Rabanes, un grupo ganador del Grammy, lanzaron una versión ska de «A Rianxeira» con gran éxito en redes y medios. Esta oleada fue la última en llegar a América y enseguida se sumó a la pequeña burguesía extranjera que iba copando puestos clave en el país. Pero no siempre fue así.

Los gallegos del Canal: los «no negros»

Panamá es la república más joven de América. Si bien se independizó de España en 1821 para unirse a la Gran Colombia, solo fue soberana en 1903. Al año siguiente —nada casual, del todo causal— comenzó la construcción del Canal, una línea de agua que atraviesa el istmo para conectar el océano Pacífico con el Atlántico. El hito que supuso en la historia de la humanidad se evidencia cuando uno se asoma a las esclusas de Gatún, en el extremo atlántico. Al ver las maniobras de los prácticos para subir el nivel de agua; al comprobar la entrada de los navíos abarrotados de contenedores por una estrecha línea de agua medida al milímetro; al seguir con el dedo, en fin, el mapa hasta el lado pacífico, se entiende la obsesión de los dueños del comercio mundial —primero los españoles, luego los franceses, al final los estadounidenses— por construir un canal interoceánico.

La primera idea la vislumbró Carlos V siguiendo el trazado del Camino Real abierto por Núñez de Balboa, que conectaba por tierra los dos mares. Tres siglos más tarde, en el XIX, los estadounidenses construyeron un ferrocarril para acortar el transporte de oro de la fiebre californiana. Los franceses se lo compraron en 1881, cuando emprendieron el proyecto de conectar los océanos para evitar el rodeo de Sudamérica doblando el peligroso estrecho de Magallanes. Al frente puso a Lesseps, el famoso ingeniero que dirigió la obra del canal de Suez, pero fracasó, por falta de financiación y desconocimiento del clima y las enfermedades: se calcula que murieron más de veinte mil trabajadores. Apareció de nuevo Estados Unidos, que acababa de hacerse con Filipinas, Puerto Rico y Cuba y fue a por la concesión del canal francés. No fue fácil, por las reticencias del Congreso colombiano a ceder territorio. Pragmáticos como siempre, los gringos se interesaron por la causa independentista de Panamá y, *voilà*, al año siguiente se alumbró una nueva república patrocinada por Washington. País nuevo, canal nuevo: en cuestión de meses se firmó el acuerdo y empezó la obra que convertiría a Estados Unidos en superpotencia mundial. Para construirlo se sirvió de las migraciones, porque en aquel territorio solo vivían trescientas mil personas.

El historiador gallego Juan Manuel Pérez, de la Biblioteca del Congreso de Estados Unidos, se nutrió de las fuentes oficiales sobre la historia del Canal para escribir su valioso libro *Pro Mundi Beneficio*. En él se detalla que fueron contratados más de 40 000 extranjeros, la mayoría afroantillanos, y alrededor de 12 000 europeos, con una mayoría de gallegos. El cálculo oficial habla de 8298 españoles, de los cuales 6483 eran gallegos, entre los que había quinientos llegados desde Cuba. Por comparar, había 1941 italianos, 1101 griegos, 19 franceses y 14 armenios.

Existían dos categorías de trabajadores: los que cobraban la *gold roll* (nómina de oro: estadounidenses con trabajos cualificados) y los de la *silver roll* (nómina de plata: obreros caribeños y europeos que hacían el trabajo de pico y pala o *pick and shovel*). Dentro de esta última categoría existía una segregación pecuniaria, pues los europeos ganaban veinte centavos oro (o cuarenta centavos plata) a la hora, pero los antillanos solo diez de plata.

John Frank Stevens fue nombrado ingeniero jefe del Canal, un año después del inicio —y muchos sinsabores y bajas después—. Era un líder hecho a molde. En su primera alocución dijo: «En Panamá hay tres enfermedades: la malaria, la fiebre amarilla y el miedo. De las tres, la última es la más seria». Lo primero que hizo fue fumigar con toneladas de insecticida. Lo segundo, contratar a los primeros gallegos, pero en Cuba. Era 1905.

A la isla mandó a un agente llamado LeRoy Park, que conocía de su trabajo en la construcción del ferrocarril cubano. Allí había comprobado cómo eran los que se encargaron de la obra: duros como el mármol, disciplinados como hormigas, callados como monjes, maleables como el caucho. En un cruce de cartas entre jefes del Canal se decían: «Ningún trabajador en el mundo ha tenido éxito en países tropicales, tanto en su aclimatación como en su rendimiento, como el gallego». La oferta que les hicieron era sencilla: en Cuba les pagaban un dólar por día; en Panamá les ofrecían dos.

El ingeniero Stevens fue gráfico en su conclusión: «He estado viéndolos muy de cerca y uno de ellos hace el trabajo de tres de nuestros antillanos», pero solo les pagaban el doble, beneficio evidente con el *apartheid* laboral. No eran *gold* ni *silver*. Eran «no negros», como fueron bautizados por los jerarcas del Canal. Cuba solo permitió salir a un puñado, así que para buscar más gallegos fueron al manantial de origen. LeRoy Park llegó a Vigo en junio de ese año y se dirigió a la consignataria Estanislao Durán, representante de la Royal Mail, una de las grandes navieras internacionales. Estas tenían cien ganchos repartidos por Galicia, agentes que prometían una vida mejor a través de publicidad, muchas veces engañosa, que ya habían reclutado a miles de emigrantes hacia América en décadas anteriores. Luego hizo lo propio en A Coruña con Rubine e Hijos, otra consignataria influyente.

Lo siguiente era convencer a España, recelosa de Estados Unidos tras la pérdida de Cuba. El enviado especial le escribió una carta al Gobierno en la que pintó una escena idílica, y prometía trabajo bien remunerado, sin riesgo de salud ni laboral. Park mandó imprimir diez mil folletos con ilustraciones y fotos de las obras y un listado de condiciones que les haría la boca agua a los candidatos a emigrar. No gustó a España la maniobra de la misión, pero tampoco podía ponerle puertas al campo. Galicia se había convertido en un mercado de carne pagada al mejor postor y ahora el Canal auspiciaba una nueva e intensa oleada.

El 14 de septiembre de 1906 embarcaron los primeros obreros a bordo del buque Orinoco. En un solo año embarcaron 5309 hombres. LeRoy Park resumía así su trabajo al *Washington Herald*: «He asegurado gran cantidad de hombres durante el año de las provincias del norte de España. Esa parte se conoce con el nombre de Galicia. La gente es llamada Gallegos —se pronuncia *Gy-a-goes*—. No son muy grandes, pero sí musculosos y fuertes, y muy apegados al trabajo. Son pobres en su país y se les paga dos centavos al día en oro en el Istmo, lo que les hace estar dispuestos a emigrar».

Ahí dio con la clave: la necesidad. El encargado de negocios de Estados Unidos en España, William H. Buckler, lo redujo a un terrible diagnóstico: «Toda la prosperidad de Galicia depende en gran medida de la emigración».

Algo se le removió a Juan Carlos Barreiro en las entrañas. Era septiembre de 2019 y acababa de completar el Camino de Santiago. Antes de volver a su Panamá natal, se citó con un tío suyo, Xosé Luís Barreiro Barreiro, catedrático de Filosofía en la universidad compostelana, que estaba recabando datos para escribir un libro sobre su familia. El bisabuelo de Juan Carlos fue uno de los obreros reclutados en Galicia. No había mucha información: que participó en el Corte Culebra, el trecho más importante de la obra, y que luego se fue a Nueva York y Delaware contratado por un gringo del Canal.

Cuando Juan Carlos subió al avión de vuelta a casa llevaba consigo una urgencia y una obsesión: contar la historia de los obreros gallegos. Llegó y corrió a ver a su amigo Manuel Pico, productor de televisión de familia ourensana, hombre generoso y expansivo, que ahora sonríe junto a él recordando toda la historia.

—Cuando viniste y me contaste que había habido tantos gallegos en el Canal me quedé loco, nunca lo había oído. Siempre pensé que solo había sido alguna cuadrilla.

Las fotos son hipnóticas. Sus protagonistas posan con cara de trabajadores saludables y bien alimentados: delante de un vagón de tren usado como alojamiento, trabajando en el Corte Culebra, donde se reventó una montaña de roca y piedra volcánica durante siete años, junto a la vía del tren con una máquina de vapor al lado y el campamento de fondo, acompañados por capataces norteamericanos, en un comedor o en un barracón con camas de campaña.

En muchas no aparece pie de foto. Pero en otras no hay lugar a dudas: los llaman, aun siendo en inglés, «Gallegos» como gentilicio diferenciado de «Spanish», en diferentes situaciones: «Gallegos viviendo en los vagones del ferrocarril»,

«Gallegos descargando vagones de plataforma», «Gallegos mezclando mortero *in* Las Cascadas, *December* 1906».

Todos son pequeños de talla, delgados y sin aparente robustez. Casi todos con el bigote a la moda, los pómulos entremetidos y mirada de ojos vacíos, de un rencor íntimo, con el gorro característico de la obra, de ala ancha, o al menos una boina de aldea para aguantar doce horas, seis días a la semana de picar piedra a la intemperie. Salvo algún atrevido, no dejan centímetro de piel al descubierto, una tentación para los mosquitos portadores de enfermedades. Visten camisa de botones o camiseta de manga larga, faja o cinturón y pantalón de faena desteñido y botas de caucho repelentes al agua. Llevan una placa de metal con su número de obrero grabado en ella, identificación obligatoria para el economato, el comedor, el día de pago y, también, por los temidos accidentes.

Las imágenes, que idealizaban las condiciones de trabajo, sirvieron de reclamo para otros. Ellos ya se habían ganado renombre como mano de obra bruta y en teoría mansa, como se reflejó en un mensaje del presidente Theodore Roosevelt al Congreso estadounidense en diciembre de 1906: «Los capataces me han informado de que hacen el doble que los trabajadores de las Antillas. Se mantienen sanos y no hay dificultades con ellos en ningún sentido [...] Un esfuerzo constante se está haciendo para asegurar italianos y sobre todo españoles, debido a los resultados tan satisfactorios que han tenido, y su número se incrementará en la medida de lo posible».

En los primeros años de obra, los más duros, la aportación galaica fue el pivote sobre el que se apoyó la Comisión. Su trabajo se repartía entre la excavación y el ferrocarril, fundamental para transportar el desmonte. La gran mayoría no tenía idea de maquinaria. Se adaptaron, igual que lo hicieron a dormir hacinados en los vagones sin ventilación —y no en aquel idílico hotel que prometía la propaganda que les daban en Galicia—, igual que aguantaron los gritos de los capataces en un idioma desconocido. El trabajo era casi lo de menos; si a algo estaban acostumbrados era a doblar el lomo.

Las condiciones objetivas eran extremas: nueve meses de lluvia continuada y frecuentes chaparrones torrenciales, tres de sol taladrador y siempre un calor de sudor a chorro, la fiebre amarilla y la malaria al acecho. En el libro de Pérez se dan detalles de reclamaciones de indemnización desde Galicia por muertes por accidente o enfermedad de parientes, y las medidas tomadas por España. En 1908 se aprobó la nueva ley de emigración prohibiendo la emigración a Panamá. No le afectó demasiado al Canal, porque había trampas: los ganchos conseguían meter a los jóvenes en barcos a Costa Rica y a Brasil para luego redirigirlos al istmo. Además, para entonces el cupo de obreros estaba casi cubierto.

—Lo primero era buscar a personas con más nombre que nosotros —dice Manuel Pico, rememorando los primeros impulsos del homenaje a los gallegos del Canal—. Y pensamos antes que nada en Daniel Pichel y Ricardo Gago, dos figuras reconocidas en el país. Llamé a Ricardo y le dije: «No nos puedes fallar». Los dos se sumaron de inmediato. También pensamos en la hermana del presidente de la República, Dorinda Cortizo, gallega y militante de todo lo relacionado con su tierra de origen. Y también sumamos a Francisco Sieiro, un joven historiador e investigador que escribió sobre su familia emigrada.

Era febrero de 2021 y de repente tenían un grupo de gente decidida a hacer realidad una idea. Se organizaron hasta crear una fundación con nombre inequívoco: Nosa Terra. El objetivo era construir un monumento que honrase la memoria de los gallegos del Canal en la Calzada de Amador, una estrecha lengua de asfalto a modo de paseo costero que une varias islas de la bahía con la ciudad. Hoy es un centro de ocio muy popular, pero lo importante es que el suelo que pisan miles de personas proviene de la tierra removida en el Corte Culebra. Para erigir la escultura había que financiarla y conseguir los permisos. De nuevo operó la diáspora: el ministro de Obra Pública panameño era nieto de emigrantes de Forcarei, tierra de canteros.

En enero de 1908, inquietos por los relatos de las condiciones en la obra, el Centro Gallego y el Casino Español de La Habana mandaron una expedición para investigar la situación de sus coterráneos. Ya se sabía que el Canal no era un paraíso, y que si los emigrantes vivían mejor era gracias a la lucha obrera. Primero, la comida: se llegaron a importar toneladas de garbanzos desde Galicia para que los prepararan cocineros gallegos. Ya no tendrían que engullir sin masticar *pancakes* y hamburguesas, platos extraterrestres. Segundo, la convivencia: hubo peleas con palos y armas blancas con los antillanos, abortadas por la policía del Canal, que los gallegos llamaban, por abreviar, Guardia Civil. Y tercero, la jerarquía. En agosto de 1907, tras el despido de cuatro gallegos, sus paisanos convocaron una huelga. Dos meses después, otro paro. Algo tuvo que ver también la llegada de anarquistas como el ourensano Manuel Rodríguez, que agitaron el contingente obrero con mítines, actividades y publicaciones. En 1911 suspendieron a varios gallegos por comer durante el trabajo. Al día siguiente no se presentaron a trabajar más de quinientos compañeros. Se quejaron a las autoridades y obtuvieron una pausa para un tentempié a media mañana, que los gringos tradujeron como «el *coffee break* de los gallegos».

El 15 de agosto de 1914 el buque Ancón atravesó el Canal por primera vez. Se había abierto una arteria de agua atravesando montañas a lo largo de 82 kilómetros, gracias al trabajo y las vidas derramadas en una excavación que movió tanta tierra como para construir sesenta pirámides de Keops: una de las grandes obras de ingeniería de la humanidad, que cambió el mundo y hasta el mapa del continente. Panamá no se entiende sin el Canal y este no se entiende sin los gallegos, aunque no salieran en los libros de historia.

El logo destaca en la fachada de una nave en un polígono cerca de la Panamericana: Hermanos Gago, con el mapa de las Américas integrado en una G, que por otro lado podría ser un anagrama oculto de la galleguidad, y quizás lo sea. Detrás, horadando el cielo plomizo, se adivina el *skyline* de Costa del Este, el millonario emprendimiento inmobiliario de otro gallego, Casimiro López. Enfrente está La Casa del Jamón, con un toro por cartel, reclamo de productos de importación. Este es el reino de Ricardo Gago Salinero, la llave maestra de la Fundación Nosa Terra para levantar el monumento de los gallegos. Me recibe en su despacho en el edificio principal, con el corpachón inclinado hacia adelante para el saludo protocolario pero amable. Él se sienta del otro lado de la mesa, lleno de cosas, como el propio despacho, un bazar de objetos relacionados con el Canal.

Lleva camisa azul de rayas blancas, remangada al milímetro por debajo del codo, el pelo ralo y rapado y gafas azules. Tiene a su lado el libro de Juan Manuel Pérez como una biblia, marcado con cuarenta etiquetas de colores, y más allá un gran libro de mesa, editado con materiales de categoría, que lleva su firma: *Celebrando los 100 años del Canal de Panamá.* Fue presentado en el Teatro Nacional con la plana mayor del país invitada y Gago en el centro de la escena. En trescientas páginas se muestran objetos de su colección personal de cinco mil piezas —cartuchos de dinamita, mapas, silbatos, cerillas, naipes, monedas—, que donó al Museo del Canal.

El despacho huele a humedad y tierra. Apoyo mi mochila en el suelo y veo, justo al lado, varias palas oxidadas, expuestas como rifles en un armero. También hay fotos enmarcadas y otras que me muestra en mano.

—Estos son negativos originales, no son copias; menos mal que los guardaron los gringos —dice en un ataque de sinceridad—. Estas son traviesas de las vías de ferrocarril del Canal, y estos, clavos originales de los rieles. Tengo guardados miles. Y esta es una *metal check*, la placa de trabajador, mira —y la aleja para evitar la presbicia—: número 4252, Eugenio Álvarez Rodríguez, un gallego que llegó a trabajar el 9 de enero de 1907 al puerto de Colón. Está todo detallado.

Y así es como el despacho muta en museo. Ahora Gago muestra la maqueta de la estatua que quieren construir, e insiste en que debe ser lo más parecido a la realidad, en tamaño y realismo, no importa el precio. El monumento representa a cuatro obreros con pico y pala, gorro de ala o boina y camiseta sudada y pantalones con botas, y palas a imagen y semejanza de las que nos rodean.

—Hicimos un estudio en función de las fichas, en las que se dice la edad, la altura, el peso y si tiene algún rasgo significativo en cara o cuerpo. De ahí tomamos una muestra de cien y hallamos el aspecto promedio para representar a cuatro obreros. Estamos en fase de financiación, costará más de medio millón de dólares. No habrá problema con todos los gallegos que somos.

Y no lo hubo. Tardaron un año en poner la primera piedra con una pala original y en febrero de 2024 el presidente Nito

Cortizo lo inauguró. Acudió toda la fundación Nosa Terra, vestidos con guayaberas de gala y se retrataron delante de la escultura: cuatro obreros de bronce y silicio, al contraluz del atardecer, bregando herramientas idénticas a las reales sobre tierra real panameña, como si fueran a salirse de la peana y ponerse a trabajar.

Muerte en Las Siete Vidas

Los destinos de Los Doberman, Felicidad Sieiro y la familia Vázquez, con su cantina de El Chorrillo, fueron de todo menos venturosos. El cuartel general de los militares que hostigaban a los gallegos fue bombardeado en la invasión estadounidense que en 1989 expulsó a Noriega del poder y lo encerró hasta su muerte en 2017. Tres años después de la invasión, Sieiro fue detenida en Miami por robar en una tienda de lujo. Higinio parecía salvarse de la historia torcida del país, pero a finales de los noventa, tres chicos entraron a robar a su cantina, llamada Las Siete Vidas, y lo mataron de varios disparos cuando intentaba defender la caja. Tenía sesenta y dos años.

Higinio Vázquez hijo, director de una empresa de seguros, maldice aquella noche.

—Mil veces había hablado con mi padre de que eso podía pasar y mil veces le dije que le hacía una póliza de vida. «No pienso darle mi plata a un seguro», así era de gallego tozudo. Y se me fue así.

Higinio tiene ahora casi la edad de su padre cuando murió. Elegante, con el pelo ondulado y engominado, la barba recortada perfecta, gafas de pasta y camiseta de marca, transmite tranquilidad y simpatía. Todo lo contrario de aquel tiempo en que estuvo tentado a salir a por venganza.

—Al tipo que asesinó a mi padre lo tuve al lado para quemarlo, para dispararle, porque yo tenía arma. Y, mira, también tenía una gente que me hacía el favor, porque teníamos muchos amigos policías y militares: «Higinio, ¿quieres que salga en el periódico? Dime». Y hubo un momento que me llené tanto de ira que lo pensé, pero luego vi las repercusiones, con mi mujer embarazada, y tuve la fortaleza mental de decir, hey, para. Aquellos chicos sí que lo pagaron, estuvieron veinte años dentro. Y nosotros echamos el cierre de Las Siete Vidas.

Aunque se graduó en Farmacia, Higinio seguía vinculado a las cantinas y al hotel de un tío, el Riazor, en Santa Ana, un barrio de calles angostas y húmedas, hoy más decadente que entonces, de fachadas negras de humedad y aires acondicionados. Pero entonces los emigrantes triunfaban allí.

—Estaba lleno de gente de los muelles y los cuarteles. Muy cerquita estaba la calle J y alrededores, con sus neones de los cabarets, sus locales de baile y de alterne, sus pensiones, siempre de paisanos o de griegos: La Cueva del Zorro, Las Vegas, Maravilla... era como el Strip de Las Vegas pero en cutre. Ahí empecé yo a trabajar, picando hielo, hasta que mi padre me prohibió estar en esos sitios. Era como una tienda de caramelos siendo yo el hijo del jefe. Yo tenía veinticuatro años y le dije: papá, yo también quiero trabajar aquí y ganar dinero. Me contestó llevándome al almacén: «Aquí hay un inventario de cien mil dólares. No sé cuál es tu problema si todo esto va a ser tuyo cuando yo me muera». Pues bien, lo mataron y yo me aparté de ese camino.

La Morena

El barrio de Vista Hermosa no tiene vista ni es hermosa. A cambio, vive un día a día estridente y veloz. Antigua zona de italianos, ahora lo ocupan los indostanos —así llaman a indios y paquistaníes—, que manejan talleres de coches y ventas de ocasión. De noche, el ruido sale de restaurantes y establecimientos de gallegos, como El Encanto, el Tom Si y La Morena, una parrillada, o así le llaman. Ofrece comida rápida y menú y también *cubetazos* de cerveza y retransmisiones deportivas en la pantalla gigante; corre el ron y los vasos con hielo picado y removedor, tiemblan los bafles con vallenato, salsa, merengue y bachata y, cuando baja el sol, las luces de neón que lo acercan a un club más que a un restaurante, con actuaciones musicales y camareras colombianas con polo apretado negro y minifalda amarilla. Cierra a las tres de la mañana y sigue la fiesta a puerta cerrada, pero a la hora de la tarde que llego está aún vacío, salvo en la mesa central, donde espera el propietario, un gallego con mil batallas encima. Se llama Avelino Salceda y no deja un charco sin pisar, aunque le salpique. Su narración torrencial, con voz rota y fonética gallega con acento centroamericano, hace aún más interesante su vida.

—Mi bisabuelo materno era de Gabián, cerca de O Paraño, en Boborás. Le prestaba dinero al vecino para que mandara al hijo para aquí, si no ¿cómo crees que venía la gente? ¿Ahorros? Qué ahorros. Venían todos con la deuda encima. Le daba el dinero al padre del que emigraba, y este ponía una finca como señal. Si luego el hijo era un bala perdida y no le iba bien, entonces perdía la finca —se frena para tomar un trago largo y pide otra copa. Ahora avanza una generación—. Mi abuelo paterno ya estaba aquí y trajo a mi padre cuando tenía dieciséis años. Abrió cantinas en El Chorrillo, pero en el 69, después de subir Torrijos al poder, tuvo que irse del país. Una noche tuvo una discusión de tráfico con un tipo, se bajaron del coche y mi padre le pegó y resulta que era un capitán de los golpistas. Se fue a México, donde nací yo. Mis hermanas, mayores, se casaron con gallegos mexicanos. Pero cuando llegó la crisis allá, en el 82, vinimos a Panamá. Mis hermanas y sus maridos no se hicieron a este lugar y volvieron a México. Yo me quedé con mis padres.

Avelino controla el bar mientras habla y de vez en cuando, para. Tiene cincuenta años y viste polo rosa Calvin Klein. El poco pelo lo lleva rapado y tiene una mirada diferente, de ojos azules con fondo acuoso. Ahora llega a su vida sin dejar el idioma familiar.

—Nosotros siempre hicimos la vida en gallego, no como el del libro, pero siempre en gallego. Y aparte también estudié dos años en un colegio en Boborás. Cuando llegamos aquí yo era adolescente y me junté con una pandilla en la Sociedad Española que tenía un jefe. Me vino a agarrar el primer día, lo tiré al suelo y entonces el jefe pasé a ser yo. Cuando tenía veinte años, me mandaron a España otra vez: querían sacarme de aquí y que me buscara una novia gallega. Eran años muy locos. En 1992, justo cuando inauguraron la Expo, salimos de marcha por Carballiño y a las siete de la mañana alguien dice: «Vamos a Sevilla. ¿A que no hay huevos?». Nos subimos a un Porsche y fuimos a todo sacar, íbamos con los dólares en la mano. En un momento dado nos adelantó un Ferrari. Luego lo vimos en Sevilla: era un *mexicano* de Avión.

Volvió a Panamá y siguió con su vida a velocidad de Porsche. A país salvaje, actitud salvaje.

—Yo pistoleé a dos por allá abajo. Uno me dijo que me esperaba fuera para pelear, salió a por la pistola al coche y yo me adelanté y le metí un tiro en la pierna. Desde chaval voy armado.

—¿Ahora mismo la tienes encima?

—La tengo en el cajón, pero al salir para casa la llevo en el coche. Mi padre fue cazador y en casa siempre hubo armas.

A mí me valía verga todo —descansa un momento y, como si fuera un recuento, continúa—. Otra vez estaba peleando con uno y me vino su hermana y se me echó encima de la espalda. Yo no me di cuenta de nada, pero de repente vi que tenía el suéter manchado de rojo: la chica me había rajado la espalda con un cúter. Tengo 215 puntos aquí atrás. Fui al hospital, me cosieron y volví al bar. Este año, en la fiesta que hago siempre en Nochebuena, me entró un dolor en el costado. Me estaba sentando mal la copa, pensé. Era un infarto, pero el 31 ya estaba tirando fuegos otra vez aquí fuera.

—Te habrás cuidado ese día.

—Sí, sí, solo bebí seis tragos. Tomo ocho pastillas diarias: para el ritmo del corazón, el colesterol, etc. El médico ya me dijo que ya sabe que en diez años me van a tener que poner otros *stents.* Ya tendré sesenta y habrá que ir parando —pausa y tintineo de hielos—, ¡pero nadie muere la víspera!

El Límite

Una frontera cruzaba por el centro de Ciudad de Panamá. La formaba una calle de nombre conveniente, 4 de Julio, y separaba, desde 1914, el barrio de El Chorrillo de la Zona del Canal, es decir, territorio estadounidense. Del lado de allá se veía todo ordenado, con la hierba verde clorofila y limpio como una patena. Si se echaba la vista hacia arriba, más allá de la valla de alambre, estaba el cerro Ancón, símbolo de la discordia neocolonial, herida por la que sangraba la soberanía mancillada del joven país. Del lado de aquí se levantaba la zona de cantinas y tugurios, inundada de alcohol, botella rota y la muerte al filo. Ese mundo indómito y arrabalero se llamaba El Límite, y en él los gallegos reinaban.

En las cantinas de esa avenida se movía más dinero que en el resto de los barrios del casco de Panamá, porque no solo se ganaba por la bebida, sino también por el préstamo informal. Los gallegos hacían el agosto cada quince días, cuando cobraban los trabajadores del Canal y los soldados *gringos* de la Zona. Al llegar la noche, aparecían por la cantina y pedían fiado de beber, porque tenían un cheque, pero no dinero.

Cantineros como Francisco, un vecino de Carballiño muy querido por sus coterráneos, les fiaba toda la noche con un recargo, con el cheque como prenda, hasta que lo cobraban al día siguiente. Pero después de la cantina los currantes querían alargar la noche, así que los emigrantes empezaron a cambiar ellos mismos los cheques por efectivo, con comisiones del cinco por ciento. Era una rueda de hámster que beneficiaba a todos, incluido el cliente: por una *mordida* el gallego te daba el dinero, lo abrazabas y luego te vendía el licor por el que el lunes lo maldecías, hasta el siguiente día de cobro, en que volvías sin falta a la cantina a quererlo e insultarlo en un bucle sin fin.

Dicen los panameños antiguos que, pese a no haber ya frontera, todavía sienten que al pasar por El Límite existe algo más que una calle de separación. La que antes era 4 de Julio hoy es avenida Mártires, en homenaje a las víctimas de los enfrentamientos entre panameños y estadounidenses en 1964. Esa fue la semilla de la transferencia de la soberanía del Canal, iniciada con la entrada en vigor de los tratados Torrijos-Carter, en los años setenta, y culminada el 31 de diciembre de 1999.

El *lobby* (no tan) invisible

El anuncio, insertado en prensa, decía: «La colonia española de Changuinola, fielmente identificada con la Revolución del

11 de octubre de 1968». Y, debajo, las fotografías y los nombres de los dirigentes gallegos en esa ciudad. En la conmemoración del primer aniversario de la subida al poder de Omar Torrijos, los gallegos querían dejar clara su adhesión al nuevo orden. El jefe del Ejército en la provincia de Chiriquí —con alta presencia de emigrantes— se llamaba Manuel Antonio Noriega, y se convirtió en mano derecha del nuevo gobernante, a quien sucedería dos años después de su misteriosa muerte en un accidente aéreo.

En toda esa etapa, la de mayor desarrollo de la colectividad, los gallegos demostraron tener gran sintonía con los militares, lo que les permitió ejercer una influencia para sus florecientes negocios. La presión no empleaba las maneras de un *lobby* organizado, sino que era el resultado de acciones individuales, muchas veces calladas y sibilinas, trabajadas en pasillos de palacio y en conversaciones improvisadas en despachos de plantas nobles.

En 1969 abría su primer hotel Ildefonso Riande, oriundo de Boborás —donde dicen que guardaba un Rolls Royce blanco que sacaba a pasear cuando iba a pasar los agostos ourensanos—, perteneciente a la generación que empezó vendiendo cuadros y alfombras puerta a puerta. Él, que llegó a dormir en la calle, no paró hasta montar un imperio hotelero cuando empezaba a desarrollarse el sector. De él participó como socio en la sombra, según testimonios directos y medios gallegos, el propio Noriega y su círculo. Su apellido continúa en lo alto de los hoteles de Panamá (también en Miami u Orlando) y también en la política: su hijo Noel llegó a postularse como candidato a alcalde por el partido fundado por Torrijos y continuado por Noriega.

El expresidente Nito Cortizo también milita en esa formación. De él se llegó a decir que por su parecido era «como una copia al carbón» del propio Torrijos. En 2013, antes de llegar a la presidencia, publicó en Facebook una foto suya enfrentada con la del militar, en la que salía al paso de los rumores convertidos ya en mito popular: «Mi supuesto "parecido físico" con Omar Torrijos es, en todo caso, una mera coincidencia, ya que no soy hijo biológico (en mayúsculas) del general. ¿Ideológicamente? Sí lo soy». Lo hubiera rubricado si publicara una foto de su padre galaico, otro calco suyo, pero de vida muy diferente. Este fue el enésimo emigrante hecho a sí mismo que pasó de conducir una *chiva* (un transporte colectivo), a manejar una flota de autobuses y abrir una fábrica de ladrillos. El hijo lo superó en la política al llegar a presidente.

De El Cangrejo a Calidonia

Si no hubieran emigrado, los padres de Ana Lorena Carballeda jamás se habrían conocido. Uno era de Borraxas, Boborás, Ourense. La otra, originaria de O Seixo, Forcarei, Pontevedra: veinticinco kilómetros, media hora en coche hoy, pongamos el doble hace sesenta años, monte arriba por pistas y curvas, suficientemente lejos para que fuera más fácil que se conocieran en un centro gallego de Panamá y no en Galicia.

Aurelio, el padre, dice que emigró porque el progreso llegó tarde a la aldea. Que si hubiera llegado antes la luz, la calefacción, el teléfono, nadie se habría ido. Lógico y profundo, ya lo decía también su madre: «Aquí hicieron carreteras cuando ya no había gente en el pueblo».

Aurelio no se sienta a hablar, pero en dos minutos dice que está harto de españoles buscavidas que aún hoy llegan pensando que América se gana al minuto, y no, es todo lo contrario. Se atisba la contradicción del emigrante y un punto de encono a la hora de saldar cuentas.

—A España no le debo nada porque España no me ha dado nada.

Pero Panamá sí —«trabajo y trabajo»—, con la cantidad de negocios que fue abriendo. Una mueblería, pensiones, *push buttons* (moteles de apretar el botón del garaje y entrar sin ser visto) y hoteles como este, el Milán, un tres estrellas de más de cien habitaciones, muy bien ubicado. Su hija Ana Lorena me espera en el hall, con prisa por contarme entusiasmada la historia del país. Lleva las llaves en la mano, pelo negro brillante cortado *à la garçonne*, cejas arregladas, vestido floreado largo. Subimos al coche y arrancamos.

El barrio de El Cangrejo es un agradable distrito de edificios de los setenta en adelante, algunas cajas de cerillas, otros de diseño moderno y curva caprichosa, la mayoría con estilo panameño de tejado a dos aguas y balcón, que se quedaron pequeños al lado de la piña de rascacielos de la ciudad. Aquí hay hoteles de gallegos, restaurantes y algunos edificios que apelan al origen del constructor (Samil, Sobredo). Por la calle, con aceras mínimas o sin ellas, todo hecho para el automóvil, se puede reconocer a paisanos por sus rasgos y forma de vestir.

—Estas son las calles por las que vengo todos los días, y ahora que venía bajando me percato y me da la risa: está lleno de gallegos. Hay portugueses, italianos, griegos, pero nosotros tenemos invadido el barrio —dice Ana justo antes de aparcar en una esquina de esta zona de clase media, animada y ruidosa.

Le deja dinero al aparcacoches y entramos en un café moderno, despejado, con aroma a tostado y un menú a precio de Estados Unidos, y siempre en dólares. Mientras esperamos, Ana reflexiona en voz alta sobre la globalización. Hoy todo parece igual en todas partes, pero antes eran mundos opuestos y se salía adelante. A sus padres, al poco de llegar, les dieron una bebida con carrizo —pajita— y no sabían qué hacer con ese palito hueco. Sin embargo, en pocos meses ya habían conseguido abrir un negocio; pura supervivencia. Era una abarrotería, una tienda de ultramarinos que Ana me quiere enseñar, o lo que queda de ella.

Nos trasladamos en coche —siempre en coche— a Calidonia, el barrio más gallego de Panamá, con mueblerías (La Carballinesa, Mueblería Española), hoteles (el Benidorm, el Caribe o el Arenteiro, con su cartel luminoso «24 horas» y su marquesina sorteando el cableado), residenciales (Compostela, Anduriña, Alameda, clásico nombre en Galicia transportado a un lugar donde no hay álamos, sino palmeras).

Al revés que en Europa, en las Américas las zonas céntricas sufren un proceso de degradación. Lo que un día fue un barrio con expectativas y pulso comercial, hoy fatiga por la decadencia, sobre todo al caer la noche: prostitución, basura, consumidores de *piedra*. Un día cualquiera de semana como hoy también está apagado y desapacible, todavía más con las nubes negras que acaban de descargar y no alivian la terrible humedad.

—A los turistas se les enseñan las zonas bonitas de rascacielos y modernidad, pero hay barrios con nuestra historia. Mira, ya no queda nadie de allá, pero aquí vivió mi familia. —dice Ana, delante de un edificio azul de de balcón corrido haciendo esquina en curva, con rejas y los bajos de puertas reforzadas—. Estas eran casas de protección oficial. La idea del proyecto era que los bajos se destinaran a servicios para los vecinos. Y así consiguieron hacerse con la abarrotería, comprando el traspaso a otro gallego, padre del presidente Cortizo, porque era albañil y no le gustaba el negocio.

En el lugar del abarrote hay también una zapatería. Al lado, una sastrería «pero no como las de antes», dice Ana, y un tipo con cara de pocos amigos sentado en una silla. Una toma de agua oxidada goteando en el suelo. Vegetación a monte en las aceras irregulares. Dentro, el patio que daba ventilación y servía para secar la ropa, ahora está anegado de agua negra. Ana muestra en su teléfono fotos de aquellos años, en los que está la abuela Hermelinda y el abuelo Manuel, guayabera y pantalón ancho, en el casco viejo, sentados sobre un coche americano con sus tíos. Parece que les va muy bien y manejan mucho dinero. Pregunto casi por acto reflejo.

—¿Y dónde vivían?

—En la trastienda de la abarrotería hasta que alquilaron el departamento de arriba. En el año 82 lo vendieron y con ese dinero nos fuimos de vacaciones a Galicia —ahora enseña dos imágenes de ese viaje a la aldea: en una comen caldo, la jarra de barro con vino en el medio. En otra aparecen su bisabuela con todos sus hijos vivos. Y sigue con un gesto triste—. Esta foto fue la última vez que se reunieron todos sus hermanos. Luego nunca más.

Ana tiene familia en Chicago y Canadá, Uruguay y Brasil. Del otro lado, en Cuba y Colombia, aparte de Panamá. Su tío trabajó en la zona del Canal y renunció a la nacionalidad americana: «*Eu son de Presqueiras*», dijo cuando le dieron la posibilidad. Ana Lorena y su hermana, ya nacidas en América, fueron criadas como si estuvieran en Europa.

—Todavía en mi generación se le daba más importancia a estar en un entorno solo de gallegos, de amigos, luego novio y marido. De hecho, cuando empezaba a crecer alguna hija en una familia gallega la mandaban rápido para allá. Yo siempre me sentí orgullosa de mi origen, pero también sentí una crianza diferente. Cuando comíamos en casa de mis abuelos, que hacían filloas y empanadas como quien tuesta un pan, mi padre hablaba gallego con ellos y castellano con nosotros. Pero yo sé que sigue pensando y soñando en gallego.

Se despeja el cielo por primera vez justo cuando anochece, y Ana avisa de que es mejor irse antes de empezar a ver el desfile de zombis en la noche asilvestrada de Calidonia.

José Carlos Blanco divide su cerebro por geografía. Tiene un hemisferio panameño y otro gallego. Y aún no decidió cuál manda sobre el otro. Nacido en 1975, tuvo que asumir desde niño su dualidad, porque repartió su tiempo casi a partes iguales hasta que fue adulto. Su abuelo materno enfermó en Galicia y su madre y su tía —emigrante en México— decidieron turnarse un año cada una para cuidarlo.

—Así que hice primero, tercero y quinto de primaria en Galicia y segundo, cuarto y sexto en Panamá —dice José Carlos, que conduce con su cuerpo y sus brazos grandes cayendo sobre el volante, la frente brillante de sudor, el perfil afilado, cabello grecorromano y barba castrista, mientras enumera edificios y negocios gallegos de Calidonia—. Este edificio es de gallegos. Ese hotel y esa financiera también. Una mueblería, otra más aquí. Este hotel es de marido gallego y mujer asturiana. Y este es el mío, el Benidorm.

Tiene cuatro plantas y una terraza llena de vegetación, y en él se alojan pasajeros que se quieren quedar cerca del centro y las zonas turísticas. Mientras cerramos el coche, cuenta que su madre lleva más de medio siglo emigrada y nunca se adaptó del todo, al contrario que su padre José, un señor de Leiro, Ourense, que se marchó tarde, con veintisiete años, porque no era la necesidad lo que lo expulsaba, sino las ganas de salir de casa, y lo hizo adonde todo el mundo. También fue innovador al llegar: sin papeles, se instaló en una provincia del interior llamada Aguadulce, donde no había controles y el trabajo no faltaba, como narra el propio José.

—Éramos como los inmigrantes venezolanos que ahora nadie quiere aquí. Empecé de cobrador de un mueblero gallego por localidades del rural donde no se podía entrar en época de lluvias, porque estaba todo inundado. Era gente humilde y muy hospitalaria. Todos te ofrecían algo cuando los visitabas, fruta, chicha, guarapo, y encima les encantaba mi acento. Para pagar dependían del corte de caña del verano, te pedían demora, pero pagaban. Si no era en dinero, en especie. Había gente que me pagaba en gallinas. La primera vez pensé que mi jefe me iba a matar. Todo lo contrario. «Ya tengo huevos para mí por fin», me dijo.

»Ganaba un veinte por ciento de comisión de la venta. Yo iba ahorrando. Le mandé dinero a mi padre para devolver la deuda del pago del pasaje y abrimos una cuenta en la Caja de Ahorros en Avión. Un día vi un vendedor de lotería y se me ocurrió comprar no uno, sino cuatro billetes. En total, dos dólares, un dinero. Pero me tocaron las dos últimas cifras y gané doscientos dólares. Con eso me compré una moto para el reparto. También me apareció la oportunidad de comprar parte de una mueblería en Ciudad de Panamá. Necesitaba el dinero que había girado a Avión, así que lo hice traer por alguien que viajaba. A mi padre no le gustó.

Con la prosperidad volvió a casa un verano, conoció a Carmen, la llevó con ella, pero no se adaptó, ni el primer año ni el segundo ni el tercero.

—Y yo seguía ganando dinero. Entre varios amigos construimos el edificio Leiro en El Chorrillo, todo para alquilar. Carmen quería volver a Galicia, así que decidimos vender mi parte de la mueblería y con ese dinero y las rentas podríamos vivir cómodos en la aldea. Nos sentamos a negociar los tres socios. Ofrecí mi parte por un precio.

—Tú estás loco, ¿cómo va a valer eso? Es mucho —me dijo.

—¿Entonces cuánto vale? ¿Por cuánto venderías tu parte? —le respondí.

—Por tanto.

—¿Ah sí? Pues entonces te compro yo tu parte en vez de al revés.

—Hecho.

»Y así fue como iba a vender y acabé comprando. Cuando llegué junto a Carmen, que estaba con la mujer de mi socio, parecía teatro: ella lloraba porque se quería ir a Galicia, y la mujer de mi socio, que se iba al vender, porque quería quedarse. Al año siguiente nació José Carlos. Y aquí seguimos, en el Benidorm. Creo que Carmen ya está casi adaptada.

Estraperlo *gourmet*

El Canal se inauguró en 1914, pero las ciudades de Panamá y Colón no se unieron por autopista hasta casi cien años después. Esos ochenta kilómetros los recorría antes, aparte del ferrocarril, la Vía Transístmica, una carretera serpenteante de dos carriles que tenía una parada ineludible en el camino: el Restaurante Las Cumbres, de la familia de Paco Muradás, de As Ventelas, Beariz. Abierto en los años setenta, daba al público comida panameña y un par de platos gallegos —empanada, pulpo— pero la realidad es que se comía como en casa. Dos eran los motivos: habían conseguido que la tierra diera frutos y el mar traía el resto. Pero no por la pesca.

Al puerto de Cristóbal, en Colón, arribaban barcos con emigrantes hasta 1969. El último fue el Begoña, que durante años llegaba repleto de gallegos y, con ellos, sus víveres: chorizos, jamones y, en algunas ocasiones, sardinas. Siempre sin declarar ante la Autoridad del Canal.

—Estaba todo hablado con los que venían. Mi padre tenía un carro Chevrolet que era una lancha enorme. Con la tapa del motor podías hacer una cama dentro de grande que era, y en ella metía las cajas de sardinas camufladas. Detrás venía la caravana de paisanos con los que llegaban e íbamos al restaurante a asarlas. No sabías cómo olía eso. Así lo hicimos hasta que alguien sopló la vaina y hubo que pasar por la garita del gringo. Abrieron el capó y a mi padre le cayó una multa tremenda y no pudo entrar más al muelle. Pero cómo lo disfrutamos.

Mientras, su madre se empeñaba en comer de casa y hacía chorizos, y enseñaba a hacerlos a cocineros locales. También pedía semillas de productos gallegos para sembrar. Lo intentó con repollo y berzas. Poco se dio. Probó con habas: pocas echaron vainas. Pero la señora, criada en los *eidos* de la aldea, las secó y las guardó. Y al año siguiente por las mismas fechas las volvió a sembrar para que nacieran de esas mismas. Y estas sí, aclimatadas, se reprodujeron. Ingeniería genética casera para el buche de los expatriados.

Con el paso de los años diversificaron en productos y la historia del estraperlo de manjares de la tierra para consumo propio se fue también afinando, incluso cuando empezaron a poder viajar en avión de vacaciones, a la ida vacíos, a la vuelta con la maleta a rebosar.

—No nos cortábamos: jamón, aguardiente,... Y siempre había contactos en la aduana —cuenta Paco Muradás—. Alguna vez dabas unos dólares y te lo dejaban pasar. Se decía que con el incentivo adecuado podías pasar un cerdo atado con un cordel. Pero luego cambiaron las cosas, y cuando había vuelo de Iberia iban como leones a registrar. Era como un juego. Un coronel amigo me reconoció que era así porque querían llevarse un buen botín para casa. Amaban nuestra comida. Riéndose me dijo que en cierta ocasión pensaron que habían requisado un gran queso y luego al probarlo se echaban las manos a la cabeza de lo mal que sabía: no era queso, sino unto (grasa de cerdo curada).

Los mueblicultores

A los gallegos que empezaron a vender muebles en zonas populares y rurales, donde el suelo de las casas era de tierra, les pusieron un nombre certero: los mueblicultores, agricultores del mueble.

La historia de la familia Pico, de Albarellos, Boborás, es un buen ejemplo, tras una enmarañada historia de diáspora que se extiende hasta Celsa y Ramón, dos hermanos con los que arranco desde Ciudad de Panamá hasta Colón, el polo opuesto del país y entrada del Canal por el Atlántico. Tienen cuarenta y tantos, se llevan un año y guardan un parecido razonable. Ella combina un gran bolso con la camiseta estampada. Él, igual de sonriente, viste camisa de cuadros y vaquero como si estuviera en Ourense en invierno y no en una sauna tropical.

Los dos cruzan el país cada día, una hora escasa de camino en la que no habrá un minuto de silencio.

—Es mejor empezar por el final: yo estoy casada con el hijo del mejor amigo de mi padre. Muy jóvenes emigraron desde As Pontes —noroeste de Galicia— a nuestra comarca, porque al lado de nuestra aldea, Salón, se empezaba a construir el embalse de Albarellos y los mandaron a trabajar. Allí conocieron a dos chicas, también amigas, era mi madre y la que resultaría mi suegra, pero esa es otra historia. Lo que importa es que mi abuelo llegó a Colón, fundó nuestra mueblería y trajo a toda la familia. Nosotros nacimos en Galicia y vinimos de pequeños. En la invasión de Panamá, en 1989, a mí me mandaron a Ourense.

—Pero no por miedo a la invasión, cuéntale —dice Ramón.

—No, no, esa fue la excusa, pero me mandaron por algo típico aquí: no querían que me casara con un panameño. Peor, con uno de Colón. Y me mandaron interna a las Carmelitas.

—Cuando yo iba allá de vacaciones y la iba a buscar al internado no podía creer el montón de niñas hijas de la emigración: de Panamá, de México, de Venezuela. Y aparte de Alemania, de Suiza, de Francia.

—Y al final, mira. Me casé con un panameño de Ourense y vivo aquí.

—A los chicos, en cambio, lo que quisiéramos. Y al final yo estoy casado con una gallega.

Atravesamos la tupida selva, también el río Chagres, y cuando estamos entrando en Colón, Celsa hace una reflexión.

—Parece increíble que esto fuera lo primero que vieran los que salían de la aldea.

Yo ya conocía ese lugar fascinante, pero la sensación de mundo aparte seguía presente. De un lado tiene el puerto de Cristóbal, en dirección a la entrada del Canal. Del otro lado, la Zona Libre, el puerto franco más grande del mundo tras Hong Kong. En las aguas pantanosas de esta orilla del Caribe hay una fila permanente de barcos gigantescos, con los contenedores apilados, esperando para entrar en el Canal y atravesar el istmo. Y en el medio, la ciudad, una parrilla callejera planificada y decadente desde hace demasiado tiempo. Colón tiene partes que parecen bombardeadas, las ventanas de algunas casas sin vidrios, la vegetación saliendo de los canalones, tablas clavadas en las puertas, fachadas a medio pintar con andamios desiertos, frente a otros edificios reventados con chorretes de la lluvia pertinaz y aun así con la ropa colgada y las señoras apoyadas en los quicios y, eso siempre, las parabólicas, con el mismo encanto y melancolía salvaje de dos primas cercanas, La Habana y Nueva Orleans.

En realidad, Colón fue, en origen, una isla llamada Manzanillo, el punto geográfico clave para entender las Américas, donde se cruzaron todas las culturas clave del continente: indios, españoles, africanos, afroantillanos, estadounidenses. Los últimos construyeron, en las bases militares del Canal, la Escuela de las Américas, «centinela avizor del comunismo», donde se instruyeron los que luego serían dictadores apoyados por la potencia del norte en su patio trasero —y luego fue un hotel donde me hospedé una semana y por las noches miraba de reojo la puerta de la habitación por si entraban Banzer, Galtieri o D'Aubuisson—.

Mucho antes de eso, los americanos ya habían rellenado aquella isla para empezar a construir el ferrocarril. Le llamaron Aspinwall, pero las autoridades locales —todavía pertenecientes a Colombia— le cambiaron el nombre por Colón. El centro de esa isla es el lugar donde estamos ahora, la catedral, el único cuadrado de tierra firme. Alrededor de ella diseñaron una retícula de cuadras del mismo tamaño circundadas por una avenida marítima cortada por una avenida central. La Tacita de Oro, la llamaron, un conjunto armónico de los años veinte, época de vida alegre en las calles y negocios pujantes. Los potentados vivían mezclados con burguesía foránea, como la árabe o la judía, volcada al comercio de la Zona Libre, además de los *gringos*, instalados en sus bases, y los afropanameños, descendientes de esclavos que se radicaron en la costa, como los hijos o nietos de los antillanos que construyeron el Canal junto a los gallegos.

Estos llegaron y se integraron en la sociedad colonense gracias a sus emprendimientos, como farmacias o panaderías, como la de los García, pero sobre todo mueblerías de nicho popular y algunas más céntricas como La Española, en la avenida Central.

La mezcla se diluyó cuando los adinerados locales se marcharon a Ciudad de Panamá, los gringos al norte y la Zona Libre se quedó triste y sola. Los edificios del centro se vaciaron y fueron ocupados por afrodescendientes de asentamientos cercanos. Tomaron las casas *condenadas*, como llaman a las ocupadas, en una ciudad que ve pasar los dólares con la mirada sin que se queden en la ciudad, parada y vacía, como se quejan los coloneses, incluidos los gallegos, presa del abandono, el clientelismo político y la falta de propuestas.

El cruce de caminos panameño

De tantos paisanos, a cierta altura de siglo había que andarse con ojo cuando se hablase en voz alta en gallego: era fácil llevarse un susto. Le pasó a un personaje famoso de la colectividad. Cuentan que un día llevó a probar a toda velocidad un coche deportivo al puente de las Américas, que conecta los dos subcontinentes partidos por el Canal. La policía norteamericana, que ya lo tenía controlado de hacerlo otras veces, le dejó poner el automóvil a tope de velocidad y a la vuelta lo bloquearon y lo pararon. Le pidieron la licencia especial del Canal, que no tenía, y uno de los agentes sacó el bloc para ponerle una multa. Entonces empezó a murmurar por lo bajo, «*cagho na cona, se te collo onde o lobo mata a ovella desfágote*». El policía siguió cubriendo el formulario, arrancó la hoja y se la dio. Cuando se iba a ir le preguntó: «*E loh, onde é que o lobo mata a ovella!*».

Panamá es un cruce de caminos por el que pasan trece mil barcos al año con mercancías industriales y de consumo —también ilícitas—, que llevan y traen del Atlántico al Pacífico y viceversa en la ruta más importante el planeta. El mundo pasa por aquí, con historias como la de Javier, el marido de Celsa. Nacido en Vigo en 1972, allí estudió Ingeniería, pero pasaba las vacaciones la aldea, en Boborás. Un verano se encontró con una niña que conocía de toda la vida, la hija del mejor amigo de su padre, Celsa. Se enamoraron y decidieron casarse. Solo había un problema: ella vivía en Panamá.

La familia de Javier también había estado en el istmo. Su abuelo, de hecho, mantuvo una doble familia. En Galicia solo se enteraron cuando enfermó y les avisó de que tenían hermanas y tías panameñas. En el país centroamericano también estuvo Javier una época de adolescente. Su madre se había empeñado en hacerle los papeles. «Nunca se sabe», dijo con previsión materna. Cuando la crisis europea se cebó con las zonas industriales como Vigo, Javier miró hacia el Canal. Había leído que se ampliaba y se postuló para un empleo, gracias a los papeles que le hizo su madre, porque en el Canal solo pueden trabajar ciudadanos panameños.

Consiguió el trabajo y desde entonces vive con Celsa y su hijo en Clayton, la antigua base norteamericana, a diez kilómetros del ruidoso centro de la ciudad y a un paso de su trabajo.

—Hice todo lo que pensé que no iba a hacer: vivir en Panamá y tener familia —dice en una mesa de bar de la Taberna del Canal, junto a las esclusas de Miraflores.

A Javier y Celsa se le suma otra amiga, Luz Brito, que pide una Estrella Galicia y un pulpo *á feira*. En torno al bodegón gallego arranca tertulia.

—Yo también vine por amor a un gallego de Colón y ya llevo veinticinco años. Y también te puedo decir que sé de dobles familias sin que nadie me lo haya dicho. Cuando llegué me llevaban de mueblería en mueblería. Y me llamaba la atención que veía siempre alguna foto de alguna chica o chico con el dueño, o una estudiante recién graduada con birrete, o una foto en Miami, o en la playa. No me contaban nada, pero tampoco hacía falta preguntar. Eran hijos de otra madre.

—Es que aquí nunca se han pedido explicaciones, y tampoco en la emigración —tercia Celsa—. Mi abuela Alejandrina, por ejemplo, nunca llegó a venir. Vino mi abuelo Felisindo, y tal como vino se volvió sin decir nada. Era tan personaje que se fue sin avisar a nadie y apareció año y medio después diciendo que estaba aquí. Mi pobre abuela se quedó viuda ese tiempo y después se quedó tocada de los nervios para siempre.

—En cualquier momento te aparecen familiares aquí —dice Javier—. Aún hoy en el canal me vienen panameños, muchos de color, diciendo que su abuelo era gallego.

—Un amigo de la familia, Julián, se enteró de mayor que tenía un hermano panameño, porque se lo dijo su padre. «¿Y cómo se llama?» le preguntó. Y el padre le contestó: «Como tú, Julián. Os puse el mismo nombre, así no me equivoco llamando a uno por el otro».

La noche oscura de Colón

El 13 de febrero de 1987 un sicario colombiano viajó a la localidad de Portobelo, en Colón, y le descerrajó dos tiros de escopeta a a Manuel Vázquez, un gallego millonario nacido en Guillar, Rodeiro, Pontevedra. La investigación policial no tardó en capturar al matón y a su compinche, un militar panameño. Las pesquisas determinaron que detrás de la acción de los pistoleros se escondía un autor intelectual: Pepe Beladino

Vázquez. En 1996 fue declarado culpable de encargar el asesinato y fue condenado a veinte años, sentencia que nunca cumplió porque huyó a España. El crimen se convirtió en materia predilecta de los medios locales, porque reunía todos los ingredientes de la nota roja que arrasa en quioscos y televisiones. Los dos protagonistas eran conocidos en Colón: Pepe Beladino, promotor de boxeo; Manuel, propietario de la Gruta Azul, uno de los prostíbulos más importantes del país. Lo sorprendente es que el asesinado era el padre de quien lo ordenó matar.

«Más antiguo que la República de Panamá», presume aún hoy la web de La Gruta Azul, fundado en 1903. «Por más de un siglo el club se ha ganado una gran reputación entre todos aquellos caballeros que desean disfrutar de la compañía de una dama, siempre con total seguridad y discreción», se puede leer. En un antiguo anuncio de televisión disparaban sin filtro: «Si no sabes dónde queda La Gruta Azul, pregúntale a tu marido, a tu hermano o a cualquier miembro masculino de tu familia».

El libro de historias sobre el cabaret, así lo llamaban, es abultado. Meses después de que abriese las puertas, empezó la construcción del canal y la instalación de bases militares americanas (hasta veinticinco mil soldados en la capital y veinticinco mil en Colón), todo a tiro de piedra de bares y burdeles como la Gruta Azul. Abundan las anécdotas sin fuente fiable sobre próceres y gobernantes del país que pasaron por el local, como quien firma el libro de oro en una visita de Estado. Cuando llegaron los gallegos, La Gruta aumentó su nombre. Manuel hizo millones con el negocio y eso lo condenó: según el tribunal que investigó el asesinato, su hijo contrató a los sicarios para asegurarse la herencia.

—Para los de Colón ir al *putero* era como ir a tomar café, porque no había nada más para hacer —dice un emigrante.

En una ciudad que vivía de un puerto y una zona libre comercial gigantes, la prostitución ocupaba en el centro de la escena. Y en ese escenario oscuro mandaban los gallegos, que hablan del negocio como si fuera un restaurante, una mueblería o un horno de pan.

Recuerdan cuando las «cholitas», así llamaban a las mestizas, hacían fila delante de la base norteamericana y se iban con marineros ebrios a las calles de atrás de la ciudad. En la década de los setenta funcionaba un macroclub que llegó a tener cuatrocientas mujeres bajo el mando de un coronel asociado con gallegos. Ya no eran autóctonas, sino colombianas, un flujo que no se ha detenido.

En los años ochenta, Rubén Varela, de Lugo, trabajaba en el Olimpia, un club muy conocido. Durante un tiempo lo cambió por una panadería y luego volvió a la noche en la pensión y bar La Flor. Lo tuvo veinte años, hasta 2015. Luego lo dejó.

—Tuve un problema grande y salí de la sociedad, no quise saber más.

Cuando lo entrevisté, en 2022, desconocía la historia a la que se refería, pero más tarde encontré su nombre envuelto, junto con el de otros gallegos, en una trama de trata por la que fue juzgado y absuelto en 2013. Dieciséis jóvenes colombianas fueron captadas por una red que las llevó a los burdeles de Colón. Según la policía, cuatro gallegos «explotaban a las víctimas y giraban a reclutadores de Colombia el dinero para trasladarlas». Un diario habló con el socio de Rubén, tajante en su respuesta: «Nunca hemos traído mujeres a la fuerza. Todas saben a qué vienen, si quieren trabajan y si no, no. En Panamá es legal lo que hacemos». El Código Penal panameño tipifica el delito de las relaciones sexuales no autorizadas, pero deja un vacío alrededor. Y por ello la Corte Suprema declaró inocente a Varela y el resto.

—Yo entré en el negocio porque había un gallego que vendía su parte en La Flor, estaba mayor y metido en la religión. Daba mucho dinero. Aquí en Colón se movía todo con mafias. Y con toda esa gente ganábamos cuartos, porque, así como ganaban dinero, también lo quemaban rápido. Y porque estaba la base gringa y los militares eran los mejores clientes. A veces la liaban y entraba la policía militar de ellos a buscarlos. Otros se enamoraban y se casaban, o ellas se quedaban embarazadas. Eran los famosos Usnavy: el tipo les hacía un hijo, pero como ellas no sabían cómo se llamaba y siempre les veían el U. S. Navy en el bolsillo de la camisa, los llamaban Usnavy.

En el bar solo con los gringos ya hacías caja. Venían quince de una tacada a beber, y cuando ya iban tocados se iban con las chicas. Teníamos treinta habitaciones, ahí estaba el negocio: cobrábamos el cuarto al cliente. Y lo que cobrara ella, para ella iba. Como si se lo regalaba, el servicio era todo de ellas. Pero como les habíamos pagado el viaje desde Colombia y les hacíamos los trámites migratorios y el contrato de trabajo, todo legalizado y autorizado por el Gobierno, tenían que devolverlo. Cuando iban a la base ellas me pagaban la salida, cincuenta dólares. Esa era la ley que teníamos. Y luego venían diciendo: «Me llevaron a Estados Unidos, estaban todos los letreros en inglés». Venían desde Colombia y volvían forradas. Eran como los gallegos cuando volvemos a la aldea cargados de dinero.

Para Varela el trabajo era legítimo, e insiste varias veces en que todo lo hacían con permiso laboral y de migración.

—Yo me fui y luego cerraron. Ahora es de la hija de un socio que tuve en aquellos años, pero yo ya no tengo nada que ver.

Rubén regenta ahora un hotel de sesenta habitaciones, el Sotelo, un edificio de cinco alturas como cortado a machete, de ladrillo pintado de azul y ventanas colmena. Cercano a la Zona Libre, se nutre de hombres de negocios y últimamente muchos cubanos que, ayudados por sus familiares en el extranjero, juntan tres o cuatro mil dólares y van a comprar ropa interior o piezas electrónicas a precio de coste. Con las prendas hacen grandes bolas que luego embalan para llevar de vuelta a Cuba en avión, donde la venden con el precio multiplicado. Los llaman mulas. Muchos de ellos traen pasaporte español y casi siempre apellido gallego. Y al final Rubén se pasa horas intentando conectar las aldeas de sus abuelos con la suya propia.

Financieros en el país de los bancos

Jaime Penedo es el portero más grande del fútbol panameño. Defendió la meta de la selección durante veinte años, incluido el único mundial jugado por Panamá, el de Rusia 2018. En las fotos de equipo destacaba por su tez pálida entre sus compañeros, por eso siempre fue considerado el *yeyé* (pijo) de la selección. En realidad, su color de piel solo hablaba de su origen gallego. Su padre, Manolo, expresidente de la Sociedad Española, se rio el día que le plantearon esa pregunta: «*Yeyé* es imposible que haya sido, realmente aquí se pasó mucho trabajo». Pudo añadir que se lo podrían haber preguntado a su abuelo, también llamado Jaime Penedo. Era un anónimo comparado con su nieto, y sin embargo fue el inventor, según sus paisanos, de un sistema de préstamos y cobros revolucionario en el corazón financiero del hemisferio occidental. Lo llamaron descuento directo.

Si en México los gallegos instauraron el negocio de los muebles a plazos, «un Ikea sin lo *fashion*», como define José Carlos Blanco, en Panamá aguzaron el ingenio y convirtieron las mueblerías en entidades financieras. Los gallegos pensaron que para facilitar el cobro de los productos una forma infalible sería sacar la letra de pago de la nómina del cliente, como si fuera un impuesto o la seguridad social. Elevaron una propuesta al Gobierno de Omar Torrijos, por la que a cambio dejaría un tres por ciento de comisión para las arcas del Estado. Adjudicado: el Código de Trabajo de 1972 sentó las bases para que la práctica pudiera desarrollarse dentro de la ley.

Penedo y los demás lograron cambiar la forma de trabajar en las mueblerías. Ya no había que ir de casa en casa cobrando; ahora se retiraba vía cheque de la empresa de cada trabajador. Y más adelante, por transferencia. En la empresa privada podía descontarse hasta un veinte por ciento del salario para las deducciones comerciales. En la pública, los funcionarios podían reservarse hasta un treinta y cinco por ciento para sus compras.

También abrieron negocio con un invento de origen incierto —no se sabe si fueron los gallegos o los judíos— llamado club de mercancía, un juego de azar mezclado con ahorro, o viceversa. En las mismas mueblerías donde uno podía comprar a crédito, se adquiría una cartilla a la que se asignaba un número de dos cifras, del 00 al 99. Se comprometía una cuota semanal a convenir durante un plazo. Por ejemplo, cinco balboas —dólares— durante veinticinco semanas. A la vez que pagaba, el comprador debía estar atento al sorteo de la lotería, porque si las dos últimas cifras del primer premio coincidían con el club (la cartilla), la mueblería le entregaba en el momento mercancía por el valor total de lo que pagaría en todo el año, sin necesidad de seguir aportando cuotas. Y si no salía premiado, el cliente tenía acumulado un monto que canjeaba por la mercancía elegida. Era como como una rifa pagada semana a semana, un producto a débito como si fuera un crédito diferido, al que sumaron el pinchito del azar. Los clientes entraron en masa y su vigencia continúa hasta hoy en los grandes almacenes.

Las mueblerías, gracias a la experiencia crediticia, fueron cambiaron su negocio original y ahora son entidades financieras que prestan dinero sin que los clientes tengan que ir al banco. Los hermanos Pico, de Colón, han mantenido el negocio familiar, pero ahora se llaman Credicash. Desde allí compiten con los bancos en el país del gran capital. Y no son los únicos: ese camino lo emprendieron la gran mayoría de los mueblicultores, tolerados en el sistema aunque sean una china en el zapato de los bancos. En principio no les daban importancia, porque el valor del crédito que ofrecían era bajo y porque solo apuntaban al sector de población que no estaba bancarizado. Y porque el capital bancario es inagotable y los gallegos respondían con su propio capital, que para más ironía guardan en los propios bancos.

Celsa da una clase práctica de economía panameña de consumo en cuatro brochazos:

—El paso a las financieras es lógico, porque los bancos aquí trabajan de forma muy diferente y la sociedad también lo es. En España un electrodoméstico se compra al contado. Pero aquí no, porque los salarios son más bajos y además es una sociedad muy consumista, lo gastan todo. Mira, ayer era quincena, día de cobro, y no se cabía en los sitios. No son como nuestros abuelos —dice riéndose.

El interior de una financiera gallega es como el de un banco, pero sin brillo ni colorín: aquí se viene a lo que se viene. Tres, cuatro cubículos para hacer los trámites, con su respectivo empleado y una sala de espera. Juan Manuel Casares, hijo de emigrantes y criado entre Galicia y Panamá, iniciado por su familia en las mueblerías, vio toda la progresión del sector. De hecho, él ha desdoblado en dos su negocio, en la calle 25 de Calidonia: la antigua mueblería (El Don Juan) y, por otro lado, la casa de préstamos (El Pueblo). Los dos aparecen en su tarjeta de visita.

—Es más caro que un banco, porque cobramos intereses altos, pero también es mucho más rápido. No hay toda esa burocracia de papeles para arriba y para abajo ni todas esas trabas que ponen. Aquí nosotros hacemos todo: recibimos, somos comerciales, analistas de riesgos y cajeros.

A las ingentes bases de datos de clientes que manejaban les empezaban a salir novios. Los bancos los tentaban con ofertas suculentas, porque desgranaban el sector más difícil de mapear y dimensionar. Aquellos apuntes a mano del emigrante eran oro molido para los dueños del dinero, porque en los cuadernos no solo había nombres, sino comentarios sobre frecuencias de pago, morosidad, reacción a las notificaciones, incluso cómo era su casa en su barrio. Tenían casi un perfil psicológico de cada persona a la que durante décadas habían tratado con mimo cada sábado de cobro. En la gestión de datos, uno de los ejes que mueve el mundo actual, los gallegos fueron unos adelantados.

Para blindarse, se agruparon. Crearon la Asociación de Mueblerías, de la que dicen, con retranca, que podría celebrar sus juntas en Carballiño. Pero todos están en Panamá y funcionan como un *lobby*. En ella están sindicadas casi doscientas mueblerías (las que subsisten con ese nombre) y financieras, cada una formadas por una, dos o tres familias de emigrantes. Es decir, no menos de quinientas familias gallegas forman un tejido indestructible en el paraíso de las finanzas, sin necesidad de embarcarse en grandes sociedades instaladas en los rascacielos espejados de la City.

La Asociación fue el germen de algo más grande y rimbombante: Cooperativa de Ahorro y Crédito Empresarial. Bajo este paraguas empezaron a funcionar casi como un banco en muchos productos: préstamo hipotecario, *leasing*, créditos personales. La china en el zapato se había convertido en una roca molesta. Los bancos le dieron la vuelta al calcetín y empezaron a disputar mercado con los gallegos de la forma más directa: crearon sus propias financieras. La competencia miraba hacia abajo.

—Se sienten amenazados. Y es normal, porque hay financieras de paisanos que las ves y son un lugarcito pequeñito, pero mueven dinero a tope, cuatro y cinco millones de dólares al mes —dice Ramón Pico—. Eso no es nada para los bancos, pero quieren más mercado, aunque nosotros seguimos siendo referencia para el pueblo y ellos más para empresas y grandes capitales. Es tremendo, porque nosotros abrimos el compás a la gente que no tenía acceso al crédito y ahora los bancos también se interesan por ellos.

Sin el invento de Penedo y compañía, o sin los cupones de cartón que cobraban los pioneros loma arriba en los barrios marginales, no hubiera sido posible.

Los Gago: Panamá diferente

Al pasar por una calle céntrica nos detiene una tubería rota convertida en géiser. Canal, lluvia, Pacífico, Caribe. Agua y agua. Atasco y claxon que me retrasa en la cita con el representante de una familia que cruza la historia del país, los Gago, conocidos en todo el país como dueños de una popular cadena de supermercados. Su historia empezó en un barco hacia La Habana en 1936. Ricardo Gago, de Moraña, Pontevedra

—abuelo del coleccionista del canal e impulsor del monumento a los gallegos—, hizo tres amigos en los camarotes de tercera. Parecía un chiste: un vasco, un catalán, un castellano, y él, gallego. No se separarían hasta décadas después.

En Cuba los cuatro amigos oyeron hablar de Panamá, donde todo estaba por hacer, les dijeron, y cruzaron el Caribe. Se encontraron con un lugar virgen donde no había abarrotes o ultramarinos. Así que fundaron el primer supermercado del país, en el barrio de Santa Ana. Le llamaron La Byzcayna, así escrito. Era 1940.

El negocio funcionó tan bien que Gago reclamó a su hijo Lázaro, padre de nuestro Ricardo, y a dos hijos más —pero no a su mujer, Rogelia—. Abrieron varios supermercados más hasta que el abuelo Ricardo murió. Lázaro abandonó el negocio y volvió a Galicia con su familia.

—Llegamos a nuestra parroquia, Amil, con un carro lleno de maletas y dos loras, que casi mueren de frío en invierno —cuenta su hijo Ricardo—. Tenían que meterlas dentro de casa. También plantamos dos palmeras. Una de ellas sobrevive todavía. También fueron a Alemania a comprar un Mercedes para tener en la aldea. Pero mis padres ya estaban *panameñizados* y a los ocho meses decidieron regresar aquí y empezar de nuevo. Él decía que el dólar jamás quiebra.

Lázaro compró un terreno para montar un supermercado propio. Consiguió un crédito y levantó un edificio que no consiguió llenar con mercancía. Político sin ser político, según dice su hijo, habló con un griego, dueño de los supermercados El Rey, y le nutrió de *stock*. A partir de ahí cada año abrió nuevos supermercados, con nombres variados al principio, luego unificados bajo el apellido Gago. En los años setenta se convirtió en los más populares del país, impulsados por el *marketing*, desde el logo —una cadena (de eslabones) para ilustrar la cadena (de supermercados)— hasta recordadas publicidades televisivas en las que apelaba a un «Panamá diferente», sin nombrar la marca, sobre una salsa arrebatadora de letra patriótica.

Cuando llegó a los 1600 empleados y buscaba nuevas formas de expansión, el país vivió su peor revés. El 20 de diciembre de 1989 las tropas de Estados Unidos invadieron el país para desalojar a su *hombre fuerte*, Manuel Antonio Noriega. Envalentonado y en una carrera sin fin a doble o nada, Noriega había aparecido en un mitin blandiendo un machete largo como un brazo, «el machete que representa la dignidad del pueblo panameño», y con el que les dijo a los estadounidenses, golpeando el arma contra el atril, «atrévanse a venir». Y vaya si fueron: bombardearon El Chorrillo y otros barrios populares, y mortificaron al general, escondido en la Nunciatura, con música heavy metal durante tres días hasta que se entregó.

En los días posteriores a la invasión, las calles vivieron un caos de saqueos e incendios que se llevaron por delante los comercios de muchos gallegos. Aunque según un emigrante al que le saquearon el negocio, «lo que nadie tocó fueron los *puteros*. Ahí siguieron abiertos con las chicas dentro». Los supermercados corrieron peor suerte: Gago lo perdió casi todo.

—Solo salvamos tres supermercados. Perdimos nueve millones de dólares. Ninguna compañía de seguros pagó porque no nos cubría la posibilidad de una guerra. ¿Cómo una guerra, si fue una invasión? Pues no, porque las compañías prefirieron interpretar la imagen de Noriega con el machete como una declaración de guerra para no pagar. Logramos que nos comprara Ricardo Martinelli, dueño de los Súper 99 —y que terminaría siendo presidente del país— y nos tomamos un año sabático. Pero luego pensamos: ¿como vamos a dejar de traer los arbolitos de Navidad? Porque también fuimos los primeros en eso.

Imposibilitados de abrir nuevos supermercados, optaron por crear la distribuidora Hermanos Gago, en 1997. Desde allí vende todo tipo de productos españoles y gallegos de importación, mientras Ricardo continúa su colección del Canal y una investigación sobre su familia, con especial hincapié en la vida novelera de su abuelo Ricardo.

Si el gallego se casa con gallega en todos los países receptores, aquí la endogamia es aún más intensiva: las uniones son casi siempre parroquiales dentro de los *concellos* más panameños: Boborás, Castro Caldelas, Soutelo de Montes, Forcarei. Emigraban, volvían cuando tenían algo de dinero a buscar mujeres de la aldea o la parroquia, donde apenas quedaban hombres, y volvían casados o lo hacían por poderes. Pero a las lugareñas no se arrimaban, al menos en los papeles, hasta que a veces salía a la luz y en ese momento cada uno que se arreglase como pudiera. Así le ocurrió a Ricardo Gago Vázquez, abuelo de Ricardo y fundador de la red de supermercados. Tras una vida de empresa, enfermó y a sus tres hijos les pidió que viniera a verlo a su lecho de muerte Matilde, una señora panameña que había sido su compañera sin que lo supiese nadie. Con ella tuvo cuatro hijos, a los que les dio el apellido y la manutención mientras vivió. Cuando murió, la esquela decía, con equidistancia:

«Ha fallecido el señor Ricardo Gago. Sus deudos: Rogelia López García, sus hijos y nietos. Y Matilde Pérez e hijos. Agradecerán la asistencia a la misa de cuerpo presente en la Iglesia del Carmen en Vía España».

En las fotos del entierro se ve a la familia de Ricardo junto a Matilde y sus hijos, todos recibiendo el pésame juntos.

Su esposa gallega, Rogelia, solo fue a Panamá cuando murió su marido, como una declaración de intenciones a vida pasada.

Puños y puñales en Vía España

La Sociedad de Beneficencia Española en Panamá se fundó en 1885, cuando los franceses acababan de frenar por primera vez la construcción de un canal atravesando el istmo, veinte años antes de que lo intentaran los estadounidenses. Aquel fracaso dio con los miles de trabajadores reclutados en la calle. La Beneficencia se convirtió en una seguridad social de auxilio: un día ganaban dinero, otro no. Y los protegió.

140 años después el edificio que la alberga es como un centro gallego recreativo más en América Latina. El interior es espacioso y elegante, con continuas referencias a Galicia, incluida una foto de Manuel Fraga con un grupo de *gaiteiros* y un bombo con la banda azul celeste atravesada: «Aires do Miño, Panamá». Fuera hay una piscina gigante, pistas de tenis y un campo de fútbol de hierba natural. Pero su historia no siempre fue tan apacible: con la guerra civil y el exilio se enconaron las posiciones políticas, a imagen del otro lado del Atlántico.

Los republicanos expulsaron a los franquistas de la sociedad y retuvieron el poder durante quince años, pero en la década de 1960 fue cambiando la tendencia de los cargos, apoyados por la embajada franquista. Esta redactaba informes dirigidos a la Dirección de Seguridad en Madrid alertando de los «elementos rojos» de la Beneficencia. La Sociedad, a pleno funcionamiento, trasladó esos años su sede a Vía España, una de las arterias de la ciudad, y en la inauguración del nuevo edificio la directiva se negó a izar la bandera rojigualda. Y estalló la pelea.

—Se fueron a las manos y luego al filo, como se dice aquí —cuenta Ricardo Gago—. O sea, se pelearon a cuchilladas, hubo varios heridos graves. Era una lucha generacional y la mezcla no daba más de sí. Fue muy recordado, porque yo tenía un año y mi madre me dijo siempre que ese día empecé yo a caminar.

Las autoridades panameñas llegaron a cerrar la Sociedad por los disturbios, justo antes de que los republicanos consumaran la escisión inevitable.

—Se fueron los viejos de la sociedad, incluidos los míos. Como no tenían donde reunirse empezaron a patrocinar un equipo de fútbol de la liga local y lo rebautizaron como Club Deportivo Unión Española. De los veinte fundadores, doce eran gallegos. Y a su alrededor montaron este club social —dice en la mesa de un reservado en el club. Es más pequeño que la Beneficencia, pero no le falta la piscina, el campo de fútbol y por supuesto un restaurante—. Mis padres y abuelos no volvieron a la sociedad, se involucraron de lleno. En casa decíamos que mi padre tenía tres hijos: mi hermana, yo y el club. Esa siguiente generación ya no pisó el centro antiguo. Nosotros crecimos con esa rivalidad. Ya se sabe: donde hay gallegos hay al menos dos bandos.

Pérez Medín: la odisea del alcalde y albañil

En Galicia no hubo frente en la guerra civil, solo represión fascista, así que los cargos de cualquier ayuntamiento sabían que en cualquier momento podían ser *paseados*. En Miño, A Coruña, el joven alcalde, Ricardo Pérez Medín, albañil y militante socialista, cruzó la ría de Betanzos para llegar a Sada y de ahí saltó hasta A Coruña para esconderse tras el Alzamiento. Con su mujer, Paca López, armó un plan de huida por mar junto a otras nueve personas. En febrero de 1937 partieron aprovechando la noche a bordo de La Golondrina, una barca a vela y motor de un amigo, con la poca gasolina que consiguieron y un pan, dos quesos, una docena de huevos, algo de chocolate y unos cuantos litros de agua. Salieron a mar abierto y tomaron rumbo hacia Francia. Era la única escapatoria. «Porque si nos cogían los falangistas, nos fusilaban en el mismo barco», dice Pérez Medín en sus memorias.

Recibieron auxilio de barcos franceses en el Cantábrico y después de cuatro días atracaron cerca de Burdeos. Allí descubrieron que había decenas de barcos de huidos. Dejaron La Golondrina y tomaron un tren en Barcelona. Pasaron la guerra trabajando para la República y volvieron a escapar a Francia cuando las tropas franquistas entraron en Cataluña. Fueron separados en campos de refugiados cuando Paca quedó embarazada. Su hija Cuca nació en los campos y la pareja solo se reencontró cuando la niña tenía nueve meses, y decidieron irse a Santo Domingo a inicios de 1940.

Ricardo trabajó en la construcción durante un año. Les llegaron rumores de que en Panamá se iba a construir una ampliación del canal —que nunca se llevó a cabo— y tomaron un barco más, con poco más que las mismas monedas que llevaban unos meses antes en el traslado a América. Cuando Medín pudo ahorrar, se convirtió en *chivero*, dueño de un coche colectivo. En 1945 ya tenía tres. Al mismo tiempo, seguía vinculado a la República, de la que fue representante diplomático en el país. Pero en 1968 enfermó su padre en Miño. Habían pasado 31 años de su partida y decidió volver arriesgándose a ser detenido. La Guardia Civil le dio algún susto, pero no les molestaron demasiado.

Pérez Medín murió en 2009 con cien años y once meses en Panamá, aunque su vida cundió por doscientos. Era uno de los últimos alcaldes de la República vivos y, para no dejar nada sin atar, relató sus memorias a su familia. Su nieto, Daniel Pichel, conocido cardiólogo en el país centroamericano, me entregó el escrito de su abuelo en una comida en el Club Unión, como testigo de una odisea que es un poco la de todos.

Changuinola, patria bananera

Desde la ventana de un avión DeHavilland de cuatro motores se veía una pequeña brecha marrón en el medio de una llanura verde sin fin. Según bajaba, se veía más: la incisión era una calle con casas en los márgenes, y la alfombra verde eran bananos sin interrupción desde la montaña hasta el mar Caribe. María Elena pensó entonces para dentro: «¿Adónde me trajeron?». Sabía el nombre y poco más. Ese lugar se llamaba Changuinola, en la frontera entre Costa Rica y Panamá, uno de los grandes centros bananeros de Centroamérica. Pertenece a la provincia de Bocas del Toro, hoy destino de miles de turistas, pero en Changuinola no paran porque no hay playas ni resorts.

Hasta el siglo XX era un pantano. Los indígenas ngäbe-buglé llevaban una vida de subsistencia y cerca de allí, en la costa, grupos de afrodescendientes vivían de la pesca. Pero llegó la United Fruit Company, el símbolo del extractivismo estadounidense, la vena abierta de América Latina, la trilogía de Miguel Ángel Asturias. La frutera, como le llamaban, era un pulpo que a todos lados llegaba en la cintura de América y controlaba las economías de países enteros. Habían nacido las repúblicas bananeras.

No era solo economía, sino geopolítica al servicio de Estados Unidos. Y en este caso el vecino del norte decidió que no bastaba con las plantaciones de plátano que tenían en Costa Rica y que había que abrir más. El beneficio era exagerado y había miles de kilómetros para explotar. Le llamaban el oro verde. Tras él vinieron los gallegos, buscatesoros hasta en el fin del mundo. Ya lo habían hecho por todo el istmo, del Darién a Chiriquí, una provincia que en cierto modo se asemejaba a Galicia, pues tiene la mayor y mejor despensa del país, y un clima igual de húmedo que la tierra de origen. Luego traspasaron el siguiente límite y llegaron a Changuinola. Tras los pioneros llegaron las gallegas como María Elena, que durante meses se siguió preguntando adónde la habían llevado.

Venía detrás de su marido, Jaime, otro nivel de emigración: primero fue a Alemania a trabajar en una fundición y ahorró durante tres años para poder comprar un billete a Changuinola. Un familiar, como él, de Feás, Boborás, le facilitó la llegada y le ayudó a entrar como socio en una mueblería, Santa Fe. Alrededor de la Mamita Yunai, como llamaban a la frutera norteamericana y sus subsidiarias panameñas, había negocio. A sus empleados les vendían muebles a crédito, un engranaje más de una economía donde cabía gente de todos lados: una mayoría indígena con su lengua, jamaicanos que hablaban guari guari, mezcla de inglés y español, indostanos y también gallegos, los únicos europeos.

Vivir en Changuinola era hacerlo en una isla verde con un bochorno de invernadero y la población de una villa gallega. Las plantaciones de monocultivo no autóctono crecían sin parar, también lo hacía la ciudad, en realidad una avenida —Omar Torrijos— con cuadras alargadas y planificadas en barrios llamados fincas, porque eso eran, rodeadas por un mar de plátano. El capitalismo bananero no se detenía en fruslerías. En vez de nombre, a las fincas les ponían números. Atravesado en diagonal a la avenida, en el medio de la ciudad, una pista de aterrizaje. No había mucho más. Hasta que los emigrantes se organizaron y fundaron un Centro Gallego, para celebrar *xantares* y fiestas los *25 de Xullo* y demás fiestas infaltables en el calendario de la aldea de Ourense y, desde entonces, también la de Panamá.

Boborás: cerrado por emigración

En toda la comarca de Carballiño se mezclan las casas abandonadas del centro de la aldea con los nuevos chalés mastodónticos, casi siempre cerrados, de las afueras. Esta postal fantasmagórica solo se llena de vida en las fiestas veraniegas, cuando los emigrados retornan de vacaciones a sus grandes casas.

Del Ayuntamiento de Boborás salió el cuarenta por ciento de su población en los años sesenta y setenta; la mayoría, a Panamá. El tejido productivo del *concello* se esfumó y solo regresa en verano en forma de casas y cochazos. De tanto péndulo, hay aldeas y parroquias muertas, donde no se abren las casas ni en verano. Pueblos cerrados por emigración. Como Borraxas, una aldea escondida entre *corredoiras* o pistas, en un desvío sombreado por cientos de pinos altísimos. Allí no vive nadie de manera habitual desde hace años. Quedan unas quince casas de piedra semiderruidas, con el tejado caído o reformadas pero cerradas. Veo un bosque donde antes había una cocina, unas escaleras que ascienden entre la maleza. Cerca, muy deteriorada, está la casa que fue escuela algún día, y al lado otras dos que abren los propietarios de tanto en tanto.

El sol se cuela por entre la ventana sin cristal y una enredadera domina la puerta de las antiguas cortes, vigas de madera a la vista, un balcón corrido resquebrajado y un cartel de prohibido el paso, porque aquí ya no hay nadie ni nada y hay riesgo de derrumbe. Una de esas casas, apuntalada con una plancha de uralita, es la de Ana Lorena Carballeda, que responde a mis fotos con audios desde Panamá.

—A nuestra casa le llaman la bodega, porque abajo estaban las cubas del vino, donde está la puerta con el palo atravesado, y arriba vivía la maestra del pueblo. Ahora tiene la uralita puesta para que no le entre agua y no se caiga, porque la casa de al lado se cayó hace siete años.

Enseguida manda una foto antigua con unas treinta personas a la entrada de la aldea, mucho viejo, poco niño, descendientes de los que se fueron, algunas panameñas casadas con gallegos —no al revés—. Son los que han transportado la vida de toda una aldea a ocho mil kilómetros, pero su identidad resiste dentro de ellos. Boborás es la zona cero de Panamá en Galicia desde que la crisis vinícola por las plagas —en tierras de O Ribeiro— obligaron a muchos a irse. Los que se habían ido a Cuba y México con las cadenas migratorias fueron el gancho para el gran éxodo de mitad de siglo. Cada punto en el mapa despliega historias que remiten a nuestros protagonistas.

Santiago Pérez, hace un rato mexicano, ahora es panameño. En 1994 dejó el DF por la inseguridad, junto a su mujer y dos niñas pequeñas.

—Estaba *psicoseado*, como dicen en Panamá. Me rondaba la violencia. Un día llamo a un primo a su cantina y me dice: «Espera, que hay lío aquí». Habían ido a cobrar y él no estaba por la labor. Media hora más tarde llegó una camioneta y abrió fuego. Otro día entraron a robar en mi edificio y no le tocó a mi mujer de milagro. Mi mujer tenía a su padre en Panamá y me dijo que nos traspasaba el negocio. Y no lo dudamos. —Santiago habla en su gallego panameño-mexicano con el síndrome de la reja en la cabeza y la tristeza de fondo, pensando en su mujer, fallecida unos meses atrás—. Era un hotel, y me hacía gracia, porque los gallegos decían que había inseguridad en Panamá, y eso era un *kindergarten* comparado con México.

En un tour por Boborás no se cansa de explicar adónde emigró cada casa que nos cruzamos, entre pinos, carballos y castaños, pero también señales de obra o de peligro de derrumbe, cunetas sin rozar y hojas secas, combustible forestal que no parece importar a nadie. Primero en Féas: «Estos, a Panamá». «México». Por Almuzara repite «Panamá, Panamá. Mira, de aquí salió la familia Riande, el dueño de los hoteles». Hacia Cameixa: «Esa mansión con capilla y piscina tienen mueblerías». «Aquellos viven en Veraguas, Panamá». Seguimos por Sobredo, San Andrés, Eiravedra, Lamela, Vecoña (o Becoña), «el pueblo de Aurora Muradás», y Albarellos, sin parar de enumerar como un pregonero.

Todos se iban, pero no era lo mismo ser de Avión, donde se peleaban por un metro de finca donde apenas podían plantarse cuatro cebollas, que ser de O Ribeiro, tierra de vino y cereal. Paco Muradás, de la misma zona, pero de los montes más altos y menos productivos en Beariz, me lo resumió bien del otro lado del mar:

—Yo soy de un sitio donde las heladas nunca estropearon el vino. ¿Sabes por qué? Porque donde yo vivo ni siquiera hay vides.

Nos sentamos a tomar un segundo café en el cercano Bar Nictron, anclado en el siglo pasado, con un toldo y dos mesas de terraza que hacen más agradable la tarde. Él sigue mostrando el origen de cada casa que se veía alrededor: «Ahí están unos que vivieron en Changuinola». Y antes de que pueda decir nada, Santiago grita por sorpresa: «¡Hablando del rey de Roma! Este es Fernando, fue el rey de Changuinola y antes estuvo emigrado en Suiza y jugó la Copa de Europa contra el Madrid».

Con semejante presentación, antes que respirar le aparto la silla para que se siente. Es un tipo recio, alto, con cara de haber pasado mil vidas y poca gana —aparente— de hablar. Luego pone el *play* en marcha, a trompicones pero con prestancia.

—Ponme algo, Aurora, una de esas cosas que emborrachan —grita. Y aclara—: Jamás he tomado alcohol. Solo cocacola, agua y café. Con eso ya estoy. A ver, ¿qué quieres saber?

—Cómo era Changuinola.

—Una tierra de puta madre. Pero al principio… mi madre querida. En los años setenta solo se llegaba en avioneta, no había carretera. El aeropuerto era un gallinero, todo de madera. Yo bajé y ya me quería marchar, pero me agarró mi primo, que era el que me había llamado estando yo emigrado en Suiza, y me convenció. Al final me quedé un montón de años. Me hice socio de una mueblería, la Santa Fe. Éramos veintidós familias, todos con mueblerías. Teníamos como clientes a los trabajadores de la Chiriquí, subsidiaria de la United, que era de Rockefeller aquella época, y a funcionarios públicos, maestros, policías. Eran buenos pagadores. Primero porque se hacía todo por descuento directo, así que estaba todo asegurado. Y segundo porque muchas veces compraban una cama para la amante y eso no lo iban a dejar de pagar, por la cuenta que les traía —risas—. Los paisanos que llegaron antes, como mis tíos, vendían en la calle relojes y colchones. Nosotros montamos las mueblerías y eso nos integró más. Vivíamos en las fincas 6 y 41, pero hacíamos más vida en la 8, porque estaba el campo de golf de los gringos. Y terminamos jugando campeonatos con ellos.

Golf en una plantación de bananas en una zona inaccesible de Centroamérica tras una reemigración global. En esa frecuencia se mueve la vida de Fernando, que ya se quiere ir sin contar nada más, como si hubiera abierto la tapa del desagüe. Lo freno un segundo.

—Espera. ¿Cómo era eso del Real Madrid?

—Nada. Solo fue que cuando estaba en Suiza jugaba en el juvenil del Grasshopers y llegué a ser convocado en un partido de Copa de Europa contra el Madrid.

Y se va como si eso fuera lo menos importante. Y, de hecho, lo es.

UNA SATRAPÍA EN EL CARIBE

Las mejores historias están tan cerca que se hacen las escondidas para que no las encontremos. Me ocurrió en 2004 cuando di con un libro fotocopiado en una estantería perdida de un armario empotrado en la biblioteca de la casa familiar. Se titulaba *Una satrapía en el Caribe*. Estaba junto a otro libro de tapa dura verde con un guion cinematográfico dedicado: el *Pedro Páramo* del cineasta Carlos Velo, uno de los nombres más importantes del exilio en México y amigo de mis padres. Pero me llamaba más la atención el otro, por el título hipnotizante, droga dura para mis obsesiones latinoamericanas. Cuando le pregunté a mi padre por el autor, un tal Gregorio R. Bustamante, resopló y me dijo que era una larga historia, y que además tenía que ver de lejos con nosotros. Arqueé las cejas al ver que el subtítulo del libro era «Historia puntual de la mala vida del déspota Rafael Leónidas Trujillo». Qué tendremos que ver con el dictador dominicano, recuerdo que le dije. Él se rio y volvió a decir: «Solo lo vas a entender si investigas este nombre: José Almoina Mateos». Y se abrió un melón que aún hoy no he cerrado.

José Almoina Mateos era el tío de mi padrino, Juan José Quevedo Almoina. A él y a mi madrina acudí los meses siguientes para empezar a tirar del hilo. Ellos me facilitaron los contactos de Helena, una de las hijas de Pepe. En junio de 2005 la visité en su casa en Parque Hundido, en Ciudad de México. Fue una tarde extraordinaria, en la que durante horas contó la historia atribulada de su padre y de la propia familia, mezcla de galleguidad y exilio, atravesada por la política, la literatura y el realismo trágico mágico. Tomé notas, grabé las horas de conversación con la grabadora de casete que me acompañaba a todas partes y luego lo perdí todo en alguna mudanza entre países.

En los años siguientes su figura fue objeto de estudios y libros, tanto en República Dominicana como en Galicia, y lo celebré. Pero llegados a este punto quise poner en orden lo que sabía de él y contarlo, ayudado por los recuerdos de mi madrina, Rosa —mi padrino se murió en 2007—, para completar todas las aristas del retrato inacabado que empezó aquella tarde en Parque Hundido.

José Almoina, nacido en Lugo en 1903, se afilió a la UGT y al PSOE en los años treinta. Era un funcionario de correos con vocación de intelectual, formado en filosofía y letras, estudioso de Erasmo de Rotterdam, políglota y masón. Se casó con Pilar Fidalgo, maestra en Benavente, donde estaba destinado. La guerra los sorprendió en zona *nacional* y eso casi les arranca la vida de cuajo. Él se trasladó a Francia, mientras que ella fue detenida con su hija Helena en brazos con unos días de vida. Sus siete meses en la cárcel los contó en un texto, valiente y triste, publicado en Francia: *Una madre joven en las prisiones de Franco*. A Pilar la intercambiaron por una familia del bando fascista, y se pudo unir a su marido en Francia, donde Almoina trabajó en los consulados de Burdeos, Toulouse y Marsella. Allí tuvieron otro niño, y en 1939 tomaron el camino del exilio americano.

Además de México, República Dominicana acogió a varios miles de exiliados republicanos, en una jugada maquiavélica de Leónidas Trujillo, dictador próximo a Franco —ahora también:

los dos están enterrados en Mingorrubio—. Al acoger refugiados, limpiaba su imagen internacional después de la *masacre del perejil*, perpetrada en la frontera de Haití en la que murieron miles de personas, y de paso *blanqueaba* a la elite intelectual del país.

En noviembre de 1939 el contingente de exiliados llegó a Santo Domingo —rebautizada Ciudad Trujillo— a bordo del Flandre. La familia vivió descolocada la llegada al Nuevo Mundo. Pilar dio a luz a su hija menor y Pepe, que había entrado con pasaporte diplomático, empezó a dar clases de historia, lengua y literatura en la universidad, apoyado por contactos de la diplomacia y la masonería. Al mismo tiempo, voltereta del destino, fue designado preceptor de Ramfis, el hijo mayor del dictador. Al entrar en la corte trabó buena relación con María Martínez, la mujer de Trujillo. Ella preparó el terreno para que se convirtiese en el secretario particular del dictador.

No habían pasado ni cinco años desde su llegada y Almoina vivía en la mayor de las contradicciones: se había escapado de una dictadura para entrar en el corazón de otra, a un metro de un déspota de novela. A cambio, tenía estabilidad económica y administrativa, pues le fue otorgada la ciudadanía dominicana, que lo blindaba para hipotéticos problemas políticos.

—Los que lo criticaban decían que había sido un cambiachaquetas, pero cómo iba a ser eso, imposible. Si se negaba se exponía a consecuencias imposibles de imaginar viniendo de lo que venía —dice Rosa, conocedora de toda la historia familiar.

Un documento desclasificado del Departamento de Estado estadounidense aseguraba sobre el nuevo secretario que «a la luz del carácter extraño y la ascendencia que se dice tiene sobre el presidente, su nombramiento es, sin duda, rechazado por los altos funcionarios del Gobierno». Parecía difícil encuadrar a un personaje enigmático, afable y cariñoso con su entorno, retraído en público y sin una apariencia destacable.

Era un hombre alto, de rostro alargado, poco pelo peinado hacia atrás y rostro grave, siempre trajeado y con libros y carpetas a su alrededor. Fueron casi dos años junto a Trujillo, hasta finales de 1946, a la vez que escribía libros que luego firmaba como autora la primera dama, María Martínez: un ensayo titulado *Meditaciones morales* o una obra de teatro titulada *Falsa Amistad.*

Para entonces la mayoría de exiliados habían salido en dirección a otros países latinoamericanos. No tardaría en hacerlo Almoina, pero antes tuvo que urdir un plan para huir del entorno del líder dominicano sin levantar sospechas de deslealtad o, peor, disidencia. Con la complicidad de un médico español, fingió sufrir una tuberculosis que tendría que tratarse en México. Lo hizo, para no levantar sospechas, en varios viajes, sin abandonar del todo la isla de La Española, de donde tenía que extraer también a su familia. Pilar y los niños cruzaron el Caribe meses después, en la primavera de 1947.

El gallego se puso manos a la obra para desmontar al régimen que había conocido por dentro de sus tripas. Al llegar redactó un extenso informe confidencial, de casi cien páginas, donde hablaba de las agresivas intenciones del dominicano en relación a otros países de la región. El alegato lo entregó a varias embajadas de esos países, pero cayó en manos de diplomáticos dominicanos, que lo reenviaron a Ciudad Trujillo. Comenzó una vigilancia sobre él que dos años después se convertiría en una condena.

En 1949 apareció publicado en Ciudad de México un libro titulado *Una satrapía en el Caribe*. Lo firmaba un desconocido, Gregorio R. Bustamante, y en él se desarrollaba, a lo largo de 250 páginas, la personalidad de Trujillo, en un retrato que no ahorraba adjetivos ni intimidades, desde sus orígenes hasta su ideario racial y político y sus relaciones familiares y afectivas.

También se desgranaban, como solo lo podría hacer alguien que lo viviera en primera persona, los círculos de poder de la corte del *generalísimo* dominicano. En el libro se hablaba incluso del propio Almoina, al que se tilda de «miserable e indigno gallego». El juego al despiste pudo engañar a algunos, pero no a Trujillo, de quien se dice que cuando le cayó en el libro en las manos, gritó: «¡Esto es obra de Almoina!». Y lo era, claro, amasado con tanta dedicación que él mismo pagó la edición y usó el nombre de un trabajador de la imprenta. Desde ese momento estaba sentenciado a muerte. Solo había que poner fecha, lugar y forma.

En el juego oculto entre el dictador y el intelectual, Trujillo reservaba un último regate: meses después de editarse la *Satrapía*, le hizo llegar, a través de su esposa, que mantenía todavía una buena relación, una oferta que no podía rechazar: escribir un libro laudatorio sobre él. Accedió como una última maniobra creyendo que así mantendría alejado el peligro. El libro se tituló *Yo fui secretario de Trujillo* y así lo resumió años después el propio escritor: «Yo sabía el alcance que tenía el negarme a zanjar el asunto a satisfacción de Trujillo, así que me plegué a redactar el citado libro».

Sobre él se cernía la amenaza mortal, pero al mismo tiempo tenía que vivir. Escribía sin parar y dejó una producción enorme de libros sobre arte y literatura, así como traducciones desde varios idiomas, casi siempre publicados en la conocida editorial UTEHA, del gallego José González Porto. Las urgencias metafísicas también lo empujaron a trabajar en una editorial católica. El socialista ateo buscaba en la religión lo que no había encontrado en sus inmersiones filosóficas.

La fe también le sirvió de sustento cuando la amenaza se volvió real. Primero le avisaron de que había grupos de sicarios buscándolo por la ciudad. Mudó varias veces a toda la familia para evitar que lo localizaran. De Lindavista a la Colonia Roma y de ahí a Colonia del Valle.

Todo empeoró aún más en mayo de 1956 con el secuestro en Nueva York, el traslado a República Dominicana y posterior desaparición del militante vasco Jesús de Galíndez, con el que había tenido una próxima pero tirante relación en Santo Domingo. Aparecían en los mismos eventos de exiliados siempre separados, cada uno en una esquina. Trataban a la misma gente, pero no se caían bien. El vasco era expansivo, el gallego vivía con un pie atrás. Y además tenían un asunto íntimo que se decía era el motivo de sus resquemores: el profesor Almoina suspendió un examen en la universidad a la novia del vasco y este nunca se lo perdonó. Había una razón de mucho más peso en el fondo: Galíndez, además de ser un cuadro del PNV, trabajaba también como agente de inteligencia para el Gobierno de los Estados Unidos, y daba información puntual —e hiriente— sobre el lucense. En un informe de la Embajada norteamericana se hablaba del secretario como «inescrupuloso y afable, que impresionó al presidente Trujillo con sus educadas calidades».

Pese a sus diferencias, Almoina tomó partido por él cuando se conoció, en mayo de 1956, que había desaparecido. Llegó a mandar una carta a la policía mexicana exigiendo la aparición de Galíndez, «un hombre probo, escrupulosamente honesto y fanáticamente idealista».

A Galíndez lo condenó su tesis de setecientas páginas titulada *La era de Trujillo*. El gallego sabía que su destino anticipaba el suyo. Eran como dos caras de un espejo, incluso en la repercusión que tuvieron sus figuras: la vida de Galíndez dio pie a novelas —como la homónima de Vázquez Montalbán—, documentales y películas, y de él quedó la imagen de un personaje atractivo y poliédrico, mientras del exiliado de Lugo solo se han recogido, hasta los últimos años, textos históricos poco dados a la aventura narrativa. En su retrato quedó la impronta de un contradictorio personaje al que le adosan diferentes adjetivos nada amigables. En *La fiesta del Chivo*, Mario Vargas Llosa describe una escena entre Trujillo y su mujer: «Olvidas que esas pendejadas no las escribiste tú, que no sabes escribir tu nombre sin faltas gramaticales, sino el gallego traidor de José Almoina, pagado por mí. ¿No sabes lo que dice la gente? Que las iniciales de *Falsa Amistad* quieren decir "Fue Almoina"».

La persecución sobre él no cesaba y su salud se resentía, avejentado y de mirada huidiza. En los últimos años llevaba siempre encima un revólver, hasta que cambió el arma por un rosario, que, me cuenta Rosa, decía que lo protegía más que nada en el mundo. El 4 de mayo de 1960 José Almoina salió de su casa muy temprano. A las 7:40, cruzando Miguel Laurent y Tenayuca, en Colonia Narvarte, un coche grande se le acercó a unos metros y pisó fuerte el acelerador hasta pasarle por encima. Después del atropello, aún en el suelo, los sicarios que iban dentro le dispararon tres tiros. Camino del hospital iba musitando: «Fue Trujillo, fue Trujillo». Lo intentaron salvar con una cirugía, pero murió al día siguiente. Le habrán venido a la cabeza las palabras que él mismo escribió en la *Satrapía*: «Trujillo no perdona».

Pero al dictador tampoco lo perdonaron en su país después de treinta años de autocracia: fue asesinado, un año después, en una emboscada en la ciudad que llevaba su nombre. Por esos meses de margen no se salvó Almoina, un personaje complejo, lleno de vueltas y curvas, condensadas en la escritura de *Una satrapía en el Caribe*, la obra que le dio la vida y que luego se la quitó. A su hija Helena le dijo «cualquier gallego que lea este libro sabrá que fue escrito por otro gallego», pero confiaba en que su retranca no fuese captada por un dominicano. Trujillo lo desmintió.

LO QUE CHANQUETE NOS DEJÓ

Del barco Juan de Garay se acordaría toda la vida el niño de la foto, Juan Calo, Juansiño, Chanquete, el que se descubrió a sí mismo en la foto de Manuel Ferrol en un puerto de Irlanda camino del Gran Sol a faenar, la otra gran epopeya gallega. Aquel día de 2022 en Fisterra, acomodado en el sofá de medio lado, frente a mí, entre cojines coloridos, gesticulaba contando todo lo que vino después de la foto, lo que nunca relató porque nadie le preguntó: su propia vida.

—A los veintiún años me enrolé en el barco-factoría Galicia de Pescanova para faenar en los caladeros de Sudáfrica. Ese buque era el antiguo crucero Habana, que era como el Juan de Garay, pero de una sola chimenea.

En ese tiempo ya quedaba lejos el trauma de la despedida familiar en el puerto coruñés, su experiencia en el Gran Sol y el servicio militar en Ferrol, en la Armada. Pero mientras estaba en Sudáfrica, los familiares de quien sería su mujer, María Jesús, le dijeron: «¿Quieres ir a Suiza? Si os casáis y venís, aquí hay trabajo». Así lo hizo. Se casaron el 29 de mayo de 1971 y tres semanas después llegaron a Suiza. Primero trabajó en la construcción, subido a una grúa. Poco después entraron ambos en Hero, la multinacional de alimentación. Él, hombre para todo, resuelto y directo, enseguida se hizo mano derecha del jefe de personal, que pronto ascendió a director. Y así prosperó. En once meses tuvo contrato fijo y mando en plaza, y se llevó de Galicia a Suiza a su suegro, a una cuñada y a una hermana, todos a la misma compañía.

—Yo les decía: quien quiera venir que venga, no necesitan contrato. El contrato soy yo. Y vinieron y los coloqué. Mi suegro de jefe de cocina. Mi cuñada de ayudante. Y mi hermana, en el mejor sitio: en etiquetado. Cuando se acababa el rodillo de papel, lo cambiaba y hala.

Como una bisagra de la diáspora gallega, Juan despidió a su familia de mayores cuando era niño y más tarde él mismo acudió a la llamada del ciclo migratorio europeo llevándose a su padre. O sea, el reverso de lo que siempre se pensó que contaba la foto.

—En 1973 le dije que tenía trabajo para él. Y vino. Trabajábamos nueve horas con una pausa de una hora en el medio. Ganábamos mucho dinero, once francos suizos por hora. Todo fue perfecto hasta que me peleé con aquel jefe. Y me volví, con la pensión asegurada, eso sí.

Tenía menos de treinta años y volvió al mar. Primero con un familiar. Luego, con su padre, siempre presente: compraron un barco. No les salió bien la jugada, así que volvió al Gran Sol, esta vez en barcos con base en Celeiro, Lugo.

—Y allí seguí durante muchos años hasta que se me rompió este cabrón con cincuenta y cuatro años —dice llevándose la mano al pecho.

Juan atravesó un cáncer, le sacaron un pulmón, se estabilizó y vivió jubilado durante muchos años en su pueblo, Fisterra.

—¿Qué fue más duro, el Gran Sol, Suiza, Sudáfrica o ver salir a la gente a América?

—Mi propia experiencia en Suiza. La emigración de uno siempre es la más dura.

Se quedó callado y dio a entender que ya le daba la hora de ir a la taberna a tomar los vinos de la tarde. Yo me despedí dándole un cariño, pasándole la mano por la espalda. Un rato más tarde, mientras abandonaba Fisterra, me di cuenta de que acababa de abrazar nuestra historia invisible.

Chanquete murió el 9 de junio de 2024. Tenía setenta y cinco años, pero los medios titularon todos con la misma frase contradictoria: «Falleció el niño de la foto».

Arturo Lezcano entrevistando a Chanquete en febrero de 2022. Foto de Emilio Fernández.

AGRADECIMIENTOS

Estoy profundamente agradecido a las 150 personas entrevistadas *ex profeso* para este libro y a las incontables que conocí a lo largo de varias décadas en la Galicia americana. Su memoria se guarda aquí para siempre.

Á María, á Lila e ao Cibrán polos catro anos de paciencia. A Emilio Sánchez Mediavilla, por no desfallecer. *Ao Óscar, a fonte infinda.* A Pablo de Llano y Daniel Iriarte, por encender chispas. A mis familias porteñas, gallegas aunque no lo sepan. *Á Mavi e ao Milucho, os tres graos de separación.* A Emilio Vázquez, *in memoriam*.

En la Galicia territorial:

Nacho Carretero, Bibiana Santiso, José Antonio y Manoli Calo, Familia Díaz Arias, Familia Paz-Andrade, Ana Miranda, Xosé Antón Ferreiro, Kepa Pagazaurtundua, Fernanda Tabarés, Belén Regueira, Moncho Fuentes, Teresa Fernández, Raúl Piñeiro, Rosa Campos, Rodri Suárez, Francisco Orsini, Begoña Cabado, Antón Lezcano, Raquel Peláez, Xoel López, Jose Precedo, Carlos Lezcano, Moncho e Mariluz, Manuel Domínguez, Xosé Hermida y Ana Viqueira.

En la Galicia exterior:

Arantxa y Liberato, Jorge Tena, Sebastián Varela del Río, Maricarmen Paz Miranda y José Antonio Vilachá, Gastón Quiroga, Daniel Wainstein, Centro Arzuano Melidense, Juan Ramos, Julio Rey, José Luis Nogueira, Mariano López, Santiago Saponi, Alfonso Vázquez, Madiane Míguez, Pau Ramírez, Carlos Taran, Francho Barón, Joan Biosca, Mariano Castillo, Fernando Miranda, Cláudia Avena, Laura Ohman y Carla Neira.

Este libro cuenta con una extensa bibliografía. Con el objetivo de consumir menos papel, hemos agrupado todos los enlaces en un documento que encontraréis escaneando este código QR.